# 제2언어 교수 학습

SECOND LANGUAGE
TEACHING & LEARNING

## SECOND LANGUAGE TEACHING & LEARNING

### David Nunan

©1999 · *University of Hong Kong*

---

이 한국어판 번역서의 저작권은
미국 An International Thomson Publishing Company와의 독점계약으로
한국문화사에 있습니다.
저작권법에 의해 한국 내에서 보호를 받으므로 무단 전재와 복제를 금합니다.

Korean Translation Copyright © Hankook Publishing Company 2003

# 제2언어 교수 학습

SECOND LANGUAGE
TEACHING & LEARNING

저자
David Nunan

역자
임병빈 · 한혜령
송해성 · 김지선

한국문화사

# 역자 서문

인터넷을 비롯한 다방면의 지식 정보화 사회는 나날이 발전해 가고 있다. 새로운 세기를 맞아 희망과 꿈을 안고 출발한 지구촌 곳곳마다 사람과 사람들이 모여 살며 시시각각 상황에서 자신의 삶을 위하여 누구인가 상대방과 의사소통을 하게 된다.

오늘날의 역사란 무엇인가? 인류 문명의 발자취는 또 어떠한가? 갑작스레 낯선 질문을 던져본 것 같지만 사실은 이러한 질문들의 핵심을 구성하는 본질은 모두 언어에 의한 사고의 표현이 창출해낸 의사소통 과정으로 보아도 지나친 비약은 아닐 것 같다. 인간의 삶에서 언어가 없다면 그 삶은 얼마나 답답하고 빛 바랜 무늬로 짜여지겠는가? 그렇다면 이처럼 중요한 언어의 습득 내지는 학습이야말로 세상 어느 일보다 더 소중하고 보람된 것으로 보아진다.

그러나 문제는 여기로부터 출발한다. 정상적인 사람은 누구나 다 자신의 모국어를 유창하게 구사할 수 있으나 모국어를 제외한 타언어(제2언어 또는 외국어)의 학습은 매우 힘들고 어려운 일로 생각된다. 이러한 상황은 한국어를 모국어로 구사하는 한국인에게만 국한되는 것이 아니라 세계 어느 곳에 살고 있든 모든 이에게 동일하게 적용되는 과제이기도 하다.

따라서, 제2언어 또는 외국어 학습을 효과적으로 가능하게 하기 위한 다양한 교수방법들이 꾸준하게 제기되어 왔다. 대략 지난 한 세기 동안에 걸쳐 20~30년을 주기로 하여 언어학·심리학·교육학 등에 바탕을 둔 새로운 교수학습 모형들이 제안되고 검증 받는 논의 과정을 겪어왔다. 우리는 이렇게 계속되는 발전적 패러다임 속에서 성공적인 제2언어 또는 외국어 학습을 위하여 현명하고 합리적이며 상황에 알맞은 최적의 선택을 도모해야 하지 않을까?

 이 책은 David Nunan(1999)이 쓴 *Second Language Teaching & Learning*을 번역한 것이다. Nunan이 자신의 서문에서 밝히고 있는 바와 같이, 지난 사반 세기에 걸쳐 제2언어 교수학습은 이론과 실제 면에서 중요한 변화를 보여왔으며 이 변화의 물결은 다시 교실수업에 영향을 미쳐왔다. 따라서 이 책의 목적은 새 천년을 맞고 있는 이 시대에 그 주요 변화의 문제점과 특성들을 제대로 밝혀주어 교사가 자신의 수업에서 좀더 효과적인 지도가 가능할 수 있도록 실제적인 청사진을 제공하는데 있다.

 따라서, 영어를 외국어로 배워야 하는 우리의 상황에서 영어교육 종사자인 교사, 연구자, 예비 영어교사 및 관련 학자들에게 이 책은 유용한 정보를 제공해 줄 수 있을 것이다.

 끝으로, 이 책을 번역함에 있어서 함께 수고한 한혜령, 김지선, 송해성 선생님에게 고마운 마음을 전하며, 아울러 출판을 쾌히 수락해주신 한국문화사의 김진수 사장님을 비롯한 편집부 최은경 씨에게 감사의 뜻을 밝힌다.

2003년 연초록 봄날<br>임 병 빈

# 차 례

## 제1부 제2언어 교수학습 상황

### 제1장 제2언어 교수 학습의 개념적 기초 ·················· 3
인간 중심 교육과 경험주의 학습 ······················· 4
의사소통 언어 교수법 ······························· 11
학습자 중심 교육 ································· 13
교섭 교육과정 ··································· 21
과업 중심 언어 교수 ······························· 32

### 제2장 제2언어 교수와 학습의 경험적 토대 ················ 53
제2언어를 학습하는 것은 모국어 학습과 같은가? ············ 55
학습자 연령이 제2언어 습득에 미치는 영향은 무엇인가? ······ 57
수업이 습득에 미치는 영향은 무엇인가? ·················· 60
과제 유형/수업조직의 양상은 습득과 어떠한 관계를 가지는가?
 ··········································· 72

### 제3장 제2언어 교수학습: 과거에서 현재까지 ··············· 99
변화를 위한 자극 ································ 102
교수 요목 설계 ·································· 104
교수 접근법 ···································· 106
학습자의 역할 ·································· 108
언어에 대한 접근법 ······························· 111
언어 교재의 사용 ································ 113
학습을 위한 설비 ································ 116
학습 접근법 ···································· 119

교실 구조 ·········································································· 120
테스트 ············································································· 122
교실 밖에서의 언어 ························································· 125

## 제2부 언어, 학습자 및 학습과정

### 제4장 언어와 외국어교육 ················································· 135
문법과 문법성 ································································· 137
어휘 ················································································· 145
발음 ················································································· 150
언어 발달에 대한 은유적 표현들 ································· 153
담화로서의 언어 ····························································· 163
응집성 형성하기 ····························································· 168
의미 성립 ········································································· 183
화행 ················································································· 190
배경지식 ·········································································· 191
교육적 시사점 ································································· 198

### 제5장 학습자의 초점 ······················································· 213
학습자의 요구 ································································· 214
학습자 역할과 기여 ························································ 224
학습자의 선택 ································································· 236

### 제6장 학습과정 ································································ 245
전반적인 학습과정 ·························································· 246
교실에서의 전략 도입 ···················································· 247
전반적인 학습과정 ·························································· 251
학습 전략 및 과제 ·························································· 259
학습자 독립을 격려하기 ················································ 269

## 제3부 현장에서의 제2언어 교수

### 제7장 듣기 ······ 277
- 다른 언어로의 듣기 ······ 279
- 듣기에 관한 연구 ······ 286
- 듣기 과정에서 학습자의 역할 ······ 292
- 듣기 과정의 자료 목록(데이터 베이스) ······ 295
- 과제 유형 ······ 299

### 제8장 말하기 ······ 313
- 말하기 ······ 313
- 말하기의 본질 ······ 314
- 말하기를 회피하는 화자 ······ 323
- 과제 난이도 ······ 329
- 교과 설계 ······ 331
- 교육적 과제 ······ 334

### 제9장 읽기 ······ 345
- 다른 언어로의 읽기 ······ 346
- 읽기에 대한 연구 ······ 356
- 과제의 유형 ······ 365
- 읽기 과정의 설계 ······ 370

### 제10장 쓰기 ······ 379
- 쓰기 과정의 본질 ······ 380
- 기능 문법과 쓰기 ······ 391
- 쓰기 발달을 위한 담화 중심 접근법 ······ 402
- 대조 수사학 ······ 416

**부록 1.** 언어학습에 관한 용어 해설 ·······················································423
**부록 2.** 전략훈련이 열 다섯 가지의 주요 학습 전략들에 미치는 영향 ···452
**부록 3.** 요구 분석 설문조사지 ·······························································459
**인명색인** ··································································································463
**용어색인** ··································································································468

## 저자가 쓴 감사의 글

1970년대 말경에 접한 한 권의 책으로 인하여 그 동안 필자가 가지고 있던 언어 교수 및 교사로서의 기본 입장에 대한 심오한 변화가 있었다. 그 책은 Earl Stevick에 의해 쓰여진 *Memory, Meaning and Method*라는 책이었다. 그 후 몇 년 후, Earl을 직접 만나 우리는 친구가 되었다. 1990년대 초반에는 그와 같은 아파트에 기거하면서 바르셀로나에 있는 TESOL대학에서 같이 근무하였다. 그와 같이 지내는 동안 필자는 훌륭한 교사의 이면에 숨어있는 정말 놀라울만한 인간상을 발견하는 영광을 얻었다. 그 후, 필자는 Earl의 *Memory, Meaning and Method* 제2판을 준비하는 과정에 참여 할 수 있는 기회를 얻게 되었다. 그의 업적과 필자에 미친 그의 영향력에 경의를 표하는 뜻에서 *Second Language Teaching & Learning*을 Earl에게 바친다.

# 서론과 개관

　지난 25년 동안 제2언어 교수학습의 이론과 실제에 몇 가지 괄목할 만한 변화가 있어 왔다. 이러한 변화들은 교육의 이론과 언어와 학습에 대한 기본 입장의 변화뿐만 아니라 교사들에게 교실 수업에 대한 중요한 통찰력과 아이디어들을 제공해 오고 있는 현장연구의 발전의 결과이다. 이 책은 새 천년에 접어들면서 제2언어 교수학습에 관한 개요를 제시하고, 주경향들과 쟁점들을 밝혀보아 그것들이 어디서 온 것인지를 보여주고, 또한 교사들이 이러한 것들을 교수 활동에 실질적으로 어떻게 적용할 수 있는지를 보여주기 위한 것이다.

　다음은 이 책에 첨가된 필자의 개인적인 이야기에 관한 것이다. 개인적인 이야기로 인하여 독자들은 필자의 개인적인 사고의 발달 과정을 추적해 볼 수 있고, 이론적, 개념적인 쟁점들을 다루는데 있어 필자가 가졌던 어려움을 숙고해 보며, 학습자들에 의해 제기되었던 문제들의 실질적인 해결책을 찾아볼 수 있다. 그러나 필자의 개인적인 사고, 어려움, 실망, 기쁨을 다른 일과 연결시킴으로써 이 이야기들이 단지 필자의 개인적인 것으로 여겨지기보다는, 교사들에게, 학자들에게, 또한 교사가 되기 위해 준비하고 있는 사람들로 하여금 자신들의 일과 관계 있는 것으로 볼 수 있기를 바란다.

　이 책은 주로 현장 교사들과 제2언어 교수학습의 현황에 대한 개요뿐만 아니라 이 현황의 기초가 되는 이론적, 경험적 배경에 대한 지식이 필요한 교사의 준비과정에 있는 사람들을 위한 책이다.

# 제1부
# 제2언어 교수 학습 상황

**도입**

    제1부의 세 장은 본 책의 나머지 부분에 대한 개념도의 역할을 한다. 또한 제2언어 교수 학습(second-language teaching and learning, 편의상 SLTL로 언급하겠다)에 대한 필자의 견해가 피력되고 있다. 따라서 내용은 선택적이고, 독특한 것이 될 것인데, 이는 필자를 때론 막다른 길로 이르게 할 뿐만 아니라 수많은 고속도로와 우회도로로 이르게 했던 교육전문가로서의 여정을 반영하는 것이라 하겠다.

    제1장은 제2언어 교수 학습 현황에 중대한 영향을 미쳤던 일반 교육분야로부터 생겨난 경향과 현안을 개괄한다. 또한 제2언어 교육의 철학과 원리가 일반 교육분야에 깊숙이 뿌리를 내리고 있음을 상기시키고자 한다. 언어교사로서 우리는 교육이라는 커다란 나무의 한 가지와도 같은데, 만일 우리가 이 나무의 다른 부분에 대해서도 해박하다면 교육 전문가로서의 삶도 헤아릴 수 없이 풍부해질 것이다.

    제2장은 제2언어 교수 학습 현황에 영향을 미쳤던 연구에 관한 것인데, 이 또한 선택적인 개괄에 머무를 수밖에 없다. 이는 교수법에 영향을 미쳤던 여러 분야의 연구들을 다루기 위해서는 여러 권의 책이 요구되기 때문이다. 연구에 관한 개괄은 이 책의 다른 장에서 좀더 자세히 다루기로 한

다. 이 장의 주 목적은 언어교사들에게 매우 중요한 다음과 같은 두 가지 문제점을 자세히 고찰하는데 있다.

◇ 정규학습과 언어습득의 관계는 어떠한가?
◇ 어떤 과제와 어떤 학급 운영의 유형이 제2언어 습득에 가장 용이한가?

따라서 이 장에서는 제2언어 습득, 학급 내 상호작용, 과업중심 언어교수, 학습유형과 학습전략에 대한 연구들을 살펴본다.

**제3장에서는 1장과 2장에서 제기된 주요 쟁점과 주제를 조명한다.** 이를 조명하기 위하여 적절한 용어의 부재로 필자가 명명한 제2언어 교수 학습에의 "전통적" 접근법과 "현대적" 접근법을 대조하고 있다. 두 접근법을 대조함에 있어 사실 연속선상에 놓여 있는 것들을 개념적으로 대립시키는 것이 무리임을 인정한다. 이 장에서 지적하고자 하는 것은 현대적 접근법이 점진적인 발전이라는 것과 가장 훌륭한 교수법은 전통적인 교수법을 부정하기보다는 그 장점을 수용한다는 것이다. 제조 또는 상업의 은유를 빌린다면, 우리가 하는 일에 가치를 추가하려고 끊임없이 노력해야 한다. 이 장에서 필자는 교수 요목 설계, 교수 접근법, 학습자 역할, 언어 접근법, 교재 사용, 교육 기자재, 학습 접근법, 수업 운영, 평가, 교실 밖에서의 학습 분야에 가치가 추가되어 오고 있음을 제안하고 있다.

## 제1장
# 제2언어 교수 학습의 개념적 기초

제2언어 교수의 동향을 전문적으로 이해하기 위해서는 그 기원을 알아볼 필요가 있다. 백미러(rear view mirror)를 보면서 운행하면 큰 진전을 기대할 수 없으므로 제2언어 교수 학습(SLTL)에 관한 개념 및 경험적 기초를 이해함으로써 앞으로 나아갈 수 있는 확고한 토대를 쌓을 수 있다. 본 장에서는 제2언어 교수 학습의 교육 및 철학적 기초를 탐색하고 제2장에서 경험적 기초를 논의하겠다. 본 장은 다음과 같은 과제와 개념을 취급한다.

**인간 중심 전통과 경험주의 학습**
◇ 교육의 개념 논쟁
◇ 인본주의와 경험주의 학습
◇ 귀납적 학습과 연역적 학습

**의사소통 중심 언어 교수**
◇ 언어에 대한 새로운 개념
◇ 학습자를 위한 학습 내용

**학습자 중심 교육**
◇ '학습자 중심(learner-centeredness)'의 정의

◇ 학습과정에서 학습자의 참여
  ◇ '학습자 중심'의 또 다른 차원
  ◇ 성인 학습의 원리

  **교섭 교육과정(Negotiated curricula)**
  ◇ 학습자의 기여를 통한 학습과정
  ◇ 학습자의 교섭과정 참여

  **과업 중심 언어교수**
  ◇ 과업의 정의
  ◇ 과업-연습
  ◇ 진정성의 원리
  ◇ 형태-기능의 원리
  ◇ 과업 의존의 원리

## 인간 중심 교육과 경험주의 학습

### ◆ 교육의 개념 논쟁

　많은 사람들에게 교육이란 지식으로 통해 왔다. 즉 대대로 계승되어 온 학습자 다시 말하면, 수없이 이어져 온 인류에 의해서 획득되어야 되는 것이 무엇이며 또한 어떻게 얻어질 수 있는가에 관한 문제이다. 정치적으로 볼 때 교육은 영원한 뜨거운 화제였다. 왜냐하면, 지식을 통제하는 사람들이 특권과 부(wealth)를 소유할 수 있었기 때문이다. 그러나 지식이 학교와 대학이라는 지식시장에서 거래되는 일종의 상품이라는 발상은 여러 가지 구상 중의 하나에 불과하다. 안다는 것이 무엇인가에 관한 정의의 시도는 지식이 어떻게 구성되어 있는가에 관한 해답을 얻으려는 시도만큼이나 많이 철학자들에게 관심 있는 주제가 되어 왔다. 20세기에 이르러 최소한 서양의 교육 상황에서는 교육의 기능이란 사실과 가치를 전달하여 그렇게 얻어진 지식에 추가하고 개념화하는 것으로 보는 입장과 학습자가 자신의 기능과 지식을 창조할 수 있는 상황을 만드는 것이 교육의 기능이라는 입장 사이에 열띤 논쟁이 있었다. 즉, 교육이란 학습자에게 의미를 부여하는 것이라고 믿는 사람들과 또 한편으로 교육이란 학습자 스스로 의미를 찾아낼 수 있는 과정을 촉진시켜 주는 것으로 보는 사람들 사이의 논쟁이었다. 후자의 입장을 지지하는 사람들과 필자 또한 다음과 같은 Oscar Wilde의 말에 동의하는 바이다. "교육은 참으로 놀라운 것이며, 알아야 할 가치가 있는 어느 것도 가르쳐질 수는 없다."

일반 교육의 보다 광범위한 차원에서 이와 같이 계속되어 온 논쟁은 언어 교육에 깊은 영향을 주어 왔다. 또한 이 논쟁은 제2언어가 아닌 외국어로서의 언어를 가르치는 원어민 교사가 자신들이 성장했던 문화 및 교육적 가치관과 차이가 있는 타 문화권에서 교육의 업무를 수행함으로써 학습자의 학습과정에 부정적 영향을 미치게 되는 또 다른 어려움을 겪게 된다.

모든 문화는 교수, 학습 그리고 교육에 관한 고유의 개념을 지니고 있다. 필자 자신이 성장했던 문화권의 원주민들은 그 자녀들에게 강의(lectures)를 통하여 교육시키지 않는다. 살아가는 기술은 귀납적으로 학습된다. 즉, 아이들은 연장자들을 관찰함으로써 배워 나간다. 문화적 관습과 규범 그리고 사람으로서의 자신에 대한 이해는 신화와 전설을 통하여 전수된다. Malcolm(1991)과 타 연구자들이 지적한 바와 같이 토착민 자녀들은 유럽의 학교 규칙과 규범(흔히 함축적인)에 적응하기가 매우 어렵다고 한다. (필자는 본 절의 끝 부분에서 '귀납적(inductive)' 학습과 '연역적(deductive)' 학습에 관한 개념을 설명할 것이다.)

영어교육에서 타 국적 소지자 교사(expatriate teachers) 또는 이국적 방법(expatriate methods)으로 훈련받은 사람들에 의해서 사용되는 많은 교수

방법의 적절성에 관한 논쟁이 오랫동안 지속되어 왔다. 몇몇 연구자들에 의하면 서양식 교육 개념은 비서양 문화권에서 부적절하게 적용되어 왔음을 지적하고 있다. 교육은 교육이 실시되는 문화 및 환경적 상황에 민감해야 할 필요성이 점차적으로 인식되고 있다. 필자가 현재 가르치고 있는 대학의 학부 학생 중 대학 교육을 받은 부모를 둔 학생은 한 명도 없다. 그들 중 몇몇은 아예 학교 교육을 받아본 적도 없는 부모를 두고 있다.

많은 개발도상국가에서 교육의 폭발은 또한 세대간의 오해를 야기 시켰다. 그것은 때때로 교육과정의 참여 당사자간에 갈등을 초래하기도 한다. 이러한 부모는 자기 자녀들의 교육 개념과는 차이가 있는 교육 개념을 갖고 있다. 필자가 맡고 있는 학생들을 어떻게 성취시키고 무엇을 가르쳐 줄 수 있는가를 탐색하는 과정에서 필자는 그들의 문화 및 교육적 배경을 주시할 필요성을 느낀다. 또한 대학 교육이 강의실 밖의 사회생활에 미칠 잠재적인 소외적 영향에 대해서도 살피고 있다.

교육이 전반적으로 어떻게 개념화되어야 하는가의 문제와 학습이란 이전 세대로부터 물려받은 일체의 내용을 숙달시키는 일, 특히 기능과 태도의 발달 인지의 문제에 관한 일반적인 토론은 현대적인 제2언어 교수 학습의 사고에 깊은 영향을 미쳐왔다. 본 장의 나머지 부분에서 밝히고 있는 것처럼, 의사소통 중심 언어 교수, 학습자 중심 교수 및 과제 중심 언어학습은 최근 20년 동안 이 분야에서 중요한 영향력을 행사해 왔다. 상호 관련성을 지닌 이 세 가지 항목은 교육에 대한 해석적 입장(interpretative view)의 일부로서 '학습은 교사로부터 학습자에게 전수된 기능과 지식'이라는 사고에 반대하는 주장을 펼친다. 인본주의 심리학에 튼튼히 뿌리를 내리고 있는 해석적 전통은 "학습이 일어날 수 있으려면 학습자 스스로 기능과 지식을 재구성해야 되며, 외적 요소로부터 단순히 기능과 지식을 수용하는 것이 아니다"라고 주장한다. "학생이 학습하려면, 결국 학생 스스로 학습해야 된다"는 표현은 이 경우에 적절한 것으로 간주된다.

◆ **인본주의와 경험주의 심리학**

　학습과정의 주체가 학습자이며 학습은 자기 발견 과정이라는 개념으로부터 경험주의 학습이 발생되었다. 경험주의 학습에서 학습자의 개인적인 직접경험은 학습과정을 어떻게 구조화할 것인지를 결정하는 것으로 시작된다. Kohonen(1992)에 의하면, 매우 다양한 이론에 근거하고 있다. John Dewey의 진보적인 교육철학, Lewin의 사회심리학, Piaget의 발달심리학 모형, Kelley의 인지 이론, Abraham Maslow의 연구 및 Carl Rogers의 인본주의 심리학 등이 바로 그에 해당한다.

　인본주의 심리학은 사회학과 심리학이 공유하는 상황에서의 경험을 의미있는 것으로 처리한다. 여기에서는 인간이란 내적으로 살필 뿐만 아니라 동시에 외적으로 작동하며, 행동을 동기화하는 것을 이해하려는 모든 시도는 필연적으로 개인을 집단과 연계하여야 한다는 주장이다. 인간 행동과 동기를 개인 또는 집단 중 어느 한쪽으로 고립시키려는 시도는 결과적으로 부분적인 관점만을 얻게 할 뿐이다. Kohonen(1992)은 경험에 관한 이와 같은 이중적 관점을 다음과 같이 언급한다.

> 　개인의 자아 개념은 환경과 더불어 상호작용하면서 점차적으로 형성되는 사회적 산물이다. 그것은 구조화된 그리고 통합적인 자아 관련 지각(perception) 형태로서, 점점 더 다양성이 있고 복잡해진다. 건강한 자아 개념의 발달은 적극적인 자아와 '의미있는 타인들(significant others)'을 무조건적으로 수용함으로써 증진된다.
>
> 　　　　　　　　　　　　　　　　　　　　　　　　　　　*p. 15*

Kohonen은 경험주의 학습이 개인적 성장을 촉진시키고 학습자를 사회 변화에 적응하도록 도와주며 학습 능력의 차이를 고려하여 학습자 요구와 실제적인 교수의 고려사항에 수용적 입장을 취한다는 점에서 옹호하고 있다. 이미 밝힌 바와 같이 경험주의 학습은 학습자의 지각과 경험을 학습과정의 출발점으로 간주함으로써 알고 있는 것으로부터 새로운 정보를 연결해 주는 교량역할을 한다.

경험주의 학습 이론 중 가장 잘 이해될 수 있는 모형은 Kolb(1984)의 견해이다. Kolb에 의하면, 경험 학습을 통하여 학습자는 직접 경험을 이해하는 과정을 거쳐서 알고 있는 것으로부터 새로운 것으로 이동한 뒤에 변환 과정을 통하여 직접 경험을 초월할 수 있다는 것이다. 언어교육 분야에서 인본주의와 경험주의적 학습의 관계는 이 두 가지를 연계시킨 Legutke와 Thomas에 의해서 다음과 같이 주장되고 있다.

> 인간중심 교육의 옹호자들은 의미있는 학습이란 학습자 자신에 의해서 주도되는 것을 강조하는 학습 개념을 펼쳐왔다. 비록 자극이 외부로부터 발생될지라도 발견 개념과 동기는 자아실현, 복지 및 성장에 대한 기본적인 인간의 욕구에 의해서 내부로부터 발생되기 때문이다. … 모험심과 안정성, 상호협동과 경쟁심, 자기 자신에 의해 지시 및 타인에 의한 지시의 문제와 더불어 과정 중심 수업의 개인 및 개인 간의 능력이 발현된다. 이러한 현상들을 고려하지 않는 교사들은 성공적인 학습관리의 매우 중요한 구성요소를 놓칠 수 있음을 밝히려고 노력해 왔음을 알려둔다.
>
> *Underhill 1989, 252 (Legutke와 Thomas 1991: 269에서 인용된 것임)*

인본주의와 경험주의 학습을 언어교육과 관련시킨 가장 분명한 시험은 Kohonen(1992)에 의해서 제시된 바, 그는 주장하기를 "경험주의 모형은 공유적인 동반자, 공통목표 및 학습의 공동관리에 대한 잠재능력 제공"(p. 31)으로 설명한다. 그는 또한 경험주의 학습에 의해서 제시되는 교실에서 행동은 전체 학생의 공동책임이며 교사는 학급 안에 있는 구성원의 일원임을 밝히고 있다. 그는 전통적인 교육모형과 경험주의적 교육 모형을 10개의 주요 영역으로 다음의 <표 1-1>에서 제시하고 있다.

표 1-1 전통 및 경험주의 교육모형의 비교

| 영 역 | 전통모형: 행동주의 | 경험주의 모형: 구성주의 |
|---|---|---|
| 1. 학습관점 | 지식 전달 | 지식 변환 |
| 2. 지배관계 | 교사의 권위 강조 | 교사를 학습자 중 1인으로 간주 |
| 3. 교사 역할 | 전체적인 교사 위주 수업; 개별적인 독자성 | 소집단 활동 속의 학습 촉진; 협동학습 |
| 4. 학습자 역할 | 비교적 수동적인 정보의 수용; 주로 개인별 활동 | 능동적 참여와 소집단의 협동학습 |
| 5. 지식 관점 | "확실한" 것의 제시; 응용 문제 풀이 | 개인적 지식의 구조화; 문제점 식별 |
| 6. 교과과정 관점 | 정적; 소재, 미리 정해진 내용과 산출물의 단계적 구성 | 동적; 열림 부분과 통합을 포함한 소재의 자유스러운 구성 |
| 7. 학습 경험 | 사실, 개념 및 기능에 관한 지식; 내용과 결과에 강조 | 과정 중심; 학습 기능, 스스로 탐색하며 사회적인 의사소통 강조 |
| 8. 과정 통제 | 주로 교사 주도의 학습 | 학습자 주도의 학습 |
| 9. 동기 | 외적 | 내적 |
| 10. 평가 | 결과 지향; 성취도 평가; 상대평가와 절대평가 | 과정 지향; 과정에 대한 반영, 자기평가, 절대평가 |

◆ **귀납적·연역적 학습**

　귀납적 학습과 연역적 학습은 또 다른 주요 개념으로서 이 책의 전체를 통하여 계속적으로 취급된다. 간단히 말해서, 연역적 학습이란 원리로부터 사례를 다룸으로써 우리의 지식을 넓혀 가는 과정이다. 이것은 아리스토텔레스 시대부터 비롯된 서양의 철학 및 과학적 사고에서 중요시 되어온 지적 도구이다. Cohen과 Manion(1980)에 의하면, 연역적 방법은 철학자 Francis Bacon이 '원리를 사례에 적용하는' 논리를 뒤집어 놓기까지 아리스토텔레스 시대부터 중세에 아무런 도전을 받지 않았다. 베이컨은 귀납적 방법이 우리의 언어지식에 보탬이 되는 것으로 옹호하였다. 귀납적 방법에서는 사례로부터 원리, 규칙 및 일반성을 추구한다.

인본주의 경험주의 학습을 귀납적이고 발견 지향적인 교육과 동일한 것으로 간주하기는 어렵다. 왜냐하면 이것은 아마도 지나치게 단순화시키는 것이 되기 때문이다. 사실상, 과학 분야에서조차 귀납적 관점과 연역적 관점상의 상반되는 태도는 의문시되었다. Mouly(1978)는 이 양자 사이의 통합적 관점을 다음과 같이 언급하고 있다.

> 조사자가 처음에는 발견한 것부터 가설로 귀납적으로 작동하는 과정을 거친 뒤에 다시 이 가설에서 그 함축성을 얻고자 얻어진 지식과 양립할 수 있는 관점에서 그 타당성을 점검하는 연역적 과정을 거치는 탐색과정이다. 필요한 경우에는 수정한 후에 이 가설이 경험적 수준에서 그 타당성을 검증하기 위해 특별히 고안된 자료 수집을 통하여 후속적인 검증을 받는다.
>
> *Mouly 1978*

비록 Mouly의 주장이 연구 상황에 해당될 지라도 귀납적·연역적 학습에 관한 개념을 전반적인 학습과 특히 언어학습 분야에 적용시키는 것은 어려운 일이 아니다. 언어 자료와 언어 원리(언어습득의 구조적인 접근방법을 모색하는 "규칙") 사이에 내재하는 Mouly의 통합적인 견해는 제4장에서 다시 논의될 것이다. 이것은 또한 인간의 인지적 기능과 상통하는 것처럼 보인다.

> 사람들은 가설을 끊임없이 설정함으로써 자신의 환경에 반응하는 것처럼 보인다. 처음에는 이렇게 해보고 나중엔 또 저렇게 해보는 즉, 귀납적 탐색의 이 성가신 싸이클은 연역과 귀납 사이에 수은의 진동에서 접점이 닿지 않으므로 필자는 사람들이 언어(모든 것 중에서)를 어떻게 처리하며 그들에게 제공되는 학습과제에 어떻게 반응하는지 그 반향을 신뢰하고 싶다.
>
> *Nigel Bruce, personal communication*

본 장의 나머지 부분에서는 인본주의와 경험주의 학습이 지난 20년 동안 언어교수에서 등장했던 매우 중요하고 영향력 있는 사고에 어떠한 정보를 제공해 왔는지에 관하여 살펴보겠다. 의사소통적 언어 교수, 학습자 중심 교수, 교섭 교과과정 및 과업 중심 언어 교수가 바로 그것이다.

## 의사소통 언어 교수법

지난 20년 동안 언어 교수에서 가장 큰 변화는 분명히 의사소통 언어 교수법(Communicative Language Teaching)이다. 본 절에서는 이 교수법의 개념적 양상을 설명하고 제2언어 교수 학습(SLTL)에 관한 경험적 배경을 다루는 부분에서 의사소통 언어 교수법(CLT)에 영향을 미친 연구들을 소개한다.

◆ **언어의 개념 재확립**

언어를 가르치는 방법의 변화에 관한 중요한 자극은 언어학자와 언어 교육자들이 언어 그 자체를 재평가하기 시작했던 1970년대에 발생했다. 1960년대까지는 언어는 일반적으로 규칙의 체계로서 간주되었고, 언어를 배우는 학습자의 임무는 가능한 수단을 모두 동원하여 이러한 규칙을 내재화하는 일이었다 (보다 형식적인 상황에서는 교사 또는 교육 상황에 따라서). 언어는 통합된 체계로서 간주되었으며 학습자의 궁극적인 목적은 원어민의 목표 언어 수준에 접근하는 것이었다. 학습자에게 우선시 되는 것은 언어의 구조를 습득하는 것이며, 이 과정에서 의미에 관한 고려는 거의 주변적이었다. 사실상, 몇몇 언어 전문가들은 교수란 기본적인 통사유형을 가르치는 것에 집중해야 하며 어휘와 의미 체계의 발달을 무시하거나 최소화해야 한다고 주장하였다 (이에 대한 예외적 견해가 있는데, 예를 들어 Newmark & Reibel, 1968 참조).

그러나 1970년대 중에 언어에 관한 보다 풍요한 개념화가 등장하기 시작했다. 언어는 의미의 표현을 위한 체계로 간주되었고 언어학자들은 언어를 추상적인 통사규칙 체계로서보다는 의미 표현을 위한 체계로서 분석하기 시작했다 (방법론자들이 언어교수에 어떻게 접근해 가고 있었는지의 변화를 알아보기 위해서는 Brumfit 1984 참조).

언어가 의미 표현의 체계로서 분석되고 기술되며 가르쳐질 수 있다는 인식은 언어 교수에 지대한 영향을 미쳤다. 그것은 최소한 교수요목 설계와 교재 제작에 커다란 영향을 주었다. 그 효과가 언어교실 자체에 매우 심오한 영향을 주었는지에 대해서는 의심의 여지가 있다. 언어가 의미 표현 체계이며 학습자에 따라 의사소통 목적이 다르다면 이 상이한 의사소통 목적은 학습자의 교육내용에 반영되어야 한다. 바꾸어 말하면, 학습의 필요 요구에 기초한 교육과정의 발달과 학습자 요구를 분석 기술하는 도구 및 기술의 출현을 유도해 주는 것은 바로 이러한 통찰력에 근거한다 (Munby, 1978; Brindley, 1984). 우리는 이러한 기술의 일부를 제6장에서 논의할 것이다.

◆ **학습자에게 알맞은 교육과정**

특정한 문법구조 또는 어휘 항목은 언어체계의 일부라는 이유로 학습자가 매스터할 필요가 없다는 생각은 배운 내용이 학습자마다 각자가 지니고 있는 서로 상이한 요구를 반영해야 한다는 통찰력과 부합하여 앞 절에서 논의된 바와 같이 인본주의 심리학과 경험주의 학습에서 형성된 지식의 해석적 관점과 조화를 이룬다. 이러한 전통은 모든 것을 학습할 필요가 없으며 언어란 학습자에게 전수되는 외적 지식의 총화가 아니라는 생각을 합리화시켰다.

방법론적 입장에서 언어의 이와 같은 새로운 관점은 중요한 영향을 끼쳤다. 언어교수의 목적이 서로 다른 의사소통적 의미 표현을 위한 기능을 발전시키는 것이라면 이 목표가 교실 수업의 과업 활동에 반영되어야 한다. 본 장의 후반부에서 이러한 통찰력이 언어교수에서 과업 중심 접근법의 출현을 어떻게 유도하는지를 살펴보겠다.

서로 다른 학습자에 따라 의사소통적 필요성에도 차이가 있다는 생각은 교육과정(무엇이 교육되어야 하는가?)과 학습과정(어떻게 가르쳐야 되는가?)의 내용 모두에 반영되어야 한다. 이러한 견해는 교사와 교과서로부터 학습자에 초점을 맞춘 이론적 변화에 의해서 또한 강화되었다. 필자가 앞에서 논의한 인본주의 전통으로부터 부분적으로 비롯된 학습자 중심 교육은 제2언어 교수 학습(SLTL)의 발전에 의해서도 강화되었다.

## 학습자 중심 교육

◆ '학습자 중심'의 정의

학습자 중심 교육에 관한 개념은 다양한 해석이 가능하기 때문에 논쟁의 소지가 있다. 어떤 교사들은 이 개념에 부정적인 반응을 보인다. 왜냐하면 이 개념 속에는 교사 자신의 교육적 역할을 가치 없는 것으로 간주하는 의미가 함축되어 있다고 느끼기 때문이다. 또 다른 교사들은 이 개념에는 교사에 속하는 의무와 책임을 학습자에게 이양하는 맥락도 포함되어 있다고 생각한다. 필자가 보기에는 이러한 비판들은 잘못된 것이며 본 절의 뒷 부분에서 이에 대한 필자의 견해를 밝히고자 한다.

첫째, 필자가 이 문제에 관하여 맨 먼저 어떻게 관심을 갖게 되었는지를 밝히고 싶다. 그것은 몇 해 전에 생긴 일이었다. 그 당시 필자는 교사로서 강조하는 것과 학생들이 필자가 제공하는 교수 기회로부터 얻고 있는 것 사이에 커다란 격차가 놓여 있음을 알게 되었다. 필자는 곧 바로 Dick Allwright가 말한 "왜 학습자는 교사가 가르치는 것을 배우지 않는가?"라는 의미에 집착하게 되었다(Allwright, 1984). 필자가 학습자의 언어자료 표본은 수거하여 분석해 본 결과에 의하면, 필자가 학습자에게 학습하도록 제공한 것과 그들이 실제로 학습한 것처럼 보이는 내용 사이에 격차가 있음이 입증되었다. 필자가 맡고 있는 학생들의 학습에 내재하는 복합적 과정을 이해하기 위해서는 필자가 반드시 학생들의 관점에서 성찰해야 한다는 점을 깨달았다. 필자는 학생들이 배우고 싶어하는 것이 무엇이며 그들은 어떻게 그것을 학습하는지를 발견해야만 했다. 학습자 중심 원리에 의해 유도되는 교실을 운영하는 교사들이 다른 보통의 교실에서 가르치는 교사들과 유사한 결정을 내린 것이 아닌가 하는 결정에 이르게 되었다. 그 중요한 차이점은 학습자 중심 교실에서는 무엇이 가르쳐지고, 어떻게, 언제 가르쳐지며 또한 어떻게 평가할 것인지의 문제가 모두 학습자와 관련지어 이루어진다는데 있다. 학습자에 대한 정보를 학습자로부터 얻음으로써 무엇을, 어떻게, 언제 가르치며, 어떻게 잘 평가할 수 있는지의 문제에 효과적인 해답이 제공될 수 있다.

그러나 내가 발견한 것은 학습자가 그들 자신의 학습과정에서 통합적인 선택을 할 수 있는 천부적인 능력을 지닌 채로 또는 복잡한 교육적 지식을 지닌 채로 언어교실에 임하는 상황이 아니라는 점이다. (이것은 다음 절에서 '학습자 중심'에 관한 강한 해석으로 규명한다.) 사실상, 무엇을 배우고, 어떻게 공부하고, 언제 학습하는지에 관한 통찰력 있는 선택 능력을 선천적으로 지니고 있는 학습자는 거의 없다. 그들은 일정한 과정을 거쳐서 어떻게 학습해야 하는지를 배우는 자기적인 과정을 필요로 한다. 학습자는 교사의 안내와 도움을 통해서만 이것이 가능하다. 교사의 역할은 따라서 학습자 중심 체계에서 강화되며 교사에게 요구되는 기술 또한 간단한 것이 아니다. 이러한 까닭에 학습자 중심 체계에서 교사의 가치가 저하된다는 생각을 거부한다.

◆ **학습과정에서 학습자의 활동**

이제 '학습자 중심' 개념으로부터 이와 밀접한 관련성을 지닌 '학습 중심' 개념을 살펴보기로 하자. 학습 중심 교실은 학습자가 결정할 필요가 있는 기능을 체계적으로 훈련시킴으로써 학습자로 하여금 중요한 교육적 결정을 할 수 있도록 고안된다. 이러한 교실은 보상적인 목표로 구성된다. 일련의 목표가 언어 내용에 초점을 맞추고 있다면, 다른 목표는 학습과정에 맞추어진다.

그러므로 학습자는 그들이 배우고 싶은 것과 어떻게 배우고자 하는지에 관한 통찰력 있는 선택을 하기 위해서 필요한 기능과 지식을 체계적으로 배운다. 학습자가 중요한 학습기능을 소지한 채로 학습에 임한다고 가정하는 대신에 현명한 교사는 많은 학습자들이 교수 과정에서 이러한 기능을 단지 개발하기 시작한 것에 불과하다고 생각한다.

이상의 논의 과정에서 볼 때, 학습자 중심 교사란 권한과 힘을 학습자에게 일방적으로 넘겨주는 것이 아니다. 그보다는 학습자가 점진적으로 자신의 학습에 대한 책임을 지닐 수 있도록 교육한다. 이 점에 관해서는 다음 절인 교섭 교육과정(negotiated curricula)에서 다루고자 한다. 사실상, 학습자 중심 교육과정은 언어 프로그램의 설계와 전수에 있어서 보다 전통적인 접근방법에 대한 급진적 대안은 아니다.

> [학습자 중심] 교육과정은 전통적 교육과정에 포함된 내용과 유사한 요소를 포함한다. 즉 계획(필요요구 분석, 목적과 목표 설정), 수행(방법론과 자료 개발) 및 평가 (Henkins, 1980 참조) 면에서 그렇다. 그러나, 학습자 중심 교육과정과 전통적인 교육과정 개발 사이에 중요한 차이점은 전자에 있어서는 교육과정이 교사와 학습자 사이에 협동적인 노력이 가능하다. 왜냐하면 학습자가 교육과정의 내용과 어떻게 가르쳐지는지에 관한 과정을 결정할 때에 학습자가 긴밀하게 관련되어 있기 때문이다. 이와 같은 변화는 전반적인 교육과정에 실제로 중요한 의미를 지닌다. 왜냐하면 교사나 교육기관에 의해서 사전에 통제된 방법에서는 교섭 교육과정이 소개되거나 관리될 수 없기 때문이다. 특히 교섭 교육과정은 전체 교육과정 개발에 있어서 교사에게 짐이 된다.
>
> *Nunan 1988: 2*

이와 같은 접근방법에 관해서 때때로 쏟아지는 비판은 학습자가 원하는 것이 무엇인지를 학습자 자신이 알지 못한다는 점이다. 학습자가 통찰력 있는 선택을 하는데 필요한 기능과 통찰력을 항상 갖추고 있지 못한 것이 사실이지만(따라서 학습방법을 배우는 영역을 교실에 통합해야 하는 이유가 된다), 학습자가 무엇을 원하는지에 대하여 전혀 의식이 없는 학습자를 만나보아야 하겠다. 학습자가 자신의 요구를 정확한 방식으로 구체화하여 표현할 수는 없지만 이에 관한 아무런 생각도 갖고 있지 못하다는 견해는 상당수의 연구에 의하면 사실이 아님이 밝혀졌다. 몇 해 전에 필자는 호주의 성인 이민 교육 프로그램에서 교사와 학습자의 학습 선호사항에 관한 비교 연구를 수행한 바 있다 (Nunan 1988). 선택된 학습 과제활동과 관련하여 학습자와 교사의 선호도를 비교해 본 결과 몇 가지 뚜렷한 대조적인 사항과 극적인 불일치 사항을 발견하였다. 이 연구의 결과는 <표 1-2>에 제시된다. 여기에서 보면 교사와 학습자 사이에 회화 연습에 대하여 모두 매우 높은 선호도를 보인다는 하나의 사항을 제외하고는 모든 다른 항목에서 불일치를 보여주고 있다. 예를 들면, 학습자는 짝 활동(pair work)에 낮은 수치를 부여하는데 반하여 교사는 높은 수치를 부여한다. 학습자 자신에 의한 오류 발견의 경우도 마찬가지이다. 학습자 입장이 모든 경우에 연계되어야 한다는 의미는 아니다. 그러나 필자의 주장은 최소한 교사가 학습자의 생각이 무엇인지 발견하고 그들이 배우고 싶어하는 것을 느껴야 하며 그들이 어떻게 배우고 싶어하는 지를 파악하여 교사 자신의 수업 계획에 고려해야 한다.

    불행히도 교사의 견해와 학습자의 견해 사이에 불일치 하는 국면에 임하여 교사는 이 딜레마를 해결하는 두 가지 방법이 있다고 생각한다. 즉 학습자 자신이 교사의 견해에 일치하는 것으로 가정하여 학습자 입장을 수용하든지 아니면 교사가 "나는 박사이고 내가 당신을 가장 잘 알고 있다"라는 태도를 견지하는 것이다. 그러나 이 양자 사이에 많은 입장이 잠재하고 있다. 앞에서 논의한 바처럼 교섭과정은 양방과정(two-way process)이다. 중요한 것은 차이점이 존재한다는 것과 양편 모두 무엇인가 얻을 수 있도록 소위 상호 승리 상황(win-win situation)을 만들어야 한다는 점이다. (다음 절에서 이에 관한 구체적 사항을 살펴볼 것이다.)

표 1-2 교사와 학생의 학습활동 선호 정도의 비교

| 활동 | 학생 | 교사 |
| --- | --- | --- |
| 발음 연습 | 매우 높음 | 중간 |
| 교사 설명 | 매우 높음 | 높음 |
| 회화 연습 | 매우 높음 | 매우 높음 |
| 오류 수정 | 매우 높음 | 낮음 |
| 어휘 발달 | 매우 높음 | 높음 |
| 녹음 테이프 청취 | 낮음 | 다소 높음 |
| 오류에 대한 학습자의 발견 | 낮음 | 매우 높음 |
| 그림, 영화, 비디오의 활용 | 낮음 | 중간 |
| 짝 활동 | 낮음 | 매우 높음 |
| 언어 게임 | 매우 낮음 | 낮음 |

필자는 본 장을 집필하면서 학생들의 욕구와 필자 자신의 교수계획 사이에 갈등을 빚은 필자 담당의 한 수업 상황을 떠올려 본다. 비록 표면적으로는 학문적인 영작 수업이지만, 그 목적이 학생들에게 영어로 학문적인 에세이를 쓸 수 있도록 준비시키는 과정이지만, 학생들은 많은 비디오 자료 시청과 소집단 활동을 곁들인 '재미'에 기초한 강좌를 원하고 있다. 필자는 강좌의 본래 목표를 달성하는 동시에 학생들이 원하는 것을 제공할 수 있도록 강좌 내용을 재구성하고 있는 중이다. (필자는 이 학생들이 강좌에 대하여 말하고자 하는 바를 학습자 역할과 기여점이 논의되는 제5장에서 살펴보기로 한다.)

◆ **학습자 중심: 또 다른 영역**

'학습자 중심'이란 용어가 자주 사용되는 또 다른 의미가 있다. 이 말이 교실과 관계될 때 학습자가 무엇을 배우고 어떻게 배우는지에 관한 선택의 문제에만 국한되는 것이 아니라 학습자가 능동적으로 학습 과정에 참여하는 즉, 전반적 학습 과정에서 학습자에 초점을 맞춘 의미도 부여된다. 앞으로 논의되겠지만, 이와 같은 수업은 사실상 학습자의 상호작용 기회가 극대화될 때 언어습득이 촉진된다는 제2언어 습득 연구의 맥락과 일치된다. 다음 장에서 필자는 이러한 입장을 지지하는 몇 가지 연구 성과를 제시하겠다.

공학적 교실 상호작용의 잠재적 장점은 교사가 획일적으로 진행하는 교실 수업보다는 초점이 학습자에게 맞추어짐으로써 Barnes(1976)의 고전적인 저서 *From Communication to Curriculum*에 기술되어 있는 것처럼 균형 있게 연출된다. 에피소드가 내용 교실에서 발생되어 그 산출물이 교실에 직접 적용될 수 있다. "The Bully Asleep"이라는 제목의 시가 활동과제를 위한 입력 자료로 주어졌다. 여기에서 교사는 한 집단의 아동들이 자고 있는 골목대장(bully)을 귀찮게 할 때 교사는 개입에 실패한다. Barnes는 학생들을 소집단으로 편성하여 다음과 같이 학생들에게 말한다. "여러분의 의사에 따라 시에 관하여 말해보고 완료했을 때 선생님에게 알려주세요"(p.25). Barnes는 학생들의 활동을 녹음했으며 소집단 활동의 토의 내용을 분석해 보았다. 그의 분석 결과에 의하면, 이 과제 활동은 다음과 같은 이유로 작동되었다고 결론짓는다.

> "교사의 부재는 학습 책략의 통제권을 학습자에게 넘겨주었다. 이 경우에 어느 과제도 미리 정해져 있지 않기 때문에 아동들은 자신이 묻고 싶은 질문을 조정할 수 있다. 교사가 현명하게 행동했느냐의 문제는 이제 시인에 관계되는 것이 아니라 그들 자신에 관한 문제이다. 그러나 교사의 부재는 학생들의 학습과정에 권위를 제거한다. 그들은 딜레마를 해결하고자 교사에게 의존할 수 없다. 따라서 이러한 토의 과정에서… 학생들은 가설을 설정할 뿐만 아니라 그들 스스로 가설을 평가하지 않

을 수 없다. 학생들은 다음의 두 가지 측면에서 이것이 가능하다. '세상 사의 이치'라는 것에 대한 자신들의 기존 관점에 대하여 가설을 검증하는 것과 그 '증거'에 회귀하는 방법, 이 경우에 그 증거는 시이다. 그러나 시가 아닌 지도, 역사적 문서에 관한 팩시밀리, 숫자 데이터의 도표 또는 과학 도구일 수도 있다.

Barnes, 1976: 29

◆ 성인 학습의 원리

앞에서 필자가 제시했던 특징 즉, 학습자가 그들 자신의 학습에 내재된 과정에 체계적으로 감응하면서 점차적으로 자신의 학습에 대한 책임을 진다는 입장은 '학습자 중심' 학습의 약설(weak interpretation)이다. 이에 반하여 강설(strong interpretation)은 (예로써, Brudage & Macheracher, 1980) 첫 수업부터 학습자가 무엇을 배워야 하며 어떻게 배우고 평가되는지에 관하여 결정하는 과정에 참여할 권리를 지닌다고 주장한다. 이와 같은 강설은 성인 학습이나 성인 교육학(andragogy)에 대한 연구로부터 비롯되었다 (Knowles 1983 참조).

다음에 제시된 원리는 성인 학습의 실제를 집약시킨 것이다. 이 원리들은 Brundage와 Macheracher(1980)에 의해서 고안된 것이며 그들은 성인 학습에 관한 폭넓은 연구를 수행하였다.

◇ 자신의 경험을 추후 학습을 위한 자원으로 가치화하거나 자신의 경험이 타인에 의해서 평가되는 성인은 보다 나은 학습자이다.
◇ 자신의 현재 및 이상적인 자아 개념과 상응하는 학습목표를 스스로 개발할 때 성인은 좋은 학습성과를 거둔다.
◇ 성인은 정보에 초점을 맞춰 수용하며 처리하는 구조화된 방법을 이미 발달시켰다. 이것은 인지적 스타일(cognitive style)이라고 불린다.
◇ 성인은 학습과정에 영향을 주는 유기적인 체계의 자신에 관한 기술 및 감정을 갖고 학습 활동에 들어간다.

◇ 성인은 타인에 의해서 설정된 수준과 목표에 맞추기보다는 자신의 이상적인 자아 개념의 방향으로 변화하고 있는지에 대하여 더 많은 관심을 갖는다.
◇ 성인은 과잉 자극이 부여될 때 또는 극단적인 스트레스나 불안감을 경험할 때 학습이 되지 않는다.
◇ 다양한 통로를 통하여 정보를 처리할 수 있으며 학습 방법을 터득한 성인은 가장 생산적인 학습자이다.
◇ 학습 내용이 개인적으로 과거의 경험 또는 현재의 관심사에 관계될 때 그리고 학습 과정이 삶의 경험과 관계될 때 성인 학습은 성공적이다.
◇ 낯선 정보가 다양한 감각적 형태와 경험을 통하여 제시될 때 그리고 패턴에 따라 구분이 가능하도록 주제별로 충분한 반복과 변형이 동반될 때 성인 학습은 성공적이다.

위의 목록은 학습과정에서 학습자의 구조적 역할을 강조하는 인본주의와 경험주의적 전통을 강하게 반영하고 있음을 알 수 있다. 사실상 필자가 이 원리들을 처음 접했을 때 상당수의 원리들이 단순히 성인만이 아니라 모든 학습자가 학습과정에서 겪는 상황을 반영해 주고 있다는 생각이 떠올랐다.

이미 인용한 대부분의 연구는 일반 교육학 범주에서 실시된 것이었다. 그러나 Brindley는 1984년에 호주에 온 이민과 그들을 담당한 교사에 관한 성인 학습에 대하여 상세한 연구를 한 바 있다. 자신의 연구로부터 Brindley는 다음과 같은 사실을 발견하였다.

> 평생교육의 개념에 내재한 기본 원리 중의 하나는 교육이란 개인에게 있어서 자신의 운명을 통제할 수 있는 능력을 개발시켜야 하며 따라서 학습자가 교육과정의 중심적 존재이어야 한다는 것이다. 이러한 의미는 교육기관과 교사에게 교수 프로그램이란 학습자의 필요 요구에 초점을 맞추어야 하며 학습자 자신이 학습 수행을 평가하는데 사용되어지

는 수단을 결정하는 동시에 학습목표, 내용 및 방법의 선택에 관한 책임을 지녀야 한다는 것이다.

Brindley 1984: 4-5

제5장에서 학습자를 학습과정의 중심에 두어야 하는 실제적인 함축성을 살펴보겠다.

## 교섭 교육과정

학습자 중심 이론은 교사의 교수 일정과 더불어 학습자의 관점이 주고받는(give-and-take) 과정을 통하여 만족되는 교섭 교육과정의 형태 속에서 실제적인 효과를 볼 수 있다. 내용과 과정이 교섭되어지는 교실에서는 교사도 학습자도 일방적으로 독단적인 상황이 불가능하다. 그 용어가 시사하는 것처럼 무엇이 가르쳐지며 어떻게 학습되는지는 토의와 타협을 통해서 진행된다.

◆ **학습과정에 대한 학습자의 기여**

여러 경우에서 필자는 학습과정의 모든 단계에서 학습자와 교섭할 수 있었던 상황에서 일해 왔다. 그러나 대부분의 경우에 교섭이 실제로 발생했던 것은 교육과정의 수행 단계이다. 어느 상황에서 학습자와의 교섭 가능성을 의심하는 사람들에게 모든 교실 상황에서 교섭의 요소가 존재한다고 필자는 주장한다. 임의의 시간 동안 배타적으로 비교섭적인 교실상황을 유지하기는 불가능하다. 다시 말해서, 교섭이란 교실 안에서 이루어지는 교육적 거래활동의 가변적 물품이다. 학습이 교섭적인지 또는 위임된 것인지는 단순히 교과과정의 수준에만 국한된 것은 아니다. 교섭과정은 수업의 전반적인 내용과 절차에 관련된 커다란 요소를 포함할 뿐만 아니라 집단 또는 짝 활동으로 구성되는 특정한 과업수행과 같은 미약한 요소도 포함된다.

학습자의 교육과정에서 학습자의 의견이 수용되어야 한다는 견해의 정당성에 대한 증거가 있는가에 관하여 필자는 그렇다라고 믿는다. 1992년에 Slimani는 학습자가 교실 상호작용으로부터 실제로 학습하는 것을 발견해 보기로 결정하고 다음과 같은 문제를 제기하였다.

◇ 상호작용적인 교실 상황에서 개별학습자가 학습한 것이라고 주장하는 것이 무엇인가? (Slimani는 이러한 학습 이해를 'uptake'란 용어로 표현함)
◇ 교실에서 발생하는 위와 같이 표현된 학습 이해과정을 설명할 수 있는 것은 무엇인가?

Slimani의 학생들은 영어로 공학 공부를 준비하려는 알제리의 EFL 학습자 집단이었다. Slimani의 발견에 의하면, 교사에 의해서 화제(topics)보다는 학습자에 의해서 추천된 화제가 더 잘 학습된 것으로 확인되었다. 바꾸어 말하면 학습자가 수업 내용에 기여할 수 있는 기회를 가질 때 학습자가 학습된 것으로 주장하는 내용이 바로 자신들의 기여가 된 내용이라는 점이다. Slimani는 다음과 같이 보고한다.

> 약 77.45%의 화제문 처리(topicalisation)는 교사에 의해서 실행되었다. 이것은 특별히 놀라운 것은 아니다. 왜냐하면 담화가 교사에 의해서 일방적으로 통제되었기 때문이다. … 그러나 보다 흥미로운 것처럼 보이는 현상은 교사 대 학생의 보다 적은 기회의 효과를 분석해 볼 때 화제문 처리현상에 있어서 학생이 더 많은 기회를 제공받았다. 학생들은 교사로부터 보다는 동료 학습자들의 보다 적은 화제문처리 사례로부터 더 많은 도움을 받았다. … *학습자에 의해서 주도된 화제가 교사에 의한 것보다 학습자들로부터 더 많은 관심을 불러 일으켰다.*
>
> Slimani 1992: 211

◆ **학습자를 교섭과정으로 유도하기**

　필자가 앞에서 밝힌 바와 같이 교섭과정은 전부 아니면 아무것도 아닌 극단적 과정이 아니다. 교섭과정은 수준과 정도가 유지된다. 사실상 그것은 하나의 연속체이다. 필자의 담당 강의수업에서 학생들을 연속체에 따라 열심히 유도해 보았다. 일련의 단계를 교육과정 속으로 통합시켜 봄으로써 교섭이 가능했다. 다음에 제시되는 단계들을 순차적으로 설정했을지라도 어느 단계는 서로 중첩되며 동시에 소개될 수도 있다. 이러한 현상은 특히 4—9단계에 해당되며 이들은 학습과정에 초점을 두고 있다. 단계 4—9는 내용 중심 지향적인 단계 1—3과 병행하여 소개될 수 있다.

◇ **제1단계**: *지시 목적을 학습자에게 분명하게 전달시킨다*
　학습자에게 지시하는 목적을 분명한 목소리로 전달하는 것으로 출발한다. 필자가 여러 해 동안 많은 교실에서 모은 증거가 맞다면 위의 1단계 사항이 제대로 지켜지는 경우가 매우 드물었다. 몇 해 전에 필자가 어느 연구에서 교실수업 관리를 살펴보았는데, 학습자에게 교수 항목을 분명히 밝혀주는 단 한 명의 교사가 있었다. 그 교사는 자신의 1차시 수업에서 지도 방법을 제시하였다. 그녀는 목표와 목적이 함축된 위임된 교과서를 사용하였으나 학습자에게 차시의 목표를 분명하게 전달할 수 있었다. 그녀는 학습자에게 단순히 정보를 전달하기보다는 학습자를 학습과정에 능동적으로 참여시킴으로써 수업 목표를 달성하였다.

　　**교사**: *오늘 우리는 좋아하는 것과 싫어하는 것에 관하여 말해 보기 연습을 하겠습니다. 자! 그러면 음악이나 영화 등에 대하여 말해 볼까요? 좋습니다. Kenji? 자, 22페이지를 열어볼까? 거기에 해당 단원이 시작되는데 [ 학생으로부터 알아들을 수 없는 말소리가 들린다 … 그게 무슨 뜻이니? … 그래, 좋아. 자, 그 단원을 신속하게 살펴보고 사람들이 무엇인가 좋아한다고 말하는 하나의 사례와 싫어한다고 말하는 하나의 사례를 찾아볼까요? 알겠어요? 각*

*각 한 가지씩의 사례 말이에요. 여러분이 말해주면 그 표현들을 여기 칠판에 적어보겠습니다.*

만일 여러분이 스스로 자료를 제작하거나 타인에 의해서 쓰여진 것을 개작한다면 목표를 명확하게 하는 일은 비교적 쉽다. 다음 사례에서 보여주듯이 다시 한번 학습자들을 능동적으로 참여시킬 수 있다.

<그림 1-1>에서 보여준 목표로 시작된 단원은 학습자들에게 <그림 1-2>와 같은 학습자 스스로 점검하는 연습을 수행토록 요청함으로써 완료될 수 있다. 이것이 비록 상업적 자료로부터 발췌된 것이지만 교사라면 누구든지 쉽게 만들 수 있는 연습 사례이다.

앞에서 언급한 바와 같이 학습자에게 교육 항목을 명시해야 한다는 생각은 비교적 논쟁의 여지가 없으며 어린 학습자를 제외하고는 모두에게 적용 가능하다. 이것은 학습자가 자신의 목표와 학습 내용을 선택함에 있어서 학습자를 참여시킬 수 있는 토대가 된다. Dam과 Gabrielsen(1988)은 비교적 나이 어린 학습자조차도 자신의 학습 내용과 과정에 대하여 결정할 수 있음을 발견하였다. 학습자는 적성과 능력에 관계없이 그들 자신의 학습 내용과 과정을 선택함에 있어서 적극적이고 생산적으로 참여할 수 있었다. 나아가서 학습자들은 자신의 학습에 대한 책임을 수용하는 데에 있어서도 긍정적이었다.

◇ **2단계:** *학습자가 자신의 학습목표를 설정토록 한다*

학습자에게 표현하도록 하는 다음 단계는 학습자가 자기 자신의 목표와 내용을 창출할 수 있도록 허락하는 것이다. 이 단계에서 학습자를 참여시키는 흥미롭고 실제적인 방법이 Parkinsonrhk O'Sullivan(1990)에 보고되어 있다. 그들은 강좌 내용을 조정하는데 있어서 학습자를 참여시키는 방법으로써 행위모임(action meeting)의 개념을 보고한다.

> **Unit Goals**
>
> In this unit you will:
>
> **Make comparisons**
> "Which do you prefer, the bus or the subway?"
> "I guess I like the subway better."
>
> **Make plans**
> "I'm going to fly to Spain for my vacation."

그림 1-1  *ATLAS* - Book 3, Heinle & Heinle Publishers

> Review the language skills you practiced in this unit.
> Check [√] your answers.
> **CAN YOU**:
> Make comparisons?           ☐ yes   ☐ a little   ☐ not yet
> Find or give an example: ........................
>
> Make plans?                 ☐ yes   ☐ a little   ☐ not yet
> Find or give an example: ........................

그림 1-2  *ATLAS* - Book 3, Heinle & Heinle Publishers

강좌 관리를 위해서 하나의 장치가 필요했다. 강좌 배후에 안내자와 동기조성 기능으로써 개인적 관심사를 처리하고 흥미와 필요요구 그리고 기질에 관한 잠재적 갈등을 조정할 수 있어야 한다. 또한 그것은 집단의 존재 이유를 위협하지 않으면서 개인을 만족시킬 수 있어야 한다. 도입 부분에서 미리 밝힌 것처럼 집단은 이제 교사에 의해서 제안된 장치 즉, 일련의 행위모임(Action Meeting)을 실험한다 … [이들]은 의미와 진정성 있는 내용을 교섭하면서 영어 상황 모임 속(개인간에 그리고 문화간에)으로 참여할 수 있는 기회를 제공하게 된다. 그들은 집단의 응집력과 동기를 촉진시킬 수 있는 수단이 되며 참여자에 의한 계속적인 프로그램 평가가 가능한 기본적인 장치가 될 수 있다.

*Parkins & O'Sullivan 1990: 119-120*

◇ **제3단계:** *학습자가 교실 밖의 상황에서 목표어를 사용할 수 있도록 격려한다*
여기에서는 아이디어는 학습자로 하여금 교실 밖에서 언어를 구사하도록 만드는 것이다. 다음의 교실상황 발췌문은 한 명의 교사가 교실 밖에서 학생들에게 목표어로 표현할 수 있도록 고무시키는 방법을 소개한다.

[교사가 학생들에게 말하는 상황에서 학생들은 2—4명의 소집단 형태로 앉아있다.]

**교사:** 자, 여러분! 여러분이 알다시피 오늘 아침 우리는 선생님 없이 그리고 수업 상황이 아닌 가운데 영어 공부를 할 수 있는 방법을 찾아볼 것입니다. 우리 주변의 사물들이 우리를 도울 수 있을 것입니다. 우리가 살펴볼 맨 처음의 것은 이러한 것입니다. [교사가 몸을 구부려서 비닐 쇼핑백을 집어 든다.] 자, 이 쇼핑백 안에는 신비로운 물건들이 가득 차 있습니다. 우리는 영어 구사력을 증진시킬 수 있습니다. 이제 복주머니와 관계된 활동을 하겠습니다. 복주머니를 가지고 활동해 본적이 있지요?

**학생:** 맞아요. 그래요.

**교사:** 좋아요. 여러분의 손에 닿은 물건을 하나 꺼내보아요. 선생님이 먼저 시범을 보이겠어요. 자, 무엇인가 … 꺼내 볼께요.

[교사가 거울을 꺼내 보인다.]

오, 거울이네. 이것이 우리의 영어 구사에 어떤 도움을 줄 수 있을까요? Irene?

**학생:** 어휘에 도움이 될 수 있지요.

**교사:** 그래, 어휘에 도움이 되겠지. 어떻게 도움이 될까?

**학생:** 우리가 발음하는 모습을 관찰할 수 있어요
 *(음~) 거울을 보면서 입 모양을 볼 수 있지요*
**교사:** 좋아요 … 거울 속에 비친 모양을 관찰함으로써 입 모양이 어떻게 움직이는지 알 수 있어요. 예를 들면, *[th]* 발음; 우리 모두 *[th]*를 발음해볼까?
**학생들:** *싫어요 [웃음소리]*

[교사가 쇼핑백 속에 있는 나머지 물건들을 학생들에게 분배해 준다. 학생들은 집단활동으로 10분 정도 보내면서 자신들이 선택한 물건들이 수업 외의 상황에서 영어 연습에 활용될 수 있는 방법에 관하여 토의한다. 그렇게 시간을 보낸 뒤에 교사가 활동을 중지시킨다.]

Nunan 1991: 182

◇ **제4단계:** *학습과정을 잘 인식시킨다*

지금까지 필자는 무엇을 배워야 하는지에 있어서 학습자의 참여에 관하여 살펴보았다. 그러나 어떻게 배워야 하는지에 있어서도 학습자를 참여시키는 것이 중요하다. 이 문제에 관해서 초기에 가장 중요한 것은 교실 활동에 내재하는 책략을 학습자가 알 수 있도록 만드는 것이다. 모든 교사들이 위임된 교육과정과 교수 자료를 가지고 교육하든 아니면 교육 내용과 방법의 결정을 자유롭게 선택하든 상관없이 모두 해당된다. 이것은 다음의 교실 활동 발췌 자료로부터 예시된다.

**교사:** *우리가 이 과정에서 연습하는 것 중에 하나는 학습전략입니다. 여러분이 새 단어를 배우는데 도움을 줄 수 있는 책략 중의 하나는 "분류(classifying)" 전략입니다. 여러분은 "분류"라는 뜻을 알고 있습니까?*
**학생:** *아니요, 몰라요*
**교사:** *이 단어를 전에 들어 보았습니까?*
**학생들:** *들어본 적이 없어요*
**교사:** *"분류"란 유사한 사물들을 함께 집단으로 묶는 의미입니다. 예를*

들어 이 방의 한쪽에 남자아이들을 모으고 다른 한쪽에 여자아이들을 모으면 학급을 성별에 따라 분류하는 셈입니다. 과제 활동 5에서 여러분들이 할 일은 과제 활동 4에서 제시된 목록의 단어들을 분류해 보는 것입니다. 이해합니까? [이전의 과제 활동에서 학생들은 우편엽서를 읽고 사람들을 묘사하는 단어에 동그라미를 쳐보는 것이었습니다. 그리고 이번에는 "색깔", "나이" 및 "크기"라는 제목이 있는 3 항목이 제시된 표가 제공됩니다.]

◇ **제5단계:** 학습자가 좋아하는 스타일과 전략을 식별케 한다

학습자 중심 교실의 다음 단계는 학습자가 좋아하는 학습 스타일과 전략을 식별할 수 있는 훈련이다. 이것을 어떻게 성취할 수 있는지에 관한 상세한 안내는 학습과정을 다루는 이 책의 후반부에 논의된다. 필자가 학생들 스스로 선호하는 스타일과 전략을 식별할 수 있도록 도와준 뒤에 학생들에게 여러 가지 선택사항으로부터 선택할 수 있는 기회를 제공하기 시작했다. 학습자가 선택할 수 있다는 사고가 몇몇 연구자들로부터 회의적이기도 하였다. 또한 선택에 관한 의견은 서양식이며 동양적 교육 환경에는 알맞지 않은 것이라는 의견도 제시되었다. 그러나 필자가 밝히는 모든 상황은 바로 Hong Kong에서의 경우이다. 태국에서도 그것이 가능하였다. 마찬가지로 여타의 증거도 있다. Widdows와 Voller(1991)는 예로써 선택을 시도한 일본의 대학생들을 대상으로 조사하였다. 그들의 연구에 의하면, 학생들은 선택할 수 있었으며 그들이 선호하는 사항이 수업에서 제시된 내용이나 방법과 뚜렷이 반복되고 있음을 발견하였다. 그들은 다음과 같이 보고한다.

> 학생들은 그들이 수동적으로 앉아서 읽거나 번역하는 수업 상황을 좋아하지 않는다. 그들은 교사가 모든 것을 통제하는 수업을 싫어한다. 학생들이 비록 문학 전공자일지라도 영문학 작품 읽기를 매우 좋아하지는 않는다. 따라서 대학에서 영어를 배우는 대다수의 수업이 학습자 욕구를 충족시켜주지 못하고 있음은 분명하다. 그러므로 교사와 교육행정가들이 학생들의 욕구 표출에 진지하게 관심을 갖고 있다면 강좌 내용

에 관한 개혁적인 변화와 학습자 중심 수업과정에 관하여 EFL 교사들에게 체계적인 연수가 요청된다.

Widdows & Voller 1991

◇ **제6단계:** *학습자가 선택을 고취시킨다*
외국어 교실 상황에 따라서 학생 선택에 관한 개념이 친숙하지 않거나 또는 생소하기까지도 하다. 그러한 경우에는 학습자로 하여금 의사 결정 과정의 비교적 단순한 수준에 접촉하도록 하는 편이 좋다. 예를 들면, 수업 내용이 본문 읽기와 듣기일 경우에 학습자가 읽기와 듣기 중 어느 것을 먼저 수행할 것인지를 결정하도록 한다. 만일 교사가 학생들이 같은 시간에 서로 다른 활동을 수행하는 것에 불편함을 느낀다면 학급 구성원의 투표에 따를 수 있다. 이리하여 점차적으로 학생 선택의 상황이 전개될 수 있고 과업 및 활동 유형에 대해서는 마찬가지이다. 서로 다른 집단에 소속된 학습자들이 근본적으로 다른 활동을 수행하는 것이 아니라 선택 활동의 개념에 민감하게 반응하는 것이다.

다음의 A와 B 중에서 선택하시오.
A (*집단활동*) : 최근에 식료품 가게에 쇼핑 갔던 때를 생각하시오. 여러분이 구매했던 모든 상품의 목록표를 만드시오. 여러분의 목록표와 집단내의 다른 3—4명의 표와 비교하시오. 누구의 것이 가장 건전합니까?
B (*집단활동*) : 여러분이 지난 주에 수행했던 건전한 활동을 생각해보시오. 여러분의 활동목록표와 다른 3—4명 학생들의 목록표를 비교해보시오. 가장 건전한 일 주일을 보낸 사람은 누구입니까?

일단 학습자가 선택권에 익숙해지면 다음의 예에서처럼 좀더 정교한 선택으로 유도할 수 있다. 아래의 예시에서 학습자는 하나의 단원에서 수행해야 할 3개의 과제를 미리 살펴보고 주요 의사소통 기능을 식별한 후에 그 과제 활동의 수행 순서를 결정한다.

> **학습자의 선택**
> a. 다음의 3과제를 신속하게 살펴보고 듣기, 말하기, 읽기, 쓰기 중 어느 것에 해당하는지 결정하시오.
> b. 여러분이 이 과제들을 수행하고 싶은 순서를 결정하시오. 여러분의 선택사항 에 동그라미를 그리시오.
>
>                                                     I'll do this task . . .
> Task 1: A _____ task   1st  2nd  3rd
> Task 2: A _____ task   1st  2nd  3rd
> Task 3: A _____ task   1st  2nd  3rd

이 사례들은 학습자 중심 상황의 다양한 요소들 안에서까지도 하위적인 사항들을 식별할 수 있게 만든다.

◇ **제7단계:** *학습자가 자신의 과업을 창출할 수 있게 한다*
학습자가 선택할 수 있도록 만든 후에 다음의 단계는 학습자로 하여금 교실 과업을 조정하고 변용 할 수 있는 기회를 제공하는 것이다. 이것은 학습자가 자신의 과업을 창출할 수 있도록 가르치는 예비 단계가 될 수 있다. 이것은 분명히 비현실적인 고도의 전문적인 학습자료 설계 기술을 포함할 필요성은 없다. 필자는 학습자들에게 텍스트를 제공하여 독해력 과업에서 문제를 제시하는 것이 아니라 그들 스스로 소집단 활동을 통하여 자신들의 문제를 작성해보도록 시작하였다. 그리고 나서 다른 집단과 문제를 교환하여 토의하고 답을 풀어 보도록 하였다.

◇ **제8단계:** *학습자가 교사가 될 수 있도록 격려한다*
보다 더 도전적인 단계에서 학습자가 교사 역할을 할 수 있다. 학습을 자주 하기 위해서 무엇을 가르쳐야만 한다는 절박함보다 더한 것은 아무것도 없다. 이 점이 이상적인 것으로 흐르지 않도록 문헌적인 전례를 지적할 수 있다. 예를 들면, Assinder는 학급 내의 다른 학생들을 가르치는데 사용될 수 있는 비디오 자료 개발의 기회를 자신의 학생들에게 제공하였다. 그 결과는 획기적인 성공이었다. Assinder에 따르면, 결정적 요소는 학습자가 교사가 될 수 있는 기회라는 점이다.

'상호 간에 가르친다'는 목표는 가장 중요한 요인이라고 생각한다. 다른 집단에게 무엇인가를 제시하도록 요청 받는 일은 작업에 대한 분명한 이유가 부여되며 동시에 자신의 집단에게 보다 큰 책임을 요구한다. 이것은 또한 동기를 증대시키며 정확성을 향상시킨다. 각 집단에서 만든 산출물의 성공 여부는 타 집단의 반응과 귀환작용에 의해서 평가된다. 따라서 이 평가 방식은 고유의 내재적인 성격을 지녀서 얼마나 많이 학습되었는지에 관한 측정이 가능하다. 어느 화제에 관한 '전문가'가 된다는 것은 자긍심을 높여주어 주일이 바뀜에 따라 점점 더 자신감이 생겨나 학습자로 하여금 진정한 발전이 되고 있음을 느낄 수 있게 만든다.

*Assinder 1991: 228*

◇ **제9단계:** *학습자가 연구자가 될 수 있도록 격려한다*
마지막으로 학습자가 언어 연구자가 될 수 있도록 교육할 수 있다. 반복하여 언급하는데, 이러한 생각이 지나치게 이상적이거나 환상적인 것으로 간주하는 사람들을 위해서 연구 문헌에 있는 사례를 제시한다. Heath(1992)는 미국에서 교육적으로 장애가 있는 아동들을 대상으로 연구하면서 동료 연구자들에게 이 아동들이 교실 상황을 벗어난 사회생활에서 접하는 언어를 기록하도록 요청한 바 있다.

학생들은 민족지학자(ethnographers) 집단의 일원으로서 참여하여 그들 세계의 언어에 관한 정보를 수집, 해석하여 처리하도록 요청 받았다. 그들은 연구자가 원했던 지식에 접근하였고 연구자가 그 지식을 얻을 수 있는 유일한 방법은 그들로 하여금 본 연구자에게 글로 써서 제출토록 하는 것이었다. 그들은 현장에 관한 메모를 수거하여 상호간에 토론을 거쳐 발견된 유형에 관한 해석을 보고하였다. 또한 그들은 수집된 자료와 그 해석에 대한 본 연구자의 질문에 답변하였다.

*Heath 1992: 42*

이 조사 활동의 어려움은 있었으나 학생들은 민족지학자가 되어 보는 과정을 통하여 의사소통이 교섭과정임을 학습하였으며 사회화과정, 언어 그리고 사고 사이에 중요한 관련성이 있음을 깨닫게 되었다. 실제로는 이 과정에 참여한 학생들은 기초 영어반을 마치고 정규 영어반 과정에 돌입한 학생들이었으며 2명만이 고급 영어반에 속했다. Heath의 연구에서 밝힌 바에 의하면, "이 학생들의 성취는 사실이며 의미 있었다."라는 것이다.

본 절에서 필자는 인본주의와 경험주의 학습에 관한 철학적 개념이 학습자 중심 입장과 교섭 교육과정을 통하여 실제적인 교실 활동으로 어떻게 인도할 수 있는지를 밝혀보았다. 다음에 제시되는 본 장의 마지막 부분에서는 이러한 사고와 실제를 활동 내용으로 포함시킨 과업 중심 언어 교수(TBLT: task-based language teaching)로서 알려진 언어교육 방법에 관하여 논의하겠다. 이것은 제2언어 교수 학습(SLTL)을 위한 연구 기초에 초점을 맞추고 있는 제2장의 내용에 유용한 교량 역할을 해준다. 앞으로 살펴보겠지만, 본 장의 전반부에서 논의된 개념적 발달에 추가하여 과업 중심 언어교육은 그 주창자들에 의해서 제기된 사고가 교수학습 상황에서 얻어진 경험적 데이터를 검증할 수 있도록 교수학습의 방법론적 연구를 발전시켜 왔다.

## 과업 중심 언어 교수

과업 중심 언어 교수는 언어 학습강좌(language course)를 설계하기 위한 접근 방법으로, 그 출발점은 순서대로 늘어놓은 언어 항목 목록이 아니라 과업들의 수집이다. 그것은 언어 자체에 대한 개념의 변화를 반영할 뿐만 아니라 앞에서 묘사된 경험적 및 인본주의적 전통 위에 서 있다. 다음 절에서 보게 될 것처럼, 그것은 또한 다수의 경험적 연구에 바탕을 두고 있다.

◆ **과업의 정의**

현재까지의 문헌에서, 과업은 다양한 방식으로 정의되어 왔다. 예를 들어, Long은 과업에 대해 다음과 같이 제안하고 있다.

> 자기 자신 또는 다른 사람들을 위해서 수행되는 하나의 작업으로 아무런 대가 없이 또는 약간의 보상을 받는다. 따라서 과업의 예시들에는 울타리 칠하기, 아이 옷 입히기, 서식 작성하기, 신발 구입하기, 비행기 예약하기, 도서관에서 책 빌리기, 운전 면허 시험 치르기, 편지 타이핑하기, 환자의 체중 재기, 편지 분류하기, 호텔 예약하기, 수표 쓰기, 거리에서 목적지 찾기, 그리고 어떤 사람이 길 건너는 것을 도와주기 등이 포함된다. 다시 말하면, *과업*이란 말은 사람들이 일상 생활에서, 직장에서, 놀이에서, 그리고 그 중간에서 하는 수많은 일들을 의미한다.
> 
> *Long 1985: 89*

과업 중심 언어 교수에 관해 1989년에 출간한 내 책에서, 나는 교육학적 과업(pedagogical task)과 실제 세상(real-world) 또는 목표(target) 과업을 구분한 바 있다. Long이 앞에서 진술한 과업들은 목표 과업이다. 그것들은 각 개인이 일반적으로 교실 밖에서 하는 종류의 일이다. 언어 지도(instruction)의 궁극적인 근거는 학습자가 언어를 사용하여 이런 일들을 할 수 있도록 하는 것이고, 교실 수업은 예약하기, 편지 쓰기, 전화번호부에서 거리의 목적지 찾기 등과 같은 예행 연습들로 채워지게 될 것으로 기대되어야 한다. 그러나 학습자들은 또한 교실에서, 교실 밖에서의 실습을 위한 예행 연습이 아닌 일들을 많이 하게 될 것이다. 테이프를 듣고 되풀이하기, 직소(jigsaw) 독해 과업하기, 소집단으로 문제 해결하기와 같은 과업들은 수행되는데, 그것은 학습자들이 그런 일들을 교실 밖에서 하게 될 것이기 때문이 아니라 학습자가 가진 일반적인 언어 능력의 발달을 용이하게 해 줄 것으로 추정되기 때문이다. 그것들은 교육학적 또는 심리언어학적 근거를 갖고 있다.

Richards, Platt와 Weber는 바로 그러한 근거 위에 과업을 다음과 같이 정의하고 있다.

> 언어를 처리하거나 이해한 결과로서 실행되는 활동이나 행동(즉, 하나의 반응). 예를 들면, 테이프를 들으면서 지도 그리기, 지시에 귀기울이기, 그리고 명령을 수행하기는 과업들로 지칭될 수 있을 것이다. 과업은 언어의 발화를 수반할 수도 있고 그렇지 않을 수도 있다. 교사는 어떤 과업에서 그 과업의 성공적인 완수로 간주되는 것이 무엇인지 대개 명시한다. 언어 교수에 있어서 서로 다른 종류의 과업을 다양하게 사용할 경우 언어 교수는 보다 의사소통적으로 된다고 한다.
>
> *1986: 289*

---

**정의된 교육학적 과업**

… 학습자들을 이해하기, 조작하기, 발화하기, 또는 목표어를 통해 상호작용하기로 유도하는 교실 활동의 한 가지. 그러한 활동에서 그들의 주의는 의미를 표현하기 위해 자신들의 문법적 지식을 가동시키는데 초점이 맞추어지며, 또한 그렇게 하는 의도는 형태를 조작하는 것이라기보다는 의미를 전달하는 것이다. 또한 과업에는 완성 의식, 즉 하나의 의사소통 행동으로서 처음 시작, 중간, 그리고 끝과 함께 스스로 독립할 수 있는 성격이 있어야 한다.

*Nunan 1989: 10*

교실 과업의 예시:
- 일기예보를 듣고 무엇을 입을지 결정하기;
- 파티 초대에 응답하기;
- 은행 업무 신청양식 완성하기;
- 자신의 가족사진 묘사하기;

◆ 과업 대 연습

과잉 단순화의 위험을 무릅쓰고 말하면, 과업과 연습(exercise)의 본질적인 차이는 과업이 비언어적인 결과를 가져오는 반면에 연습은 언어적인 결과를 가져온다는 사실이다. 따라서 앞의 사각형 안에 주어진 첫 번째 예시에서, 일기예보(의 정확성을 가정하고)가 주어졌다고 하면 그 결과는 적절한 의류의 선택이 될 것이다. 이것은 비언어적인 결과이며, 그리고 성공은 비언어적인 용어(그 사람이 너무 더워하거나, 너무 추워하거나, 또는 편안해 하든지)로 측정될 것이다. 이와는 대조적으로, 다음에 나오는 것은 연습이다(그리고 그대로 보면 창조적인 연습!). 왜냐하면 그 결과는 일련의 구조일 것이기 때문이다. 성공은 언어적인 용어로 결정될 것이다.

당신이 여행광이고 표준 장비를 묘사하는 문장을 쓴다고 상상하라. 각각의 항목에 대해 주격 관계대명사가 있는 비제한적인 관계절을 사용하라.

예시 : 랩톱 컴퓨터
    나는 항상 랩톱 컴퓨터를 가져오는데, 그것은 휴대용 컴퓨터이다.

1. 짐수레
2. 복대
3. 여행용 다리미
4. 어댑터
5. 여행용 계산기
6. 세제
7. 스위스 군용 칼
8. 독서 전등

*Frodesen and Eyring 1993: 159*

다른 곳에서 나는, 과업에는 어떤 종류의 투입 자료(나는 **교재**라는 용어보다는 이 용어를 사용한다. 왜냐하면 자료는 언어를 포함하지 않을 수도 있기 때문이다. 그것은 일련의 그림, 도표, 또는 다른 비언어적인 재료일 수도 있다.)가 있어야 한다고 제안했다. 그것에는 또한 자료와 관련해서 학습자가 해야 하는 것을 명시한 일련의 과정들이 포함될 것이다. 교사와 학습자에 대한 특별한 역할뿐만 아니라 교육학적 목표는 어떤 과업에서든지 암묵적일 것이다. 고려할 만한 가치가 있는 최종 요소는 그 과업이 실행되는 환경이다. 이것이 교실 안에서인가 아니면 교실 밖에서인가? 학습자들은 교사가 전면에 나서는 양식, 소집단 양식, 또는 개별적인 양식에서 활동하게 될 것인가?

과업을 묘사하고, 분석하고, 창조하는데 있어서, **과업**의 본질적인 4가지 요소를 생각해 보는 것은 유용하다. 이것들은 언어, 과정, 학습자, 그리고 학습 과정이라는 요소이다. 이러한 요소들 각각에는 내가 여기서 요약하게 될 여러 가지 중요한 고려 사항들이 들어 있으며, 이 책의 나중에 보다 자세히 나오게 될 것이다. 이 장의 나머지 부분에서 나는 과업 설계의 세 가지 중요한 원칙들을 살펴본다.

1. 진정성 원리(the authenticity principle);
2. 형태/기능 원리(the form/function principle);
3. 과업 의존 원리(the task dependency principle).

### ◆ 진정성 원리

언어 측면에서 중요한 고려 사항은 학습자가 활동시 사용하게 되는 언어 자료가 진정한가의 정도, 그리고 언어 형태와 의사소통 기능 사이의 관계가 어느 정도까지 학습자에게 명확한가하는 것이다. 대체적인 경험으로 우리는 진정성 있는 자료는 언어를 가르치는 목적에 대해 명시적으로 쓰여지지 않은 구어 및 문어 표본들이라고 말할 수 있다. 진정성은 상대적인 문제라는 사실, 그리고 언어가 발생하는 의사소통 문맥으로부터 언어 자료를 추출하여 교실 안으로 가져오자마자 어느 정도는 그것을 진정성이 일탈되도록(de-authenticating) 만든다는 사실에 대해 많은 연구가 있었다. 이 점에 대해 필자가 반대하지는 않을 것이다. 또한 진정성이 없는 자료는 교실로부터 금지되어야 한다고 주장하지도 않을 것이다.

그러나 필자는 학습자들에게 진정성 있는 자료로 된 식단을 가능한 한 풍부하게 먹여야 한다고 주장할 것이다. 왜냐하면 궁극적으로 만일 그들이 인위적인 대화와 듣기 교재만 마주치게 된다면 그들의 과업은 보다 어

### 과업

다음 발췌물을 공부하라. 하나는 진짜 대화문이고 다른 하나는 언어 교수 교재에서 가져온 것이다. 두 개의 발췌물에서 무슨 차이를 찾아볼 수 있는가? 비(非)진정적인 대화는 무엇을 가르치려 한다고 생각하는가? 진정성 있는 대화에 참여하기 위해서는 무슨 문법을 필요로 하는가?

<교재 1>
A: Excuse me, please. Do you know where the nearest bank is?
B: Well, the City Bank isn't far from here. Do you know where the main post office is?
A: No, not really. I'm just passing through.
B: Well, first go down this street to the traffic light.
A: OK.
B: Well, first go down this street to the traffic light.
A: O.K
B: Then turn left and go west on Sunset Boulenard for about two blocks. The bank is on your right, just past the post office.
A: All right. Thanks!
B: You're welcome.
[나는 이 발췌물의 출처를 밝히지 않았는데, 왜냐하면 내가 발췌된 교재를 비판하는 것으로 보이고 싶지 않기 때문이다. 대조시킬 목적으로만 여기에 인용되었다.]

<교재 2>
A: How do I get to Kensington Road?
B: Well you go down Fullarton Road . . .
A: . . . what, down Old Belair, and around . . .?
B: Yeah. And then you go straight . . .
A: . . . past the hospital?
B: Yeah, keep going straight, past the racecourse to the roundabout. You know the big roundabout?
A: Yeah.
B: And Kensington Road's off to the right.
A: What, off the roundabout?
B: Yeah.
A: Right.

[출처: D. Nunan 1993]

려워질 것이기 때문이다.

진정성 있는 자료를 사용하는 것의 이점은, 학습자들이 교재 저자에 의해 조작된 문맥에서보다는 목표 언어 항목들이 자연스럽게 일어나는 종류의 문맥에서 그 항목들과 우연히 마주치게 된다는 사실(아래 예의 경우에서, 비교급 형용사와 부사)이다. 궁극적으로 이것은 학습자들을 돕게 될 것인데 왜냐하면 그들은 밀접하게 관련된 다른 문법적 및 담화 요소들과의 상호작용 속에서 언어 항목을 경험하게 될 것이기 때문이다. 조작된 자료와 진정성 있는 자료 사이의 불균형은 하나의 교실 과업으로 변용된 다음 발췌물에서 찾아볼 수 있다.

◆ **형태/기능 원리**

과업을 설계할 때 두 번째 중요한 고려사항은 형태와 기능 간 관계를 투명하게 해주는 방식인 교수 언어에 관심을 둔다. 나는 교수와 학습 사이의 잘못된 연결에 대한 이유 중 하나로서, 서로 다른 언어 형태를 갖고 있기 때문에 학습자가 그 기능적 목적을 알아내는데 종종 어려움을 느끼기 때문이 아닌가 하고 생각한다. 예를 들면, 학습자에게 다양한 종류의 언어 변형을 실행하도록 요구하는 연습들은(능동태 문장을 수동태로 변화시키고 다음에는 원래대로 하는 것과 같은) 새로운 언어 형태를 가르치는데 훌륭한 것일지 모르지만, 그러나 의미를 만들어 내기 위한 형태 사용법을 학생들에게 가르치려는 것은 아니다. 능동/수동태 예시의 경우에 있어서 학습자에 대한 암시적인 메시지는 이들 두 형태가 똑같은 의미를 전달한다는 점, 즉 그것들은 똑같은 것을 말하는 두 가지 방법 중 하나라는 것이다.

이러한 원리를 활성화시키는데 있어 어려운 점은 형태와 기능 간 관계에 대한 학습자 자신의 이해를 발달시키기 위해 그들에게 귀납적이고 연역적인 추리를 사용하도록 요구하는 과업들을 설계하는 일이다. 이것은 하나의 발달 과정이고, 종종 학습자가 어떤 특정 관계에 대해 정확한 이해를 발전시키는데는 여러 해가 걸리는 일이 종종 있다.

Hall과 Shepheard(1991)에서 개작한 다음의 과업 연쇄는 학생들이 시간 관계를 이해하도록 돕기 위해 그러한 접근법이 어떻게 사용될 수 있는지 설명해 준다.

### 예시

◇ Working with another student, match the uses of the present perfect with the following sentences by writing a letter in the column.

A. indefinite future period  B. indefinite past  C. definite future period
D. recent action  E. past-present period: unfinished

1. The rain have just brought hope to the starving of Africa.

  PAST        NOW        FUTURE
  _____X__|_____

2. Giant swarms of locusts have been reported in Cape Verde.
3. Expert who have been in the FAO in Mali for years were amazed by the size of one swarm.
4. Other countries are waiting until international meetings have been held in two months' time.
5. Government cannot wait until locust swarms have eaten their crops.

◇ Now draw timelines for sentences 2-5 similar to that for sentence 1.
◇ answer the following questions.
  1. a. The rain have just brought hope to the starving of Africa.

b. The rain just brought hope to the starving but no solution
　　Which adverbs can replace just in (a) and (b)?
2. a. Great swarms of locusts have been reported in Cape Verde.
　　b. Great swarms of locusts were reported in Cape Verde.
　　To which sentence can the words *two days ago* be added?
3. a. Experts who have been with the FAO for years were amazed.
　　b. Experts who were with the FAO for years were amazed.
4. a. Other countries are waiting until international meetings have been held in two months' time.
　　b. Other countries are waiting until international meeting are held in two months' time.
　　Are these countries waiting until the meeting are over or until they beginin (a), in(b)?
5. a. Other countries are waiting until international meetings have finish.
　　b. Other countries are waiting until international meetings finish.
　　True/ False: These is no objective difference between the two events.
　　Which sentence emphasises the completion of event?

　　　　　　　　　　[Adapted from N. Hall & J. Shepheard, 1191
　　　　　　　　　　*The Anti-Grammar Grammar Book*. London. Longman.]

◆ 과업 의존 원리

　교육학적 과정들 — 다시 말하면 학습자들이 활동에 사용하는 자료와 관련하여 그들이 실제로 하는 것 — 과 관련하여 중요한 문제는 다음과 같다: 과업들이 한 과업에서 다음 과제로 논리적으로 흘러가는 지도 연쇄(instructional sequence)에 도달하기 위하여 교사, 교재 개발자, 또는 학습 코스 설계자는 무슨 원리들 위에 서 있어야 하는가? 나는 내 저작에서 "과업 의존" 원리를 이끌어냄으로써 이것을 추구해 왔는데 지도 연쇄에서 연속되고 있는 각각의 과업은 그것에 선행하는 것으로부터 흘러나오고 또 그것에 의존한다. 이런 방식으로 하나의 단원이나 활동 단위에 포함된 일련의 과업들은 일종의 교육학적 사다리를 형성하고 있는데, 각각의 과업은 사다리 위의 가로 발판을 나타냄과 아울러 학습자가 점점 더 높은 수준의 의사소통 수행에 도달할 수 있게 한다. 일반 원리로서(그리고 불변의 규칙으로서가 아니라), 나는 또한 과업들을 수용에서 발화까지 연쇄시킨다. 다시 말하면, 듣기와 읽기 과업은 일반적으로 쓰기와 말하기 과업보다 앞에 나온다. 따라서 앞서 나오는 과업들은 학습자에게 모델로 작용할 수 있는데, 왜냐하면 학습자들이 자신의 언어를 발화하게 될 때 밑바탕이 되는 언어와 내용을 제공하기 때문이다. 일관성을 용이하게 해주는 최종 원리는 내가 "재생(reproductive) 과업"이라고 부르는 것이 "창조적(creative)" 과업에 선행하도록 지도 연쇄를 배열하는 것이다. 재생 과업은 교사, 교재, 또는 테이프에 의해 제공되는 언어를 학생이 발화하는 것이다.

재생 과업과 대비하여 창조적 과업들은 학습자에게 단서가 명확하게 주어지지 않은 언어와 마주치도록 요구하는 것들이다. 다시 말하면, 그들은 익숙한 요소들을 새로운 또는 이상한 방식으로 짜 맞추어 합치도록 요구받는다. <그림 1-3a>, <그림 1-3b>에서 제시된 연쇄에서 최종 과업은 창조적 과업의 예시인데, 학습자들이 이상한 방식으로 이전의 과업들로부터 익숙한 요소들을 재조합하고 있다는 점에서 그러하다.

과업들의 연쇄를 설계함에 있어서, 학습자에 대해 그 과업의 교육학적 목표들이 갖고 있는 중요성, 학습 전략들을 명시적이게 하는 정도, 행동을 통해 그 과업이 학습의 경험적 철학을 통합하는 정도, 그리고 귀납적 학습을 위해 학습자들에게 제공되는 기회들을 고려하는 것이 중요하다. 또한 자신의 생각, 느낌 및 태도를 말할 여지를 학습자들에게 주는 정도, 그들에게 능동적인(반응적이라기보다는) 역할을 주는 정도, 그리고 그들이 선택하게 되는 기회들을 고려할 필요가 있다. 이런 것들과 이 장에서 다루어지고 있는 과업의 다른 양상들은 후속 장들에서 보다 자세히 다루어지게 될 것이다.

과업을 교육과정 발달과정의 중심에 놓는데 있어서, 나는 교수요목 설계(언어 및 경험적 내용을 선택하고 연쇄시키는데 관심이 있는)와 교수 방법론(교육학적 과정들의 선택과 연쇄에 관심이 있는) 사이의 차이를 흐리게 해왔다. 과업들의 수집에 토대를 두는 학습 코스를 설계함에 있어 위험성은 재료를 선택하고, 연쇄시키고, 통합하는 원칙들이 없다는 것이며, 그렇게 되면 교육과정은 결국 교실 "책략(tricks)"의 수집 정도로 끝나게 된

그림 1-3a *Listen In* – Book 2, International Thomson Publishing Asia

다. 이러한 문제점을 회피하는 두 가지 방법이 있다.

첫 번째는 과업을 선택함에 있어 분명하게 상세화된 일련의 교육과정 목표에 반대되는 쪽으로 참고하는 것이다. 두 번째는 과업들을 과업 사다리들의 연쇄 속에 배열하고 통합시키면서 과업 의존 원리를 이끌어내는 것인데, 여기에서 연속되는 과업들은 이전에 나온 것들로부터 전개되어 나온다.

3단계의 구두 기능 시리즈인 LISTEN IN Level 1에 대한 다음 목차는 첫 번째 원리를 설명해 준다. 이 학습 코스의 일반적 목표는 학습자들을 도와 아주 다양한 교류와 개인 상호간 만남에 참여하는 기능을 발전시키는 것이다.

과업 의존 원리는 다음 연쇄에서 설명된다.

그림 1-3b  *Listen In* – Book 2, International Thomson Publishing Asia

```
                        CONTENTS
          Unit 1    -  How do you do? ..................................... 1
          Unit 2    -  This is my family. .................................. 5
          Unit 3    -  That's her over there. ............................. 9
          Unit 4    -  What languages are you studying? ........ 13
          Unit 5    -  Where are you from? ............................ 17
          Units 1-5 -  Review ...................................................... 21
          Unit 6    -  This is where I live. ............................... 23
          Unit 7    -  Where can I find the sporting goods? ... 27
          Unit 8    -  What do you do? ................................... 31
          Unit 9    -  We're meeting in the conference room. .. 35
          Unit 10   -  Do you have a computer? ..................... 39
          Units 6-10 - Review ...................................................... 43
          Unit 11   -  I usually get up at six. .......................... 45
          Unit 12   -  I'd like a table for five. ........................ 49
          Unit 13   -  Tennis is a great game. ......................... 53
          Unit 14   -  What movies are playing? ..................... 57
          Unit 15   -  Where do you get your news? .............. 61
          Units 11-15 - Review .................................................... 65
          Unit 16   -  I didn't know how to meet anyone. ...... 67
          Unit 17   -  Why don't we buy a new car? .............. 71
          Unit 18   -  My new boss is really nice. ................... 75
          Unit 19   -  How do you like to learn? .................... 79
          Unit 20   -  How often do you see your friends? ..... 83
          Units 16-20 - Review .................................................... 87
```

그림 1-4 *Listen In* - Book 1, International Thomson Publishing Asia

여러분도 알 수 있는 것처럼, 그러한 연쇄에 있어서 각각의 과업은 선행한 것으로부터 전개되어 나온다. 선행 과업들은 학습자들이 이후의 과업들을 실행하는데 필요로 하는 언어 모델과 경험적 내용을 제공해 준다. 또한 각각의 과업이 선행한 것에 기초하고 있을 지라도, 그것은 나름대로 독립적인 것이기 때문에 자신 또한 포함되는 것에 주의하라.

## 과업 1

1. You are about to watch a video in witch eight exchange students talk about their experiences. Make notes on what they have to say, for example, where they went, what advice they would give to others, what they did that was culturally inappropriate, what they thought was strange about the host culture.

|     | Where? | Advice | Position | Negative/Odd |
|-----|--------|--------|----------|--------------|
| S1: |        |        |          |              |
| S2: |        |        |          |              |
| S3: |        |        |          |              |
| S4: |        |        |          |              |
| S5: |        |        |          |              |
| S6: |        |        |          |              |
| S7: |        |        |          |              |
| S8: |        |        |          |              |

2. Compare responses with two or three other students.

## 과업 2

1. Imagine that you are going as an exchange student to another country. Complete the following survey (check the appropriate space under the 'YOU' column.)

|                      | YOU   |          |            | YOUR PARTNER |          |            |
|----------------------|-------|----------|------------|--------------|----------|------------|
| This would bother us... | a lot | a little | not at all | a lot        | a little | not at all |
| a. the weather       |       |          |            |              |          |            |
| b. the food          |       |          |            |              |          |            |
| c. getting around    |       |          |            |              |          |            |
| d. tipping           |       |          |            |              |          |            |
| e. language          |       |          |            |              |          |            |
| f. social customs    |       |          |            |              |          |            |

|  | YOU | | | YOUR PARTNER | | |
|---|---|---|---|---|---|---|
| This would bother us... | a lot | a little | not at all | a lot | a little | not at all |
| g. being away from home | ___ | ___ | ___ | ___ | ___ | ___ |
| h. meeting people | ___ | ___ | ___ | ___ | ___ | ___ |
| i. money matters | ___ | ___ | ___ | ___ | ___ | ___ |
| j. shopping | ___ | ___ | ___ | ___ | ___ | ___ |

2. Pair Work. Now survey another student, and tick off responses under the 'YOUR PARTNER' column.
3. Work with another pair, and tell them about your partner.

## 과업 3

1. Pair Work. Imagine that you are about to move to another country to do work experience. You know very little about this country. Brainstorm idea for meeting people and finding out about your new country.
2. Work with another pair and write down ten ideas. Rank the ideas from most to least interesting (1 = most interesting) and from most to least practical (1 = most practical).
3. Compare your list with another pair. Witch pair has the most interesting ideas overall?

## 과업 4

What would you want to know about a country that you were going to visit for the first time either for study or work? How would you try and find out? Imagine that you met a person from this country in Hong Kong. Make a list of the questions you would ask.

Interview someone from other country who is living in Hong Kong. Make a summary of that person's comments and be prepared to discuss these in the next class.

[SOURCE: Adapted from D. Nunan. 1995. ATLAS: Learning-Centered Communication. Level 3. Student's book and video. Boston: Heinle & Heinle/ITP]

◆ **결론**

　이 장에서 필자는 제2언어 교수와 학습을 교육적 상황 안에 확고히 배치했고, 언어 교사들이 직면하는 여러 문제들이 일반 교과 담당 교사들의 마음 속에 또한 선점하고 있음을 보여 주었다. 필자는 지식과 학습의 본질에 대해 오래 지속되어 온 논쟁 속에 이 장을 끼워 넣었고, 구성주의자들의 지식관에 대한 필자 자신의 입장을 분명히 나타냈다. 그러한 견해는 의사소통 언어, 과업 중심의 언어 교수, 학습자 중심, 그리고 교섭 교육과정을 포함하여 이 분야의 주된 개념과 조화를 이루고 있다.

　이 장의 주요 목표는 이 분야의 현재 방향을 이해하기 위한 개념적 틀을 제공하는데 있으며, 또한 그러한 요점들을 교실과 교재로부터 뽑은 발췌물을 통해 설명함으로써 이러한 개념적 틀에 실제적인 살을 붙이려고 노력했다. 다음 장에서 필자는 교수법과 언어 습득에 대해 이해할 수 있도록 정보를 제공해준 몇 가지의 연구를 살펴볼 것이다.

◆ 제1장의 개념도

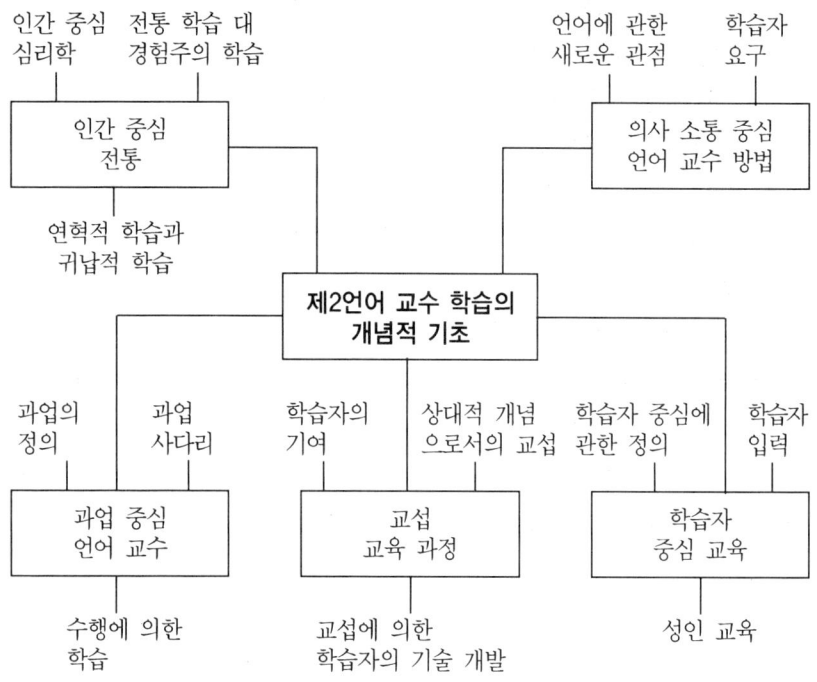

◆ 질문과 과제

1. 이 장의 첫 절에서 제시되고 있는 교육에 대한 두 가지 경쟁적인 견해는 무엇인가?
2. 당신의 견해로 볼 때, 이 장에서 이루어진 경험적 학습에 관한 세 가지 중요한 요점은 무엇인가?
3. 귀납적 학습과 연역적 학습의 차이는 무엇인가?
4. 의사소통 언어 교육 방법(CLT)은 무엇이며, 왜 영어교육에서 이 교수방법이 출현하였는가?
5. '학습자 중심'이란 용어가 사용될 수 있는 두 가지 서로 다른 의미를 구분하시오.

6. 당신의 교수 상황에서 학습자 중심 접근 방법이 영향을 미칩니까? 그러한지 아닌지 이유를 말해 보시오.
7. Brundage와 Mackeracher에 의해서 주장된 성인 학습의 원리 중 어느 것에 동의합니까? 또 어느 것에 의견을 달리합니까? 그 원리들은 인본주의 및 경험주의 교육관과 어떻게 관련됩니까?
8. 모든 교실 수업에서 어느 정도의 교섭 과정이 존재한다는 주장에 동의합니까? 교섭 과정이 발생했던 상황의 교실(당신이 가르쳤거나 참관했던)을 생각하여 그 사례 중 3—5개를 제시해 보시오.
9. 전통적인 교실과 과업 중심 교실의 차이점을 세 가지로 제시하시오.
10. 당신에게 친숙한 교과서의 한 단원을 검토해본 뒤에 학습자로 하여금 선택하여 의사결정을 거쳐 학습자의 의견을 표현할 수 있는 기회가 제공될 수 있는 방법을 제시하시오.
11. 본 장의 마지막 절에서 제시된 아이디어를 활용한 일련의 과업을 디자인해 보시오.
12. 페이지에 제시된 것처럼 당신의 학생 또는 동료 교사에 대한 조사(survey)를 수행하시오.

## ◆ 참고문헌

Allwright, R. L. 1984. Why don't learners learn what teachers teach? — The interaction hypothesis. In D. M. Singleton and D. G. Little (eds.), 1984. *Language Learning in Formal and Informal Contexts*. (pp. 3-18) IRAAL: Dublin.

Assinder, W. 1991. Peer teaching, peer learning; one model. *ELT Journal*, 45, 3, 218-229

Barnes, D. 1976. *From Communication to Curriculum*. London: Penguin.

Brindley, G. 1984. *Needs Analysis and Objective Setting in the Adult Migrant Education Service*. Sydney: NSW Adult Migrant Education Service.

Brumfit, C. 1984. *Communicative Methodology in Language Teaching*. Cambridge: Cambridge University Press.

Brundage, D. H., and D. MacKeracher 1980. *Adult Learning Principles and Their Application in Program Planning.* Toronto: Ontario Institute for Studies in Education.

Cohen, L., and L. Manion. *Research Methods in Education.* 2nd Ed. London: Croom Helm.

Dam, L., and G. Gabrielsen. 1988. Developing learner autonomy in a school conext. A six-year experiment beginning in the learners' first year of English. In H. Holec (ed.), *Autonomy and Self-Directed Learning: Present Fields of Application.* Strasbourg: Council of Europe.

Frodesen, J., and J. Eyring. 1993. *Grammar Dimensions Four.* Boston: Heinle & Heinle.

Hall, N., and J. Shepherd. 1991. *The Anti-Grammar Grammar Book.* London: Longman.

Heath, S. B. 1992. Literacy skills or literate skills? Considerations for ESL/EFL learners. In D. Nunan (ed.), *Collaborative Language Learning and Teaching.* Cambridge: Cambridge University Press.

Knowles, M. 1983. *The Adult Learner: A Neglected Species.* Houston: Gulf Publishing Company.

Kohonen, V. 1992. Experiential language learning: Second language learning as cooperative learner education. In D. Nunan (ed.), *Collaborative Language Learning and Teaching.* Cambridge: Cambridge University Press.

Kolb, D. 1984. *Experiential Learning: Experience as the Source of Learning and Development.* Englewood Cliffs, N. J.: Prentice-Hall.

Legutke, M., and H. Thomas. 1991. *Process and Experience in the Language Classroom.* London: Longman.

Long, M. H. 1985. A role for instruction in second language acquisition. In K. Hyltenstam and M. Pienemann (eds.) *Modelling and Assessing Second Language Acquisition.* Clevedon Avon: Multilingual Matters.

Malcolm, I. 1991. "All right then, if you don't want to do that . . ." Strategy and counterstrategy in classroom discourse management. *Guidelines*, 13, 2, 1-17.

Mouly, G. J. 1978. *Educational Research: The Art and Science of Investigation.* Boston: Allyn and Bacon.

Munby, J. 1978. *Communicative Syllabus Design.* Cambridge: Cambridge University Press.

Newmark, L., and D. Reibel. 1968. Necessity and sufficiency in language learning. *International Review of Applied Linguistics,* 6, 145-164.

Nunan, D. 1991. *Language Teaching Methodology.* London: Prentice-Hall.

Nunan, D. 1988. *The Learner-Centred Curriculum.* Cambridge: Cambridge University Press.

Nunan, D. 1993. *Introducing Discourse Analysis.* London: Penguin.

Nunan, D. 1995. ATLAS: *Learning-Centered Communication.* Boston: Heinle & Heinle/ITP.

Nunan, D. 1998. *Listen in. Singapore:* International Thomson ELT.

Parkinson, L., and K. O'Sullivan. 1990. Negotiating the learner-centred curriculum. In G. Brindley (ed.), *The Second Language Curriculum in Action.* Sydney: National Centre for English Language Teaching and Research.

Richards, J. C., J. Platt, and H. Weber. 1986. *A Dictionary of Applied Linguistics.* London: Longman.

Slimani, A. 1992. Evaluation of classroom interaction. In J. C. Alderson and A. Beretta. (eds.), *Evaluating Second Language Education* (pp. 197-211). Cambridge: Cambridge University Press.

Widdows, S., and P. Voller. 1991. PANSI: A survey of ELT needs of Japanese university students. Cross Currents, XVIII, 2.

제2장

# 제2언어 교수와 학습의 경험적 토대

지난 20년 간 이루어진 중요한 관점상의 변화 중 하나는 제2언어 교수 및 학습(SLTL)에 대한 보다 경험적인 접근법이 발전되어 왔다는 사실이다. 비교적 최근까지도, 교실활동을 위한 제안들은 경험적 자료들보다는 사색에 의존하는 경향이 있었었다. 그러나 최근 몇 년 동안 교수, 학습 분야에서 자료 중심적 연구들이 폭발적으로 증가하였다. 물론 변화가 항상 경험 중심적이어야 한다는 것을 주장하려는 것은 아니다. 새로운 SLTL에의 접근법들은 언어, 학습자, 학습과정의 본질에 관한 개념의 재구조화로부터 나올 수도 있다. 이는 또한 가르치는데서 발생하는 문제들과 어려움들과 질문들을 해결할 새로운 방법을 찾아내고자 하는 투쟁 속에서 나올 수도 있다. 그러나, 저자 자신을 포함하여 많은 사람들은 새로운 생각들이 일정 단계에서 연구를 통하여 어떠한 형식으로든 검증을 거쳐야 한다고 주장해 왔다. 이 분야의 연구 활동량으로 미루어, 우리는 이 작업이 이제 진행되고 있음을 알 수 있다. 본 장에서는 언어 교수 및 학습의 방식에 영향을 준 몇몇 연구들을 살펴보겠다. 이 책의 나머지 부분과 마찬가지로, 본 장의 내용은 필자 개인의 선정에 의한 것이다. 본 장은 포괄적인 개관을 의도하였으나, 미처 다루지 못한 내용들이 많을 것이다. 이 책의 다른 장에서 이 장에 소개되지 않은 많은 연구들이 언급되고 있음도 주지하기 바란다. 본 장은 환경적-교수적 요소들과 습득간의 관계에 대한 여러 가정들에 대한 연구들을 중점적으로 다루고자 한다. 이에 따라 아래의 주제들이 본 장에서 다루어질 것이다.

**모국어 습득과 제2언어 습득**
◇ 심리언어학적 기재들
◇ 통사구조 습득
◇ 담화 습득

**연령과 제2언어 습득**
◇ 연령에 따른 습득상의 차이
◇ "결정적" 시기 가설(the Critical Period Hypothesis)

**수업이 습득에 미치는 영향**
◇ 형태소 습득순 연구
◇ 의식적 학습과 무의식적 학습
◇ 이해가능 입력
◇ 이해가능 출력
◇ 습득과정에 나타나는 발달 단계
◇ 상호작용(interaction)과 습득

**수업조직 내의 과제 유형/방식과 습득간의 관계**
◇ 조정적 상호작용(modified interaction)과 의미 교섭
◇ 소집단 활동(small group work)
◇ 과제 유형과 담화

**학습 전략과 습득의 관계**
◇ 학습 전략의 정의
◇ 전략 선호도와 개인적 변인들
◇ 학습자 유형

◇ 성공적 언어학습자
◇ 전략 훈련과 과제 수행

## 제2언어를 학습하는 것은 모국어 학습과 같은가?

◆ **심리언어학적 기재들**

　1970년대 초반, 이제 막 태동하던 제2언어 습득 분야의 연구자들을 사로잡았던 첫 번째 문제는 모국어와 제2언어의 관계에 대한 것이었다. 이들이 제기했던 질문은 제2언어 습득의 심리언어학적 기재들이 모국어 습득의 그것들과 근본적으로 동일한 것인가, 이질적인 것인가와 관련된 것이었다 (Ervin-Tripp, 1974 참조). Dulay와 Burt(1974a; 1974b)는 모국어와 제2언어의 습득이 동일한 과정이며, 제2언어 학습자가 저지르는 오류는 모국어 학습자의 오류와 같은 종류의 것이리라는 전제를 출발점으로 하여 문법적 형태소 습득을 연구하였다. 그러나 연구 결과 이들은 다음과 같은 결론을 내렸다.

> 우리는 조사를 착수할 당시 우리가 가정했던 L1과 L2의 유사성에 대한 생각을 더 이상 유지할 수 없다. 비록 L2와 L1 학습자 모두가 그들이 배우는 언어를 재구조화(restructure)해 나아가는 과정을 보이지만, 그들의 방식은 서로 다를 것이라 기대하는 것이 직관에 맞다. 제2언어를 배우는 아동은 대개 L1 학습자보다 나이가 많고, 인지 발달이 많이 진척되었으며, 이미 하나의 언어를 경험한 상태이다. 이러한 요소들이 결합하면 L2 습득의 창조적 구성(creative construction) 과정의 전략들은 L1 습득에서의 창조적 구성과정과는 달라지게 될 것이다.
> 　　　　　　　　　　　　　　　　　　　　*Dulay and Burt 1974b: 225*

◆ **통사구조(syntax)의 습득**

　최근 Chomsky의 연구에 기초한 모국어 습득 실험들은 모국어는 우리 뇌에 내장된(hard-wired) 것이라 제안한다. 다시 말해서 우리의 모국어는 우리가 인류에 속하는 덕택에 선천적으로 부여받은 것이라는 생각이다. 이 생득 가설(the Innateness Hypothesis)은 최근 Stephen Pinker(1994)의 저서, *언어본능(The language Instinct)*을 통하여 좀더 많은 사람들에게 알려지게 되었다. Pinker의 의도는 언어 습득의 상호작용적 측면(즉 환경과의 상호작용에 의한 습득의 측면)을 부각시키려는 것이었으나(이에 대한 설명은 Foster 1990 참조), 선천적인 능력을 지지하는 증거는 강력하다. 정상적인 청음 및 발음 기재를 가진 모든 아동이 자신의 모국어를 습득한다. 이는 제2, 또는 제3언어 습득의 경우와 다르다. 모국어에 숙달된 후 제2언어를 공부하기 시작하는 학습자들 중 극소수만이 제2언어에서 모국어와 동일한 정도의 능숙도에 이른다. 혹자는 제2언어 습득이 모국어 습득과 같으냐의 문제가 아직도 판가름이 나지 않았다고 주장하거니와, 필자는 이 두 능력이 근본적으로 다르며, 특히 통사적, 음운적 측면에 관한 한 명백히 다르다고 믿는다.

---

**생득 가설(Innate Hypothesis)**
생득 가설은 언어 습득의 능력이 인간에게만 고유하게 주어지는 능력(faculty)이라고 제안한다. 우리는 이 능력을 유전적으로 물려받는데, 이는 다른 종(species)들이 짝짓기나 새끼를 낳기 위해 다른 지역으로 이동하는 능력을 선천적으로 가지고 태어나는 것과 흡사한 것이다.

---

◆ **담화(discourse)의 습득**

　이제 통사론에서 담화로 주제를 바꿔보자. 필자는 박사논문에서 모국어와 제2언어 학습자의 담화 처리 과정을 연구하였다 (Nunan 1984). 특히 필자는 글로 쓰여진 텍스트의 의미적 관계 및 담화적 관계에 대한 지각(perception)을 연구하였는데, 모국어를 읽는 독자와 제2언어를 읽는 독자 간에 높은 수준의 일치도가 발견되었다. 제2언어를 읽는 경우 모국어 독자보다 전반적으로 텍스트에 대한 어려움이 상대적으로 컸지만, 모국어 독자들이 어렵게 느끼는 (의미적, 담화적) 관계들을 제2언어 독자들도 어렵게 느끼며, 모국어 독자들이 쉽다고 느끼는 관계들을 제2언어 독자들도 쉽게 느끼는 것으로 나타났다.

모국어와 제2언어 습득의 유사점 및 차이점은 모국어 사용자와 제2언어 사용자의 언어 처리 및 산출에 대한 비교 연구로부터 추론되어져 왔다. 이러한 연구들은 본질상 대개 실험적이거나 반실험적(quasi-experimental)이며, 어떤 식으로든 자료를 이끌어내는 유도방법(elicitation)들을 사용한다. 예를 들어 앞 문단에서 언급된 연구에서는 규칙 빈칸 메우기 절차(cloze procedure)를 수정, 적용하여 모국어 및 제2언어 독자들로부터 자료를 이끌어냈다. 유도방법의 문제점은 — 특히 말하기가 강요되는 경우 — 그 얻어진 결과가 최소한 부분적으로라도 유도방법이나 도구(instruments) 그 자체에 의해 좌우되지 않았다고 결코 장담할 수 없다는 점이다(이에 대한 논의는 Nunan 1992 참조).

## 학습자 연령이 제2언어 습득에 미치는 영향은 무엇인가?

### ◆ 연령과 관계된 차이들

연령이 습득에 미치는 영향은 광범위하게 연구되어 왔는데, 그 쟁점은 어린 학습자들이 나이든 학습자들보다 더 효율적이며 효과적으로 제2언어를 습득하는가이다. 이제까지의 연구는 연령에 대한 논쟁을 어느 쪽으로든 결정적으로 가라앉히지 못했다. Ellis(1985)가 지적한 바와 같이, (a) 연령이 습득의 경로(route)에 미치는 영향(즉 목표어의 문법 항목들이 여러 학습자들에게서 동일한 순서로 습득되는가의 문제)과 (b) 속도(즉 학습자들이 목표어를 얼마나 빨리 습득하는가의 문제), 그리고 (c) 최종 도달 수준(즉 최종적으로 볼 때 얼마나 능숙해지는가의 문제)은 구분되어야 한다. Ellis는 발표된 제 문헌들을 검토한 결과, 연령이 습득 경로를 변경시킬 수는 없으나, 속도 및 최종 도달 수준에는 상당한 영향을 미친다고 결론지었다. 그러나, 결과는 결코 그리 단순하다 할 수 없다. 예를 들어, 속도의 측면을 보자면, 성인이 아동(6—10세 사이)보다 더 빠른 것으로 나타났으나, 십대(12—15세 사이)가 성인이나 아동보다 더 빠른 것으로 나타났다. Ellis는 아래와 같이 결론짓고 있다.

1. 학습 시작 연령은 외국어 습득의 경로에는 영향을 주지 않는다. 습득 순서에 차이가 보인다 하더라도, 이는 연령의 영향이 아니다.
2. 학습 시작 연령은 학습 속도에 영향을 미친다. 문법 및 어휘 습득은 노출(exposure) 기간이 일정하다고 할 때, 사춘기의 학습자들이 아동이나 성인보다 더 잘 한다. 발음에 관한 한은 특별한 차이가 없다.
3. 노출 기간과 시작 연령이 모두 성공 정도에 영향을 미친다. 외국어에 노출된 햇수는 학습자의 전반적 의사소통의 유창성에 영향을 미치나, 시작 연령은 정확도, 특히 발음 정확도에 영향을 준다.

*Ellis 1985: 106*

◆ **결정적 시기 가설**(the Critical Period Hypothesis)

이 연령적 차이는 "결정적 시기"라고 알려진 생물학적 기재와 관련해서 설명되어질 수 있다. 이 심리적 개념은 한 유기체의 성장 발달에 있어서 특정 행동(behavior)이 습득될 수 있는 제한된 시기를 의미한다. 심리언어학자들은 모국어 습득과 외국어 습득에서의 결정적 시기에 관한 증거를 탐색해 왔다. 또 다른 언어를 배우는데 있어 최적의 나이는 생후 10년 간이며(예를 들어 Penfield & Roberts 1959 참조), 그 이유는 뇌의 유연성

(plasticity) 내지 탄력성(flexibility)이 이 시기 동안 최대치로 유지되기 때문이라는 주장이 제기되었다(유연성의 비유는 뇌가 마치 플라스틱 덩이와 같아서 시간의 경과와 함께 점차적으로 굳어짐을 암시하는데, 이 비유는 결정적 시기의 연구 속에서 빈번히 사용된다). 또한 사춘기 부근에 이르면 뇌는 유연성을 잃고, 뇌의 좌우반구는 전보다 훨씬 상호 독립적이 되며, 언어 기능은 대체적으로 좌뇌에서 형성된다고 주장되었다. 결정적 시기 가설은 일단 이 신경학적 변화가 일어나면 다른 언어를 습득하는 것이 점점 어려워진다고 주장한다.

> **결정적 시기 가설(The Critical Period Hypothesis)**
> 결정적 시기 가설의 신봉자들에 따르면, 사춘기 부근에 일어나는 뇌의 생물학적 변화로 인하여 뇌의 양반구의 기능이 서로 독립적이 된다. 이 신경학적 변화가 일어나고 나면, 모국어 수준의 외국어 능숙도를 얻는 것이 불가능하지는 않다 하더라도, 어려워진다. 이 가설은 논란의 대상이 되고 있으며, 최근 과학자들이 인간 활동과 대응되는 신경학적 위치를 알아낼 수 있는 기술이 개발되면서 의문시 되게 되었다.

그러나 이 가정에 대한 비판이 없는 것은 아니다. Ellis(1985)가 지적하고 있듯이, 습득이 어린 아동들에게 더 쉽다는 제안은 부분적으로만 정당하다. 사실, 발음만이 일찍 시작할수록 더 잘하는 분야이고, 이 가설은 왜 유연성의 상실이 유독 발음에만 영향을 미치는가를 설명하기 힘들기 때문이다.

뇌의 유연성이나 좌우 뇌의 서로 다른 기능들에 관한 증거들은 언어 습득 연구로부터 온 것이 아니라 뇌 손상을 입었거나 뇌 기능장애 또는 언어장애를 가진 아동 및 성인들을 대상으로 한 임상연구로부터 온 것이다. 또한 습득 분야의 연령 연구들은 실험이나 반 실험상태에서 행하여진 것들이 대부분이다. 이러한 실험들은 전형적으로 두 다른 연령집단(예를 들어 아동집단 대 사춘기집단, 또는 아동집단 대 성인집단)으로부터 피험자들을 취하고, 문법구조나 발음적 측면과 같은 목표어의 몇몇 측면들을 가르친 다음, 평가를 시행하여 한 집단이 다른 집단보다 더 효율적으로 배웠는가를 결정한다. 예를 들어 Asher와 Price(1967)는 사춘기 이전의 학습자 집단과 대학생 학습자 집단이 러시아어를 배우는데 기울이는 노력의 차이를 비교하였는데, 성인들이 아동들보다 더 좋은 수행을 보이는 것을 발견하였다. 그러나 이러한 실험의 주요한 제한점들 중 하나는 실험들이 매우 선별적이어서 목표어의 한 부분에 국한된 측면들만을 조사한다는 점이다. 실험들은 또한 비교적 짧은 기간 내에 시행되는 경향이 있다. 예를 들어 Asher와 Price의 연구는 단 25분 수업에 기초한 것이다.

## 수업이 습득에 미치는 영향은 무엇인가?

연구자들은 제2언어를 가르치는 가장 효과적인 방법이 무엇인가에 대해 결코 일치된 입장을 보이고 있지 않으나, 어떤 질문이 가장 적합한 질문인가에 대해서는 이제 합의를 보이기 시작하고 있다. 가장 중요한 두 가지 질문은 다음과 같다: (1) 수업과 습득은 어떤 관계를 가지는가? (바꿔 말하면, 교사가 가르치는 것은 학습자가 배우는 것과 어떤 관련이 있는가?) (2) 어떤 유형의 과제, 수업조직, 교사 개입 양상이 습득을 촉진하는가? 본 절에서는 첫 번째 질문에 대한 연구들을 검토할 것이다. 그리고 나서 다음 절에서는 과제 유형/수업 조직과 습득 간의 관계를 살펴볼 것이다.

### ◆ 형태소(morpheme) 습득 연구

교수와 습득 간의 관계에 대해 가장 영향력 있는 주장을 한 학자 중 하나는 Krashen(1981, 1982)이다. Krashen은 그의 가설들을 1970년대에 시행된 일련의 연구 조사들로부터 발전시켰다. "형태소 습득순 연구들"이라고 알려진 이 연구 조사들은 제2언어의 문법 습득에 "자연 순서(natural sequence)"가 존재하는가의 여부를 결정하려는 시도였다. 연구자들은 서로 다른 모국어 배경(예를 들어 스페인어와 중국어)을 가진 학습자들이 모두 사실상 동일한 순서로 영어의 문법적 항목들(또는 형태소들)을 습득함을 발견했다 (Dulay & Burt 1973, 1974). 처음 연구들은 아동들을 대상으로 수행되었다. 나중에는 어른들을 대상으로 하는 연구들도 행하여졌는데, 여기서도 매우 유사한 습득 순서가 나타났다 (Bailey et al. 1974). 이러한 조사들로부터, 연구자들은 습득의 순서를 결정하는 것은 전에 믿었던 것과는 달리, 모국어와 제2언어의 차이가 아니라 목표어의 성격 자체라고 결론짓기에 이르렀다. 다음 단계는 이런 습득순서가 가르치는 것에 의해 "뒤바뀔" 수 있느냐를 알아내는 것이었다. 그 결과는 (적어도 수업과 습득 사이의 관계가 있다는 강한 주장을 하기 원하는 사람들에게는) 실망스러운 것이었다. 어느 연구도 소위 자연습득순이 수업을 통해 바뀔 수 있다는 것을 보여주지 못한 것이다. 또한 문법규칙을 안다고 해서 그 규칙들을 의사소통에 사용하는 능력을 보장할 수는 없다는 것이 발견되었다. 문법규칙의 위반을 지적할 수 있는 능력이 있는 학습자들, 심지어 문법규칙을 말로 설명할 수 있는 학습자들도 그 규칙을 의사소통 속에서 사용할 때에는 빈번히 규칙을 위반하는 것으로 나타났다.

◆ **의식적 학습과 무의식적 습득**

이러한 경험적 배경에서 Krashen은 논쟁의 대상이 될만한 하나의 가설을 펴냈다. 그는 제2언어의 습득에 두 가지의 정신적 과정이 작용하고 있다고 주장했는데, 의식적인 학습(conscious learning)과 무의식적인 습득(subconscious acquisition)이 그것이다. 의식적인 학습은 문법 규칙에 초점을 두며, 학습자가 규칙을 암기하고 규칙 위반 사례를 찾아낼 수 있도록 해준다. 반면 무의식적 습득은 이와는 매우 다른 과정으로서, 무의식적 차원에서 규칙의 습득을 촉진시킨다. Krashen에 따르면, 의미를 소통하기 위해 언어를 사용할 때는 학습자들은 무의식적 지식을 끌어내야 한다. 의식적 과정과 무의식적 과정이 언어 발달에 작용을 한다는 제안 자체가 그리 특별하다거나 급진적인 것은 아니었다. Krashen의 주장에서 새롭고 혁신적인 부분은 이 두 과정이 완전히 별개라는 것, 즉 "학습은 습득으로 전환될 수 없다"는 부분이었다.

> 중요한 점은 학습이 습득으로 전환될 수 없다는 사실이다. 처음에는 새로운 규칙을 학습하고, 연습을 통해서 궁극적으로는 그것을 습득하기에 이른다는 생각은 널리 퍼져 있고, 어떤 사람들에게는 직관적으로 명확하게까지 느껴질 것이다. 이 습득과정의 모형은 내가 외국어교육(TESL) 과정의 학생이었을 때 처음으로 접하게 된 모형이었고, 나는 이것이 나 자신이 언어를 배웠던 바로 그 방식이라고 생각했었다.
>
> *Krashen 1982: 83*

◆ **이해 가능 입력**(Comprehensible Input)

Krashen에 따르면, 언어 습득은 이해를 통해서 일어난다. 다시 말해서, 학습자가 자신의 현재 이해 수준보다 한 단계 높은 구조를 포함하는 언어의 메시지를 이해하면, 그 구조가 습득된다는 것이다. 이 가설은 "기술 습득(skill getting)"은 "기술 사용(skill using)"의 필수적 선재조건 (Rivers & Temperley 1978)이라는 생각에 대한 정면적 거부였다.

많은 교사들은 Krashen이 학습을 습득과 분리시킨 것이 직관적으로 호소력이 있음을 발견하였는데, 이는 교수와 학습 간의 직접적인 관계를 지지해 주는 구체적 증거가 거의 없다는 관찰 가능한 사실과 그의 주장이 맥을 같이 하였기 때문이었다. 또한 이는 교사들이 가르친 것을 그들의 학생들이 배우지 않았다는 사실 때문에 사기가 저하되어 있던 교사들에게는 확신을 주는 것이었다. 그러나 다른 한편으로, 학습자들이 단순히 언어 속의 메시지만을 이해함으로써 말하는 능력이 자라난다는 개념 역시 직관을 벗어나는 것으로 보였다.

    Krashen의 주장이 대두되면서, 수많은 연구자들이 (a) **구조들은 교수의 영향을 받지 않는다**는 개념과 (b) 이해 가능한 입력만이 습득에 필요한 조건의 전부라는 개념에 도전하였다. Rod Ellis는 형식적 교수(formal instruction)가 의문문의 습득에 미치는 영향에 대한 조사 결과를 소개하는 연구를 발표하였다 (아이러니컬하게도 이 연구는 Kevin Gregg(1984)가 Krashen의 이론을 세부적으로 공격한 *Applied Linguistics*의 같은 호에 게재되었다). Ellis는 Wh-의문문을 습득하는데 있어서 약 세 시간 동안의 형식적 교수가 11세에서 13세 사이의 아동 13명에게 미치는 영향을 조사하는 일에 착수했는데, 세 시간은 매우 짧은 기간이긴 해도, 아동들이 Wh-의문문을 자발적으로 사용하기 시작함에 따라, 발달적 측면에서 학습을 할 준비가 되었으며, 어느 정도의 효과를 관찰할 수 있었다. 세 시간의 수업이 시작되는 시점과 끝나는 시점에서, 아동들에게 *who, what, where, when*과 같은 말을 끌어내는 카드(cue card)들을 제시하고 교실 장면이 그려진 그림에 기초하여 의문문을 만들어 보도록 하였다. Ellis는 개인적으로는 상당한 발전을 보이는 아동들이 있었으나, 13명의 아동 전체를 보았을 때는 Wh-의문문을 사용하는 능력에 의미있는 진전을 보이지 않았음을 발견하였다. 아울러 수업시간에 상호작용을 가장 적게 한 아동들이 가장 큰 진전을 보였음을 발견하였다. 이 발견을 설명하기 위해서, Ellis는 수업을 기록한 전사본을 되살펴 보아야 했는데, 여기서 그는 중요한 것이 상호작용의 양이 아닌 상호작용의 질이라는 것을 발견했다. 수업의 순서들이 의사소통적으로 풍부한 상호교환을 포함하고 있으며, 학습자가 단순한 연습보다는 비교적 자발적인 상호작용에 참여하여야 하는 경우에는 학습자는 어느 정도의 진전을 보였던 것이다. Ellis는 아래와 같이 결론지었다.

    '노출'은 … '교수'보다 훨씬 더 중요한 것처럼 보인다. 달리 말해서, 학습자들이 진전을 보이도록 도운 것은 'when-의문문' 형식에의 초점이 아니라, 의사소통의 과제를 교섭을 통해 해결하는 기회였다.

*p. 149*

### ◆ 이해 가능 출력(Comprehensible Output)

1985년, Krashen의 이해 가능 입력 가설은 Swain(1985)의 도전을 받게 된다. Swain은 캐나다의 몰입 프로그램(immersion programs)을 연구했다. 이 프로그램들에서 아동들은 모국어가 아닌 언어로 교과 수업(content instruction)을 받았는데, 아동들이 영어 원어민인 경우에는 불어로 수학, 과학 등의 수업을 받았으며, 따라서 엄청난 양의 이해 가능 입력을 받았다. 그럼에도 불구하고, 이들의 제2언어 발달은 이해가능 입력 가설에 따르면 의당 이뤄져야 할 만큼의 진전을 보이지 않았다. Swain이 도대체 교실에서 실제로 무엇이 일어났는가를 들여다보았을 때, 기본적 수업 양상이 교사가 많이 말하고, 학생들은 매우 적게 말하는 양상이었음을 발견하였다. 이 관찰들에 기초하여, Swain은 이를 대체하는 한 가설을 세우고, 이를 "이해가능 출력(comprehensible output)" 가설이라 명명하였는데, 이는 언어를 발화하는 기회가 습득에 있어서 중요함을 암시하는 것이다.

같은 무렵에 Montgomery와 Eisenstein(1985) 역시 의사소통 상황에서 언어로 연습할 기회를 가지는 것이 언어 습득에 중요함을 지지하는 연수를 수행하였다. 이들의 실험에서 통제집단(control group)은 문법 수업만을 받았다. 실험집단(experimental group)은 수업을 받은 것과 아울러, 교실 밖에서 목표어를 의사소통의 목적으로 사용할 수 있는 기회를 제공받았다. 실험이 끝났을 때, 두 집단을 비교한 결과, 실험집단은 의사소통에 대한 평가에서 통제집단보다 좋은 수행을 보였는데, 이는 그리 놀랄만한 일은 아니다. 정말 놀랄 만한 일은 실험집단이 문법지도를 상대적으로 덜 받았음에도 불구하고, 문법평가에서도 더 좋은 성과를 보였다는 사실이다. Montgomery와 Eisenstein은 교수와 상호작용 모두가 습득에 필수적이라고 결론지었다.

Schmidt도 같은 결론을 내리고 있다. Schmidt는 브라질에서 포르투갈어를 배운 자신의 경험에 대한 사례 연구(case study)를 수행하였는데, 형식적 교수와 교실 밖에서의 의사소통 기회가 모두 습득에 필수적임을 발견하였다. 그는 또한 자신이 의식적으로 인식(noticing)한 항목만이 습득되었다고 주장함으로써, 무의식적 학습이라는 개념에 반론을 제기하였다. 그는 자신의 연구에 기초하여, "차이 인식하기(notice the gap)" 원리를 설정하였다. 이는 자기와 상호 작용하는 원어민의 발화와 자신의 발화 간의 차이를 인식했을 때만 자신의 언어 능력이 향상되었다는 통찰력에 근거한 것이다 (Schmidt & Frota, 1986).

◆ **발달 단계**(Developmental Stages)

1980년대에 독어와 영어의 습득을 고찰한 많은 연구자들이 언어 처리적 제약(speech processing constraints)에 근거하여 교수와 습득의 차이에 대한 흥미있는 설명을 들고 나왔다 (Pienemann, 1989). 이들은 문법 항목들이 일련의 단계들로 순서 지어질 수 있으며, 각 단계들은 이전 단계보다 더 복잡한 처리를 요구하는 것으로 보았다. 그러나, 이 복잡성은 해당 항목의 개념적 복잡성보다는 그 항목이 단기 기억(short term memory)에 요구하는 처리비용에 따라 결정된다. 예를 들어, Krashen이 이미 지적한 바대로 영어에서의 3인칭 -s는 늦게 습득되는 항목 중의 하나인데, 위의 연구자들은 이것이 왜 그래야 하는지를 설명할 수 있었다. 교육 문법의 관점에서 볼 때, 이 항목은 비교적 단순하다. 문장의 주어가 단수일 때 본동사(main verb)에 -s를 붙이기만 하면 된다. 그러나, 언어 처리의 관점에서 보자면, 이는 상당히 복잡할 수 있는데, 그 이유는 화자가 주어 명사구가 단수인지 복수인지에 관한 정보를 작업 기억(또는 단기 기억, working memory) 속에 유지시키고 있어야 하기 때문이다. 많은 발화 처리 작업들이 매우 복잡한데다가, 말하고 이해하는데 사용 가능한 시간은 제한되어 있으므로, 한 번에 전체 언어 처리 작업 중 제한된 부분에만 초점을 둘 수 있다는 것이다.

> **교수 가능성 가설(The Teachability Hypothesis)**
> 교수 가능성 가설에 따르면, 문법구조들은 각 구조들이 학습자의 작업기억에게 요구하는 처리요구량에 따라 분류될 수 있다. 처리요구량이 커질수록 그 구조는 학습하기 어려워진다. 학습자가 발달단계상 한 항목을 습득할 준비가 되어 있을 때에만 그 항목은 학습될 수 있으며, 따라서 그때에 가르쳐져야만 한다.

3인칭 -s의 처리상 복잡성에 대한 또 하나의 관점은 언어에 관한 상당히 인기 있는 저서인 *The Language Instinct*에 기술되어 있다.

> 어떤 문장을 발화하건 간에, 한 형태를 사용하여야 하는 화자는 누구나 네 가지 세부사항을 기억하고 있어야 한다. 예를 들어 3인칭 -s의 경우,
> 첫째, 주어가 3인칭인지 아닌지: *He walks vs. I walk.*
> 둘째, 주어가 단수인지 복수인지: *He walks vs. They walk.*
> 셋째, 행위가 현재시제인지 아닌지: *He walks vs. He walked.*
> 넷째, 행위가 습관적인지, 말하는 현재 진행중인지: *He walks to school vs. He is walking to school.*
> 를 기억해야 한다.
>
> Pinker 1994: 43-44

언어 처리에 관한 연구로부터, 학자들은 발달단계상에서 배워야 할 항목의 바로 전 단계에 학습자가 도달해 있을 때에만 그 항목을 학습할 수 있다고 하는 "교수/학습 가능성 가설(teachability/learnability hypothesis)"을 제기하였다 (더 상세한 설명은 Hyltenstam & Pienemann 1985 참조. 가설에 대한 비평은 Nunan 1991 참조).

◆ **상호작용**(Interaction)**과 습득**(Acquisition)

보다 최근의 연구들은 Swain의 이해 가능 출력 가설(the Comprehensible Output Hypothesis)을 이어받아, 목표어로 상호작용하는 기회가 습득에 미치는 중요성을 보다 상세하게 조사하여 왔다.

1990년, Spada는 그녀 자신과 다른 캐나다 연구자들의 제 연구들을 검토하였는데, 특히 어떤 유형의 교과과정 구성이 가장 성공적인 제2언어 습득을 초래하는가를 조사하였다. Spada는 세 유형의 교육과정 구성— (a) 전통적 교육과정(여기서는 문법-번역식(grammar translation) 교수), (b) 앞서 서술한 교과내용을 목표어로 교수하면서 문법은 형식적으로 가르치지 않는 몰입식(immersion) 교육과정, (c) 그리고 형식에 초점을 두지만 목표어를 의사소통의 맥락에서 사용할 기회도 제공받는 "의사소통적(communicative)" 수업— 을 조사하고 그 결과를 요약하였다. Spada의 결론은 기본적으로 "의사소통적"이면서도 명시적으로 문법설명을 받은 학급들이 전통적 교수를 받은 학급이나 명시적 문법지도를 회피한 몰입식 학급보다 우수하다는 것이었다.

필자가 보기에, 많은 SLA 연구의 문제점 중 하나이며, 서로 불일치되고 심지어 상호 모순적으로까지 보이는 연구 결과들이 나오게 되는 이유는 *습득*(acquisition)과 *교수*(instruction)이라는 용어가 상당히 부정확하게 쓰인다는 점이다. 습득은 문법 항목들을 습득하는 것을 지칭할 수 있다(거의 모든 SLA 연구가 형태-통사적(morphosyntax) 습득에 초점을 두었으면서도, *교수*는 교사가 학생들에게 마련해 주는 온갖 다른 종류의 가르치는 기회를 지칭한다는 점은 참으로 재미있다). 교실 관찰 및 행동 연구에 관한 1989년 저서에서, 필자는 새로운 문법항목을 제시하는 27가지의 다른 교수 방법들을 밝히고 있는 Koziol과 Call의 점검목록(checklist)을 재언급했었다. 아마 이 방법 외에도 다른 방법들이 더 있을 것이다!

다양한 언어 형식들이 다양한 유형의 교육적인 개입의 대상이 될 수 있다는 것을 인식하게 되면서, 최근의 연구자들은 조사대상인 문법 항목의 유형뿐 아니라 수업의 성격도 함께 상술하게 되었다. 예를 들어 Doughty (1988)는 교수 대(對) 노출(또는 암묵적 교수 대(對) 명시적 교수)의 상대적 효과에 관심을 가지고, 조사의 초점을 상대적 비교에 두었다. 그 결과들은 Spada가 얻은 결과와 일치하였다. 즉, 교수를 받은 학습자들이 노출만 받은 학습자들보다 더 좋은 수행을 보였다는 것이다.

    2년에 걸쳐 시행된 종적 연구(longitudinal study)에서, Lim(1998)은 학습자가 목표어를 얼마나 사용했는가에 따라 습득이 양적, 질적으로 어떻게 달라지는가를 조사하였다. 그녀는 학습자 참여의 빈도와 참여의 질이 화행(speech act)의 사용 범위, 대화 유지 기술 등의 질적인 측면과 유의미한 관계를 보였음을 발견하였다. 뿐만 아니라, 수업에서의 학습자 참여는 언어 능숙도의 향상과 유의미한 관계를 보였다. 즉, 언어를 더 많이 사용하는 학습자들이 더 빨리, 더 많은 진전을 보였다.

    Fotos(1993)는 일본에서 성인 EFL 학습자들을 대상으로 한 연구에서, 학습자의 문법적 의식화(grammatical consciousness-raising)에 있어 소집단(small group) 중심의 문제해결 과제가 정식으로 교사가 직접 문법을 가르치는 것에 못지 않은 효과가 있음을 발견하였다. 그녀의 연구는 우리가 "교수(instruction)"라 할 때 과연 무슨 의미로 이 말을 사용하는가라는 바로 그 문제와 직결된다. 필자는 앞에서 교수를 개념화하고 정의하는데는 여러 가지 방식이 있다고 이야기한 바 있거니와, Fotos의 연구는 교수라는 것이 반드시 교사가 앞에 서서 학생들에게 언어적 사실들을 전해주는 것을 필수적인 또는 1차적인 부분으로 하지 않음을 보여준다.

    중국의 성인 EFL 상황에서, Wudong Wu(1994)는 선언적 지식(declarative knowledge, 즉 오류를 잡아내거나 규칙 위반에 대해 진술할 수 있는 능력)은 자동적으로 절차적 지식(procedural knowledge, 형식에 대한 지식을 의사소통적 효과로 변환시키는 능력)으로 발전되지 않는다는 것을 발견했다. 이 연구의 피험자들은 글로 된 텍스트 속의 오류를 발견할 수 있었으며, 심지어는 어떤 문법규칙을 위반한 것인지까지 진술할 수 있었다.

그러나, 피험자들 자신이 텍스트를 구성하도록 했을 때에는 — Krashen 식으로 말해서 학습자가 형식이 아닌 의미에 유의했을 때에는 — 이들 역시 같은 오류를 범하는 것으로 나타났다. 그러나 Krashen과는 대조적으로, Wudong Wu는 학습자들이 의사소통적 과제들 속에서 해당 구조들을 활성화하게 함으로써 이 구조들이 습득될 수 있도록 하는 것이 가능함을 발견하였다. 이를 바탕으로, 그는 형식적 교수와 더불어 출력 활동(output activities, 또는 표현 활동)을 활성화시키는 기회들이 습득에 중요한 요소가 된다고 결론지었다.

어른이 아닌 아동을 대상으로 하였지만 역시 중국 상황에서 연구를 진행한 Zhou(1991)는 구조를 가르침으로써 수동태와 같은 일부 구조들이 습득되도록 할 수 있었으나, 시제(tense)나 시상(aspect)과 같은 다른 구조들이 습득되도록 할 수는 없었다고 보고하였다. Zhou는 또한 이 연구를 토대로, 명시적(선언적) 지식은 암묵적(절차적) 지식이 될 수 있다고 주장하였는데, 이는 Wudong Wu의 결과와 상당히 유사하다. 아울러 이 연구는 습득을 일반적인 개념으로써 측정하기보다는 조사할 특정 구조들을 명시하는 것이 중요함을 잘 보여주고 있다.

마지막으로, Möllering과 Nunan(1994)은 호주에서 독어를 외국어로 배우는(German as a Foreign Language) 성인 학습자들이 보조 소사(modal particle)를 습득하는 양상을 조사하였는데, 이들은 교수가 차이를 가져오기는 하였으나, 이 경우에도 역시 일부 분야에만 국한된 것이었음을 발견하였다.

주어진 상황에서 [피험자들의] 보조 소사 사용은 모국어 사용자의 그것과 달랐으며, 특히 *doch*의 경우는 더욱 그러하였다. 발화자료들을 볼 때, 보조 소사로서의 *doch*는 다른 보조 소사들에 비해 학습자들이 읽은 텍스트 속에서 더 자주 나왔으나, 학습자들은 *doch*를 과소 사용한 것으로 드러났다. 이에 따라, *doch*는 교수의 초점대상으로 선정되었고, 교

표 2-1  교수와 습득의 관계

| 연 구 | 결 과 |
| --- | --- |
| Krashen(1982) | 교수는 습득을 초래하지 않는다. 이해가능 입력은 습득의 필요충분조건이다. |
| Ellis(1984) | 의문문 형식에 대한 교수는 의문문 형식의 습득에 거의 영향을 미치지 않았다. |
| Swain(1985) | 이해가능 입력은 습득을 초래하지 않는다. |
| Montgomery & Eisenstein(1985) | 문법+의사소통 기회는 문법만을 가르치는 것보다 유창성 및 문법적 정확성 양면에서 더 큰 향상을 가져왔다. |
| Schmidt & Forta (1986) | 교수와 수업 밖에서의 의사소통 기회는 모두 필요했다. 향상이 일어나는 것은 학습자들이 간격을 인지(notice the gap)했을 때였다. |
| Pienemann(1989) | 문법적 형태들은 교수가 학습자의 발달단계와 맞아떨어질 때만 습득될 것이다. |
| Spada(1990) | 교수와 상호작용 기회를 함께 부여하는 "의사소통 중심" 수업은 "전통적" 교수나 몰입식 수업보다 더 효과가 있다. |
| Doughty(1988) | 교수(의미-중심이든 형태-중심이든)를 받은 학습자들이 언어에 노출되기만 한 학습자들보다 좋은 수행을 보였다. |
| Lim(1992) | 학습자 참여의 빈도/양은 학습자 참여의 질적인 측면(예를 들어 화행의 범위, 대화유지 기술 등)과 유의미한 관계를 보였다. 학습자의 수업 참여는 언어 능숙도를 유의미하게 증대시켰다. |
| Fotos(1993) | 소집단 과제는 SLA에 있어 교사 중심의 교수만큼 효과가 있었다. |
| Wudong(1994) | 단언적 지식(오류를 집어내거나 어떻게 규칙이 위반되었는가를 진술할 수 있는 능력)은 출력 활동(output activities)을 통해 지식을 활성화하는 기회가 주어지지 않는 한 절차적 지식(문법을 의사소통에 사용할 수 있는 능력)으로 발전되지 않는다. |
| Zhou(1991) | 형식에 대한 교수는 어떤 구조들(수동태)이 습득될 수 있게 하지만, 다른 어떤 구조들(시제나 시상)은 습득되게 할 수 없다. 명시적(단언적) 지식은 연습(practise)을 통해 암묵적(절차적) 지식으로 변환될 수 있다. |
| Möllering & Nunan(1994) | 수업은 독어 보조 소사의 습득에 차이를 가져왔다. 그러나 습득은 상대적, 복합적, 유기적인 양상을 보였다. |

수기간 이후, *doch*가— 비록 수의적(optional) 맥락이 아닌 '반의무적(semi-obligatory)' 맥락 속에서 쓰여지긴 하였어도— 훨씬 자주 사용되었다. 절반 미만의 학습자들이 그 언표내적 효력(illocutionary force) 또는 사용적 기능을 완전히 이해하는 것을 보여줄 정도로 *doch*의 개념을 설명하거나 번역할 수 있었다. 그러므로, 이는 피험자 집단 전체에 해당된다고 볼 수는 없더라도 하나의 경향이라고 보아야 한다. 습득은 '완전히 알거나 하나도 모르거나(all-or-nothing)'의 선형적 과정이라기보다는 복잡하고 '유기적인(organic)' 과정이다.

Möllering & Nunan 1995: 59

본 절에서 다뤄진 연구들을 <표 2-1>에 요약하였다.

<표 2-1>의 연구들은 혼돈스럽고 엇갈리는 듯 보일지도 모르겠다. 어떤 면에서 그것은 사실이다. 필자는 앞에서 이처럼 표면적으로 상충되어 보이는 결과들은 어떤 언어 항목의 습득이냐에 따라 교수의 효과가 달라짐에도 불구하고, 교수(instruction)와 습득(acquisition)이라는 두 용어가 다분히 부정확하게 사용되었음을 반영하는 것일 수 있다. 교수가 문법 습득에 차이를 가져올 수 있다는 것은 명확하다. 그러나 본 절에서 검토된 연구들을 볼 때, 또 다른 변수가 역할을 하고 있는 것으로 보이는데, 이는 곧 목표어로의 상호작용(interaction)이라는 변수이다. 교수의 효과를 극대화시키기 위해서는, 학습자들이 현재 학습하고 있는 구조들을 의사소통적 상호 과정 속에서 사용할 기회가 필요하다.

구조에 초점을 둔 수업에 아울러 상호작용 속에서의 언어 사용을 더한 균형있는 다이어트를 시행해야 한다는 결론은 Lightbown과 Spada(1993)가 교수 상황에서의 제2언어 학습에 대한 제 연구를 검토한 결과에서도 지지되고 있다:

> 교실 상황에서의 많은 연구 자료들은 의사소통 중심의 과정에서 구조에 초점을 둔 교수(form-focused instruction)와 오류를 교정하는 피드

백(corrective feedback)이 함께 제공되는 것이 정확성(accuracy)만을 강조하거나 유창성(fluency)만을 강조하는 극단적인 과정들보다 제2언어 학습을 촉진하는데 효과적임을 지지하고 있다.

Lightbown & Spada 1993: 105

상호작용이 중요한 변인이라는 관찰은 필자가 본 절의 서두에 제기했던 중요한 경험적 질문들 중 두 번째 질문 — 어떤 과제 유형과 수업조직 양상이 습득을 촉진할 것인가?—으로 우리를 인도한다 이제부터 이 문제를 고찰한 연구들에 관심을 두기로 한다.

## 과제 유형/수업조직의 양상은 습득과 어떠한 관계를 가지는가?

### ◆ 조정적 상호작용(modified interaction) 및 의미 교섭

제2언어 교육이 직면한 두 번째 중요한 질문은 과제 유형, 교실 수업조직, 그리고 제2언어 습득의 관계와 관련된다. 이러한 연구들은 대부분 상호작용적 과제의 유형/양상과 습득간의 간접적 관계를 설정하였다. 다시 말해서, 이들은 과제 유형과 습득간의 직접적 관계를 측정하려고 시도하지 않은 채, 이들 사이에 어떠한 관계가 존재한다고 전제하여 왔다. 예를 들어, 학습자 발화의 양이 많을수록 습득의 향상이 일어난다고 가져온다고 전제해 보자(실제로 Shirley Lim(1992)과 같은 연구자들의 연구는 이를 뒷받침해 주는 증거들을 보여준다). 그런데 우리가 문제-해결 과제들(problem-solving tasks)이 연상토의 과제들(brainstorming tasks)보다 학습자 발화를 유의미한 정도로 증가시킨다는 사실을 발견한다면, 삼단논법적으로 문제-해결 과제가 연상토의 과제보다 습득을 향상시킨다는 결론을 이끌어낼 수 있다. 그러나, 과제 유형과 습득 간의 관계는 간접적이다. Long(1985)은 대화 조정(conversational adjustment)과 언어 습득간의 관계를 연구함에 있어 간접적인 접근법을 사용하였다. 그는 과제에 참여하는 학습자 편에서 대화 조정(conversational adjustments) 또는 상호작용적 조정(interactional modifications)을 하도록 촉진시켜 주는 과제들을 지지하는 주장을 아래의 방법으로 개진시키고 있다.

> Step 1: (a) 언어적/대화적 조정은 (b) 이해가능 입력을 증진시킴을 보인다.
> Step 2: (a) 이해가능 입력은 (c) 습득을 증진시킴을 보인다.
> Step 3: (a) 언어적/대화적 조정이 (c) 습득을 증진시킨다는 결론을 이끌어낸다. a>b>c의 관계를 지지하는 만족스러운 증거를 찾으면 언어적 환경을 SLA의 간접적 원인변수(causal variable)로 받아들일 수 있다.
>
> *Long 1985: 378*

---

**상호작용 가설(The Interactional Hypothesis)**

이 가설에 따르면, 언어는 학습자들이 목표어로 의사소통하려는 시도에 능동적으로 임할 때 습득된다. 이 가설은 "행함으로써 배우기(learning by doing)"의 경험적 철학과 일맥상통한다. 습득은 학습자들을 자신의 현재 언어능력의 한계까지 밀어붙이는 과제에 학습자들이 임할 때 극대화될 것이다.

---

◆ **소집단 활동**(small group work)

언어를 의사소통으로 보는 견해들이 점차적으로 발전되면서 시행된 초기의 연구들 중 하나는 Long 등의 연구이다(Long et al., 1976). 소집단 의사소통 활동은 많은 의사소통 중심의 수업에서 중요한 수업조직의 유형이었다(현재에도 그러하다). Long과 그의 공동 연구자들은 학생들이 소집단 과제에서 쓰는 말과 교사-대면적(teacher-fronted) 활동에서 쓰는 말을 비교하였다. Long 등은 학생들이 집단 과제에서 더 많은 양의 발화를 했음을 발견하였는데, 이 사실은 별로 놀랄 만한 것이 아니다. 그러나, 학생들이 수행한 언어의 기능을 조사해 보았을 때에도 그룹 과제의 경우 더 넓은 범위의 기능을 수행하였다. 학생들이 교사-대면적 활동과 대조되는 소집단 활동에서 언어를 양적인 면과 다양성의 측면에서 더 잘 사용했음을 볼 때, 이러한 소집단 과제는 습득을 촉진시킨다고 볼 수 있을 것이다(이것은 소집단 과제가 습득에 미치는 영향을 직접적으로 측정하고자 하는 시도가 아니었으며, 수업 조직의 양상과 습득 사이의 간접적인 인과관계만을 설정하는 연구의 예라는 점을 주의하기 바란다).

Long은 수업의 조직 양상에 대한 추후 연구들을 시행하고, 소집단 과제들의 어떠한 특징들이 습득을 가장 잘 촉진시킬 수 있을지를 조사하였다. 1981년에 보고된 연구에서, Long은 쌍방적 과제들(two-way tasks: 소집단 토의에 임하는 모든 구성원이 자신들이 기여할 수 있는 정보를 소유하는 상황에서의 과제)이 일방적 과제들(one-way tasks: 한 구성원이 모든 관계 정보를 소유하는 상황에서의 과제)보다 유의미한 정도로 조정된 상호작용(modified interaction)을 증가시켰음을 발견하였다. 이와 유사한 연구로서, Doughty와 Pica(1986)는 정보교환을 필수로 하는 과제들이 정보교환을 선택적으로 하는 과제들보다 유의미한 정도로 많은 양의 조정된 상호작용을 유발시켰음을 발견하였다 (조정된 상호작용이란 상호작용 중에 화자가 자신의 말을 더 잘 이해될 수 있게 만들기 위해 말의 형식을 바꾸는 조정이 일어나는 경우를 말한다. 이러한 조정은 청자 측에서 이해가 힘들 때 촉발될 것이다.)

이러한 조정된 상호작용에 대한 연구들은 이해 가능 입력이 제2언어 습득의 필요충분조건이라는, 즉 학습자가 목표어로 된 메시지를 이해할 때 습득이 일어날 것이라는 Krashen의 가정에 의해 자극 받은 것이다(1981; 1982).

Porter(1983)는 그룹 과제에 대한 연구의 범위를 넓혀, 대화 상대방(interlocuter)의 언어 능숙도와 언어적 신분이 학습자의 발화량에 미치는 영향을 조사하였다. 그녀는 학습자들이 원어민과 활동할 때보다 동료 학습자와 활동할 때 더 많은 양의 발화를 산출하는 것을 발견하였다. 또한 학습자들은 상대방의 잘못된 발화를 본받지 않는다는 것을 발견했다. 이것은 매우 중요한 발견이다. 왜냐하면 소집단 활동에 대한 비판 중 하나가 바로 학습자들이 서로서로 상대방의 나쁜 언어 습관을 배울 것이라는 지적이기 때문이다(물론, 이것이 반드시 사실은 아님을 학습자에게 확신시키는 일은 또 다른 문제이다.)

Ellis(1988)는 자신의 연구와 다른 연구들을 종합하여, 아래와 같은 요소들이 수업 상황에서의 제2언어 습득을 향상시킬 수 있을 것이라고 주장하였다.

◇ "섭취(intake)"의 양(즉, 학습자가 주어진 입력 중에 얼마만큼을 받아들이는가의 정도 역자 주).
◇ 의사소통하고자 하는 필요.
◇ 무엇을 말하는가에 대한 학습자 편에서의 선택.
◇ 다양한 화행의 수행.
◇ 발화를 확장시켜 주기에 풍족한 입력: 이는 학습자의 참여를 끄집어내고, 이를 정교화시키는 등 학습자 대화 참여를 확장시킬 수 있는 교사 발화를 일컫는다.
◇ 주저함 없는 연습.

◆ **과제 유형**(task types)**과 담화**(discourse)

또 다른 연구의 흐름은 과제 유형에 따라 어떤 언어 및 담화의 양상이 유발되는가에 관한 문제에 초점을 두어왔다. Berwick(1993)은 거래적 과제(transactional tasks)와 대인적 과제(interpersonal tasks)가 어떻게 다른 언어 유형을 유발시키는가를 조사하였다(거래적 과제란 주로 재화와 용역의 교류를 위해 의사소통을 하는 과제이고, 반면 대인적 과제란 주로 사회적 목적을 위해 의사소통을 하는 과제이다). 그는 기능적 목적이 달라짐에 따라 형태-통사적(morphosyntactic) 언어형식도 달라짐을 발견하였다.

비슷한 목적으로 시행된 필자의 연구에서는, 열린 과제(open tasks)와 닫힌 과제(closed tasks)가 유발하는 상호 교류적 양상의 차이를 조사하였다. 열린 과제란 하나의 정답이 없는 경우이고, 닫힌 과제간 하나 또는 제한된 수의 정답이 있는 경우이다. 이 연구에서 과제 유형을 달리함에 따라 매우 다른 상호작용 양상이 초래된 것이 발견되었으며, 이는 교과과정 개발 당사자들과 담화 분석자들이 고려해야 될 사항임을 시사하였다(이 연구와 그 교육적 시사점은 Nunan 1991, 1993에 보고되어 있다). 과제유형의 차이에 따라 서로 다른 상호작용 양상이 유발된다는 사실과 아울러, 이 연구는 또한 특정 과제 유형은 다른 유형보다 특정 수준의 학습자들에게 더 적합함을 시사하였다. 특히 저-중급(lower-intermediate)에서 중급(intermediate)에 이르는 학습자들에게는 비교적 닫힌 과제들이 비교적 열린 과제들보다 더 많은 양의 조정된 상호작용을 촉발함을 발견하였다. 그렇다고 이런 학생들이 열린 과제는 배제한 상태에서 닫힌 과제에만 임해야 한다는 뜻은 아니다. 중요한 것은 교과과정 설계자나 교사들이 과정의 교육적 목표에 부합되는 과제들을 혼합하여야 한다는 것이다. 이 연구는 또한 연구자들의 노력이 교실로 이어지기 위해서 외국어 습득 연구자들과 교과과정 전문가들이 공동의 작업을 추진해야 함을 강조하고 있다.

최근의 연구로, Martyn(1996)은 소집단 활동에서 특정 과제의 특성이 의미교섭(negotiation of meaning)에 미치는 영향을 조사하였다. Martyn은 아래와 같은 변인들을 살펴보았다.

◇ 상호작용 관계: 과제를 완수하기 위한 모든 정보를 한 사람이 보유하는가, 각 참여자가 정보의 일부분들을 보유하는가, 아니면 정보가 공유되는가?
◇ 상호작용 요건: 정보가 공유되는 것이 요구되는가, 그렇지 않은가?
◇ 목표의 지향성: 과제 목표가 수렴적(convergent)인가 분산적(divergent)인가?

◇ 결과물(outcome)의 선택성: 단일한 정답만이 가능한가, 하나 이상의 결과물이 가능한가?

연구 결과들을 볼 때, 과제 변인들이 의미 교섭의 양에 영향을 끼친 한편, 과제 변인들, 인성적 요소들 및 상호작용 역학간에도 상호작용이 있음을 시사하는 것으로 보인다. 진행 중인 이 연구는 학습 환경의 복잡성과

표 2-2 어떠한 과제 유형 및 교실 조직 양상이 습득을 촉진시키는가?

| 연 구 | 결 과 |
| --- | --- |
| Long et al.(1976) | 교사-대면적 활동에서보다 그룹 활동에서 학습자는 더 양적으로 풍부하고 다양한 언어를 생성해낸다. |
| Porter(1983) | 그룹 활동에서, 학습자들은 원어민들과 활동할 때보다 다른 동료학습자들과 활동할 때 발화를 더 많이 하며, 상대방 학습자의 오류를 따라 배우지 않는다. |
| Pica et al.(1987) | 수업을 들을 때(명료화를 요구하거나(clarification request) 이해 점검(comprehension check)을 함으로써) 의미 교섭을 할 기회를 가졌던 학습자들이 단순화된 형태의 수업(simplified instructions)을 받았던 학습자들보다 더 잘 이해했다. |
| Spada(1987) | 의미에 일차적으로 관심을 두면서(즉, 의사소통 중심 수업에서) 유의미한 맥락 속에서의 문법에 초점을 두는 것을 허용하는 수업이 문법만 중시하거나 의사소통만 중시하는 경우보다 더 효과가 있었다. |
| Ellis(1988) | 습득을 향상시키는 요인들: (input보다는) "섭취(intake)"의 양/ 의사소통적 필요/ 학습자가 말할 것에 대해 선택권을 가짐/ [다양한 화행의 수행]/ 발화를 확장시킬 수 있는 입력의 풍부함 (즉 학습자의 참여를 유발하고, 발전시키고, 늘려 줄 수 있는 교사 발화의 풍부함)/ [주저하지 않고 연습함] |
| Nunan(1991) | 과제 유형은 학습자가 사용하는 언어의 기능적 범위와 담화의 유형을 결정할 것이다. |
| Martyn(1996) | 과제 변인들은 (의미)교섭의 양에 영향을 미친다 (그러나 과제 변인, 인성 변인, 상호작용적 역학 사이에 상호작용이 있는 것 같다). |

심리적·언어적 요인들을 사회적·상호작용적 요인들과 분리시키는 것이 어려움을 잘 보여주는 것이라 하겠다.

본 절에서 소개한 연구들을 <표 2-2>에 요약하였다.

### ◆ 학습 전략(learning strategy)과 습득은 어떠한 관계를 가지는가?

학습 전략이란 학습자들이 언어를 배우고 사용하기 위해서 사용하는 정신적(mental), 의사소통적(communicative) 절차이다. 또한 학습 스타일이란 개별 학습자에게서 보여지는 학습 과정의 일반적인 경향을 이른다. 이미 여러 해 동안, 연구자들은 학습 스타일 및 전략에 관련된 아래와 같은 질문들에 관심을 가져왔다.

◇ 특정 학습 전략에 대한 선호는 교육 수준, 인종적 배경, 모국어 등의 학습자 특성과 어떠한 관련이 있는가?
◇ 효과적인 학습자들은 어떠한 전략을 선호하는가?
◇ 전략이란 가르쳐질 수 있는 것인가?
◇ 전략의 훈련은 제2언어 습득에 차이를 가져올 수 있는가?

### ◆ 학습 전략의 정의

현재 학습 스타일과 전략에 대한 관심이 일고 있음에도 불구하고, 학습자 전략 훈련의 효과에 대한 연구는 드문 편이며, 그 결과들도 서로 어긋난다. 약 20년 전, Cohen과 Aphek(1980)은 전략의 훈련이 어휘 습득에 가져오는 효과를 조사하였는데, 짝-연상 기술(paired associates technique)이 성공적인 습득을 초래함을 발견했다. 비슷한 시기에, Carroll(1981)은 귀납적 학습(inductive learning)의 효과를 조사하였다. 이 연구에서, 언어 사례를 조사하여 그 특정 언어 측면을 지배하는 규칙을 귀납해 내는 능력은 언어 적성(language aptitude)을 구성하는 일면임을 발견했다. O'Malley(1987)는 다양한 유형의 전략 훈련(상위 인지적, 인지적, 사회인지적)이 서로 다른 언어 기능에 미치는 영향을 연구하였는데, 훈련은 말하기에 상당한 효과가 있는 반면, 듣기에는 별 효과를 미치지 못함을 발견하였다.

> **언어 학습 전략(Language Learning Strategies)**
> 학습자가 제2언어를 배우기 위해 사용하는 정신적, 의사소통적 과정들

◆ **전략 선호**(strategy preferences)**와 개인사적**(biographical) **변인들**

성인 영어학습자들의 학습스타일에 대한 중요한 연구에서, Willing (1988)은 517명의 학습자를 대상으로 학습 선호에 대한 자료를 수집하였다. Willing은 학습 선호와 개인사적(biographical) 변인간의 상관관계를 살펴보려 하였으며, 자료 수집의 주요 방법으로 면담 중에 학습자가 대답한 설문지를 사용하였다. 저능숙도의 학습자들은 모국어로 면담을 하였다. 조사의 주요 목적 중 하나는 학습자의 학습 스타일 상의 차이를 학습자의 서로 다른 개인사적 변인들로 설명할 수 있는가를 알아보려는 것이었다. 인종, 연령 등과 같은 요소들이 학습자가 선호하는 학습유형과 관계가 있으리라는 생각은 교사들 간에 널리 받아들여지고 있는 것이다. Willing은 아래의 변인들을 조사하였다.

  인종 집단(ethnic group)
  연령 집단
  사전 교육 수준
  호주에 거주한 기간
  말하기 능숙도
  학습프로그램의 유형(예를 들어, 전일제(full-time)인지, 시간제(part-time)인지.)

이 연구는 몇 가지 놀랄만한 발견을 하였다. 우선, 거의 누구에게나 선호되는 학습활동들이 있었다. 이 중 몇 가지는 교사들에게는 그 정도의 인기가 없는 활동들이었는데, 이는 Nunan(1988)이 시행한 교사 선호도에 대한 추후 조사에서도 나타난다. 예를 들어서, 교사의 오류 수정(error correction)은 거의 모든 학습자들에 의해 높은 점수를 받은(즉 선호된) 반면, 학습자 스스로 오류를 발견하는 것은 낮은 선호도를 보인 것으로 나타났는데, 교사의 경우는 그 반대의 선호도를 보인 것이다.

아마도 가장 놀라운 발견은 위의 개인사적 변인들 중 어떤 것도 학습 선호와 유의미한 상관관계를 보이지 않았다는 사실일 것이다.

> 개인적 변인과 관계되는 학습상의 차이들 중 어느 것도, 특정 개인 사들을 공유한 하부집단(sub-group)이 특정 학습 선호를 보인다고 싸잡아서 일반화시킬 수 있을 만큼의 차이는 아니었다. 그러므로, '중국인들은 X이다'라든지, '남미인들은 Y를 좋아한다'라든지, '나이가 어린 학습자들은 Z를 좋아한다'라든지, '고교 졸업자들은 Q를 좋아한다'와 같은 일반화를 하는 것은 분명 부정확한 것이다. 이 연구의 가장 중요한 발견을 하나 꼽는다면, 그것은 어떤 학습 문제의 경우이든, 하부집단에 관계없이, 선호도는 전형적인 분포를 보였다는 것이다.
>
> *Willing 1988; 150-151*

이 발견은 교실과 교무실에서 통용되는 민간 수준의 지혜와 배치되는 것으로서, 학습 전략선호는 사회문화적 변인들이나 교육적 배경보다 개인적 요소와 더 관계 있음을 시사한다. 물론, 이 연구가 외국어(foreign language) 상황이 아닌 제2언어(second language) 상황에서 수행되었다는 사실이 결과에 중요한 영향을 미쳤을 수도 있다. 따라서 외국어 상황에서 이 연구를 재시행하는 것이 필요할 것이다.

◆ **학습자 유형**(learner types)

　마지막으로 생각해 보고자 하는 것은 학습자들이 설문에 대한 응답 양상에 따라 유형별로 분류될 수 있다는 연구 결과이다. 학습자 "유형" 및 이들의 학습적 선호는 <표 2-3>에 제시되어 있다.

표 2-3 학습자 유형과 학습 선호

유형 1. "구체적" 학습자(concrete learners)
이 유형의 학습자들은 게임, 그림, 영화, 비디오, 카세트 사용, 짝으로 대화하기, 교실 밖 연습을 좋아하는 경향이 있다.

유형 2. "분석적" 학습자(analytic learners)
이 유형의 학습자들은 문법 학습, 책으로 공부하기, 신문 읽기, 자습, 자신의 오류 찾기, 교사가 제시하는 문제 풀기 등을 좋아하는 경향이 있다.

유형 3. "의사소통적" 학습자(communicative learners)
이 유형의 학습자들은 원어민과 접하고 들으면서 배우는 것, 영어로 친구와 대화하고, 영어 TV 프로그램을 보고, 상점이나 기차 등 교실 밖에서 영어를 사용하며, 새 단어는 들어서 익히고, 대화를 통해 배우는 것을 좋아한다.

유형 4. "권위-존중적" 학습자(authority-oriented learners)
이 유형의 학습자들은 교사가 모든 것을 설명하고, 교과서를 가지고 공부하며, 공책에 모든 것들 적고, 문법을 공부하며, 읽기를 통해 배우며 새로운 단어는 눈으로 봄으로써 익히기를 선호한다.

◆ **성공적 언어 학습자**(good language learner)

　조금 다른 유형의 연구에서, Jones(1987) 등은 효율적 학습자와 비효율적 학습자 사이의 차이를 학습자들이 자신의 학습전략들에 대해 가지는 지각(awareness)의 차이로 설명할 수 있는가를 규명하려 하였다. 이들은 효율적 학습자가 자신의 학습 기저에 있는 과정들을 지각하며, 자신의 학습을 통제하기 위해 적절한 학습전략을 사용하려고 노력함을 발견하였다. Nunan(1991)도 "성공적" 언어 학습자의 특성 중의 하나가 학습자 자신의 학습 기저에 있는 과정을 성찰하고 이를 설명할 수 있는 능력이라는 것을 발견하였다. 이와 유사하게, O'Malley와 Chamot(1990)의 연구에서도 효율적인 학습자는 전략의 사용 면에서 덜 효율적인 학습자와 구별되는 것으로 나타났다. 구체적으로, 교사가 효율적이라고 지목한 학생들이 덜 효율적이라고 지목한 학생들보다 전략을 더 자주 사용했으며, 더 다양한 전략들을 사용했음을 발견하였다.

성공적 언어 학습자에 대한 연구로 잘 알려진 Rubin과 Thompson(1983)의 연구에서는 성공적이며 효율적인 학습자들이 <표 2-4>와 같은 특성을 보임을 발견하였다.

**표 2-4** 성공적 언어학습자의 특성

성공적 학습자들은 :
◇ 자신의 방식을 발견한다.
◇ 언어에 대한 정보를 조직화한다.
◇ 창의적이며 언어를 가지고 실험한다.
◇ 스스로 기회를 만들며, 교실에서 그리고 교실 밖에서 언어 사용 연습을 하기 위한 전략들을 사용한다.
◇ 불확실한 채로 견디는 법을 배우며, 목표어를 이해하기 위한 전략들을 개발하는 한편, 모든 개개 단어를 다 이해하려 들지 않는다.
◇ 배운 것을 기억하기 위해서 암기법(각운(rhymes), 단어 연상법 등)을 사용한다.
◇ 오류가 도움이 되도록 만든다.
◇ 외국어를 배우기 위해 학습자의 모국어 지식을 포함한 언어적 지식을 사용한다.
◇ 이해를 돕기 위해 맥락(context: 비언어적 지식 및 세상지식)을 사용한다.
◇ 합리적인 추측을 하는 법을 배운다.
◇ 말의 덩이(chunks)와 관용적 표현들(formalized routines)을 하나의 덩어리로 익혀 현재의 자기 언어 능력 이상을 발휘할 수 있도록 한다.
◇ 대화 기술들(예를 들어 대화가 지속되도록 하는 기술)을 배운다.
◇ 말하기와 쓰기의 다양한 스타일을 배우며 상황의 격식성(formality)에 맞게 바꿔 말하는 법을 배운다.

수년 전 필자는 성공적 학습자들의 경험에 공통된 양상이 있는가를 알아보기 위하여 44명의 성공적 언어 학습자들을 조사하였다. 학습자들은 모두 홍콩, 태국, 인도네시아, 필리핀, 말레이시아, 싱가포르 등 다양한 동남아시아 나라에서 외국어(foreign language)로서 영어를 배웠었고, 목표어인 영어에 대해 이중언어 사용자의 능력에 도달했으며, 모두가 외국어로서 영어를 가르치는 교사였다. 이 연구는 두 부분으로 진행되었는데, 하나는 성공적 언어 학습자를 조사하는 것이었으며, 다른 하나는 교사의 학습 전략적 선호가 그들의 가르치는 방식에 미치는 영향을 탐구하는 것이었다. 여기서는 교사의 전략 선호에 관한 연구는 다루지 않겠다.

교사를 연구대상으로 삼은 데는 두 가지 이유가 있다. 우선, 대상을 영어 교사로 선택함으로써, 고능숙도의 피험자들을 보다 쉽게 얻을 수 있었고, 둘째로, 교사들은 자신의 경험을 개념화시킬 상위 인지적(metacognitive: 자신의 인지과정을 설명할 수 있는) 능력 및 상위 언어적(metalinguistic: 대상 언어에 대하여 설명할 수 있는) 능력을 가지고 있을 것이므로, 자신들의 외국어 학습 경험들을 더 잘 성찰, 설명할 수 있을 것으로 여겨졌기 때문이다.

본 연구자료는 설문 및 추후 면담으로 얻었다. 설문은 Willing이 사용했던 것을 약간 고친 것으로, "영어 수업에서 나는 읽기를 통해 배우는 것을 좋아한다," "나는 교사가 우리에게 모든 것을 설명해 주기를 원한다," "나는 교사가 내가 틀린 부분을 스스로 발견하도록 하는 것이 좋다" 등, 학습 선호에 관한 30문항을 제시하고 각 문항에 대해 피험자들이 점수를 매기도록 하였다. 피험자들은 설문지에 답을 모두 작성한 후 어떠한 전략을 선호하는가, 어떻게 영어를 배웠는가, 또 다른 언어를 배운다면 어떤 식으로 접근할 것인가, 어떤 식으로 교실 밖에서 연습의 기회를 발견하였는가 등에 대해 개별적으로 토론을 하였다.

조사 과정에서, 피험자들은 외국어를 배움에 있어 가장 유용했다고 생각되는 것과 가장 유용하지 못했다고 생각되는 것을 기록하도록 요구받았다. 학습자들의 학습 상황이나 환경이 달랐음에도 불구하고, 이들의 응답은 놀라우리만큼 동질적이었다.

가장 충격적인 것은 피험자들이 영어를 배운 상황이 서로 달랐음에도 불구하고, 사실상 모든 피험자가 형식적 교실 수업이 불충분했다는 것에 의견을 같이 했다는 사실이다. 동기, 위험을 감당할(risk-taking) 준비 태세, 발달 도상에 있는 언어 기술들을 교실 밖에서 적용해보고자 하는 결심은 이 성공적 학습자들의 응답에서 공통적으로 두드러지는 특성이었다(위험 감당 성향에 대하여는 Beebe 1983의 흥미있는 연구를 참조하라). 뒤이은 자유 응답은 설문을 통해 얻어진 일반적 응답 양상을 더욱 확인해 주는 것이었다. 이 응답들을 볼 때, 일정한 학습 전략에의 선호와 성공적 학습자 간에 상관관계가 없다는 생각을 기각하는 것은 시기 상조인 것 같다.

표 2-5

| 가장 도움이 된 것들 | 가장 도움이 안된 것들 |
|---|---|
| 1. 영어 원주민과의 대화 및 그룹 내 대화 | 1. 문법 학습/ 연습 |
| 2. 교실 밖에서 연습하는 기회 찾기 | 2. 교실 밖에서의 영어 사용 기회 부족 |
| 3. 라디오, TV, 신문들의 매체에 접근하기 | 3. 못 가르치는 수업 |
| 4. 교사와의 교실 수업 | 4. 비판이나 처벌 |
| 5. 동기 | 5. L2 학습자들/ 언어능력이 부족한 L1 화자들과 연습하는 것 |
| 6. 읽기 | 6. 대규모 교실 또는 지나치게 다양한 수준의 학습자로 이루어진 교실 |
| 7. 문법 규칙/ 연습 | 7. 지나친 L1 사용 |
| 8. 듣기 | 8. 대중매체에의 접근 |
| 9. 발음 | 9. 실수하는 것에 대한 두려움 |
| 10. 어휘 | 10. 동기 부족 |
| | 11. 그림책과 같은 유치한 교재 |
| | 12. 시청각 시설의 부재 |
| | 13. 빡빡한 시간 배정 및 프로그램 |
| | 14. 교실에서의 소리내어 읽기 |
| | 15. 암기 |
| | 16. 공부할 시간의 결여 |
| | 17. 쓰기 |

추후 연구에서는 상위 수준의 제2언어(second language) 학습자 집단에게 영어를 배우는데 가장 도움이 되었던 것과 가장 도움이 안 되었던 것을 지적해 보도록 하였는데, 외국어(foreign language) 학습자로부터 얻었던 것과 유사한 결과를 보였다. 그 결과는 <표 2-5>에 정리되어 있으며, 가장 많이 언급된 사항부터 차례로 순서를 매겨놓았다.

다양한 응답이 나왔지만, 제2언어를 배우는데 가장 많은 도움을 주었던 것과 가장 도움이 되지 못했던 것에 대한 상당한 일치를 보였다. "교실 안팎에서의 대화 연습", 그리고 "교실 밖에서 영어를 활용하는 기회"는 발달을 촉진시킨 요소로 압도적으로 많이 거명되었다. 가장 도움이 안되었다고 거명된 것은 "문법 연습"이었는데, 이는 두 번째로 많이 거명된 항목인 "교실 밖 영어 활용 기회의 부족"보다 무려 두 배나 많이 거명되었다.

이와 같은 자료를 해석할 때는 주의가 요구된다. 예를 들어서, 이런 연구 결과들이 우리가 문법 가르치기를 포기해야 함을 의미하는 것은 아닌 것이다. 그러나, 우리가 문법 교수에 어떻게 접근해야 할 것인가에 대해 재고해야 할 필요가 있으며, 문법 교수가 의사소통적 목적을 도달하는데 어떤 도움을 줄 수 있는가를 보다 명료하게 학습자들에게 보여줄 필요가 있다.

◆ **전략 훈련**(strategy training)**과 과제 수행**(task performance)

외국어(foreign language) 분야의 연구로, Barnett(1988)는 전략 훈련이 제2언어로 불어를 읽는데 미치는 영향을 조사하였는데, 훈련을 받은 실험집단은 통제집단보다 더 좋은 수행을 보인 반면, 그 차이는 통계적으로 유의미하지 않았다. 그러나 이 연구는 전략 자체를 학습자들에게 명확히 설명하지 않은 상태에서 시행되었으므로 그 결과를 해석하기가 다소 어렵다.

최근의 Green과 Oxford(1995)의 연구에서는 능숙도의 차이에 따라 전략 사용이 어떻게 달라지는가를 조사하였다. 이들은 전략 사용과 언어 학습의 성공 사이에 유의미한 관계가 있음을 발견하였다. 특히, 이들은 자연스러운 상황에서의 연습에 강조점을 두고 목표어를 적극적으로 사용하는 것이 제2언어 능숙도 향상에 가장 큰 요소로 작용함을 발견하였다. 이 연구로부터 이들은 적극적 사용이라는 전략이 언어 능숙도를 향상시킨다는 결론을 내렸다.

자기 학습에 대한 성찰하기(reflection), 스스로의 학습에 대해 보고하기(self-reporting), 자기 모니터하기(self-monitoring)의 기회를 제공하는 것이 홍콩의 대학생들에게 미친 영향을 조사한 연구에서, Nunan(1997)은 자신의 학습을 되돌아보는 것이 시간이 지나감에 따라 학습자 스스로의 학습 과정에 더 민감해지도록 하였음을 발견했다. 학습자들은 또한 영어 수업들을 영어로 가르치는 여타 교과목과 더 많이 연관시킬 수 있게 되었다. 마지막으로, 지속적인 지도 하에 일기(journal)를 쓰도록 한 것은 학습자들이 무엇을, 어떻게 배우기를 원하는가에 대해 명확히 표현하기 위한 기술들을 개발하도록 도운 것으로 나타났다.

북미에서 시행된 연구로, Cohen 등의 1995년 연구와 Cohen의 1996년 연구에서는 Minnesota 대학교에 다니는 55명의 외국 학생들을 대상으로 전략 훈련을 시키고, 그 영향을 조사하였다. 이 연구자들은 학습자에게 전략에 관해 명시적으로 가르치는 것이 말하기 능력에 미치는 영향과, 전략 사용 빈도가 과제 수행 점수에 미치는 영향을 조사하였다. 이들은 또한 학생들이 말하기 과제를 수행하면서 왜 일정 전략을 사용하는지에 대한 근거를 대는 방식에 대해서도 관심을 가졌다. 이 연구에서, 세 실험집단이 세 비교집단과 같은 수업을 10주에 걸쳐 받았다. 이에 더하여, 실험집단은 말하기 전략을 실제 말하기 기술에 적용시킴에 있어 명시적 수업을 받았다. 전략의 훈련이 과제 수행에 차이를 가져왔는지를 묻는 설문에 대하여, 실험집단은 3회의 사후 평가(post-test) 중 2회에서 비교 집단보다 더 좋은 수행을 보였다. 연구자들은 전략 훈련이 유익하다고 주장하고 있지만, 이들 자신도 결과가 복잡하게 나왔으며, 그 해석이 용이하지 않은 경우도 있었다고 지적하였다(예를 들어, 언어 능숙도 요인이 작용하는 것으로 보였으며, 능숙도 수준에 따라 전략 훈련의 효과를 보는 정도가 다른 것 같았다).

최근 필자는 Hong Kong 대학교에서 대학생들을 대상으로 전략 훈련의 효과를 조사하였다. 이 연구의 동기가 된 두 가지 이유가 있는데, 그 하나는, 많은 학습자들이 말로는 자신의 장래 직업을 위하여 영어가 중요하다고 하면서도, 실제로는 영어를 배우고자 하는 동기가 매우 낮은 상태에서 Hong Kong 대학교의 영어 강좌를 들으러 온다는 사실이었다. 그들 대부분이 중·고등학교 기간 동안 영어를 배웠는데, 그간 별 진전이 없었다는 사실 외에도 소위 빈약한 교수법, 영국에서 중국으로 주권이 바뀜으로 Putonghua(중국 방언)을 배워야 한다는 압박감의 증가 등으로 인하여 동기가 상실되었다. 두 번째 요소는 능숙도를 향상시키도록 학생들에게 주어진 대학 영어(Academic English) 시간이 양적으로 제한되었다는 사실과 관련이 있다(대학영어는 48시간이며 이에 자습의 성격을 지닌 12시간 추가 학습이 더해질 수 있다). 이러한 맥락에서 학습 전략의 차원을 교과과정에 통합시킨다면 동기를 유지, 발전시키는데 도움이 될 수 있으며, 또한 학습자가 자신의 학습의 저변에 있는 과정에 대해 보다 더 잘 이해할 수 있게 되리라고 사료되었다(선행 연구에서 효율적 학습자가 자신의 학습 전략을 인지하는 학습자임이 발견된 바 있다, Jones 외 1987). 전략 훈련은 학습자를 보다 독립적으로 만들고, 자신의 학습을 조절해 나아가게 하며, 이로써 강좌가 끝난 후에도 스스로 영어를 지속적으로 배울 수 있도록 학습자를 고무시켜 주리라는 기대도 있었다.

학습 전략을 교양학부에 있는 학생의 강좌에 체계적으로 통합시키는 것이 어떤 효과를 가져오는지를 알아보기로 하고, 구체적으로 다음 질문들을 조사하였다.

1. 학습자 전략 훈련은 학생들의 동기에 어떠한 영향을 미치는가?
2. 학습자 전략 훈련은 학생들의 학습 전략에 대한 지식에 어떤 영향을 미치는

가?
3. 학습자 전략 훈련은 학습자들이 전략을 사용하는 정도에 어떤 영향을 미치는가(즉, 전략 훈련을 받은 학습자들은 그 전략들을 더 자주 사용하는가?)
4. 학습자 전략 훈련은 학습 전략 사용에 대한 학생들의 태도에 어떤 영향을 미치는가(특히, 훈련을 받은 학습자들은 전략을 학습을 위한 도구로서 더 높이 평가하는가)?

총 60명의 학생들을 네 학급으로 임의 배정하고, 두 학급은 실험 집단, 두 학급은 통제 집단으로 삼았다. 강좌가 시작되기 전에 학생들의 동기, 주요 15개 전략에 대한 사전 지식, 이 전략들에 대한 사용 정도, 그리고 전략의 가치에 대한 인식도를 측정하기 위한 설문을 모든 학생들에게 시행하였다. 네 학급 모두 정규적으로 주어지는 1학기 영어 강좌를 들었으며, 단 한 가지의 차이점은 실험집단에게는 체계적으로 주요 학습 전략들을 가르쳤다는 것이다. 전략 훈련은 따로 떼어내어 가르친 것이 아니고, 정규 언어교수 프로그램 속에 통합시켜 가르쳤다. 한 학기가 끝났을 때, 설문을 재시행하고, 그 결과를 분석하였다. 결과들은 동기, 전략에 대한 지식, 전략의 가치에 대한 인식에 있어서 실험집단이 통제 집단보다 유의수준에서 더 좋은 수행을 보임을 나타내었다. 반면 전략 사용에 있어서는 유의수준에서의 차이를 보이지 않았다(모든 집단들이 강좌기간 중에 전략 사용의 증가를 보였다).

개별 전략들에 대한 항목별 분석을 실시해 본 결과 전략과 훈련 사이의 흥미 있는 몇 가지 차이점이 발견되었는데, 훈련은 모든 전략에 동일한 효과를 가져오지 않는다는 사실이 확연히 드러났다. 항목별 분석은 부록에 요약되어 있다.

수업 교안과 녹음된 내용을 검토해 보니, 프로그램 상의 급박한 사정으로 인해, 분류(classifying: 부록 참조) 및 개인화시키기(personalizing: 부록 참조)의 두 전략이 소개되도록 되어 있었던 수업들이 취소되었고, 이들을 따로 보충 교육하지 못했다. 따라서 실험 집단은 이들에 의식적으로 집중할 기회를 갖지 못하였고, 자신의 학습에 적용할 기회도 얻지 못했다. 이 부분에 관한 연구자료가 전략에 대한 지식, 전략 사용, 유용성의 효과에 대해 부정적 증거를 보이는 것은 이 때문인 듯하다.

　이 연구는 전략 훈련이 몇몇 주요 부분에서 차이를 가져온다는 증거를 보이고 있다. 첫째, 학생들의 동기에 유의미한 영향을 미쳤다. 이 결과는 전략 사용과 동기의 관계에 대한 다른 연구 결과들과도 일치하는 것이다. 훈련의 영향은 또한 학습자들의 전략에 관한 지식, 그리고 외국어 학습에서의 전략 사용의 중요성에 대한 인식에도 나타났다. 전략의 훈련이 전략의 사용에 어떤 영향을 미치는가에 대한 결과는 그다지 확실하지 않았다. 이는 학습자들이 이 연구가 일어난 상황에서 자신의 학습을 주도할 기회가 별로 없었다는 사실을 반영하는 것인지도 모른다.

　앞서 언급된 개별 전략들에 대한 분석은 전략 훈련이 모든 전략에 동일하게 효과를 가져오지 않음을 확실하게 보여준다. 몇몇 경우에는 효과가 상당히 극적으로 나타난 반면, 다른 경우에 있어서는 효과가 덜 명확하게 나타났다. 개별적 분석 및 면담 자료에 대한 해석적 분석 결과, 사전 지식, 대학 수준에서 특정 전략들이 유용할 것인가에 대한 피험자 자신의 평가 등은 피험자들이 특정 전략을 적극적으로 사용하려 하는가 여부에 큰 영향을 미쳤던 것으로 나타났다. 교실 관찰 자료, 수업안 및 수업 자료들을 분석해 보았을 때도 역시 교실에서 모든 전략에 동일한 양의 주의(attention)를 기울이지 않음이 드러났으며, 이 차별화된 주의는 학습자들의 반응에 영향을 미친 것으로 나타났다. 요컨대, 주의를 많이 기울일수록 효과도 커진다는 것이다. 그러나, 개별 전략에 주어지는 주의 자체는 이 연구에서 중점적으로 보았던 변인이 아니었으므로, 여기서 더 상세한 논의를 하는 것은 불가능하다. 다른 한편, 이런 연구와 같은 교실 관찰 자료뿐 아니라 학생 면담의 형태로 된 질적 자료(qualitative data)를 수집하는 것의 가치를 인식하는 일은 중요하다. 이런 자료가 없었다면 양적 연구 결과들(quantitative results: 특정 가설을 검증하기 위해 실험을 통해 수량화된 결과들, 예를 들어 위 연구에서의 상관관계 산출 등)을 해석할 수 없었을 것이다. 사실, 위 연구 결과들 중 일부는 아예 설명이 안될 수도 있었던 것이다(질적 자료와 양적 자료를 함께 수집하는 것의 중요성에 대한 논의를 보려면 Spada(1990)를 참조하시오). 제6장에서, 우리는 여기서 나온 생각들을 교실 수업과 교재 고안에 적용하는 실질적인 문제를 살펴볼 것이다.

◆ **결론**

2장에서는, 필자 자신의 교육적 접근법에 영향을 미쳐온 경험적 연구들 중 일부를 살펴보았다. 이렇게 한 취지는 교수법의 유행이 단순 규칙적으로 양극단 사이를 오가는 식의 소위 "추 효과(pendulum effect)"를 극복해 나가느라고 지난 20년 동안 우리 분야가 먼길을 왔음을 보여주고, 또한 이 직종이 수많은 설득력 강한 연설가들에게 사로잡혀 왔음을 보여주려는 것이었다. 본 장에 소개된 자료들은 우리가 이 상황을 시정하기 위해 오랜 길을 걸어왔음을 보여준다.

◆ 제2장의 개념도

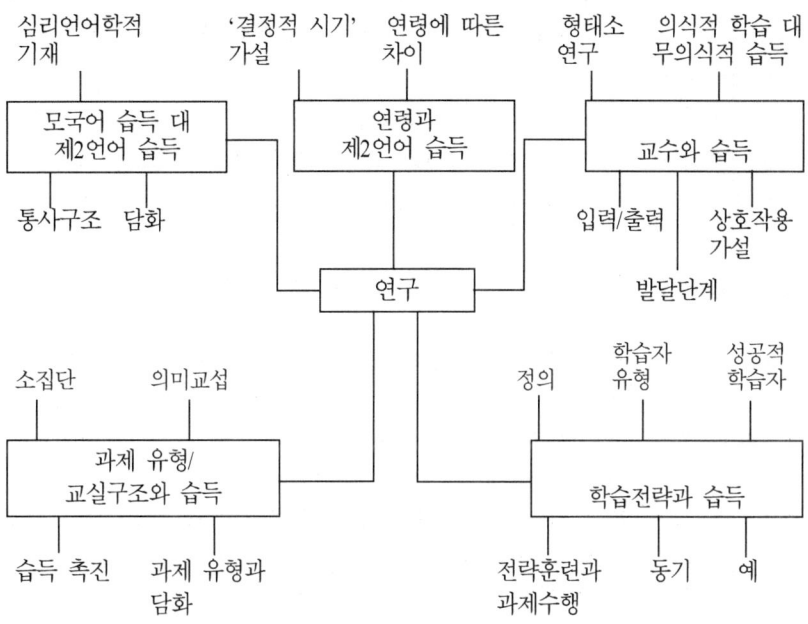

◆ 질문과 과제

1. 제2언어 습득은 모국어 습득과 왜 근본적으로 다른가?
2. 연령이 습득에 미치는 효과 문제는 왜 보기보다 복잡한가?
3. "결정적 시기(critical period)"란 무엇이며, 그 설명하려 하는 바는 무엇인가?
4. "이해가능 입력(comprehensible input)"이란 무엇이며, 그 설명하려 하는 바는 무엇인가?
5. 교수(instruction)는 습득의 어떠한 부분들에 영향을 미치는가? 또한 어떠한 부분들에 영향을 미치지 못하는가?
6. 소집단 활동이 언어 습득에 유익한 이유는 무엇인가?
7. 학습 전략 훈련의 효과에 대한 연구들을 요약하라.
8. 성공적 언어 학습자(good language learners)의 가장 중요한 특성들은 무엇이

라 생각하는가? 가능하다면, 여러 명의 성공적 학습자들(비교적 짧은 기간 내에 높은 수준의 의사소통 능력을 개발한 사람들)을 면담하라. 일정 패턴이 보이는가? 얻어진 결과들은 Rubin과 Thompson의 연구 결과들과 어떤 식으로든 일치하는 부분이 있는가?

9. 4~5명의 학습자들을 면담하여 이들에게 효과가 있는 학습 전략과 효과가 없는 학습 전략이 무엇인지 조사하라. 일정 패턴을 찾을 수 있는가? (학습자 간에) 어떠한 유사점과 차이점이 나타나는가?

## ◆ 참고문헌

Aiken, G., and M. Pearce. 1994. *Learning Outside the Classroom.* Sydney: National Centre for English Language Teaching and Research.

Asher, J., and B. Price. 1967. The learning strategy of total physical response: Some age differences. *Child Development,* 38.

Bacon-Shone, J., K. Bolton, and D. Nunan. 1997. Language use, policies and support at the tertiary level. Research Report to the Committee for Research and Conference Grants, University of Hong Kong.

Barnett, M. A. 1988. Teaching reading strategies: How methodology affects languag course articulation. *Foreign Language Annals,* 21/2: 109-119.

Berwick, R. 1993. Towards an educational framework for teacher-led tasks. In G. Crookes and S. Gass (eds.), *Tasks in a Pedagogical Context.* Clevedon Avon: Multilingual Matters.

Block, D. 1994. A day in the life of an English class: Teacher and learner perceptions of task purpose in conflict. *System,* 22, 4.

Block, D. 1996. A window on the classroom: Classroom events viewed from different angles. In K. Bailey & D. Nunan (eds.), *Voices and Viewpoints: Qualitative Research in Second Language Education.* New York: Cambridge University Press.

Carroll, J. B. 1981. Twenty-five years of research on foreign language aptitude. In K. C. Diller (ed.), *Individual Differences and Universals in Language Learning Aptitude* (pp. 83-118). Rowley, Mass.: Newbury House.

Chamot, A. U. 1987. The learning strategies of ESL students. In A. Wenden and J. Rubin (eds.), (1987) *Learner Strategies in Language learning*. Oxford: Pergamon Press.

Cohen, A. D. 1996. Language learning strategies instruction and research. AILA '96 Symposium on Learner Autonomy, Finland, August.

Cohen, A. D. and Aphek, E. 1980. Retention of second language vocabulary over time: Investigating the role on mnemonic associations. *System*, 8: 221-235.

Cohen, A. D., S. Weaver, and T. Y. Li. 1995. The impact of strategies-based instruction on speaking a foreign language. Research Report, National Language Resource Center, University of Minnesota.

Doughty, C. 1988. *The effect of instruction on the acquisition of relativization in ESL*. Unpublished Ph.D. dissertation, University of Pennsylvania.

Doughty, C., and t. Pica. 1986. 'Information gap' tasks: Do they facilitate second language acquisition? TESOL Quarterly, 20, 2.

Dulay, H., and M. Burt. 1973. Should we teach children syntax? *Language Learning* 23.

Dulay, H., and M. Burt. 1974. Natural sequences in child second language acquisition. *Language Learning*, 24.

Ellis, R. 1984. Can syntax be taught? *Applied Linguistics*, 5, 2.

Ellis,, R. 1985. *An Introduction to Second Language Acquisition*. Oxford: Oxord University Press.

Ellis, R. 1988. *Classroom Second Language Development*. London: Prentice-Hall.

Ellis, G. and B. Sinclair. 1989. *Learning to Learn English: A Course in Learner Training*. Cambridge: Cambridge University Press.

Ervin-Tripp, S. 1974. Is second language learning like the first? *TESOL Quarterly*, 8.

Foster, S. 1990. *The Comunicative Competence of Young Children*. London: Longman.

Fotos, S. 1994. Integrating grammar instruction and communicative language use through grammar consciousness-raising tasks. *TESOL Quarterly*, 28, 2,

323-351.

Gardner, D., and L. Miller (eds.). 1994. *Directions in Self-Access Language Learning.* Hong Kong: Hong Kong University Press.

Gregg, K. 1984. Krashen's monitor and Occam's razor. *Applied Linguistics,* 5, 2, 79-100.

Green, J. M., and R. Oxford. 1995. A closer look at learning strategies, L2 proficiency, and gender. *TESOL Quarterly,* 29, 2: 261-297.

Heath, Shirley Brice. 1992. Literacy skills or literate skills? Considerations for ESL/EFL learners. In D. Nunan (ed.), *Collaborative Language Learning and Teaching.* Cambridge: Cambridge University Press.

Ho, B. 1997. Using reflection to raise consciousness of strategies in technical report-writing. Unpublished doctoral dissertation. Macquarie University, Sydney, Australia.

Holec, H. 1979. *Autonomy and Foreign Language Learning.* Oxford: Pergamon Press.

Hyltenstam, K., and M. Pienemann. (eds.) 1985. *Modelling and Assessing Second Language Acquisition.* Clevedon Avon: Multilingual Matters.

Jones, B., A. Palincsar, D. Ogle, and E. Carr. 1987. *Strategic Teaching and Learning: Cognitive Instruction in the Content Areas.* Alexandria, Va.: Association for Supervision and Curriculum Development.

Jones, V., and L. Jones. 1990. *Classroom Management: Managing and Motivating Students.* Needham Heights, mass.: Allyn and Bacon.

Krashen, S. 1981. *Second Languae Acquisition and Second Language Learning.* Oxford: Pergamon.

Krashen, S. 1982. *Principles and Practice in Second Language Acquisition.* Oxford: Pergamon.

Lightbown, P., and N. Spada. 1993. *How Languages are Learned.* Oxford: Oxford University Press.

Lim, S. 1992. *Investigating learner participation in teacher-led classroom discussions in junior colleges in Singapore from a second language acquisition perspective.* Unpublished doctoral dissertation.

Littlewood, W., and F. N. Liu. 1997. *The LEAP Project.* The English Centre, University of Hong Kong.

Long, M. L., 1985. Input and second language acquisition theory. In S. Gass and C. Madden (eds.), *Input in Second Language Acquisition.* Rowley, Mass.: Newbury House.

Long, M., L. Adams, and F. Castanos. 1976. Doing things wity words: Verbal interaction in lockstep and small group classroom situations. In R. Crymes and J. Fanselow (eds.), *On TESOL '76.* Washington, D.C.: TESOL.

Martyn, E. 1996. The influence of task type on the negotiation of meaning in small group work. Paperpresented at the Annual pacific Second Language Research Forum, Auckland, New Zealand 1996.

Möllering, M., & D. Nunan. 1994. Pragmatics in interlanguage: German modal particles. *Applied Language Learning,* 6, 1 & 2.

Montgomery, C., and M. Eisenstein 1985. Real reality revisited: An experimental communicative course in ESL. *TESOL Quarterly,* 19, 317-334.

Nunan, D. 1984. *Discourse Processing by First Language, Second Phase, and Second Language learners.* Unpublished doctoral dissertation. Flinders University of South Australia.

Nunan, D. 1988. *The Learner-Centred Classroom.* Cambridge: Cambridge University Press.

Nunan, D. 1989. *Understanding Languae Classrooms.* London: prentice-Hall.

Nunan, D. 1991. *Language Teaching Methodology,* London: Prentice-Hall.

Nunan, D. 1993. From learning-centeredness to learner-centeredness. *Applied Language Learning,* 4,

Nunan, D. 1995. *ATLAS. Learning-centered communication.* Boston: Heinle & Heinle.

Nunan, D. 1996. Hidden voices: Insiders' perspectives on classroom interaction. In K. Bailey and D. Nunan (eds.), *Voices and Viewpoints: Qualitative Research in Second Language Education.* New York: Cambridge University Press.

Nunan, D. 1997. Does learner strategy training make a difference? *RELC Journal,* December 1997.

O'Malley, J. M. 1987. The effects of training in the use of learning strategies. In A. Wenden and J. Rubin (eds.), *Learning Strategies in Language Learning.* Englewood Cliffs, N.J.: Prentice-Hall.

O'Malley, J. M., and A. U. Chamot. 1990. *Learning Strategies in Second Language Acquisition.* Cambridge: Cambridge University Press.

Parkinson, L., and K. O'Sullivan. 1990. Negotiating the learner-centred curriculum. In G. Brindley (ed.) *The Second Language Curriculum in Action.* Sydney: NCELTR.

Penfield, W., and L. Roberts. 1959. *Speech and Brain Mechanisms.* New York: Atheneum Press.

Pienemann, M. 1989. Is language teachable? *Applied Linguistics,* 10, 1,

Pinker, S. 1994. *The language Instinct.* London: Penguin.

Porter, P. 1983. *Variations in the conversations of adult learners of English as a function of the proficiency level of the participants.* Unpublished Ph.D. dissertation, Stanford Unversity.

Reilly, P. 1994. *Motivation in language learning.* Unpublished masters dissertation. University of Mexico.

Rivers, W., and M. Temperley. 1978. *A Practical Guide to the Teaching of English as a Second or Foreign Language.* New York: Oxford University Press.

Rubin, J. 1975. What the good language learner can teach us. *TESOL Quarterly,* 9, 41-51.

Rubin, J., and I. Thompson. 1983. *How to be a More Successful Language Learner.* Boston: Heinle & Heinle.

Schmidt, R., and S. Frota. 1986. Developing basic conversational ability in a second language: A case study of an adult learner of Portuguese. In R. Day (ed.), *Talking to Learn: Conversation in Second Language Acquisition,* Rowley, Mass.: Newbury House.

Sovel, T. 1988. *A time to Speak: A Psycholinguistic Inquiry into the Critical*

*Period for Human Speech.* Rowley, Mass.: Newbury House.

Spada, N. 1990. *Second Language Teacher Education.* Cambridge: Cambridge University Press.

Swain, M. 1985. Communicative competence: Some roles of comprehensible input and comprehensible output in its development. In S. Gass and C. Madden (eds), *Input in Second Language Acquisition.* Rowley, Mass.: Newbury House.

Tsui, A. 1996. Reticence and anxiety in second language learning. In K. Bailey and D. Nunan (eds.), *Voices and Viewpoints: Qualitative Research in Second language Education.* New York: Cambridge University Press.

Widdows, S., and P. Voller. 1991. PANSI: A survey of ELT needs of Japanese university students. *Cross Currents,* XVIII, 2,

Willing, K. 1988. *Learning Styles in Adult Migrant Education.* Adelaide, Australia: National Curriculum Resource Centre.

Wu, W. 1994. *English language development in China.* Unpublished doctoral dissertation. University of Tasmania, Australia.

Zhou, Yan-Ping. 1991. The effect of explicit instruction on the acquisition of English grammatical structures by Chinese learners. In C. James and P. Garrett (eds.), *Language Awareness in the Classroom.* London: Longman.

제3장

# 제2언어 교수학습: 과거에서 현재까지

　1장과 2장에서 언급한 바로 최근 언어교수방법에 몇 가지 괄목할 만한 발전이 있어 왔음은 명백하다. 지금까지는 언어의 본질에 대한 개념을 재정립해 보았고, 학습과정에서의 학습자의 역할에 대하여 재평가해 보았으며, 또한 교실 상황에서의 제2언어 습득을 위한 새로운 통찰력도 제시해 보고자 하였다. 이러한 시도는 제2언어 교수-학습을 좀 더 복잡한 시각으로 바라보도록 유도하고 있다고 할 수 있다.

　이제 우리가 시도하려는 것은 과거에서도 자주 그랬던 것처럼, 현재 잘 정립되어 있는 방법들을 버리자는 것이 아니라, 현존하는 방법과 새로운 방법을 잘 통합시켜 보고자 하는 것이다. 이러한 의미에서의 변화란 혁명적이라기보다는 진보적이라 할 수 있다. 교수자인 우리에게 방해가 되는 한 요소는 '진자효과(Pendulum Effect)'라 할 수 있는데, 이는 가장 인기 있는 기존의 교수 형태가 극단적으로 다른 것으로 바뀌는 것을 말한다. 그러나 전문가의 경지에 오르기 위해서는 언어 교수에 대한 새로운 아이디어를 현재 주류(main stream)를 이루고 있는 방식에 비추어 보고 비판적으로 평가해 보면서 과거 방식의 장점을 인정함과 동시에 기존 교수방법에 개선이 필요하다는 것을 깨달을 수 있어야 한다.

　이론과 연구를 통해 얻어진 결과는 언어와 학습의 본질에 대한 우리의 믿음에 몇 가지 근본적인 변화를 야기하였으며, 언어 교수 전문가인 우리가 앞으로 나아가야 할 방향에 있어서도 변화를 피할 수 없게 하였다. 그러나 필자가 일찍이 지적한 것처럼, 교육방법론자들(methodologists)과 교육과정 개발자들(curriculum developers)이 이미 시도되고 테스트가 된 방법들을 없애거나 바꾸어 버리기보다는 오히려 그것들에 더 가치를 더 부여하고자 하듯이, 필자는 현재의 이러한 변화의 양상들이 본질적으로 혁명적이라기보다는 진보적인 성향을 띠는 것이라 본다.

본 장에서는 현재의 경향들이 교수 활동, 교수 요목의 설계, 교수방법, 학습자의 역할, 언어에 대한 접근, 교재나 교수자료의 역할, 학습 방법, 학급의 조직, 평가 영역에 대해 어떻게 가치를 부여하는지, 혹은 이들을 어떻게 재평가하는 지를 살펴볼 것이다. 본 장에서 다루게 될 개념과 문제는 다음과 같다.

**변화를 위한 자극(Stimuli for change)**
◇ 전통적 접근법들의 비효율성
◇ 언어 교육과 일반 교육과의 관련성

**교수요목 설계(Syllabus design)**
◇ 의사소통적 교수요목(communicative syllabus)에서의 교수내용(content)과 과정(process)을 분리하는데 수반되는 어려움
◇ 부차적 활동(second-order activity)으로서의 언어구조 세목화(linguistic specification)

**교수 접근법(Approach to teaching)**
◇ 학습의 전달(transmission) 모형 대 해석(interpretation) 모형
◇ 교수 환경의 교사 중심 구조(high-structure) 대 학생 중심 구조(low-structure)

**학습자의 역할(Role of learners)**
◇ 수동적 역할과 능동적 역할

◇ 재생적인 언어 과제(reproductive language tasks)
◇ 창조적인 언어 사용의 권장

**언어에 대한 접근법(Approach to language)**
◇ 문법번역식 교수법(Grammar-translation method)과 청화식 교수법(Audiolingual method)의 단점
◇ 문법의 의사소통적 교수

**언어 학습 자료의 사용(Using language texts)**
◇ 진정성(Authenticity)
◇ 학생이 만들어낸 언어자료(student-generated data)

**학습을 위한 설비(Facilities for learning)**
◇ 교과서와 참고자료
◇ 정보기술과 인터넷

**학습에 대한 접근법(Approach to learning)**
◇ 학습스타일 및 학습전략
◇ 학습과정 영역의 첨가(adding a 'process' dimension)

**교실 구조(Classroom organization)**
◇ 교사 중심 교실과 소집단 중심 교실
◇ 일터(Workplace)에서의 의사소통 형태

**테스트(Assessment)**
◇ 표준화된 테스트의 단점
◇ 학생 자가 테스트

**교실 밖에서의 언어**
◇ 교실 밖에서의 언어활동을 위한 전략

## 변화를 위한 자극(Stimuli for change)

### ◆ 전통적 접근법(traditional approaches)의 비효율성

　언어교육의 변화를 위한 계속된 노력들은 학교와 언어교육 시스템에 들인 엄청난 비용과 교사와 학생들의 엄청난 노력이 소모된 전통적인 교수방법의 결과들에 불만족스러웠다. 문법번역식의 교실에서 학생들은 일반적으로 영어를 배우는데 수년을 보냈음에도 불구하고 대다수의 학생들이 여전히 언어를 효율적으로 사용할 수 없었다. 대부분이 언어에 대한 지식은 많지만 이러한 지식을 의사소통을 위해 적절히 사용할 수 없었다. 문법번역식 교수법의 뒤를 이은 청화식 교수법의 체제에서도 학생들은 언어사용이 예측 가능한 상황에서는 반복적인 반응을 할 수 있었으나 교실 밖의 예측 불가능한 상황에서는 상대적으로 효율적인 의사소통에 어려움이 있었다.

　많은 사람들은 이러한 과거의 학습방법들이 실질적인 결과를 거의 가져올 수 없었다면, 이러한 엄청난 노력과 투자는 결국 헛된 것이었다고 단정했다. 학생들은 언어에 대한 기초적인 지식은 있지만 실제로 그러한 지식을 어떻게 사용해야 하는지를 알지 못했다. 따라서 학습자들이 가지고 있는 언어적 지식을 의사소통을 위해 사용할 수 있도록 돕기 위한 언어 교수 학습의 새로운 접근법이 필요함을 점차적으로 인식하게 되었다. 학습자들은 언어란 단순히 문법적 형태와 단어들을 모아놓은 목록에 불과한 것이 아니라는 것을 이해할 필요가 있었다. 의사소통으로서의 언어는 다른 사람과 효율적으로 듣고, 읽고, 말하고, 쓰기 위해 문법과 단어를 능동적으로 활용하는 것을 의미하며, 언어는 형태에 따라 의미가 다르게 전달된다는 점을 학습자들이 알 수 있도록 기능적으로 학습되어야만 한다.

　언어학습이 상대적으로 비효율적이라는 인식을 하게 되자, 또 다른 언어를 학습하는 것이 정말 가치가 있는 것인가에 의문을 갖게 되었는데 필자는 이러한 인식에 반대하는 입장이다. 필자는 언어학습이 교육적 시스

템의 중심이 되어야 한다고 생각한다. 만약 우리가 Pinker(1994)와 그의 동료들의 주장을 받아들인다면, 언어는 분명히 인간임을 결정짓는 특징이며 어떤 사람이 자신의 모국어뿐만 아니라 적어도 한가지의 다른 언어를 사용할 수 있고 또한, 일반적으로 언어에 대한 지식을 가지고 있음은 그 사람이 교육을 받은 사람으로 인식될 수 있는 특성 중 하나이다. "한 개 국어를 사용하는 정책은 바뀌질 수 있다(Monolingulalism is curable!)"라는 광고 문구가 의미하듯, 세계가 경제적, 환경적, 또한 전자통신 면에서 관계가 더욱 밀접해짐에 따라 효율적인 의사소통능력은 더욱 필요하다.

◆ 언어 교육과 일반 교육의 관련성

우리가 서로 의사소통을 하고, 생각을 공유하고, 경험한 것을 나누고, 소망과 욕구를 표현하고, 읽거나 들은 정보로부터 어려운 문제의 해결책을 찾아내고, 더 나아가서는 일터에서, 또는 다른 나라 사람들과의 문화적 차이를 뛰어넘어 의사소통할 수 있는 것은 오직 언어를 통해서 가능한 것이다. 그러나 이러한 목적들을 달성하기 위해서는 단순히 암기된 사실이나 잘 조작된 표상(symbols)이 아닌 의사소통으로서의 언어를 배울 필요가 있다. 이전에도 보았듯이 이러한 언어 학습의 필요성에 대한 인식은 학습자들이 언어의 능동적인 활용을 바탕으로 교사나 특별히 설계된 학습자료들의 도움으로 협동적인 학습과제를 수행 가능하게 하는 새로운 언어 학습 접근법의 개혁을 위한 원동력이 되어 왔다. 이러한 것이 바로 언어교수의 현대적 접근법의 중심 목표이다.

능동적이며 협동적인 학습 원리의 적용을 통해 개발된 기술들은 다른 과목들의 학습에도 잘 사용될 수 있다. 효율적인 외국어 학습을 통하여 학습자들의 사회적, 인지적인 문제해결능력(social and cognitive problem-solving skills)을 키울 수 있는데 이러한 능력은 다른 과목들의 학습에도 사용될 수 있다. 일반 교과 담당교사와 언어를 담당하는 교사들간에 상호교류만 가능하다면 서로 중복이 되는 요소들이 재 조합되지 않는 새로운 학교 교육과정을 만들 수 있을 것이다. 지식 및 학습 기술, 대인관계의 발달, 그리고 문화간의 민감성(sensitivities)이 언어 학습을 통해 길러질 수 있다는 것이 교육에 관심을 가진 다른 이들에 의해 인식될 수 있을 것이다.

## 교수 요목 설계(Syllabus Design)

전통적으로 교육과정 개발 분야는 교수 요목 설계, 교수 방법론, 평가 영역으로 나뉘어진다 (Tyler 1949). 교수 요목 설계는 교과 내용의 선정 및 구성(sequencing)에 관한 것이며, 교수 방법론은 적절한 학습 활동의 선정 및 구성에 관여하고 평가는 학습자를 평가하고 전체적인 교육과정의 효율성을 평가하는 것에 관계된다.

◆ **의사소통적 교수 요목**(Communicative Syllabus)**에서의 교과 내용과 교육과정의 분리에 따르는 어려움**

Stenhouse(1975)는 일반 교육에서의 교육과정(process)(전통적으로 교육 방법론의 영역)을 교과 내용(content)과 동등하게 다루어야 한다는 그의 변화된 시각을 강력한 이론적 근거를 들어 설명하고 있는데, 그의 이러한 관점은 Mike Breen과 Leo Van Lier(1988)와 같은 학자들에 의해 실시된 언어 교육에 반영되고 있다 (이 부분은 필자가 교수 요목 설계에 관해 1989년에 쓴 책에 자세하게 기술되어 있다). Breen은 언어교수에 대한 그의 접근법을 여정(journey)에 비유하여 설명하고 있다. 그의 주장에 따르면, 전통적으로 교과내용은 여행의 목적지(우리는 학생들로 하여금 단순과거와 현재시제가 어떻게 구별되는지를 알기를 원한다)로 여겨야 하며, 교수 방법론(methodology)은 우리가 목적지에 어떻게 도달할 것인가 하는 방법 즉, 항로에 해당하는 것이었다(우리는 학습자들에게 현재완료와 단순과거에 관련된 대체 연습(substitution drills)을 하게 할 것이다). 그러나 언어 교수 본질에 대한 새로운 관점의 출현과 언어를 알고 사용한다는 것이 무엇인가에 대한 개념이 재정립됨에 따라 교육과정과 교과 내용을 계속 이러한 이분적 상태로 유지하기가 어렵게 되었다. 다시 말하자면, 의사소통적, 기술 중심적 접근법(communicative, skilled-based approach)의 출현으로(우리는 학습자가 그들이 선택한 주제에 대해 비형식적이나마 구두로 발표(an informal oral presentation) 할 수 있기를 원한다) 이들을 엄격히 분리하기란 더 어렵게 되었다. 그 이유는 만약 언어 목표 수행을 위해 우리가 취하는 방법이 교실에서 연습하기 위한 것이라면 그땐 우리가 취한 항로(방법)가 바로 목적지가 되는 것을 의미하기 때문이다. 이러한 변화로 인하여, 교과과정 설계자와 학습 자료 설계자들은 그들의 작업의 방향을 변화하게 되었다.

전통 언어 교수에서의 교수요목설계(학습내용에 관한 것)와 교수 방법론(교수 방법에 관한 것)에 관한 문제들은 학습자가 실제 생활에서 실질적인 의사소통에 필요한 것이 무엇인가를 고려하기보다는 교실상황을 더 고려하여 결정되었다. 그 결과 학습자들은 종종 그들이 배운 것을 교실 밖에서 사용하는데 어려움을 겪었다. 문법번역식과 청화식 반복 훈련에 의해 학습을 받은 학생들이 그들이 배운 내용을 교실 상황에서 교실 밖의 실제 의사소통으로 전환시켜 사용할 수 있는 인지적 도약을 하기란 어려웠다. 물론 그렇다고 해서 다양한 반복 연습이나 번역 과제 활동들이 언어교실에서 더 이상 설자리가 없음을 의미하는 것은 아니다.

---

**교수 요목(Syllabus)**
교수 요목은 과정을 통해 학습되어야 하는 내용의 목록을 말한다. 교수 요목 설계자의 주임무는 세부적인 사항들을 선정하여 순서대로 잘 배열하여 구조화시키는 일이다.

---

제2언어 교수에서는 교수 요목을 두 가지 시각에서 구분할 수 있는데, 그

중 좁은 범위의 시각은 교수 내용(교수 요목의 영역)을 선정하고 배열하는 일과 학습 과제와 활동(방법론의 영역)을 선정 및 배열하는 일을 명확히 구분한다. CLT의 출현에 따라 좀더 포괄적인 입장을 취하게 되며, 교수요목과 교과 과정을 엄격히 분리하는 것에 의혹을 품는 교육과정 연구자들이 생겨나게 되었다.

◆ **부차적인 활동**(a second-order activity)**으로서의 언어 구조 세목화**(specification)

교수요목 설계자들은 우선 교실 밖에서 언어를 사용하게 될 경우에 학습자들에게 필요하게 될 학습 내용과 학습 경험들을 먼저 선정하고, 학습이 끝날 시기에 학습자들이 수행할 수 있게 될 의사소통 과제가 무엇인지를 결정한다. 그 결과 학습자들은 그들이 교실에서 배운 것을 실제 의사소통 상황들에 쉽게 적용할 수 있고 또한 고용인들은 일자리를 구하려는 사람들이 어떤 능력을 갖고 있는지를 쉽게 알아낼 수 있다. 전문적인 용어로 설명하자면, 교수요목 설계자들은 더 이상 언어 항목들(linguistic items)을 구조적으로 등급(structurally graded list)을 나눈 뒤, 그런 항목들을 가르치는 방법을 모색하는 일을 할 필요가 없다. 단지, 학습될 필요가 있는 기술들의 목록을 작성하여 이러한 기술을 수행하기 위해 학습자들이 알고 있어야 하는 것과 현재 할 수 있는 것이 무엇인지를 확인만 하면 된다. 학습될 내용들을 목록으로 작성하여 배열하고 통합하는 일은 이제 더 이상 그들이 할 첫 번째 일이 아니다.

## 교수 접근법(Approach to Teaching)

◆ **학습의 전달**(transmission) **모델 대 해석**(interpretation) **모델**

전통적인 방법으로 배우는 학습자들은 주로 언어와 그 규칙들에 대해서 배운다. 학습자들은 생각을 표현하기 위해 다른 사람에게 어떻게 말하고, 쓰고, 실제 언어를 어떻게 읽고 들을 것인가, 다른 사람과 협동할 수 있는 방법들을 배우기 위해 언어를 어떻게 의사소통적으로 사용할 것인가를 배우기보다는 단지 언어에 대한 사실(facts)들을 배운다. 우리가 1장에서 보았듯이 전달 모델에 기초한 교육 체계에서의 학습자의 주 역할은 지식을 수동적으로 받아들이는 것이며, 교사의 역할은 대개 고정되고 정해진 방식을 통해 학습자에게 지식을 전달하는 일이다.

### ◆ 교사 중심 구조(high-structure) 대 학생 중심 구조(low-structure) 교수

몇 년 전 필자가 공동으로 펴낸 교수과정의 관리(the management of the teaching process)에 대한 한 책에서 교사 중심 구조와 학생 중심 구조 간의 교수 방법의 차이를 구분하였다. 일반적으로 의사소통적 방법이 적용되고 있는 현 교실 상황은 교사 중심 구조식에서 벗어나 좀더 학생 중심 구조 지향적인 방법으로의 변화 양상을 띠게 될 것이다. 언어의 본질을 보는 관점의 변화가 교수 과정에 미치는 영향이 다음과 같이 설명된다.

> 의사소통이 일련의 분리된 학습 결과이기보다는 통합적인 학습과정이라는 시각은 언어교육에 딜레마를 낳았다. 그것은 바로, 목적(다른 언어로의 기능)과 수단(목표 언어를 배우려는 시도)이 함께 더 근접하게 이동한다는 것을 의미했다. 그리고 어떤 경우에는 (예를 들어 역할극이나 모의 활동) 분리될 수 없다는 것을 의미했다. 교육적 용어로 언어교육에 나타난 이러한 딜레마의 해결책을 찾을 수 있는 유용한 방법은 교사 중심, 학생 중심 구조 교수와 관련된다.
> 교사 중심 구조 학습에서는 교사가 모든 통제력을 갖게 된다. 그러한 통제가 학생 중심 구조에서는 학생들에게 주어진다. … [우리는] 학생 중심 구조와 CLT 간에 어떤 관련이 있으며 교실 상황 속에 학생 중심 구조와 의사소통 과제를 같이 통합시켜 놓음으로써 교사의 결정과정이 다소 복잡하게 될 것이라 여긴다.
>
> *Nunan & Lamb 1996:16-17*

현 교실 상황에서는 직접식 교수(direct instruction)와 교사 중심 구조에 근거한 과제 활동(tasks)들이 도외시되지는 않는다 하더라도 학생 중심 구조에 기초한 과제들이 더 많이 사용될 것이다. 게다가 직접식 교수가 적용이 된다 하더라도 결국 교사의 인도나 도움으로 학습자가 적극적으로 언어를 사용하게 되는 교수적 상황의 일부에 불과한 것일 것이다. 교사의 주 역할은 학습자가 자신들이 이해한 것을 구조화하고 재정립할 수 있는 교육적 기회를 제공하는 것이며, 교사의 도움 없이도 학습자가 교실 밖의 세계에서 다른 사람과 의사소통을 할 수 있도록 하는 것이 궁극적인 목적이다. 따라서 학습자가 이러한 목적을 달성하게 하기 위해 교사들이 해야 할 일은 자신들의 교수방법을 재정립하는 일이다.

---

**교사 중심 구조(High-structure) 대 학생 중심 구조(Low-structure) 교수**

교사 중심 구조 교수 상황에서는 교사들이 교수과정의 대부분을 통제하고 학습자들은 교과 내용이나 학습과정에 비교적 적은 통제력을 갖는 반면, 학생 중심 구조 상황은 학습자들에게 많은 선택권과 자율성을 제공한다. Biggs & Telfer (1987: 362)에 의하면 모든 교수적 결정은 연속선상에 놓여질 수 있는데, 그것은 바로 한쪽에서는 교사 중심 구조를 다른 쪽에서는 학생 중심 구조를 취하게 됨을 의미한다.

---

## 학습자의 역할

### ◆ 수동적 언어역할 대 능동적 언어역할

전달학습 모델에 기초한 교실상황에서의 학습자들은 비교적 수동적이다. 그들은 교사에 의해 학습 경험장으로 이동되는 소위 탑승객과 같다. 이러한 전달학습 방법으로 운영되는 언어교실에서 학습자들은 교사, 교재, 그리고 테이프가 제공하는 문형들을 연습한다. 따라서 학습자들은 수동적이고 언어를 재생하는 역할을 하도록 내던져지게 된다. 학습자들 스스로 언어를 창조적으로 사용하는 법을 배우기보다는 대부분의 학습시간을 다른 사람이 쓴 언어를 재생하고 베끼는데 허비한다. 학습자들은 주어진 언어모델 그대로 혹은 예상 가능한 상황에서 의사소통하는 법을 배우지만, 전혀 접해보지 못한 실제 의사소통 상황들에서 어떻게 적절하게 반응해야 하는지는 배우지 못한다. 그런 훈련 중심(drill-based) 교육 문화는 대개 청화식 교수방법과 관련이 있다. 그러나 비록 청화식 교수방법이 필경 사장되긴 했지만, 훈련 중심의 교육문화는 소위 말하는 의사소통적 교육과정(cummunicative curriculum)에서 아직도 적용되고 있다.

◆ 재생적(reproductive) 언어 과제

최근의 한 교과서에서 발췌한 다음 과제는 아마도 의사소통적 연습 과제라 알려진 것이지만, 사실은 비교형용사(comparative adjectives)를 연습하기 위한 언어 재생적(reproductive) 연습문제들이다.

---

지시문: 짝과 함께 다음 질문들에 대해 돌려가며 묻고 답하시오. 만약 답이 맞다고 생각하면 단어에 동그라미를 그리고 틀리다고 생각하면 맞는 답 옆에 자기 이름의 이니셜을 쓰시오.

예:    Q: *Sears Building*이 더 높은가, 아니면 *Empire State Building*이 더 높은가?
      A: *Sears Building*이 더 높다.

1. 오각형과 직사각형 중 어느 것이 더 많은 면을 가지고 있는가?
2. 대만과 일본 중 어느 나라가 1인당 자동차 대수가 더 많은가?
3. 싱가포르와 말레이시아 중 어느 나라가 적도와 더 가까운가?
4. 지구가 더 큰가, 달이 더 큰가?
5. 파키스탄과 미국 중 어느 나라의 인구수가 더 많은가?
6. 오스트레일리아와 싱가포르 중 어느 나라가 1인당 TV 보유수가 더 많은가?
7. 금성과 화성 중 어느 행성이 지구와 더 가까운가?
8. 마드리드와 로마 중 더 오래된 수도는 어느 것인가?

필자도 이미 여러 번 언급했듯이 훈련(drills) 방법이 문제가 되는 것은 아니며, 위와 같은 활동도 확실히 잘못된 것은 없다. 위의 활동은 학습과정 중에 있는 대부분의 학습자들에게 반드시 필요한 것이며, 의사소통적 언어 수행에 필요한 기술들을 연습할 기회를 제공하고 있다. 그러나 그런 활동들만으로 학습자가 의사소통을 할 수 있는 충분한 준비가 될 수는 없다. 다른 사람에 의해 제공된 언어 모델을 그대로 모방할 때 뿐만 아니라, 위 과제와 같은 조작된 형식의 과제를 수행하는데도 창조적인 언어 사용이 필요하다. 필자가 말하는 창조성(creativity)이란 학습자들로 하여금 시를 쓰게끔 해야 한다는 것을 의미하는 것이 아니라(비록 상상력이 필요한 문학에서 더 포괄적으로 쓰이겠지만), 이미 학습자들에게 익숙한 것들을 창조적이고 새로운 방법으로 재결합하는 것을 의미한다.

### ◆ 창조적인 언어 사용의 장려

창조성의 원리가 활발히 적용되는 교실과 교과서에서는 학습자들이 예기치 못하는 새로운 방식으로 연습할 체계적인 언어 사용의 기회가 제공된다. 학습자들로 하여금 진정한 의사소통 과제에 참여하도록 하게 하는 그러한 언어를 제공받게 되며 교실 밖의 새로운 상황에 적절하게 대처할 수 있는 연습의 기회도 주어진다. 주어진 과제를 통하여 학습자들은 실제 대화에 쓰이는 주요 문법 사항과 단어가 무엇인지를 파악하고 연습할 수 있는 기회를 얻게되며, 마치 실제 의사소통 상황에서처럼 읽고, 쓰고, 말하고, 들을 수 있는 기술들을 통합적인 방법으로 발달시킬 수 있는 연습의 기회를 제공 받게된다. 뿐만 아니라, 다른 학습자들과 교사들과 서로 협동하여 그들이 배운 언어를 창조적으로 활용할 수 있는 연습의 기회도 얻게 된다. 이러한 방식으로 운영이 되는 교실 상황은 학습자들이 진정한 의사소통에 참여하게 될 때, 직면하게 될 위험으로부터 보호되는 하나의 피신처이기보다는 외부세계로 통하는 다리 역할을 하게 된다.

> **창의적 언어 사용**
>
> 창의적 언어 사용이란 이미 익숙한 요소들(단어, 문장의 구조, 조작된 문형)이 특정한 개개인에 의해 새로운 발화를 만들어 내기 위해 새로운 방법으로 재조합되는 것을 말한다. 역할극, 흉내내기, 문제 해결 과제들에서 학습자들은 창의적 언어 사용의 기회를 제공받는다.

학습자 역할을 이해함으로서 현재의 언어학습 교실에서 발생하는 문제들을 이해하고, 또한 해결 가능한 방법들도 찾아낼 수 있다 (Wright, 1987을 참고). 앞으로 5장에서 우리는 학습자의 역할과 학습과제 간의 관계에 대해 더 깊이 살펴보게 될 것이며, 학습자들 스스로 자신들의 역할을 재정립할 수 있도록 유도될 수 있는 방법을 모색해 볼 것이다.

## 언어에 대한 접근법(Approach to Language)

### ◆ 문법 번역식 교수법과 청화식 교수법의 단점

문법 번역식 교수법과 청화식 교수법은 문법을 다루는 방법에 있어서 매우 다르다. 사실 청화식 교수법은 문법을 지나치게 연역적인 방법으로 가르치는 문법 번역식에 반하여 발전하였으며, 청화식 교수방법은 규칙은 "가르쳐지는 것(taught)"이 아니라 "알게 되는 것(caught)"이라는 귀납적인 접근법에 근거를 두고 있다 (Richard & Rodgers, 1986). "학생들에게 분석이 아닌 유추의 방법으로 배우게 하라(Get student to learn by analogy, not analysis)", "언어는 일련의 습관이다(Language is a set of habits)", "언어에 대한 것을 가르치지 말고 언어 그 자체를 가르쳐라(Teach the language, not about the language)"라는 구호들이 청화식 언어교수법이 가장 인기가 있을 때 유행한 말들이다 (Moulton, 1963).

> **청화식 교수법(Audiolingualism)**
>
> 현대의 모든 언어 교수법 중에서도 청화식 교수법은 의심할 여지없이 언어 교육에 가장 큰 영향력을 발휘하고 있다. 사실 지금까지도 가장 많은 영향을 미치고 있는 방법이라 할 수 있을 것이다. 교수방법의 많은 원리들이 청화식 교수법을 바탕으로 하고 있는데, 그 중 두 가지의 원리를 살펴보면 다음과 같다.
>
> 1. 언어 학습은 곧 습관 형성의 과정이다.
> 2. 교사들은 언어에 대한 것을 가르쳐서는 안되고 언어 자체를 가르쳐야 한다.

문법 번역식 교수법과 청화식 교수법간의 현격한 차이에도 불구하고, 두 방법의 공통점은 두 방법 모두 문법을 의사소통적인 의미와는 분리시켜 가르치고있다는 점이다. 문법 번역식으로 학습되는 교실에서는 문법은 일련의 규칙으로 암기되며 반복된다. 청화식 교수법으로 학습되는 교실에서는 학습자들에게 유추의 과정을 통하여 규칙을 귀납적으로 이해하도록 요구한다. 그러나 이 두 접근법을 통해 학습한 학습자들은 문법 체계의 서로 다른 요소들이 서로 어떤 관련이 있는지, 또한 이미 학습된 문법 사항들을 의사소통에 어떻게 적용할 것인지를 이해하기가 어려웠다. 단어들도 목록에 있는 개별적인 항목으로서 학습되기 때문에 그러한 단어들이 그들의 의미에 따라 의미적 집합체로 분리되어질 수 있는 사실에 대해서는 배우지 못했다.

문법 번역식 교수법과 청화식 교수법은 제2언어의 습득은 선형식(linear)의 과정, 즉 한번에 하나의 항목씩 학습하고 간단한 항목을 처음에 학습한 후에 점차적으로 보다 복잡한 항목을 배워 나간다는 가설에 기초한다. 그러나 우리가 2장에서 보았듯이 이러한 가설은 제2언어의 문법이 실제로 획득되는 방법을 지나치게 단순화하고 있다. 학습자들은 한번에 한가지씩의 정보를 완벽하게 획득하는 것이 아니라 불완전하지만 한꺼번에 많은 것들을 배운다. 앞으로 4장에서 더 자세히 살펴보겠지만, 학습자들은 복잡한 비 선형적인(nonlinear) 방법으로 언어를 이해한다.

◆ **문법의 의사소통적인 교수방법**

　제2언어 습득에 대한 현재의 연구 결과들을 반영하고 있는 교수 방법론에서는 문법과 어휘를 의사소통적으로 지도하고 있다. 이 방법에서는 문법의 형태는 그에 맞는 의사소통적 의미와 결합되기 때문에 학습자들은 형태와 기능과의 관계를 알 수 있게 된다. 학습자들은 그들이 표현하고 싶은 생각과 감정을 표현하기 위해 어떤 형태를 선택해야 하는지를 배우게 되며 다른 의사소통적인 의미를 표현하기 위하여 어떤 문법이 사용되어야 하는지를 배운다. 의미에 따른 정보망을 구성하기, 의미 지도 그리기, 분류하기와 같은 학습 과제들을 통해 단어들은 의미에 따라 나뉘어질 수 있음이 학습되어진다. 이러한 방법론은 학습자들이 이미 알고 있는 것을 독특한 방법으로 재결합할 수 있게 하며 더 나아가 앞부분에서 언급했던 창의적인 언어 사용에 도달할 수 있게 한다.

## 언어 교재(Language texts)의 사용

　전통적인 방법의 교실에서 학습자들은 학습용 교재(written classroom texts)를 이용하여 읽고 들어가며 학습한다. 이러한 교재들은 대개 특정한 문법 사항들을 설명하기 위해서 혹은, 중요한 어휘 항목들을 가르치기 위한 목적으로 교과서 제작자나 교사들에 의해 만들어 진 것이다. 예를 들어 다음의 예시 글은 장소에 관한 전치사(next to, across from, between)와 존재에 관한 의미의 there, 그리고 이웃(neighborhoods)과 관련된 핵심적인 어휘를 가르치기 위해 만들어진 것으로 다음의 예시 글은 원문 속에 있을 때만 문맥 파악이 가능하다.

　　　　제인의 아파트는 시내 중심가에 있다. 제인은 아파트가 매우 편리한 장소에서 행복하다.

빌딩을 가로질러 세탁소, 은행, 그리고 우체국이 있다. 빌딩 옆에는 약국과 레스토랑이 있다. 빌딩의 모퉁이를 돌아가면 주유소가 두 개 있다. 제인의 아파트 주변은 시끄럽다. 거리에는 차들이 많이 다니고 밤낮으로 많은 사람들이 걸어 다닌다.

그럴지라도 제인은 소음에 대해서는 그리 상관하지 않는다. 그녀의 아파트는 시내 중심가에 있다. 분주한 장소이긴 하지만 제인이 살기에는 편리한 장소이다.

*Molinsky & Bliss 1989:58*

1장에서 지적했듯이, 제한적인 문맥 하에서 학습될 언어들을 다루고 있는 이러한 자료를 언어 교수에 이용하는 것은 별 문제가 되지 않는다. 그러나 이러한 자료가 교실 상황을 벗어나 실제 의사소통의 상황에서 어떻게 사용되는가에 관한 직접적인 경험의 기회를 학습자들에게 제공해 주지 못하기 때문에 이러한 자료만이 사용될 경우는 문제가 된다고 본다. 이러한 글만을 접하게 되는 학습자들은 실제 상황에서 글쓴이나 화자에 의해 사용된 언어와 글들을 이해하는데 어려움을 겪는다. 그 이유는 1장(과제 중심 언어 교수방법에 관한 부분을 참고)에서 이미 설명되었으므로 여기서 반복하지 않겠다.

◆ **진정성**(Authenticity)

필자가 가르치는 학습자들은 교실 밖의 실제 의사소통 상황에서 얻은 언어자료들을 이용하여 학습한다. 실제로 학습자들에게 교실 밖에서 구한 실제 언어 자료의 견본들을 구해서 가져오도록 한다. 학습자들은 TV, 라디오 방송, 대화 내용, 토론자료, 모든 종류의 미팅자료, 일상 대화, 안내문들을 포함한 다양한 종류의 상황에서 얻어진 진정한 언어자료를 듣고 읽으며 언어를 연습한다. 학습자들은 잡지, 이야기, 인쇄된 자료나 지시문, 호텔의 책자, 공항의 안내문, 은행의 지시사항에 걸친 다양한 메시지를 읽게 된다. 이러한 활동들은 학습자가 교실 밖의 실제 의사소통 상황에서 성공적으로 대처할 수 있도록 도와준다.

> **진정성(authenticity)**
> 진정한 언어 자료란 언어를 가르치기 위하여 특별히 쓰여진 것이 아닌 실제 의사소통의 과정에서 얻어진 것들을 의미한다. 그러한 자료들은 학습자들에게 마치 교실환경을 벗어난 상황에서 사용되는 것과 같은 경험을 할 수 있는 기회를 제공한다. 물론 교실환경에서 발생하는 많은 언어가 진정한 경우가 있으며 이러한 언어들은 교수에 이용될 수도 있다.

필자의 학생들은 그들의 언어 수준이 상급 중에서도 중간 수준(upper-intermediate)에 속하는 학습자들이지만, 이들 학습자들에게 이용되는 활동들과 과제들이 언어 수준이 이들보다 더 낮은 학습자들에게도 적용되어

표 3-1

| Spoken Data | Written Data |
| --- | --- |
| 일상적 대화 | 초대장 |
| 전화 자동 응답장치 메시지 | 일상적 대화 |
| 사무실 대화 | 항공권 |
| 공식적 발표내용 | 우편 엽서 |
| 이야기와 일화 | 등록부 |
| 구어의 역사 | 명함 |
| 기술, 묘사 | 가계도 |
| 지시사항 | 신문의 광고란 |
| 가게 안내문 | 항공기 탑승권 |
| 광고 | 면허증 |
| 인터뷰의 내용 | 손으로 직접 쓴 메모 |
| | 영화평 |
| | 지도 |
| | 업무용 편지 |

그들이 진정한 글을 이해하고, 말하고, 듣고, 읽고, 쓰는데 필요한 효과적인 학습 전략을 발전시키는데 도움이 되었다. 몇 해 전 초보자와 막 초보의 단계를 벗어난 학습자들을 위한 간행물을 준비하면서 위 <표 3-1>에 열거된 것을 비롯하여 다양한 종류의 진정한 자료들을 모을 수 있었다.

◆ **학생 중심**(Student-generated) **자료**

수준이 낮은 학습자일지라도 교사의 적당한 지도와 도움만 받으면 다음과 같은 일상생활에서 직접 접할 수 있는 구어와 문어자료를 가지고 학습할 수 있다. 성인 학습자들은 그들 각자가 교실 밖에서 구한 진정한 (authentic) 언어자료를 교실로 가져오도록 요구됨에 따라 자신들의 학습에 대한 책임감과 통제력을 갖게 되었다. 또한 이들은 문법적 형태가 문맥 속에서 어떻게 사용되는지 알 수 있게 되었고, 말할 때나 글을 쓸 때 어떻게 의사소통적 의미를 만들어 갈 수 있는지를 이해할 수 있게 되었다. 진정한 자료를 사용하는 것의 또 하나의 장점은 교재의 집필자에 의해 꾸며진 상황보다는 자연스럽게 일어나는 모든 종류의 상황 하에서 목표어를 접할 수 있다는 점이다. 결국 학습자들이 언어 항목을 경험할 때 다른 관련된 문법적 요소 및 담화적 요소들과의 연관 속에서 배우기 때문에 이러한 자료는 학습자들에게 도움을 주게 된다. 문법적 항목이 제시되는 문맥을 왜곡시킴으로써 만들어지게 되는 진정성이 없는 언어 자료는 어떤 면에서는 학습자들의 학습을 더욱 어려운 것으로 만들기도 한다.

## 학습을 위한 설비(Facilities for Learning)

전통적인 방법의 교실에서 학습자는 대개 언어 학습을 위한 보조물로서 오로지 교과서만 사용해야 했다. 대개 이러한 교과서들은 흥미로운 시각적 자료와 보조자료가 제공되지 못하여 학습자들이 빨리 지루함을 느끼게 된다.

◆ 교과서와 보조자료

현 접근법들(contemporary approaches)을 바탕으로 만들어지는 교과서는 훨씬 더 세련되었다. 교수용 소품(realia)과 진정한 언어자료를 사용함에 따라 교과서의 내용에 실제성이 부여되었고, 학습자들은 교실 내의 상황과 교실 밖의 실제 상황을 연결할 수 있게 되었다. 교실 수업용 교과서뿐만 아니라, 오늘날 출판되고 있는 교과서들은 자습용 워크북(self-study workbooks), 카세트 테이프, 일반적으로 교실 안에서 실제 상황들을 접할 수 있게 하는 비디오 테이프 자료들까지 구비하고 있다. 예를 들어 문법 교수의 새로운 접근법을 근거로 만들어진 매우 혁신적인 교재인 *Grammar Dimension* (Larsen-Freeman, 1995)은 학생용 교재 외에 교사 지도서, 오디오 테이프, 자습용 워크북, 평가지 및 문법과 작문학습을 위한 웹사이트도 구비하고 있다.

◆ 정보 기술과 인터넷

인터넷의 이용으로 학생들은 교실 안에서 다양한 세상을 접할 수 있게 되었다. 유익하고 교육적이며 즐겁게 학습할 수 있는 다양한 정보에 접속할 수 있으며, 그런 정보들을 다운로드도 할 수 있다. 또한 채팅과 펜팔을 통하여 전세계의 영어 모국어 화자나 제2언어 학습자들과 접촉할 수 있다. 따라서 학생들은 상호문화의 이해를 높일 수 있게 되며, 교실을 넘어선 진짜 의사소통의 기회들을 얻게 된다. 그러나 이러한 기회들은 외국어학습 환경에서는 그리 찾기 쉬운 것들이 아니므로 인터넷 사용의 급증은 특히 EFL 학생에게는 값진 것이 되고 있다. 필자의 학생들도 인터넷과 웹의 잠재력을 발견하여 일단 시작하기만 하면 두 가지 모두가 사용이 자유롭고 매우 유용한 것들임을 알게 된다. 필자의 학생들은 숙제와 학급신문을 위한 과제물들을 이메일로 제출하며, 필자가 학생들에게 과제를 돌려줄 때도 필자의 견해를 덧붙여 다시 이메일로 보낸다. 학생들이 쓴 글을 이메일로 제출하도록 함으로써 수업시간을 절약하게 되고(과거에는 수업시간의 마지막 10분을 글쓰기에 이용하였다), 학생들은 영어 수업시간 외의 많은 시간을 영어학습을 위해 투자하게 된다.

영어 교수를 위한 이메일의 활용에 대해 Mark Warschauer(1995)는 어떻게 이메일의 혁명이 교수와 학습을 조장하는지를 다음의 예들을 통하여 보여준다.

◇ 헝가리의 학생들은 노르웨이, 미국, 캐나다, 한국, 일본, 호주 그리고 인도네시아의 학생들과 통신으로 토론을 한다. 이후 이들은 Wings라는 국제 학생 뉴스 잡지를 발간하기로 결정한다.
◇ Oregon주의 Eugene에 있는 ESL 학생들은 그들의 저널을 종이에 적기보다는 이메일로 제출하곤 한다. 학생들은 이 방법으로 훨씬 더 자연스럽고 빈번하게 의사를 교환하게 되고, 교사도 훨씬 더 빠르고 쉽게 반응을 하게 된다.
◇ 뉴욕의 한 교사는 스페인 화자들을 대상으로 영어 발음수업을 하려 하였으나 이 분야에 경험이 없었다. 따라서 영어 교사 목록의 이메일로 질문을 보냈다. 그런 후 24시간 안에 전세계의 여섯 명의 동료들로부터 질문에 대한 구체적인 제안을 하는 응답을 받았다.
◇ ESL 학생들과 Washington D.C. 소재의 한 초등학교의 학생들은 미국 내의 다른 주들과 다른 나라들로부터 이메일 펜팔을 얻게 된 후 이들의 작문에 대한 태도는 두 달 안에 극적으로 바뀌게 되었다.
◇ 일본의 한 교사는 "Rip Van Winkle" 이야기를 수업에 이용하고 싶어했으나 본문이 없었다. 그러나 개인 컴퓨터와 모뎀을 이용함으로써 10분 안에 그 내용을 찾게 된다.
◇ 핀란드, 홍콩, 미국의 EFL과 ESL 대학생들은 세계 환경문제의 해결책을 찾기 위해 국제대회에 참가하여 팀을 이루어 연구보고서, 3년 간의 연구계획

안, 그리고 국제적인 환경 학술대회 발표용 초록을 작성한다. 그리고 우승자를 투표로 결정한 후 그 결과를 전세계인들이 볼 수 있도록 전자메일로 전송한다.

새로운 기술의 발달을 통하여 1장에서 이미 논의된 경험적, 학생 중심적인 철학(experimental, student-centered philosophies)을 실천할 수 있음을 이러한 예들을 통해서 볼 수 있다.

## 학습 접근법

### ◆ 학습 스타일과 학습 전략

전통적인 교실에서의 학습자들은 일단 학교를 떠나게 되더라도 스스로 계속 언어 능력을 쌓아갈 방법을 배우지 못했다. 개별적인 단어와 문법 패턴을 암기하여 이미 조작된 문맥 속에서 활용하는 법은 배우기는 했지만, 교실 활동 과제들의 수행에 필요한 전략들은 거의 무시되었다. 결과적으로 학생들은 이미 알고 있는 지식들을 조직적이고 창조적인 방법으로 이용하는 방법을 거의 배우지 못하였다. 어떻게 하면 언어를 더 잘 그리고 효과적으로 배우는가의 문제는 교육학의 쟁점이 아니었기 때문에 학습자들의 학습 활동은 그들이 향상시킬 필요가 있었던 학습 기술과는 거의 무관한 것이었다.

### ◆ 학습 과정에의 새로운 면(a process dimension)의 추가

2장에서 보았듯이 지금까지 상당히 많은 연구가 학습 스타일과 전략에 관해 이루어져 왔는데, 이러한 연구들이 교사들에 의해 교실 수업에 적용됨에 따라 학생들은 효과적이고도 다양한 언어학습 전략들을 발달시킬 수 있었다. 학습자들은 효과적으로 읽고, 듣는 방법, 글을 이해하는 방법, 중요한 정보를 모으는 방법, 다른 사람과 협동적으로 일을 잘 수행하는 방법, 이미 알고 있는 것들을 새롭고 예측할 수 없는 상황에 적용하는 방법, 적절하게 말하고 쓰는 방법 등 다양한 전략들을 배우게 된다. 또한 자신들의 학습을 모니터하고 반성해 보는 상위 인지전략(metacognitive strategies)을 배운다 (Oxford, 1990). 이러한 전략들은 교육과정의 일부분으로서 명시적으로 지도되며, 학습자들은 교실 밖에서 스스로 학습하게 될 때 이러한 전략들을 어떻게 사용하는지를 학습하게 된다. 이런 방법을 통하여 학습자들은 공식적인 언어 학습상황 외의 다른 상황에서도 더 나은 언어 학습자가 될 수 있는 방법을 배우게 된다. 앞으로 6장에서 필자는 교사가 그들의 교수에 이러한 학습전략들을 어떻게 적용할 수 있는지에 대한 몇 가지 방법들을 소개할 것이다.

## 교실 구조(classroom organization)

### ◆ 교사 중심(teacher-fronted) 대 소집단 중심(small group) 교실

전통적인 교실의 구성 형태는 교사는 교실의 앞에 있고 학생들은 교사를 향하여 줄을 지어 앉아있는 식이었다. 이러한 교실에서 학생들은 교사나 교재와 테이프가 제공하는 언어 모델을 따라 반복하고 처리하는데 대부분의 시간을 소비하였다. 교실의 구조는(아직도 여전히 많은 학교에서 유지되고 있다) 책상들이 줄에 맞춰져 심지어는 바닥에 고정이 되어 옮길 수도 없는 그런 형태를 취한다. 이러한 교실에서는 학생들이 자신들의 생각을 표현하는 방법과 소집단으로 의사소통함으로써 자신들의 생각을 공유하는 방법을 배우는 것은 불가능하다.

1장에서 이미 경험적(experiential) 학습은 교육의 구성주의적 접근법(constructivist approach)에 기초한 것이라 하였는데, 이러한 철학이 바로 교실 현장에서 소집단이나 짝을 이룬 활동에 기반을 둔 협동적(cooperative), 과업 중심적(task-based) 학습을 통해 실현된다. 학생들은 교사에 의해 인도되어 다른 학생들과 협동하며, 자신들의 의견, 생각, 느낌들을 표현하는데 능통하게 된다. 또한 체계적인 방법으로 언어 문제를 해결하고, 교사가 제시한 상황에 맞도록 사용될 언어를 결정하는 방법을 배우게 된다. 역할놀이(role play)와 모의활동(simulation)들은 과업 중심의 언어교실이 생기 있고, 풍부한 언어 학습환경이 되어 학생들의 능력을 맘껏 발휘할 수 있게 하는 활동들이다. 2장에서 살펴본 바와 같이 이러한 종류의 활동들은 교실 구조가 교사 중심적인 것보다 더욱 풍부한 언어를 만들어 내도록 유도하며 교사 중심적 교실에서는 볼 수 없는 학습자들 간의 협상을 통해 의미를 파악하려는 경우까지 초래한다.

◆ **일터(workplace)에서의 의사소통**

흥미롭게도 집단 안에서 의사소통하며 협동할 수 있는 기능이 일터에서 점점 더 요구되고 있다. 지난 몇 년에 걸쳐 경영자로부터 하급 상점직원들에 일방적으로 전달되어지는 하향식 의사소통이 이루어지는 과거의 생산 계층적 모델은 물러나고, 의사소통이 팀원들 사이에서 수평적으로 일어나는 작은 통합된 생산팀의 형태로 그 자리를 대신하게 되었다.

---

**집단 활동(group work)**
집단 활동은 경험학습 원리에 기초를 둔 수업의 중요한 요소이다. 집단 활동을 통하여, 학습자들은 그들이 교실 밖의 세상에서 의사소통하는데 필요한 것들에 익숙해지기 위해, 교실 내에서 해야 하는 과제들을 통하여 의사소통 능력을 개발할 수 있게 된다.

---

그러나 많은 교육제도는 일터와 사회에서 일어나는 변화에 보조를 맞

추지 못하고 있다. 교육제도는 여전히 본질적으로 보수적이며 전달식(transmission) 교육방식을 취하고 있고, 심지어는 교실의 물리적인 구성방법에까지 영향을 미치고 있다. 이러한 교육제도 하에서는 종종 교육제도 그 자체의 지배적인 전달방법의 이데올로기와 영어 교사에 의해 옹호되는 설명적인 구조주의적 접근법 사이에 이념적 논쟁이 있기 마련이다.

## 테스트(Assessment)

### ◆ 표준화 평가의 단점

전통적 학습환경에서의 테스트는 교실 밖의 교육행정가들에 의해 설계되고 관리되어 점수화되는 표준화된 평가(standardized tests)가 대표적인 평가의 형태이다. 교사는 평가의 내용 및 평가방법에 대한 통제력을 거의 갖지 못하였으며, 시험체계는 교육과정에 불균형적인 영향력을 미치고 있다. 이러한 환경에서 학습자들은 자신들이 얼마나 알고 있고, 또한 얼마만큼을 배울 필요가 있는가를 스스로 평가할 수 있는 능력을 발달시키지 못

---

**테스트(assessment)와 평가(evaluation)**

교육과정 개발에 관한 많은 책들에서 테스트와 평가의 개념은 동의어로 사용되고 있다. 그러나 필자는 항상 두 개념을 명확히 구분한다. 평가는 앞으로 결정될 교육과정(학습자, 교사, 교육 자재, 학습 배열 등을 포함)의 측면에 관한 정보를 모아 해석하고자 하는 것이다.

테스트는 평가의 하위 개념이다. 즉, 학습자들이 할 수 있는 것과 할 수 없는 것에 대한 정보를 모아 해석하기 위한 도구, 기술 및 절차를 말한다. 교수를 평가하기 위해서는 분명히 테스트 자료를 포함해야한다. 이것은 바로 우리에게 교수 과정의 결과로써 학습자가 할 수 있는 것과 할 수 없는 것이 무엇인지에 대한 정보를 제공해 준다. 그러나 이러한 정보를 이해하고, 또한 어떤 방법이 효과를 거두었으며, 어떤 것이 효과가 없는 것인지를 결정하기 위해서는 변화가 필요한 것이 교수자료인지 지도 절차인지 아니면 교수 과정의 다른 면인지를 알게 할 수 있는 다른 정보를 수집하는 것이 중요하다.

**COOLING DOWN:** A unit review

1. Write five to ten new words or phrases from this unit. Can you spell and pronounce each one?

   _____
   _____
   _____

2. Complete the cluster with things that you learned about some American cities.

   (cluster diagram: central bubble "Facts about American cities" connected to bubbles including "San Francisco is very popular", "Good restaurants", "1,000 miles from Denver to San Francisco", and empty bubbles)

3. Write sentences about the future. Use *will* or *be + going to* in these sentences.

   Example: Later this afternoon *I will go to the library*.

   a. Tonight _____.

   b. _____ tomorrow.

   c. Next week _____.

   d. _____ next summer.

4. Write the names of three to five specific places or locations in the state or city where you are living. Include, for example, the name of a park, lake, building, mountain peak, river, school, or street. Watch capital letters!

   _____
   _____

그림 3-1  *Writing Workshop*, Heinle & Heinle Publishers

한다. 그 결과 학습자들은 그들이 배운 것과 앞으로 얼마만큼을 더 배워야 하는가에 대해 정확히 알지 못한다. 평가는 전형적으로 실제 언어 사용을 반영하지 못하는 시험(tests)과 퀴즈(quizzes)를 통해 이루어졌다.

◆ **학생의 자가 테스트**(Student Self-Assessment)

현재의 언어 교수방법에서는 학생들이 자신들의 학습과정을 평가하는 방법을 체계적으로 훈련받고 있다. 학생들은 자신들의 장점과 교사로부터 좀 더 도움을 받을 필요가 있는 부분이 무엇인지를 잘 알 수 있다. 학생들이 학습을 마쳤을 때 그들의 언어 수준이 어느 정도인지를 제시해 줄 수 있을 뿐 아니라, 효율적인 의사소통을 가능하게 하는 많은 다른 요인들에 준하여 학생들의 장점 및 약점이 무엇인지에 관한 정보를 제공해 줄 수 있다. 이러한 방법으로 학생들과 부모들 및 교육 관련자들은 학생들의 학습 진행 과정을 파악하여 학생들의 수준에 맞는 의사소통적 과제는 무엇인지 파악해낼 수 있다. 학생의 성취정도를 명확히 알아볼 수 있게 하는 포트폴리오와 같은 자료들이 교육기관 및 학교장에 의해 채택이 되는 경우가 점점 늘어나고 있다. *Writing Workout*(Huizenga & Thomas-Ruzic)에서 발췌된 다음에 제시된 한 예는 어떻게 활동에 대한 학생 중심의 기록(student-centered records of work)이 이루어질 수 있는지를 보여준다.

이러한 기록들은 여러 목적을 갖는다. 첫 번째의 목적은 한 단원에서 학습되어져야 하는 내용들을 학습자에게 상기시켜 주고자 하기 위한 것이다. 둘째로, 학습자들에게 앞으로 학습될 내용뿐만 아니라, 이미 학습자들이 성취한 학습 내용에 대한 기록을 제공하고자 한다. 마지막으로 가장 중요한 것은 우리가 1장에서 보았듯이 학습자 중심의 교육 체계의 중요한 요소인 학습자들이 자가 테스트와 자가 평가를 할 수 있는 기술을 발달시키기 위한 것이다(학습자 중심 지도 과제들의 목록과 상세한 설명은 Brindley (1989)를 참고하고, 또한 학습자 평가에 대한 *TESOL Journal*의 특별 간행물을 참고하시오).

## 교실 밖에서의 언어

전통적인 교실에서의 학습자들은 실제 상황에서 사용되는 언어 기능들을 연습할 기회를 거의 제공받지 못하고 오직 교실 내에서만 학습했다. 물론 이러한 경우는 언어 사용의 기회가 제한적인 외국어 교육환경 내에서는 흔한 일이다. 그러나 우리가 앞장에서 본 것처럼 훌륭한 언어학습자들은 배운 언어를 교실 밖에서도 활용할 기회를 찾도록 계속 노력한다.

◆ **교실 밖에서 언어 활용을 위한 전략**

현대의 언어 교수 접근법에서 학생들은 역할극이나 모의활동을 통해 언어를 배우게 되며 이러한 학습을 통하여 교실 밖에서 이루어지는 창의적이고 가상적인 학습 과제들을 수행하는 능력을 기르게 된다. 이러한 과제들은 학습자들이 그들의 최종 학습목표, 즉 학습을 마칠 때 학습자들이 성취해야만 하는 언어 수행 활동과 관련된 것이다. 이러한 방법을 통하여 학습할 때 학습자들은 독립성을 키워가며 의사소통자로서의 역할을 하기 위한 방법을 터득하게 되고 교실 밖에서 이루어야 하는 목표 수행을 위한 도구로써 언어를 사용할 수 있는 방법들을 배우게 된다. 필자는 학생들에게 교실 밖에서의 학습 시간과 교실 내에서의 학습 시간의 비율을 3 : 1로 하게 한다. 즉 학생들이 필자와 함께 학습하는 매 시간마다 학습자들이 교실 밖에서의 학습에 세 시간을 이용할 수 있게 하는 방법을 강구하기 위해 노력한다. 이러한 방법을 통하여 학습자들의 언어 사용의 양을 증가시킬 수 있을 뿐만 아니라, 학습자는 자신들의 학습을 스스로 관리할 수 있게됨을 깨닫게 된다. 또한 이러한 방법은 외국어 학습의 상황에서도 언어를 연습할 다양한 기회가 제공될 수 있음을 의미한다. 교실 밖에서 할 수 있는 활동들은 다음과 같다.

◇ 학생들이 동료와 협동하여 숙제나 연구 과제들을 재고하는 활동에 참여하게 한다.
◇ 인터넷을 통해 필자와 저널을 교환하게 한다.
◇ 외국어를 배우기를 원하는 영어 모국어 화자와 만나 대화할 수 있는 기회를 갖도록 한다.
◇ 연구 과제(projects)와 설문조사(survey) – 영어로 정보를 수집하여 그것을 다음 수업시간에 가지고 오게 한다.
◇ 독자적으로 운영되는 학습 센터에서 언어 향상을 위한 활동에 참여하게 한다(이러한 활동에서 학습자들은 그들이 향상시켜야 하는 영어적 측면을 확인하고, 학습목표를 세워 학습 약정서(contract)를 작성한 다음 독립적으로 수행한다).

(교실 교육 이외의 독립된 학습을 위한 다른 아이디어들은 Pemberton et al.(1996)과 Gardner & miller(1996)에 제시되어 있다.)

### ◆ 결론

본 장에서 필자는 앞의 1, 2장에서 각각 언급되었던 관념적이며 경험적인 문제들을 함께 다루어 보았다. 또한 언어와 학습의 본질에 대한 관점의 변화와 경험적 연구들에서 얻어진 결과들을 교수방법에 적용시킴으로써 교육 현실에서 일어난 변화들이 무엇인지에 대해 살펴보았다. 언어 교육의 이론과 현실에 일어난 변화들은 다음과 같이 요약될 수 있다.

◇ 실제 의사소통에 필요한 기능(skills)들을 연습한다.
◇ 그들이 학습하고 있는 언어 사용 및 활동에 적극적으로 참여한다.
◇ 진정한 의미에서의 의사소통을 하며 언어를 적절히 사용하도록 배운다.
◇ 학습자들이 접하게 되는 의사소통의 상황에 따라 어떻게 문법과 어휘를 사용하는지를 학습한다.
◇ 다양한 종류의 진정한 의사소통이 담겨있는 교재를 읽고 듣는다.

◇ 더 나은 언어학습자가 되기 위해 학습 전략을 향상시킨다.
◇ 소집단을 이루어 협동적으로 학습한다.
◇ 자가 테스트와 자가 평가의 기술을 향상시킨다.
◇ 교실 밖의 실제 세상에서 그들이 알고있는 언어를 사용하는 방법을 배운다.
◇ 교사들은 학습자들이 더 나은 학습자가 되고 그들의 학습이 유용한 것이 되도록 돕는다.
◇ 교사들은 언어의 모델을 제공하고 또한 실제 상황에서는 어떨 지에 대한 교사가 가지고 있는 지식을 공유한다.
◇ 교사들은 다양한 프로그램을 제공할 수 있도록 교사들간에 협동적인 관계를 유지한다.
◇ 교사들은 학습자의 수행능력을 수시로 테스트해 보고, 그들의 언어기능에 대한 상세한 기술자료를 제공한다.

   과업 중심 교수방법은 학습자들이 실제 세계에서 활용할 언어를 학습할 수 있도록 돕는 것이라고 단언할 수 있다. 학습자들은 그들의 의사소통 능력을 평가받고 또한 언어 학습자로서의 그들이 습득해야 하는 기능들을 평가받게 된다. 결과적으로 교사들, 부모들, 교육관계자들은 학습자들이 현재 가지고 있는 언어기능의 수준을 판단하여, 학습자들의 현재 능력에 맞고, 학습자들의 필요에 부합하는 학습과제와 활동을 부과할 수 있게 된다. 과업 중심 교수법은 언어 학습을 위한 수단 그 이상의 것이다. 일터에서, 그리고 교실 이외의 실제 세계에서 더 나은 의사소통자가 될 수 있게 하기 위한 방법이다.
   <표 3-2>는 지난 30여 년에 걸쳐 언어 교수에서 일어난 주 변화들의 내용을 요약한 것이다.
   본 장의 내용을 요약하자면, 지금까지의 논의를 이끌어 온 교육에 대한 기본 이념(ideology)은 바로 학습자들은 교육과정 즉 그들이 학습할 내용, 학습활동, 과제들을 결정하는데 참여할 권리를 갖는다는 것이다. 학습 내용(contents)이 학생들의 경험과 지식에 관계된 것일 때 그 학습은 가장 효

과적이다. 이러한 이념을 실천함에 있어 교육관계자들은 학습프로그램을 개발할 때 학습하는 방법(learning how to learn)을 발달시킨 학습자가 가장 효율적인 학습자이며 학습자들의 학습 스타일과 전략들은 학습자들마다 다를 수 있다는 점을 고려해야 한다.

표 3-2 전통적 언어교육과 현대적 언어교육

| 전통적 언어교육 | 현대적 언어교육 |
|---|---|
| 교과 요목 설계(syllabus design) 교과 내용과 방법론이 학습자의 의사소통적 필요보다는 교실의 상황에 맞춰 결정된다. | 교과 내용과 방법론이 교실 상황을 뛰어넘어 학습자의 의사소통적 필요에 맞춰 결정된다. |
| 교수 방법론(methodology) 언어가 의사소통을 위해 쓰일 수 있는 방법보다는 언어에 대한 사실들, 즉 언어자체와 언어에 대한 규칙을 배운다. | 학습자는 적극적인 언어사용을 하게 된다. |
| 학습자의 역할 학습자는 다른 사람들에 의해 쓰여진 글들을 베껴 쓰고 따라하는데 학습시간을 소모한다. | 학습자들은 새롭고, 진정한 의사소통의 상황에서 학습을 하면서 창의적으로 언어를 사용하는 방법을 배우게 된다. |
| 언어에의 접근법 문법은 규칙으로서 암기하도록 한다. | 문법과 단어는 의사소통적인 방법으로 학습되기 때문에 학습자들은 학습된 문법사항을 의사소통에 활용할 수 있다. |
| 교재의 사용 가르칠 목적으로 특별히 쓰여진 교재를 이용하기 때문에 교실 밖의 상황에서 벌어지는 진정한 의미의 의사소통을 이해할 수 없다. | 진정한(authentic) 교재를 사용하며 교실 밖에서도 사용될 수 있도록 학습한다. |
| 학습 자료(resources) 오직 교과서만 사용된다. | 학습자용 워크북, 카세트 테이프, 비디오 등의 보충자료들을 갖춘 잘 제작된 진정성 있는 교재를 사용한다. |

| 전통적 언어교육 | 현대적 언어교육 |
| --- | --- |
| **학습 접근법**<br>학습자들 스스로 언어 능력을 향상시킬 수 있는 능력을 쌓지 못한다. | 일련의 효과적인 언어 학습 전략들을 배우게 될 뿐만 아니라, 그 전략들을 교실 밖의 실제 의사소통 상황에서 활용할 수 있는 방법도 배우게 된다. |
| **교실 구조**<br>교사를 정면으로 줄을 맞춰 앉아 교사의 말을 반복하며 수업시간을 보내게 된다. 학습자들은 자신들의 생각을 표현할 줄 모른다. | 소집단 및 짝을 이뤄 활동하면서 다른 사람과 협동 학습하는 기능과 자신들의 의사, 생각, 감정들을 표현할 수 있는 방법을 배운다. |
| **테스트(assessment)**<br>오직 교사만 학습자들을 테스트한다. 학습자들은 자신들의 학습을 평가하는 능력을 개발시키지 못한다. | 학습자들은 자신들의 학습 향상 정도를 평가하는 훈련을 받으며 자신들의 장점과 단점을 알 수 있다. |

◆ 제3장의 개념도

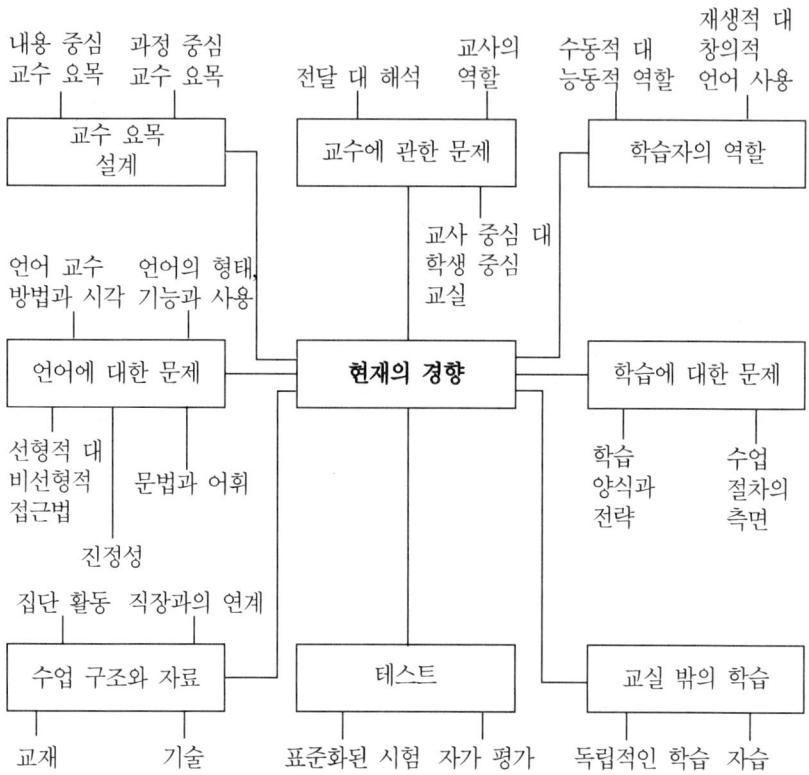

◆ 질문과 과제

1. Stenhouse에 의해 제기된 교수 요목 설계에 관한 주요 개념의 전환은 무엇인가?
2. 교사 중심 구조(high-structure) 교실과 학생 중심 구조(low-structure) 교실의 각각의 세 가지 특성을 말해 보시오.
3. '재생적인(reproductive)' 것과 '창의적인(creative)' 것의 차이점은 무엇인가?
4. 학생들에게 진정한(authentic) 데이터를 소개하는 것이 왜 바람직한 것인가? 여러분이 현재 교수 상황에서 쓰고 있는 자료들을 열 개 정도 쓰거나 또는

쓸만한 자료라 생각되는 것들을 적어보시오.
5. 현재 사용하고 있거나 앞으로 사용할 수 있는 교과서 및 교수 자료들은 어떤 것들이 있는가?
6. 학습 전략들을 당신의 현재 교수 상황에 적용시킬 수 있는 방법 세 가지를 말해 보시오.
7. 여러분의 현재 교수 상황에서 집단 활동에 방해가 되는 요소 세 가지를 말해 보고 그것들의 해결책을 생각해 보시오.
8. 여러분의 학생들이 언어 기능들을 교실 밖에서 실제 활용할 수 있는 세 가지 방법을 생각해 보고 토론해 보시오.
9. 수준이 낮은 학생들에게 적당한 진정한 텍스트(authentic texts)들을 모아 그 것들을 기초로 한 학습과제를 설계해 보시오. 가능하다면 수업시간에 그 과제들을 사용하여 과제들의 장점과 단점들을 알아보시오.

### ◆ 참고문헌

Biggs, J., and R. Telfer. 1987. *The Process of Learning*. 2nd ed. Sydney: Prentice- Hall.

Breen, M. 1984. Process syllabuses for the language classroom. In C. Brumfit (ed.), *General English Syllabus Design*. Oxford: Pergamon.

Brindley, G. 1989. *Assessing Achievement in a Learner-Centred System*. Sydney: National Centre for English Language Teaching and Research.

Gardner D., and L. Miller (eds.). 1996. *Tasks for Independent Language Learning*. Alexandria, Va.: TESOL.

Huizenga, J., and M. Thomas-Ruzic 1990. *Writing Workout: A Program for New Students of English*. Boston: Heinle & Heinle.

Larsen-Freeman, D. (ed.). 1995. *Grammar Dimensions*. Boston: Heinle & Heinle.

Molinsky, S.J., and B. Bliss. 1989. *Side by Side Second Edition*. Book 1. Englewood Cliffs, N.J.: Prentice-Hall.

Moulton, W. 1963. Linguistics and language teaching in the United States 1940-1960. *International Review of Applied Linguistics*, 1, 21-41.

Nunan, D. 1989. *Syllabus Design.* Oxford: Oxford University Press.

Nunan, D., and C. Lamb. 1996. *The Self-Directed Teacher.* Cambridge: Cambridge University Press.

Oxford, R. 1990. *Language Learning Strategies: What Every Teacher Should Know.* New York: Newbury House.

Pemberton, R., E. S. L. Li, W. Or, and H. Pierson (eds.). 1996. *Autonomy and Language Learning.* Hong Kong: Hong Kong University Press.

Pinker, S. 1994. *The Language Instinct.* London: Penguin.

Stenhouse, L. 1975. *An Introduction to Curriculum Research and Development.* London: Heinemann.

Richards, J.C., and T. Rodgers. 1986. *Approaches and Methods in Language Teaching.* Cambridge: Cambridge University Press.

Tyler, R. 1949. *Basic Principles of Curriculum and Instruction.* New York: Harcourt Brace.

van Lier, L. 1988. *The Classroom and the Language Learner.* London: Longman.

Warschauer, M. 1995. *E-Mail for English Teaching.* Washington, D.C.: TESOL.

Wright, T. 1987. *Roles of Teachers and Learners.* Oxford: Oxford University Press.

# 제2부
# 언어, 학습자 및 학습 과정

**도입**

성공적 언어 학습 경험에 있어서의 세 가지 필수 요소는 언어, 학습자, 그리고 학습 과정이다. 위 요소들에서 교사를 생략했음을 주목하기 바란다. 교사는 분명 세계 곳곳의 수천 가지 학습상황 속에서 중요한 역할을 하지만, 그들이 학습과정에 필수적인 것은 아니다. 많은 사람들이 교사 근처에도 가본 적이 없이 제2언어의 유창함에 도달했다(여하간에 필자는 다른 저서들을 통해 교사에 대해 폭넓게 다룬 것이 사실이다). 제 2부에서는 위에 언급한 세 요소를 자세히 다뤄보겠다.

4장에서는 맥락(context) 속의 언어에 대하여 살펴보고, 특히 교재 및 교수 절차를 개발하는데 있어 교사에게 통찰력을 제공해 줄 수 있는 언어의 측면들에 초점을 두겠다. 사실, 여기서 발전되어진 개념들을 사용하여 3부에서는 구어(spoken language) 및 문어(written language)를 가르치기 위한 저자 자신의 생각들을 제시할 것이다.

5장에서는 학습자를 다루고 있다. 1장에서 제시된 학습자 중심이라는 개념을 발전시키고, 학습자들 자신을 학습과정의 중심에 놓는 학습관이 실질적으로 시사하는 바에 대해 살펴볼 것이다.

**6장에서는 학습 과정을 세부적으로 조명한다.** 학습과정과 학습자는 분리될 수 없는 것이므로, 5장과 6장으로 나눈 것은 사실 임의적이라 할 수도 있다. 이 장들을 읽으면서 동일한 주요 문제들이 조금 다른 관점에서 논의되고 있음을 발견할 것이다. 6장의 주요 관심사로서 학습 스타일과 전략에 관한 연구 문헌으로부터 제시되는 주요 문제들을 짚어보고 이중 몇 개를 더 상세히 다루도록 하겠다.

## 제4장
# 언어와 외국어교육

 본 장은 사람들이 (그 성공도는 달라도) 언어와 씨름하며 언어를 사용하는 모습에 대하여 필자가 관찰해 온 바와 일관된 언어관을 모색하려는 필자의 노력을 반영하는 것이다. 필자가 가르치는 일을 시작하였을 때, 청화식 교수법(audiolingualism)은 그 인기가 최고조에 달해 있었고, 학생들은 사용 맥락과는 무관하게, 서로 관련되지 않은 구조들을 배우기가 일쑤였다. 이러한 방법은 필자가 받아왔던 사회과학적 훈련과 모순된 것이었는데, 나는 인간의 행동은 그것이 일어나는 맥락(context) 속에서만 이해가 가능하며, 이는 맥락이 행위에 영향을 미치기 때문이라고 알고 있었다. 내게 있어서 언어는 의심할 나위 없이 인간 행동의 한 형태이며, 따라서 그 행동이 일어난 맥락 속에서만 이해될 수 있는 것이었다.
 바로 이러한 언어 사용에 대한 맥락적 관점 때문에 필자는 진정성(authenticity)이 유행되기 오래 전, 그리고 문법적인 예시를 위해서 조작된 인위적인 모범 문장과 예문들을 제시하는 것이 교실에서의 관행으로 받아들여지고 있을 때부터, 수업에 도입할 원어적 언어 사례를 모색하였다. 본 장에서는 이제껏 많은 언어 교육이 왜 비교적 성공적이지 못했는지를 짚어보고자 한다. 본 장은 아래 주제들과 개념들을 다루고 있다.

### 문법과 문법성
◇ 문법의 정의
◇ 문법—문제 있는 개념
◇ 문법과 담화(discourse)
◇ 문법의 세 차원: 형태, 의미, 사용

### 어휘
◇ 어휘와 문법
◇ 교과과정 속에서의 어휘의 위상
◇ 어휘 협응(concordancing)

### 발음
◇ 나이와 결정적 시기
◇ 분절 음운론과 초분절 음운론
◇ 발음과 듣기

### 언어 발달에 대한 비유들
◇ 벽돌쌓기의 비유
◇ 유기체의 비유
◇ "학습자 고유의 문법 성장": 학습자로부터의 자료

### 담화로서의 언어
◇ 문장과 텍스트(text)의 관계
◇ 텍스트의 연결성

### 응집성(cohesion) 형성하기
◇ 지시(reference)
◇ 대체(substitution)와 생략(ellipsis)
◇ 접속(conjunction)

◇ 어휘적 응집성(lexical cohesion)
◇ 텍스트의 수사적 패턴(rhetorical patterns)

**의미 성립(making sense)**
◇ 기능적 일관성(functional coherence)
◇ 의미 타협(negotiation of meaning)

**화행(speech acts)**

**배경 지식(background knowledge)**
◇ 담화 해석
◇ 스키마 이론
◇ 배경 지식과 기능적 해석

**교육적 시사점**
◇ 다양한 선택가능성으로서의 언어
◇ 학습자가 언어의 능동적 탐사자가 되도록 돕기
◇ 학습자가 형태, 의미, 사용의 관계를 탐사하도록 돕기

## 문법(grammar)과 문법성(grammaticality)

많은 사람들에게 있어 언어의 핵심이라면 문법을 뜻한다. "언어 실력이 부족하다"고 하거나, 대중 매체에서 영어의 기준이 하향화된다고 비난할 때, 대개는 문법적으로 의사를 표현하는 능력이 실질적으로 또는 체감적으로 떨어진다는 것을 의미한다. 그러므로 언어에의 탐사는 *문법*과 *문법성*의 의미에 대한 조사로부터 시작하는 것이 적합할 듯 하다.

◆ **문법의 정의**

문법과 문법성의 개념은 세월에 따라 변화되어 왔다. 19세기 초 Cobbett 는 아래와 같이 서술하고 있다.

> 문법은 … 우리에게 어떻게 단어를 사용할지를 가르쳐 준다, 다시 말해, 문법은 단어들을 어떻게 알맞은 방법으로 사용할지를 가르치며 … 제자리에 놓여야 할 단어들을 선택할 수 있게 되려면, 일정 원리들과 규칙들에 익숙해져야 한다; 이 원리들과 규칙들은 문법이라고 불리는 것을 구성한다.
>
> *Cobbett 1819*

Cobbett 이후 25년이 지나, 학교 교육을 위한 문법이 탄생하였고, 이는 "문법이란 근본적으로 맞고 틀림(correctness)과 관련된 것"이라는 개념을 강화시키게 되었다. 1856년에 출판된 *The English Grammar for the Use of Schools*에서는 영문법의 목적을 영어 사용자에게 자신의 생각을 구어로든 문어로든 올바로 표현하도록 가르치는 것이라고 밝히고 있다. 언어교육 역사의 대부분 기간 동안 문법은 옳고 그름을 다루는 것이었고, 교사의 역할이란 올바른 사용을 가능케 하는 규칙들을 전달하는 것이었다. 제1장에서 제시한 대조를 사용하자면, 초점은 해석(interpretation)보다는 전달(transmission)에 있었다.

오늘날 문법 학자들은 최소한, 언어 사용의 규범을 제시하기보다는 실제로 사용되는 언어를 기술하는데 좀더 주의하고 있다. 이는 아래 소개된 최근 언어학 용어사전으로부터 발췌한 항목들을 보아도 알 수 있다.

**문법.** (1) 언어구조에 대한 분석. 구어나 문어 자료를 기초로 하거나(언어수행 문법, performance grammar), 또는 화자의 지식을 예언하고자 한다(언어능력 문법, competence grammar). 빈번히 사용되는 또 다른 문법의 구분으로는 기술문법(descriptive grammar)과 규범문법(prescriptive grammar)이 있는데, 전자는 실제 사용을 정확히 설명하고자 하는 것이고, 후자는 사회 속에서 언어를 바르게 사용하는 규칙을 확립하고자 하는 것이다. (2) 인간 언어를 정의해주는 구조적 특성들에 대한 분석(universal grammar). (3) 음운론 및 의미론과 독립적으로 연구될 수 있는, 언어의 구조적 짜임의 층위.

**문법성.** 문장이나 그 일부가 언어의 특정 문법에 규정된 규칙들에 일치함 (Crystal 1992:35-36).

**문법.** *n.* 언어의 구조에 대한 기술 및 한 언어에서 문장을 만들기 위해 단어 또는 구(phrases)와 같은 언어적 단위가 결합되는 방식에 대한 기술 (Richards, Platt & Weber 1985)

### 문법: 문제 있는 개념

지난 2—3년 간의 연구들은 문법과 문법성에 대한 많은 기존의 가정들이 근본적으로 문제가 있음을 시사한다. 이는 문법성에 대한 단순한 자아 성찰적(introspective) 문법성 시험을 보아도 잘 나타난다 (Langunoff 1992, Celce-Murcia & Olshtain에서 인용된 부분 재인용; Odlin 1994; Nunan 1993). 문법성 개념에 대한 조사에서, Nunan과 Keobke(1997)는 80명의 영어 원어민 및 비원어민 교사들에게 아래 문장들을 제시하고, 이들에게 어떤 문장들이 문법적으로 용인 가능한(acceptable) 것들이며, 어떤 것들이 용인 불가능한 것인지 판별해 보도록 하였다.

> *The gang were plotting a takeover.*
> *Everybody is ready now, aren't they?*
> *Neither Fred nor Harry had to work late, did they?*

*Someone has deliberately made themselves homeless.*
*Anyone running a business should involve their spouse.*
*My hair needs washed.*
*What the cat did was ate the rat.*

결과는 <표 4-1>에 정리되어 있는데, 흥미로운 것이었다. 대부분 문장들이 문법규칙들을 약간씩 위반하고 있음에도 불구하고 용인 가능한 것으로 대다수가 생각하였지만, 원어민 교사간에도 그리고 비원어민 교사간에도 상당한 정도의 불일치가 보였다.

표 4-1

| 원어민(NS=native speakers)<br>비원어민(NNS=non-native speakers) | 용인<br>가능<br>NS | 용인<br>불가<br>NS | 용인<br>가능<br>NNS | 용인<br>불가<br>NNS |
|---|---|---|---|---|
| The gang were plotting a take-over. | 34 | 6 | 30 | 9 |
| Everybody is ready now, aren't they? | 32 | 8 | 23 | 16 |
| Neither Fred nor Harry had to work late, did they? | 34 | 6 | 31 | 8 |
| Someone has deliberately made themselves homeless. | 24 | 16 | 24 | 15 |
| Anyone running a business should involve their spouse. | 33 | 7 | 25 | 14 |
| My hair needs washed. | 8 | 32 | 8 | 31 |
| What the cat did was ate the rat. | 10 | 30 | 15 | 24 |

원어민간의 이러한 불확실성을 고려할 때, 다음으로 취할 적절한 행동은 안내를 해줄 전문가들에게 물어보는 것일 것 같다. 전문 언어학자와 언어교육자에게 자문을 구하면 안될 것인가? 어쨌든, 이들은 언어 분석과 언어교육이 직업인 사람들 아닌가? 진실을 말하자면, 언어학자들간의 불일치 정도는 일반 원어민간의 불일치만큼이나 큰 것으로 나타나고 있다. Ross(1979)의 한 연구를 보면, 아래 의문문의 문법성에 관하여 언어학자들은 상당한 불일치를 보였다.

*What will the grandfather clock stand between the bed and?*

9명의 영어 원어민 언어학자 가운데 두 명은 이 의문문이 완벽하게 용인될 수 있는 것이라고 하였고, 둘은 어느 정도 용인 가능하다고 하였으며, 다섯은 완전히 용인 불가능한 문장이라고 하였다.

언어교육자에게 의견을 구했을 때도 비슷한 양상이 나왔다. Schmidt와 McCreary(1977)은 아래와 같이 짝지어진 문장들을 교사들에게 제시하였다.

 a. *There's about five minutes left.*
 b. *There are about five minutes left.*

자연스러운 사용을 테스트했을 때에는 대부분의 피험자가 (a)문장을 사용했으나, 다음 실험에서 이들에게 (a), (b) 중 어떤 것을 사용하는지를 물었을 때에는 대부분 피험자가 (b)문장을 사용한다고 응답했다. 다시 추후 실험에서, 피험자들은 주어진 문장들이 바른지 여부를 판단하도록 요구받았는데, 단지 소수만이 (a)를 옳다고 판정했다. 교사들이 틀리다고 한 문장들을 교사 자신들도 사용하고 있는 것을 보며, 학생들이 "왜 교사들이 제대로 못하는 것일까?"하고 의문하는 모습을 상상해 봄직하다.

Odlin(1994)은 문법성(grammaticality)과 용인 가능성(acceptability)에 대한 조사에서, "전문가"가 신뢰할 만한 판정을 제공하는 능력에는 지대한 한계점이 있다고 결론짓고 있다.

  많은 언어학자나 교사의 문법성 판단은 신뢰할 수 있다하더라도, 전혀 반박할 수 없이 완벽한 문법성에 대한 직관을 가진 언어학자나 교사는 거의 없다. 언어능력(competence)과 언어수행(performance) 양면에서의 제약이 전문가의 문법성 판단에 영향을 미친다. 그리고 이 제약은 용인가능성에도 마찬가지의 영향을 미친다. 언어학에서도— 비록 일부 문법학자들은 *언어적 사실(linguistic fact)이란 무엇인가*라는 [William Labov가 제기한] 인식론적 질문을 회피하고 있지만— 이러한 제약을 점차 인식하고 있다.

*Odlin 1994:284*

◆ **문법과 담화**(discourse)

사실, 고립된 문장의 수준에서 언어적 사실을 말한다는 것은 어불성설에 가깝다. 왜냐하면 거의 예외 없이, 언어적 사실이란 발화가 일어나는 언어적이고 경험적인 맥락에 의해 결정되는 것이기 때문이다. 기능적 관점에서 기존의 순서를 뒤바꾸어, 담화에 우선 순위를 두고, 문법적 자질들은 그것이 나타나는 문법적 맥락에서 이해하는 것이 필요하다. 맥락을 참조하지 않고는, "사실"이라느니, "맞다"느니, "적정하다"느니 하는 것이 별 의미가 없다.

> **담화(discourse)**
> 담화는 맥락(context) 속에서 일어나는, 자연스럽게 연결된 모든 언어 사례(naturally occurring stretch of language)이다 (Carter 1993: 22)

이처럼 담화 중심적 관점을 취하는 것은 언어 습득과 사용을 이해하는 데 필수적이다. 이러한 관점을 취하지 않고는 문법성과 같은 언어의 다른 차원들을 이해하는 것이 단편적이며 불완전한 것이 될 것이다. 이는 맥락으로부터 떼어내어 발화를 이해하고 해석하려는 어떠한 시도도 단편적일 수밖에 없는 것과 마찬가지이다. 문법과 담화는 근본적으로 위계적인(hierarchical) 관계에 있으며 보다 낮은 층위에 있는 문법적 선택은 보다 높은 층위에 있는 담화적 선택에 의해 결정된다. 이러한 관점은 언어교육

뿐 아니라 응용언어학 연구에 있어서도 중요한 시사점을 가진다. 이 장의 마지막 절에서, 우리는 이러한 언어적 관점의 실질적 시사점을 생각해 볼 것이다. 이는 이 책의 마지막 부분을 구성하고 있는 네 장에서 취하고 있는 교육 접근법의 토대가 될 것이다. 잠시 뒤에 우리는 언어를 담화 측면에서 보면서, 효과적 의사소통이 기능적 해석(functional interpretation)과 형식적 적절성(formal appropriateness) 간의 조화를 이루는 것과 관련됨을 보게 될 것이다.

우리가 문장 차원과 담화 차원을 분리할 때 발생하는 문제들은 생소한 것이 아니다. 1952년으로 거슬러 가서, Harris는 문법과 담화가 체계적으로 관련되어 있다고 주장하였다. 비록 문법이 담화를 만들어 내는 벽돌(building blocks)을 제공한다는 그의 주장 (Harris 1952)은 필자가 비판하는 문법 우위성을 따르는 것 같지만, 더 최근에 McCarthy(1991: 62)도 비슷한 입장에서, "… 문법은 절과 문장들을 담화의 형태로 용접시키는데 직접적 역할을 하는 것으로 이해된다…"고 주장하였다.

문법적 원리와 규칙들을 분리된 개별 문장들의 연구로부터 이끌어낼 수 있다는 생각은 최근 몇 년 간 여러 진영으로부터 공격을 받아왔다. 놀랄 것도 없이, 이 공격은 언어를 의미 창조의 도구로 보는 사람들로부터 온 것이다. 유의미하고 담화적인 맥락에서 문법을 분석해야 한다는 입장을 지지하는 사람들 중에는 Levinson(1983)과 같은 화용론(pragmatics) 전문가들이 포함되어 있다. Levinson은 문법규칙들 중 그것이 사용되는 보다 넓은 맥락에 의해 영향 받지 않는 것은 거의 없으며, 언어 사용자의 문법적 선택 중 막대한 부분이 맥락에 의존한다고 주장한 바 있다. Celce-Murcia와 Olshtain(출간 예정) 같은 언어교육자들도 문법적 요소들 중 그것이 일어나는 담화 맥락에 민감하지 않거나 영향 받지 않는 것은 거의 없다고 주장한다. Celce-Murcia와 Olshtain은 맥락에 제약받지 않는 문법사항들은 아래 목록 정도에 지나지 않는다고 주장한다 (이들은 또한 문장 차원에서의 규칙 위반조차도 맥락을 참조하면 설명이 가능하다고 주장한다).

주어-동사 일치(subject-verb agreement)
관사-명사 일치(determiner-noun agreement)
전치사 뒤에 동명사 사용
동일 절(clause) 안에서의 재귀대명사(reflexive pronoun. 예를 들어 *himself*)
부정문 환경에서의 *some/any*의 교체

위 예들은 우리가 실제 사용을 고려하여도 여전히 문법 "규칙들" 고유의 문제와 복잡성으로 다루어져야 할 부분이다. 이제까지 논의한 모든 것이 교육적으로 시사하는 바는 상당히 크다고 보며, 이에 대해 4장 결론부에서 구체적으로 시사점들을 제시하고자 한다. 그러나 그 전에, 다른 두 가지 중요한 언어학의 하부 체계인 어휘 연구와 음성 연구를 간단히 살펴보려 한다.

### 문법의 세 차원: 형태, 의미, 사용

문법에 대한 가장 포괄적인 개념화가 Larsen-Freeman(1995)에 의해 제시되었다. 그녀는 문법을 언어학 내에서의 상위 개념으로 이해하고, 문법에는 상호 관련된 세 차원이 있다고 하였는데 이는 곧 형태, 의미, 그리고 사용의 차원이다. 이 모형은 전통적으로 통사론(syntax: 형태의 연구), 의미론(semantics: 의미의 연구), 화용론(pragmatics: 사용의 연구)으로 분리되어 다루어졌던 이 언어학의 세 측면을 통합시키려고 시도하고 있다. 따라서 Halliday(예를 들어 Halliday 1985)에 의해 발전된 체계-기능 언어학(systemic-functional linguistics)의 이론과 상당히 공통된 부분이 많다.

---

**문법**
통사론(형태), 의미론(의미), 화용론(사용)이 어떻게 상호작용하여 개인으로 하여금 언어로 의사소통하게 하는가에 대한 연구

---

# 어휘(vocabulary)

◆ 어휘와 문법

어휘는 목표어의 단어 목록 이상의 것을 의미한다. 언어체계의 한 부분으로서, 어휘는 문법과 밀접하게 연관되어 있다. 사실, 대부분 언어에서 어휘체계는 전치사, 관사, 부사 등의 "문법어(grammatical words)"와 내용어(content words)로 나뉘어질 수 있다. 어휘의 문법성은 새로운 단어를 만들기 위해 문법적 소사(grammatical particles)를 단어 앞뒤에 붙이는 어형성 형태론(word morphology)에서도 나타난다. 다음 과제는 언어의 이러한 측면에 학습자의 주의를 기울이도록 하기 위해 고안된 것이다.

과제 1:
아래 접두사들의 의미는 무엇인가?

| Prefis | Examples | Meaning | Additional Example |
|---|---|---|---|
| a, ab, abs | abnormal, absent | away, from, off | |
| ad, ac, as | advance, advantage | to towards, up | |
| ambi | ambivalent, ambidextrous | | |
| co, co, cor | correspond, correlate | | |
| contra | contradict, contrary | | |
| ex, e | external, exit | | |
| in | internal | | |
| in, il, im, un | illegal, unhelpful | | |
| inter | international, interval | | |
| mis | mislead, misunderstand | | |
| ante | antecedent | | |
| post | postgraduate | | |
| sub | submarine | | |
| super | superman, supersonic | | |

과제 2 :

2인조 활동. 각 접두사가 들어가는 추가적인 예를 들어보고, 위의 "추가적 예(additional example)" 아래 쓰시오.

과제 3 :

아래 접미사들은 무슨 뜻을 지녔는가? 각각의 접미사는 단어에 대해 어떤 정보를 주는가? 이 접미사들로 끝나는 단어들을 몇 개나 생각할 수 있는가?

-ate _____
-tion _____
-less _____
-ness _____
-er _____
-or _____

(출처: M. Hill. *Learning Vocabulary*. The English Centre, University of Hong kong)

## ◆ 교과과정 속에서의 어휘의 위상

언어의 하부 체계 측면에서 볼 때, 대부분 언어 교수 접근법에서의 어휘부는 문법부에 다음가는 위치를 차지해 왔다. 특히 구조주의 언어학(structural linguistics)과 청화식 교수법(audiolingualism)의 전성기 동안에는 더욱 그러하였다 (사실 현재에도 청화식 교수법은 아마 세계적으로 가장 영향력 있는 교수법일 것이다). 청화식 교육을 지지하는 사람들은 학습자들이 외국어의 기본 문형을 마스터하는데 노력을 경주한다면 외국어 학습이 가장 효율적으로 이루어질 것이라고 주장했다. 일단 이 문형들을 암기하고 나면 새 어휘가 그 "칸에 채워질(slotted in)" 수 있으리라는 것이다.

최근 수년 간, 어휘를 가르치는 것은 언어 발달에서 근본적으로 중요한 측면으로서 정당한 위치를 점하게 되었다. 이는 부분적으로는 이해 중심 접근법들(comprehension-based approaches)에, 부분적으로는 영향력 있는 응용언어학자들의 연구 노력에(예를 들어, Carter & McCarthy(1988) 참조), 그리고 부분적으로는 컴퓨터를 사용한 방대한 언어자료(language corpora)의 수립에 의해 새롭게 열린 흥미진진한 가능성에 힘입은 것이다 (Sinclair & Renouf 1988).

언어 습득에 위해 이해 중심적 접근을 해 나아가야 한다고 주장하는 사람들은 초기에 폭넓은 어휘를 발달시키는 것이 학습자로 하여금 자신의 언어능력을 웃도는 언어수행을 할 수 있게 한다고 주장한다. 다시 말해서, 만일 방대한 어휘를 가지고 있다면, 일정 구어나 문어가 나올 때 그 문법적인 구조는 알지 못한다 하더라도 그 의미를 얻어내는 것이 가능하다는 것이다 (그 가능성은 물론 제한적이며, 그것도 아마 학습 초기에만 해당되는 말일 것이다.).

흥미롭게도, 학습자들 자신은 결코 어휘의 중요성을 의심해 본 일이 없다. 외국에 거주하며 일하고 그 나라 말로 사회생활을 해보고자 하는 사람들은 대부분 문법구조를 배우는 것보다는 어휘를 배우는 것이 빨리 말을 익히도록 도와준다는 것을 발견한다. 물론, 다시 반복하거니와, 이것은 학습의 초기에만 해당되는 사실이다. 아주 기초적인 수준을 넘어 의사소통을 하기 위해서는, 문법 지식을 발달시키는 것이 필수적이다. 어휘에 대한 학생들의 태도에 대한 조사에서, Morgan과 Rinvolucri(1984: 4-5)는 다음과 같이 보고했다.

> [조사대상 중] 3분의 2가 수업을 통해 충분한 단어, 즉 사람들과 말하고 TV를 보고 독서를 할 때 필요한 단어들을 배우지 못했다. 조사대상자들은 교사들이 문법과 발음을 가르치는데는 매우 열심이었지만, 어휘를 가르치는 것은 문법, 발음보다 중요성 면에서 많이 뒤쳐진 3위에 해당하는 것이었다.

어휘 학습의 또 다른 측면은 언어의 다른 측면들(특히 발음)과는 달리, 어휘의 습득은 연령의 제약을 받지 않는 것같이 보인다는 점이다. Rivers (1983: 125)는 언어의 다른 측면들과는 대조적으로 새로운 어휘를 배울 수 있는 능력은 나이가 들수록 증가한다고 주장하고 있다.

◆ **단어 간의 협응**(concordancing)

최근 컴퓨터 처리된 언어 데이터베이스가 구축되어지면서, 어휘 연구가 엄청나게 용이해졌다. 이 데이터베이스는 맥락 속에 들어 있는 수백만의 단어를 포함하는 수천 개의 텍스트로 구성되어 있다. 데이터베이스는 어휘의 빈도를 계산하게 해줄 뿐 아니라 언어에 존재하는 놀라운 패턴을 드러내어준다. 예를 들어, 단어 협응(concordancing) 프로그램은 특정 단어나 구가 나오는 맥락을 조사하고, 이 단어들과 함께 나오는 다른 단어들을 연구할 수 있게 해준다. 아래 예들은 세계에서 가장 방대한 자료로서 영국의 Birmingham University에 의해 구축된 자료로부터 발췌한 것이다. 명사 *way*에 대한 아래의 예는 Willis(1990: 28)로부터 가져온 것인데, 그에 따르면 명사 *way*는 영어의 일반명사 중 *time, people*에 이어 세 번째로 자주 쓰이는 단어이다.

이 데이터베이스들은 언어학자들이 당장 보기에는 명확해 보이지 않는 언어의 패턴을 밝혀내도록 해준다. *way*의 경우, 7,000회라는 제한된 샘플만 가지고도, 어휘배합(collocation: 한 단어와 관련되어 앞뒤에 의미적으로 관련된 단어들이 나오는 것) 및 문형을 알 수 있다.

방대한 데이터베이스가 가지는 또 하나의 장점은 특정 단어가 수행하는 기능들을 밝혀낼 수 있게 해준다는 것이다. 많은 경우 단어가 실제로 기능을 발휘하는 방식은 교사나 교과서 집필자의 직관과 어긋난다. 아래 certain과 certainly의 예는 Birmingham 자료로부터 가져온 것이다.

표 4-2

| | |
|---|---|
| ing on; fewer still had premises in any | way suitable, some turned out to be sch |
| assertively un-urban that we affected a | way of dressing quite unsuited to Unive |
| attentiontion if he became too excitable, a | way whose success was, I think, due to |
| hanged, and a manned craft was the best | way of preserving flexibility. Photogra |
| ed to the idea very gradually. The best | way to do this, I decided, was to intro |
| burn and the island beaches. I went by | way of my family home in the south of s |
| ts, but not in the seemingly calculated | way that is born of deprivation. The spa |
| le lifeless, and I began in a desultory | way to review in my mind various animal |
| the bath; it had become an established | way of quieting him when he was obstrep |
| nd the retaliatory strategy had to give | way to the flexible response, with its |
| o be thrown. Such pebbles that come his | way seem mainly to have been on the que |
| h strip of garden from the road. On his | way home, but never on his way out, Mij |
| road. On his way home, but never on his | way out, Mij would tug me in the direct |
| ed in his small body. He would work his | way under them and execute a series of |
| converse with them. <p 124> "It was his | way for the most part to wander in thos |
| uch panic that he could hardly make his | way home, tottering on us feet: and ear |
| that he could not even turn to make his | way back, and with a fifty-foot sheer d |
| bearings if he were trying to make his | way homeward through it. I put a light |
| upstart. But I soon found an infallible | way to distract his attention if he bec |
| e Fleet as and when it had to fight its | way against Soviet sea and air oppositi |
| e chick while he went on in a leisurely | way with his underwater exploration. It |
| d on the rock west of Canna, by a long | way the nearest to me of their colonies |
| ozen occasions, and most of them a long | way off. No doubt they have often been |
| e had to be. Camusfearna is a very long | way from a vet.; the nearest, in fact, |
| No Strange sea monster has ever come my | way since i have been here, though in t |

표 4-3

**certain**
Function 1. (60% of occurrences) Determiner as in:
/ a certain number of students / in certain circles /
Function 2. (18% of occurrences) Adjective as in:
/ I'm not awfully certain about . . . / We've got to make certain /
Function 3. (11% of occurrences) Adjective, in phrase "A + *certain* + noun," as in:
/ . . . has a certain classy ring / there is a certain evil in all lying /

**certainly**
Function 1. (98% of occurrences) as in:
/ it will certainly be interesting / He will almost certainly launch into a little lecture . . . /

Sinclair and Renouf 1988: 147-148. See also Renouf 1984

## 발음(pronunciation)

### ◆ 연령과 결정적 시기

이 부분에서는 음운 체계의 측면을 살펴보겠다. 언어 교수의 관점에서, 음운체계는 문법이나 어휘체계와는 조금 다른 관점에서 이해되어져 왔다. 아마도 발음의 경우는 문법이나 어휘보다 학습자 모국어의 영향이 더 두드러지는 것처럼 보이기 때문인 것 같다. 게다가 사춘기가 시작된 이후에 외국어 학습을 시작하는 학습자들은 원어민의 수준에 좀처럼 도달하기가 힘들다는 사실도 있다. 이는 (어휘, 문법 등) 언어의 다른 측면에서는 원어민에 견줄만한 숙달도에 도달한 언어적 재능이 있는 학습자들에게도 해당된다. 학습자들이 결함 없는 발음을 습득하지 못하는 것은 언어 학습에서 "결정적 시기(the critical period)"가 있음을 입증하는 것이라고 많은 연구자들은 제안한다 (2장의 논의 참조).

> **결정적 시기**
>
> 결정적 시기란 인생 중에 언어가 보다 용이하게 습득되며 그 이후에는 언어를 습득하기가 점점 어려워지도록 생물학적으로 결정되어져 있는 일정한 시기를 일컫는다. 결정적 시기 가설은 이러한 생물학적 시간표가 존재한다고 주장한다 (Brown 1987: 42).

◆ 분절음운론과 초분절음운론

전형적으로 음성학과 음운론에서는 언어의 분절적(segmental) 자질들과 초분절적(suprasegmental) 자질들을 구분한다. 분절 음운론(segmental phonology)은 한 언어의 개별 음을 다룬다. 초분절 음운론(suprasegmental phonology)은 강세(stress), 리듬(rhythem), 억양(intonation) 등을 다룬다. 언어교육에 있어서, 분절음운론의 차원에서는 학습자들이 한 음에서만 차이가 나는 단어들을 구분하고, 궁극적으로는 이를 발음할 수 있도록 도와주는 과제들이 고안된다. 한 음에서만 차이가 나는 두 단어를 최소쌍(minimal pair)라 부른다. 영어의 최소쌍의 예로는 *bit/pit, breach/beach, back/bag* 등이 있다. 다음은 최소쌍의 구분을 가르치기 위한 전형적인 연습문제이다.

두 단어 중 한 가지를 선택하여 각 문장을 두 번씩 읽고, 학생들에게 어느 단어를 들었는지 표시하도록 하시오.

1. There was something wrong with the { race. / rice.* }

2. That { vine / wine* } is very good.

3. It's was ten o'clock when we { found* / phoned } her.

4. Her { classes / glasses* } are too big.

5. It was his good { lock* / luck } that kept the money safe.

Byrne and Walsh 1973: 138

### ◆ 발음과 듣기

위와 같은 과제들은 학습자가 개별음의 차이에 기초하여 의미의 차이를 알아내도록 돕기 위해 고안된 것인 반면, 초분절적 과제들은 강세(stress), 리듬(rhythm), 억양(intonation)에 기초하여 의미 차이를 가르친다. 예를 들어 다음 과제는 학습자들에게 강세나 억양의 차이가 어떻게 기능의 차이를 알려주는가를 학습자들에게 보여준다 (이 경우에는 정보를 달라고 요청하는 기능과 이해를 확인하는 기능의 차이를 인식하는 과제).

```
5. 🔊 Are these people requesting information or checking for understanding?
   Listen to the examples.

      Example 1   What did you do in the summer?
                  (requesting information)

      Example 2   What did you do in the summer?
                  (checking for understanding)

   🔊 Listen and write R for requesting information or
   C for checking for understanding.

      a   _____   Where did Jim work last summer?
      b   _____   Where did you say Jim worked?
      c   _____   What was the worst thing about your job?
      d   _____   How did you get the job?
      e   _____   How old were the kids you looked after?

   🔊 Listen and practice.
```

그림 4-1  *Listen In* – Book 2, International Thomson Publishing Asia

이 과제들로부터, 발음과 듣기는 상호보완적 관계에 있음을 볼 수 있다. 우리는 이와 관련된 몇 가지 문제들을 제7장에서 듣기의 관점으로 다루게 될 것이다.

 이제까지의 발음교육은 대부분 음성체계 중 분절음의 측면에 치우쳐 있었다. 그러나, 의사소통적 접근법이 발전되면서 강세, 리듬, 억양의 중요성이 인식되기 시작했다. 1986년의 한 주요 조사 논문에서, Pennington과 Richards는 "의사소통에서 발음의 많은 측면들은 해당 음이 발화의 연이어진 흐름 속에서 어떤 위치에 나오느냐에 따라 결정되는데, 소리들과 단어들을 분절된 단위로 가르치게 되면 이러한 사실을 가르치지 못한다"는 점을 근거로 하여, 초분절적 접근법의 장점을 주장하였다. 다른 연구자들도 강세, 리듬, 억양을 잘못 사용하는 것이 개별음을 부정확하게 사용하는 것보다 듣는 사람에게 더 큰 어려움을 초래한다고 지적한 바 있다.

## 언어 발달에 대한 은유적 표현들(metaphors)

### ◆ 벽돌쌓기의 비유(building block)

 내가 초보 교사로서 배우고 가르치는 과정으로부터 마음으로 한 발짝 물러서서 내 학생들의 행동을 관찰할 용기가 생겼을 때, 나는 이것이 썩 편한 일이 아니라는 사실을 발견하였다. 내가 처음 알아차린 것은 내가 학생들에게 가르치려 했던 것과 학생들이 실제로 배우고 있는 것 같이 보이는 것과는 놀랄만한 차이가 있다는 사실이었다. 또한 나의 교육학적 노력이 때로는 내 학생들을 개선시키는 것이 아니라 악화시키기도 한다는 것을 발견했다. 교실 수업에서 본 쪽지시험에서, 나는 개별 문법 사항에 대해 가르친 것이 학습자들을 도와주기보다는 어렵게 한다는 것을 종종 보게 되었다. 결국 내가 알게 된— 아니, 내 학생들로 인하여 인정할 수밖에 없었던— 것은 나의 교수 접근법이 잘못된 비유에 근거했다는 사실이었다.

나의 수업은 다른 언어를 배운다는 것은 언어적 "벽돌"을 한 개씩 차근차근 쌓아올려 언어라는 "건물"을 세우는 과정이라는 가정에 입각하였던 것이다. 쉬운 문법적 사실들은 벽의 맨 밑에 깔려서, 더 어려운 것을 배우는 기초를 제공하게 된다. 학습자가 할 일은 올바른 순서로 언어의 벽돌을 쌓는 것이다. 처음에는 단어의 벽돌을, 그리고 나면 문장의 벽돌을. 벽돌들이 바른 순서로 쌓아지지 않으면, 벽은 비문법성으로 인하여 허물어지게 된다.

이러한 선형적인 언어학습관은 학습자들이 한 번에 한 가지 문법 항목을 습득하며, 다음 항목으로 넘어가기 전에 이전 항목을 완전히 습득했음을 보여야 한다는 것을 전제하고 있다. 예를 들어, 영어를 배움에 있어 학습자들은 현재 진행형이나 단순과거 시제와 같은 것을 배우기 이전에 단순현재 시제를 완전히 익혀야 하는 것이다. 필자가 부딪친 문제는 학생들이 어쨌든 이런 식으로는 행동하지 않는다는 것이었다. 학습자들이 영어를 습득하려고 애쓰는 것을 관찰해 보았을 때, 학생들은 선형적 학습모델이 제시하는 것처럼 단계별 벽돌쌓기 식으로 진행해 나아가지 않았다. 언어 학습자가 프로그램식 학습(programmed learning)이나 청화식 교수법, "체계" 접근법(systems approach) 등에 의해 제시되는 것처럼 한 목표항목을 한번에 하나씩 완벽하게 습득한다는 생각은 사실들과 어긋나는 것이었다.

만일 학습자가 한 특정 구조(예를 들어 단순현재 시제)를 사용하는 능력을 4~5회에 걸쳐 테스트한다면, 학습자의 정확도가 변하는 것을 발견할 것이다. 그 정확도는 선형적으로 20%에서 40%, 100%로 증가하지 않고, 때로는 감소를 보이기도 한다. 언어의 다양한 요소들은 따로 떼어진 벽돌들로 존재하는 것이 아니라, 기능적인 면에서 밀접하게 관련되어있는 다른 요소들과 상호작용을 하는 것으로 보인다. 이러한 상호적 관계는 왜 학습자가 일정 언어 항목을 마스터하는 것이 불안정하고, 학습과정 동안 때로는 증가, 때로는 감소하는 것으로 나타나는가를 설명해 줄 수 있다.

예를 들어 현재시제의 숙달도는 학습자가 현재 진행형을 습득하기 시작하는 시점에서 (잠정적으로) 악화될 수 있다 (Rutherford(1987)는 이러한 과정을 일종의 언어적 변모(metamorphosis)라고 묘사하고 있다.)

◆ **유기체 비유**(organic metaphor)

Johnston(1987)의 연구는 2장에서도 살펴보았거니와, 이제까지 편찬된 컴퓨터 SLA 데이터베이스 중 가장 방대한 것들의 하나를 만들어낸 연구 자료로서 유기체적인 언어관을 웅변적으로 제시하고 있다. 아래의 인용에서, Johnston은 영어의 부정문 습득에 있어 학습자가 비분석적인 일상어 표현으로부터 시작하여 여러 단계를 거쳐 점진적으로 원어민과 같은 부정문 구조로 옮겨가면서 단계적으로 습득하는 과정을 논하고 있다.

> … 'don('t)'의 경우를 보면, 처음에는 분석되지 않은 관용적 표현(formulaic language)이 명제적 언어 사용의 모태로서의 역할을 함을 알 수 있다. '관용어'와 같은 용어가 언어적 논의에서 때로 필요한 것이 사실이지만, 보다 광범위한 언어 환경에서의 사용을 위해 규칙들을 적용함으로써 'don't'와 같은 덩어리가 재분석되는 방식을 보면 덩어리로서의 관용적 언어로부터 생산적 언어로 옮겨하는 것은 결코 엄격히 구분된 단계적 이동이라 볼 수 없다.
>
> Johnston 1987: 24

이러한 유기체적 관점은 언어 습득과 사용에 대한 우리의 이해를 매우 풍요롭게 해 줄 수 있다. 이러한 관점이 없이는, 문법성과 같은 언어의 서로 다른 차원들에 대한 우리의 이해는 단편적이고 불완전할 것이다. 이는 발화를 그 맥락과 분리시켜 이해하고 해석하려는 어떤 시도도 불완전함과 마찬가지이다. 유기체의 비유는 제2언어 습득을 벽쌓기보다는 식물 키우기(growing a garden)로 묘사하고 있다. 이러한 관점에서 볼 때, 학습자는 한번에 한 가지씩 완전히 배워 나아가는 것이 아니라 여러 가지를 동시에 (그리고 불완전하게) 배워 나아가는 것이다. 언어의 꽃들은 한번에 다 피어나는 것이 아니며, 똑같은 속도로 자라나는 것도 아니다. 어떤 꽃들은 심지어 잠시 시드는 듯 보이다가 다시 자라기를 계속한다. 자라나는 속도는 언어처리적 제약들 (Pienemann & Johnston, 1987)과 관련된 요소들의 상호작용, 교사의 중재 (Pica, 1985), 습득과정 (Johnston, 1987), 해당 항목이 나타나는 담화적 환경의 영향 (Levinson, 1983; McCarthy, 1991; Nunan, 1993)에 의해 결정되어진다. 제2언어 습득 방면의 연구에 대한 포괄적 검토를 위해서는 Larsen-Freeman과 Long(1991), Ellis(1994) 등을 참조할 수 있다.

선형적 교수 접근법에서는 문법을 맥락에서 떼어내는 일이 매우 잦다. 학습자들은 문장 수준에서 맥락이 결여된 구조들을 접하게 되며, 이러한 구조들을 반복(repetition), 조작(manipulation), 문법적 변형(grammatical transformation, 예를 들어 능동태를 수동태로 바꾸기 등) 등의 연습들을 통해 학습자들에게 내재화시키려 한다. 이런 연습들은 학습자에게 형식적이고 선언적인 지식(declarative knowledge: 규칙을 말할 수 있는 지식)을 제공하기는 하지만, 궁극적으로는 절차적 지식(즉 의사소통을 위해 언어를 사용하는 능력)의 개발을 필요 이상으로 어렵게 만드는 결과를 가져오는데, 이는 형식과 기능 사이에 존재하는 체계적 관계를 보도록 하는 기회가 학습자들에게 주어지지 않기 때문이다.

선형적 비유를 대신할 대안을 제시함에 있어서, 상황을 과장하지 않도록 주의가 요구된다. 어떤 항목은 다른 항목보다 먼저 습득됨을 부인하거나, 발달 "순서"의 측면이 존재함을 부인하려는 것은 아니다. 필자가 여기서 주장하고 있는 바는 언어 습득이 지극히 복잡한 것이며, 다면적인 현상으로서 언어 항목들은 위계적으로(즉, 어떤 항목은 다른 항목들보다 먼저 습득되는 식으로) 습득되는 동시에 발달적으로(특정 요소의 습득은 그것이 문법적이건, 어휘 또는 음운적인 것이건, 점진적으로 시간을 두고) 습득된다는 것이다. 이 복잡한 발달적, 위계적 과정들은 유기체의 비유로 가장 적절히 파악될 수 있다.

교사로서, 우리는 효율적인 의사소통에 기능과 형식 간의 균형이 필요함을 학습자들이 이해하도록 도울 필요가 있다 (Halliday 1985). Johnston 등이 보여준 바와 같이, 문법적 항목들과 그것이 일어나는 담화적 맥락들과의 올바른 교육적 관계를 확립시키는 것이 특히 중요하다. 문법과 맥락은 너무도 긴밀한 관계를 가지고 있어서, 적합한 문법적 선택은 종종 의사소통의 맥락과 목적에 비추어서만 이뤄질 수 있다. 또한 Celce-Murcia와 Olshtain(출간 예정)의 지적대로, 담화의 제약을 받지 않는 문법사항은 매우 적은 수로 제한되어 있다. 이는 어째서 많은 경우 문법적 적절성에 대한 학습자들의 질문에 대답하기가 어려운지에 대한 이유 중 하나라 하겠다. 많은 경우 다음과 같이 대답을 하게 된다: "적절성 여부는 말하는 사람으로서 당신이 보고하려는 사건에 대해 당신이 취하고자 하는 태도 또는 지향점이 무엇이냐에 달렸다"라고. 최근에, 졸업논문 제출을 준비하던 한 대학원생이 다른 사람의 논문을 인용할 때 현재형을 사용해야 할지, 과거형을 사용해야 할지를 물어왔다. 나는 그 선택이 본인에게 달렸다고 대답해 주었다. 그가 배경지식으로 (논문 심사위원에게 자신이 그 논문을 읽었음을 보이기 위해) 그 연구를 언급하고 있는 것이라면, 단순 과거가 바른 선택이 된다. 그러나, 그 연구가 현재 자신의 연구에 관련이 있다면, 현재 시제의 사용 쪽을 고려해야 할 것이다.

학습자들이 문법을 맥락 속에서 배우지 않으면, 즉 기능적 관점에서 문법을 배우지 않으면, 어떻게 그리고 어째서 서로 다른 의사소통적 의미를 전달하기 위해 다수의 교체 가능한 형태가 사용되는가를 이해하기 힘들 것이며, 학습자들은 적절한 선택을 하는데 어려움을 겪을 것이다. 예를 들어서, 능동태 문장들을 읽고 모범으로 제시된 예를 따라 이를 수동태로 변형시키는 연습은 형식 수준에서 언어를 다룰 뿐, 학습자들에게 서로 다른 형태들(즉 능동태과 수동태)은 서로 다른 기능적 값을 가진다는 것을 보여주지 못한다. 이와 같은 연습들은 학습자들에게 여러 교체 가능한 형태들은 똑같은 것을 표현하기 위한 다른 방식일 뿐이며, 그렇지 않아도 어려운 외국어 습득을 한층 더 어렵게 하려고 존재하는 것들로 비춰지게 만든다.

문법에 대한 유기적 접근법은 서로 다른 구조들이 학습자로 하여금 서로 다른 사용 맥락 속에서 다른 의미들을 표현하게 해준다는 사실을 극적으로 보여준다. 그러한 접근법은 문법이 점차적으로 복잡하고 세련된 의미들을 표현하게 해주고, "지금, 여기(here and now)"라는 폭군으로부터 빠져나와 시공적으로 자유로워지게 해주며, 사건과 상황을 보고하기만 하는 것이 아니라 이러한 사건과 상황들에 대한 자신의 의견을 소통할 수 있게 해준다는 사실을 학습자들에게 보여준다. 불행하게도 많은 교과서들이 문법을 형식으로만 가르칠 뿐, 형식과 기능간의 관계를 명확히 하지 않고 있다. 학습자들은 의미를 소통하기 위해 형태를 사용하는 방법보다는 형태 그 자체에 관하여 배운다. 예를 들어, 앞 문단에서 언급된 것과 같은 연습들에서 학습자들은 문장을 능동에서 수동으로, 그리고 다시 능동으로 변형시키는 법을 배우지만, 수동형이 특정한 의사소통적 목적을 이루기 위해서 행동을 한 행위자에 대한 언급을 피하기 위해서 발달되어져 나왔다는 것을 알지 못한다. 만일 대체 가능한 형태들의 의사소통적 값이 학습자들에게 명료해지지 않는다면, 학습자들은 대체 가능한 형태들이 공연히 일을 어렵게 만들기 위해 존재한다는 인상을 지닌 채 교실 밖으로 나올 것이다. 유기적 접근법을 통해 학습자들은 구조를 올바로 만드는 법 뿐 아니라, 이 구조를 의사소통에 사용하는 법까지 배울 수 있다. 이러한 방법론은 학습자로 하여금 일을 이루기 위해, 사귐을 위해, 물건과 용역을 얻기 위해, 언어로 자신의 성격을 표현하기 위해 문법을 어떻게 사용할 것인가를 보여준다. 달리 말해서, 학습자들은 언어 속에 존재하는 문법적인 자원을 가지고 적재적소에 사용함으로써 어떻게 그들의 의사소통적 목적을 이룰 것인지를 알게 된다.

♦ "학습자 고유의 문법 성장": 학습자로부터의 자료

학습자는 "자신의 문법을 키워간다"는 유기적 개념은 단순과거/현재완료, 또는 능동/수동과 같이 서로 밀접하게 연관되어 있는 문법 항목들간의 차이를 집어내고 설명하도록 하는 아래와 같은 과제들 속에서 잘 보여지고 있다.

3~4명으로 된 소집단을 만들어 아래 발췌된 대화를 살펴보자. 이탤릭체로 된 대화부분에 각별히 주의를 기울이라. A가 말하는 것과 B가 말하는 것 사이에는 어떠한 차이가 있는가? 어떤 경우에 A를 사용하고, 어떤 경우에 B를 사용하겠는가?

1. A: *I've seen* Romeo and Juliet *twice.*
   B: Me too. *I saw it last Tuesday, and again on the weekend.*
2. A: Want to go to the movies?
   B: No. *I'm going to study tonight.* We have an exam tomorrow.
   A: Oh, in that case, *I'll study as well.*
3. A: Looks wet outside. I'm supposed to go to Central, but I don't have an umbrella. *If I went out without one, I'd get wet.*
   B: Yes, I went out a while ago. *If I'd gone out without an umbrella, I'd have gotten wet.*
4. A: *I finished my essay* just before the deadline for submision.
   B: Yes, *mine is finished* just in time as well.
5. A: *My brother, who lives in New York, is visiting me here in Hong Kong.*
   B: What a coincidence! *My brother, who is visiting me in Hong Kong, lives in New York,* too.
6. A: I need you to look after the kids. You'll be home early tonight, *won't you?*
   B: Oh, you'll be late tonight, *will you?*
7. A: I won *a prize* in the English-speaking competition.
   B: Yeah? I won *the prize* in the poetry competition.

8. A: *The baby was sleeping* when I got home.
   B: So, *he'll be sleeping* when I get home, then?
9. A: Are you hungry?
   B: No, *I've already eaten.*
   A: Well, *I'll have already eaten* by the time you get home.

자기 조의 설명들을 다른 조들과 비교해보자. 어떤 유사점과 차이점이 있는가?

다음은 수년 간 형식중심으로 문법을 공부해 온 중상위(high-intermediate) 수준 학습자들로 이뤄진 소분단에서 위 과제를 수행한 결과 얻은 반응이다.

*Student A* (현재완료/ 단순과거 대조에 대해)
"A가 현재 완료를 사용하는 것은 과거에 어떤 일이 일어났지만 현재에 일어나고 있는 일에 영향을 미치고 있기 때문이야."

*Student A* (*going to/ will*의 대조에 대해)
"A는 특별한 계획이 없는 미래 행동에 대해 이야기하고 있고, B는 이미 계획되어진 행동에 대해 이야기하고 있어."

*Student A* (능동/ 수동 대조에 대해)
"이 둘은 마찬가지 의미를 가지지만, 다른 환경에서 사용되고 있어. 능동에서는 주어가 목적어에 대해 뭔가를 하고 있다는 의미가 있고, 수동에서는, 주어가 목적어에 의해 영향을 받고 있다는 의미가 있어. 이것은 주어와 목적어 사이의 상호적 관계이지."

*Student B* (현재완료/ 단순과거 대조에 대해)
"현재완료 시제는 과거의 어떤 사건이 일어난 정확한 시간을 언급하지 않고 그 사건을 기술할 때만 사용하는 것이야. 그러나 단순과거로 할 때에는 일어난 시간을 반드시 말해야 해."

Student B (going to/ will의 대조에 대해)
"A는 자기가 당장 하고싶은 일을 표현하고 있고, B는 미래에 하고 싶은 일을 표현하고 있어."

Student B (능동/ 수동 대조에 대해)
"A는 뭔가를 "내가 끝마쳤다"는 점에 강조를 두고 있고, B는 "누가" 그 일을 끝냈느냐보다 "뭔가가 끝내어졌다"는 점에 강조를 두고 있어."

Student C (현재완료/ 단순과거 대조에 대해)
"단순 과거는 'have seen'보다 더 과거를 나타내."

Student C (going to/ will의 대조에 대해)
"A의 경우는 행위가 더 먼 미래에 이뤄질 것이고, B의 경우는 행위가 가까운 미래에 행해져야 해."

Student C (능동/ 수동 대조에 대해)
"A는 일이 끝마쳐져야 하는 시각을 강조하고 있고, B는 일이 다 된 것을 강조하고 있어."

Student D (현재완료/ 단순과거 대조에 대해)
"행위가 여러 번 일어날 때는 현재완료 시제를 사용하고, B의 경우는 실제 날짜에 중점을 두어 과거를 사용하고 있어."

Student D (going to/ will의 대조에 대해)
"A는 정확한 시간을 말하지 않고 있어. B는 공부하는 시간이 오늘밤이 될 것이라는 것을 확인하고 있어. 우리가 *to be*에다가 *going*을 쓰는 것은 무엇을 해야 한다는 뜻이야."

Student D (능동/ 수동 대조에 대해)
"A는 능동이고, 에세이가 A에 의해 쓰여졌다는 것을 확실히 나타내고 B는 수동으로서 에세이가 다른 사람들에 의해 쓰였을 수 있는 경우야."

*Student E* (현재완료/ 단순과거 대조에 대해)

"A는 자기가 영화를 몇 번이나 보았는지를 보여주기 위해 현재완료를 사용하고 있어. B는 그가 그 영화를 얼마나 사랑하는지를 보여주기 위해 단순과거를 사용하고 있어."

*Student E* (*going to*/ *will*의 대조에 대해)

"A는 B보다 오늘밤에 공부할 것이 더 확실해."

*Student E* (능동/ 수동 대조에 대해)

"A는 마감일 전날에 에세이를 끝냈을 때 사용되고, B는 에세이를 제출 직전에 끝냈을 경우 사용되는 것이야."

이런 대답들로부터 알 수 있는 것은 학습자들은 배운 대로 규칙을 규정하지 않고 정말로 "학습자 나름의 문법을 키워 나아간다"는 것이다. 이 자료는 학습자들이 문법 원리들을 개념화하는 것은 어떤 맥락에서 그 규칙들이 학습자에게 현저하게 나타났는가와 밀접하게 연관되어 있다. 문법을 이해하는 것은 세상지식, 학습의 경험적 측면들과 같은 요소들과 통합되어져 있다. 모든 학습자들이 거의 같은 수준의 능숙도를 가지고 있었으나, 이들이 규칙과 그 사용을 개념화하고 설명하는 것은 크게 차이를 보였다. A학생은 전형적으로 교사나 교재에서 주어지는 것과 가장 가까운 설명을 했으며, E학생은 이로부터 가장 멀리 떨어진 대답을 하였다. 선언적(declarative) 지식과 절차적(procedural knowledge)의 차이는 응답 곳곳에서 드러나는데, 예를 들어 연구에 참여한 학생들 중 몇은 능동과 수동의 사용상 차이를 잘못 설명하는 와중에도 수동태를 적절히 사용하였던 것이다.

## 담화로서의 언어

### ◆ 문장과 텍스트(text) 간의 관계

 이제까지 본 장을 통하여 유기체적이고 담화 중심적 언어교육관을 채택하는 경우를 생각해 보았다. 이제부터 소개될 절들에서는 담화라는 것이 무엇인가라는 문제를 탐구할 것이다. 그 후에 이러한 언어관이 실질적으로 시사하는 바는 무엇인가를 논함으로써 이 장을 맺으려고 한다.
 필자는 몇 년 전 담화 분석에 대한 실용적 입문서를 펴냈는데, 그 책에서 독자들에게 아래 발췌문들을 제시하고, 그 글을 읽은 후 가장 이해가 쉬운 것부터 어려운 것의 순서로 번호를 매겨보라고 했다.

Extract 1

 BUJUMBURA — It said in a statement on Sunday that 135 people were killed in the capital Bujumbura and surrounding areas and 137 more in the northern provinces of Citiboke and Bubanza. The government said order had been restored but security forces were still on alert for attacks from rebels of the party for the Liberation of the Hutu People. Burundi has said 272 people were killed in clashes between security forces and rebels which flared a week ago in the central African nation.

Extract 2

 LIMA — At least 20 members of the Shining Path rebel organization were killed over the weekend by rural vigilantes armed by the government, police said on Monday. Police also said that two people had been killed by rebels — a rancher who had refused to give them money and another man accused of being an informer. The rebels said they planned to enforce what they called an "armed strike" yesterday and today to mark the 57th birthday of Abimael Guzman, the former university professor who founded

Shining Path.

### Extract 3

At least 14 people died on Saturday after drinking a cheap alcoholic beverage, raising to 20 the number of people killed by the poisonous brew in two days, news reports said. The quake measured 5.7 on the Richter scale and was felt shortly before 10.50 am (0850 GMT) Bucharest radio quoted an official report as saying. Judge Neil Dennison said Robert Phee, 23, a technician on the hit musical "Miss Saigon" was "gripped by the excitement and theatricality" of his eight robberies which netted him 15,000 pounds.

위의 발췌문들은 모두 같은 원전(The Nation, Bangkok, Wednesday, December 4, 1991)에서 뽑은 것이다. 사실을 말하자면, 모두 한 컬럼(World Roundup)에서 발췌한 것이다. 그러나 대부분의 독자들은, 일관성(coherence)의 견지에서 볼 때 이 텍스트들이 매우 어려웠다는데 동의했다. 게다가 많은 독자들은 Extract 3이 텍스트이기나 한 것인지에 대해 이의를 제기하였다. 모국어로서 읽든 외국어로서 읽든, Extract 3을 읽어나가는데 더 큰 어려움을 겪었다. 독자들이 세 발췌문을 읽는 시간을 측정하는 테스트에서, Extract 3을 읽는 것이 Extract 1이나 Extract 2를 읽는 것보다 훨씬 많은 시간이 걸렸으며, Extract 1은 Extract 2보다 시간이 많이 걸렸다.

이 어려움의 진원지는 무엇인가? 독자들은 이 발췌문을 이해하기 위해 어떤 지식들이 필요한가? 우선, 각 지문을 구성하는 문장들을 만드는데 동원되는 문법과 어휘가 필요하다. 그러나 그 이상의 것이 요구되는데, 그 이유는 각 문장들을 떼어놓고 볼 때 세 발췌문이 모두 문법적으로는 틀린 것이 없기 때문이다. 따라서 문법은 분명 이 글들의 어색함을 설명해 주는 열쇠가 아니다. 물론, 텍스트를 조직하는 문장들은 문법적이라야 한다. 그러나 문장들이 문법적인 것만으로 텍스트 자체의 의미가 통하는 것은 아니다.

　독자들은 개별 문장들의 구조와 의미뿐 아니라 문장들이 서로서로 어떻게 관련지어지는가를 알아야 한다. Extract 3은 전혀 문장들이 연결되어 있는 것 같이 보이지 않는다. Extract 1의 문장들은 어느 정도 서로 관련된 듯 보이나, 그 배열된 방식이 좀 이상해 보인다. 예를 들어 첫 문장에서 *it*는 무엇을 가르치는지 결정할 길이 없다. 그러므로, 문장 수준에서의 지식에 아울러 문장들을 서로 관련시켜 해석할 수 있는 능력이 요구된다 하겠다.

◆ **텍스트의 연결성**

　담화에 있어서 문장 간 상호연결성, 그리고 이 연결성이 담화 일관성(coherence)에 기여하는 바에 대한 Hoey(1983, 1994)의 연구를 보자. Hoey의 한 연구에서는 아래 문장들을 200명의 대학 학부생들에게 보여주었다. 문장들은 원래 배열되었던 순서와는 다르게 뒤엉켜 제시되었는데, 학부생들은 이 문장들을 다시 정렬하여 일관성 있는 하나의 문단으로 만들도록 요구받았다. 아래의 문장들 앞의 직각괄호 안에 알맞은 번호를 넣어 원래의 순서대로 문장을 배열할 수 있는지 스스로 테스트해 보자.

[ ]　In England, however, the tungsten-tipped spikes would tear the thin tarmac surfaces of our roads to pieces as soon as the protective layer of snow or ice melted.

[ ]　Road maintenance crews try to reduce the danger of skidding by scattering sand upon the road surface.

[ ]　We therefore have to settle for the method described above as the lesser of two evils.

[ ]　Their spikes grip the icy surfaces and enable the motorist to corner safely where non-spiked tyres would be disastrous.

[ ]   Its main drawback is that if there are fresh snowfalls the whole process has to be repeated, and if the snowfalls continue, it becomes increasingly ineffective in providing some kind of grip for tyres.
[ ]   These tyres prevent most skidding and are effective in the extreme weather conditions as long as the roads are regularly cleared of loose snow.
[ ]   Such a measure is generally adequate for our very brief snowfalls.
[ ]   Whenever there is snow in England, some of the country roads may have black ice.
[ ]   In Norway, where there may be snow and ice for nearly seven months of the year, the law requires that all cars be fitted with special spiked tyres.
[ ]   Motorists coming suddenly upon stretches of black ice may find themselves skidding off the road.

실험 결과, 용인 가능한 문장 순서가 무엇이냐에 대해 학생들 간의 매우 큰 일치도가 나타났다. 뿐만 아니라, 원래와 다른 순서로 제시하는 경우, 그 차이는 아주 제한된 수의 변이에 그쳤다. 이 문장들의 원래 배열순서는 다음과 같다: 8, 10, 2, 7, 5, 9, 6, 4, 1, 3.

문장들에 무엇이 있기에 능력 있는 독자들로 하여금 문장들을 일관된 문단으로 배열할 수 있도록 하는가? Hoey에 따르면, 그것은 바로 문장들 속에 있는 어떤 "텍스트를 조직하는 장치들(text-forming devices)"의 존재이다. 대부분의 문장들은 *such, its, this* 등과 같이 "대용(anaphor)", 또는 "역행적 지시(backward pointing)"라 불리우는 장치를 사용하여 앞의 문장들과 연결된다. 이러한 지시적 단어들의 의미는 앞에 나온 문장들 안에 있는 단어 또는 구에 의해서만 해석될 수 있다. 나머지 문장들은 단순히 단어 또는 구절을 반복함으로써 연결된다.

이러한 "텍스트를 조직하는 장치들(text-forming devices)"을 <그림 4-1>로 나타내었다.

| | | |
|---|---|---|
| Sentence 8 | | black ice |
| Sentence 10 | black ice | skidding |
| Sentence 2 | skidding | scattering sand on the road surface |
| Sentence 7 | such a measure | |
| Sentence 5 | Its | |
| Sentence 9 | | tyres |
| Sentence 6 | these tyres | |
| Sentence 4 | Their | spikes |
| Sentence 1 | spikes | |
| Sentence 3 | method described above | |

그림 4-1 Hoey의 문장들에서 텍스트를 형성하는 장치

    이와 같은 연구들은 일관성 있는 담화(예를 들어 Extract 2)와 연결이 되지 않은 문장들(Extract 3)의 차이가 각 문장들을 앞에 나온 문장(들)과 연결시키는 역할을 하는 언어적 표현들로부터 나온다는 주장으로 이어졌다.
    그러나 여기서 이야기가 끝나는 것은 아니다. 이제부터 보게 되겠지만, 소위 "언어적 지식(linguistic knowledge)", 즉 문장 내적으로 어떻게 문장을 만드느냐와 이 문장들이 외적으로 어떻게 결합하느냐를 아는 지식과 더불어, "비언어적인 지식(nonlinguistic knowledge)"이 또한 존재하는데, 이는 해당 텍스트의 주제(subject matter) 또는 내용(content)에 관한 것이다. 조금 있다가, 우리는 주제에 관한 지식이 독자(또는 청자)의 텍스트 해석에 중요한 역할을 함을 시사하는 증거들을 살펴볼 것이다. 또한 담화를 창출해 내는 것이 위에서와 같은 연결사, 또는 연결어구라는 생각에 반대하는 학자들의 견해를 살펴볼 것이다.
    이제까지 설명한 것을 볼 때, 담화란 어떠한 식으로 연결되어 있다고 생각되는 문장들로 구성된 언어 연쇄라고 정의할 수 있을 듯하다. 다음 절에서, 우리는 문장들이 서로 공통된 개념들에 의해서만 연결되는 것이 아

니라, 담화 속에서 문장들이 수행하는 역할, 즉 기능(function)의 측면에서도 연결되어질 수 있음을 보겠다.

## 응집성(cohesion) 형성하기

앞 절에서 우리는 일관적인 텍스트(즉 "서로 붙어 있는(hang together)"것으로 보이는 문장 또는 발화들)가 소위 "텍스트 조직 장치"들을 가지고 있음을 보았다. 이는 글을 쓰거나 말을 할 때 문장 간 또는 발화간의 경계를 넘어 관계를 형성하도록 해주며 문장들을 묶어주는 단어들이나 구절들이다. 여기서 우리는 이러한 텍스트 조직 장치들을 좀더 자세히 살펴보겠다.

이러한 장치들을 가장 포괄적으로 기술하고 분석한 것은 Halliday와 Hasan(1976)에서 볼 수 있다. 이들은 다섯 가지 다른 종류의 응집(cohesion)[1]을 제시하였는데, 지시(reference), 대체(substitution), 동일 표현 생략(ellipsis), 접속(conjunction), 어휘적 응집(lexical cohesion)이 그것이다. Halliday(1985)에서는 이를 조금 수정하여, 대체(substitution)를 생략(ellipsis) 속에 포함시킴으로써 다섯 개의 유형을 네 개로 줄였다.

본 절에서 설명하려는 응집의 유형들을 아래 <그림 4-2>에 예시와 함께 제시하였다. 예문의 밑줄 친 단어들은 앞에서 나온 정보에 의지하여서만 해석될 수 있다.

---

[1] 응집성이란 언어적 장치들에 의해 문장들 사이에 생겨나는 연결 또는 관계를 말한다.

| Categories | | Examples |
|---|---|---|
| Reference | ┌ Personal | "I just met your brother. He's a nice guy." |
| | ├ Demonstrative | "You failed the test. <u>This</u> is bad news." |
| | └ Comparative | "I asked for this bag. but I got <u>the other bag.</u>" |
| Substitution and Ellipsis (the examples illustrate substitution) | ┌ Nominal | "Can I have another drink? This <u>one</u> is finished." |
| | ├ Verbal | "You look great." "So <u>do</u> you." |
| | └ Clausal | "Is she happy?" "I think <u>so</u>." |
| Conjunction | ┌ Adversative | "I didn't study. <u>However</u>, I still passed." |
| | ├ Additive | "He didn't study. <u>And</u> he failed." |
| | ├ Temporal | "She studied hard. <u>Then</u> she sat the test." |
| | └ Causal | "They studied hard. <u>Therefore</u> they deserve to pass." |
| Lexical cohesion | ┌ Reiteration | "Hand me the <u>book</u>. That book on the table." |
| | └ Collocation | "The <u>book</u> arrived in the mail. The <u>cover</u> was ripped off and the <u>pages</u> were torn." |

그림 4-2 영어의 응집

◆ **지시**(reference)

만일 문장 하나가 맥락에서 떼어져 나와 따로 제시된다면, 문장 속에 해석이 전혀 불가능하지는 않다 하더라도 상당히 어려운 부분이 있을 가능성이 많다. 아래에 제시된 한 토막의 글을 생각해 보자.

He is near the end of the Cape Fear shoot, in front of a grocer's stand just outside Fort Lauderdale, Florida. . . . He used to have Armani make his jeans, but he felt guilty wearing them.

Fort Lauderdale의 교외에 있는 이 누군지 모를 인물은, 특정 디자이너가 만든 청바지를 입는 것을 두고 죄책감을 느끼는 이 인물은 누구인가? 위의 글 토막에서 대명사 *he*는 해석이 불가능하다. 그러나, 우리가 이 문장이 나오는 맥락을 접할 수 있다면 문제는 상당히 간단해진다.

> Martin Scorsese is killing time, waiting for the sun to go behind a cloud so the next shot will match the last one. He is near the end of the *Cape Fear* shoot, in front of a grocer's stand just outside Fort Lauderdale, Florida. With him are Nick Nolte, Jessica Lange and Juliette Lewis, playing a married couple and their daughter fleeing from a psycho. Scorsese's hand rarely leaves the side pocket of his custom-made jeans, where he works his watch chain like worry beads. He used to have Armani make his jeans, but he felt guilty wearing them.
> 
> *The Australian* magazine, December 12-22, 1991

위의 텍스트에서 *Martin Scorsese, he, him, his, he, his, he, his, he*는 모두 첫 문장에서 설정된 동일 인물을 지시한다. 뒤의 항목들(*he, him* 등)은 첫 문장의 맨 앞 구절(*Martin Scorsese*)에 의존하여서만 해석이 될 수 있다. 이러한 유형의 언어적 장치를 응집적 지시(cohesive reference)라고 한다.

Halliday와 Hasan은 응집적 지시를 다시 인칭 지시(personal reference), 지시사 지시(demonstrative reference), 비교 지시(comoparative reference) 세 유형으로 분류하고 있다. 인칭 지시(personal reference)는 윗 글에서와 같이 대명사나 정관사(determiner) 등에 의해 실현되며, 이러한 언어적 수단들은 윗 글에서와 같이, 글 중의 다른 곳에서 언급된 개인이나 사물과 동일함을 나타내는 기능을 한다. 지시사 지시(demonstrative reference)는 지시사나 형용사에 의해 실현된다. 이러한 부류의 지시 항목들은 한 단어나 한 구절을 대표할 수도 있고, 이보다 훨씬 긴 텍스트 덩어리를 대표할 수도 있어, 경우에 따라서는 몇 문단, 또는 몇 페이지에 이르는 것을 지칭하기도 한다. 비교 지시(comparative reference)는 형용사나 부사로 실현되며, 글 안에 있는 항목들이 동일하거나 유사한가에 비추어 항목들을 비교하게 해 준다. 이 다양한 장치들은 한 텍스트 안에 있는 사람 또는 사물을 여러 번 지칭하여 말하거나 쓰게 해 준다. 아래는 각 유형에 대한 예이다 (지시 관계에 있는 항목들 중 앞의 것은 밑줄로, 뒤의 것은 **진한 글씨체로** 표시되어 있다).

### 인칭 지시(Personal Reference):

<u>Roni Size</u> peers down from the top floor of a midtown Manhattan hotel at a skyscraper across the street. 'You could fit the whole of Bristol in that,' **he** exclaims. (*Rolling Stone* magazine, Issue 775, December 1997)

### 지시사 지시(Demonstrative Reference):

Roni Size peers down from the top floor of a midtown Manhattan hotel at <u>a skyscraper across the street</u>. 'You could fit the whole of Bristol in **that**,' he exclaims. (*Rolling Stone* magazine, Issue 775, December 1997)

### 비교 지시(Comparative Reference):

A: Would you like <u>these seats</u>?
B: No, as a matter of fact, I'd like **the other seats**.

이러한 장치들은 다음 대화가 보여주듯이 구어와 문어에 모두 존재한다. 아래 발췌된 담화 안에 있는 응집 장치들은 **진한 글씨체로** 표시하였다.

A: **That**'s a funny looking **bottle**.
B: Yes, **it** is, isn't **it**. **It**'s beautiful. **Beer**'s nice **too**.
A: Oh, gosh, **that**'s **lovely**. Where'd you buy **that**?
B: Oh, there's a little **bottle shop** in the city called the **Wine. . .
City Wines**. Maybe we'll go **there** tomorrow and have a look.
A: **That**'d be good. I'd love to keep **this bottle**. Wish we could keep it.

*Nunan, 1993*

지시 항목들이 텍스트 내에서 작용하는데는 두 가지 다른 방식이 있다. 전에 언급된 개체들이나 상태들을 지칭하는 방법(위의 예들에서 소개된 방법)과 앞으로 나올 개체들이나 상태들을 지칭하는 방법이다. 전자처럼 선행하는 표현을 소급하여 지시하는 경우를 선행 대용적(anaphoric)이라 하고, 후자처럼 후행하는 표현을 지시하는 경우를 후행 대용적(cataphoric)이라 한다. 선행 대용적 지시는 독자 또는 청자에게 앞에 무엇이 있었는지를 상기시켜주는 반면, 후행 대용적 지시는 뒤에 나올 것을 가리키며, 이로써 독자나 청자로 하여금 그것이 지시하는 요소를 찾아내기 위해 텍스트를 더 따라가도록 만든다. 위의 대화에서 처음의 *that*은 청자가 앞으로 나올 내용으로 향하도록 만든다. 글을 쓰는 사람들은 때로 극적인 효과를 내기 위해 후행 대용적 지시를 사용하기도 한다. Tom Wolfe의 소설 첫머리로부터 따온 다음 글도 그런 경우이다. 아래 나오는 전향-지시적(forward-pointing) 지시는 우리로 하여금 "그 다른 사람들(the others)"이 누군지, "out there"가 어딘지를 알아내기 위해 계속 읽도록 유도하고 있다.

Within five minutes, or ten minutes, no more than that, three of the others had called her on the telephone to ask her if she had heard that something had happened out there.

"Jane, this is Alice. Listen, I just got a call from Betty, and she said she heard that something had happened out there. Have you heard anything?" That was the way they phrased it, call after call. she picked up the telephone and began relaying this same message to some of the others.

*Wolfe, 1979*

◆ 대체(substitution)와 생략(ellipsis)

Halliday와 Hasan은 응집성(cohesion)에 대한 1976년 저서에서 대체(substitution)와 생략(ellipsis)이 근본적으로는 같은 것이라고 지적하면서도 이 둘을 따로 다루고 있다. 생략은 일종의 대체로서, 원래의 항목을 영(zero)으로 대체시킨 것이라는 것이 이들의 설명이었다. 후에 Halliday(1985)는 대체와 생략을 한 범주로 통합시켰다.

대체는 명사류 대체(nominal substitution), 동사류 대체(verbal substitution), 절 대체(clausal substitution)의 세 유형으로 구분될 수 있다. 아래 각 예를 살펴보자.

명사류 대체(Nominal Substitution):
 I'll get you some more bread rolls. These **ones** are stale. (ones = bread rolls)

동사류 대체(Verbal Substitution):
 A: I think you work too hard.
 B: So **do** you! (*do* = work too hard)

절 대체(Clausal Substitution):
 A: Are we going to land soon?
 B: I think **so**. (*so* = we're going to land soon)

각 예들에서, 앞선 텍스트의 부분이 각각 *ones, do, so*에 의해 대체되어 있다(대체된 부분은 괄호 안에 표시되어 있다). 각 단어들은 앞서 지나간 발화에 의존해서만 해석할 수 있다.

생략(ellipsis)은 구조적으로 필수적인 요소가 문장 또는 절에서 빠져있고 그 생략된 부분이 앞선 텍스트에 있는 요소를 참조하여야만 회복될 수 있는 경우 일어난다. 다음 담화 토막과 이에 대한 이해를 확인하는 질문(comprehension question)을 생각해 보자.

  Mary:  "I prefer the green."
  Question: Select the correct alternative: Mary prefers the green ___: (a) hat, (b) dress, (c) shoes

이대로는 이 질문에 대답하는 것이 불가능하다. 그러나, 만일 우리가 앞에 무슨 말이 있었는지를 안다면, 질문에 답하는 것은 상당히 간단한 일이 되어버린다.

  Sylvia: I like the blue hat.
  Mary:  I prefer the green.

대체에서와 마찬가지로, 생략에도 명사류 생략(nominal ellipsis), 동사류 생략(verbal ellipsis), 절 생략(clausal ellipsis)의 세 유형이 있다. 이 각각의 예가 아래에 소개되어 있다(두 번째 문장에서 생략된 부분의 자리는 (0)으로 표시하였다). 각 예에서, 두 번째 문장 또는 발화는 앞선 문장을 참조하여야만 해석할 수 있다.

### 명사류 생략(Nominal Ellipsis):
My kids play an awful lot of sport. Both (0) are incredibly energetic.

### 동사류 생략(Verbal Ellipsis):
A: Have you been working?

B: Yes, I have (0).

### 절 생략(Clausal Ellipsis):

A: Why'd you only set three places? Paul's staying for dinner, isn't he?
B: Is he? He didn't tell me (0).

이러한 요소들은 담화적 맥락 속의 다른 부분들이 존재하여야만 그 해석이 가능하다. 맥락이 없이는 해석이 불가능하다.

◆ **접속**(conjunction)

접속은 독자에게 앞서 언급된 부분을 상기하도록 하는 장치가 아니기 때문에 지시, 대체, 생략과는 다르다. 다시 말해서, 접속은 언어학자들이 일컫는 소위 대용적 관계(anaphoric relation)가 아니다. 그러나 접속이 응집 장치인 까닭은 텍스트의 다른 부분들에 의거해서만 그 의미를 완전히 이해할 수 있기 때문이다. 접속에는 네 가지 유형이 있고, 이들은 시간적(temporality), 인과적(causality), 부가적(addition), 반의적(adversity) 의미 관계를 표시한다. 각 유형의 예가 아래에 나와있다.

### 반의(adversative) 접속사:

"I'm afraid I'll be home late tonight. <u>However</u>, I won't have to go in until late tomorrow."

"I quite like being chatted up when I'm sitting in a bar having a drink. <u>On the other hand</u>, I hate it if . . . you know . . . if the guy starts to make a nuisance of himself."

(however와 on the other hand에 의해 표시되는 의미는 반의적이다. 이는 각 텍스트의 두 번째 문장에 있는 정보가 첫 번째 문장의 정보를 약화시키

기 때문이다.)

### 부가(additive) 접속사:

"From a marketing viewpoint, the popular tabloid encourages the reader to read the whole page instead of choosing stories. And isn't that what any publisher wants?

(여기서 *and*는 추가적인 정보를 제시한다는 것을 표시한다.)

### 시간(temporal) 접속사:

"Brick tea is a blend that has been compressed into a cake. It is taken mainly by the minority groups in China. First, it is ground to a dust. Then it is usually cooked in milk.

(시간적 관계는 텍스트 속의 사건들이 그 발생한 시간의 측면에서 연결됨으로써 존재하게 된다.)

### 인과(causal) 접속사:

Chinese tea is becoming increasingly popular in restaurants, and even in coffee shops. This is because of the growing belief that it has several health giving properties.

(이 마지막 유형의 접속에 나타나는 관계는 원인과 결과의 관계이다.)

◆ **어휘적 응집**(lexical cohesion)

응집의 마지막 범주로 *어휘적 응집*(*lexical cohesion*)이 있다. 어휘적 응집은 텍스트 속의 두 단어가 의미적으로 어떤 방식으로든 연결되어 있을 때 일어난다. 다시 말해서, 단어들이 그 뜻으로 관련되어 있는 경우이다. Halliday와 Hasan(1976)에서는 어휘적 응집을 크게 두 범주로 구분하고 있는데, 반복(reiteration)과 어휘배합(collocation)이 그것이다. 반복(reiteration)에는 동어반복(repetition), 동의어(synonym) 또는 준동의어(near synonym), 상의어(superordinate), 그리고 일반어(general words) 등이 포함된다.

동어반복(repetition):

What we lack in a newspaper is what we should get. In a word, a "popular" newspaper may be the winning ticket.

동의어(synonym):

You could try reversing the car up the slope. The incline isn't all that steep.

상의어(superordinate):

Pneumonia has arrived with the cold and wet conditions. The illness is striking everyone from infants to the elderly.

일반어(general word):

A: Did you try the steamed buns?
B: Yes, I didn't like the things much.

각 텍스트에서 밑줄 친 말이나 어구 중 두 번째 항목은 앞에서 언급한 항목을 지칭한다. 이러한 방식으로 반복은 응집적 지시(reference)와 유사한 기능을 한다.

두 번째 유형의 어휘적 응집은 어휘배합(collocation)이다. 어휘배합은 담화 분석을 어렵게 하는 주요 문제가 되는데, 왜냐하면 어휘배합은 의미적으로 관련된 텍스트 내의 모든 항목들을 포함하기 때문이다. 어떤 경우에는 어휘배합상의 문제로 인해 응집성 여부를 확실히 결정하기가 어렵게 되기도 한다. 아래의 발췌문에서, 항목들은 생물학이라는 과학분야에 속하므로 어휘배합의 예라고 말할 수 있을 것이다.

> plants . . . synthesize . . . organic . . . inorganic . . . green plants . . . energy . . . sunlight . . . plants . . . energy . . . green pigment . . . chlorophyll . . . photosynthesis . . . light synthesis . . . self feeding . . . autotrophic
>
> Plants characteristically synthesize complex organic substances from simple inorganic raw materials. In green plants, the energy of this process is sunlight. The plants can use this energy because they possess the green pigment chlorophyll. Photosynthesis or "light synthesis," is a "self-feeding," or autotrophic process.
> Animals, on the other hand, must obtain complex organic substances by eating plants and other animals. The reason for this is that they lack chlorophyll. Among these "other feeders" or phagotrophs, are "liquid feeders" or osmotrophs. Whereas phagotrophic organisms take in solid and often living food, osmotrophic ones absorb or suck up liquid food. This is usually from dead or rotting organisms.
>
> *Pearson 1978*

응집성에 관해 저술한 대부분의 언어학자들은 어휘배합이 문제가 된다는 것을 인정하고 있으며, 이 때문에 어떤 이들은 어휘배합 문제를 다루지 않으려 하나, Martin(1981)은 어휘배합을 정의하는데 문제가 있는 것이 사실이라 할지라도 텍스트의 일관성에 어휘배합이 기여하는 바는 매우 크므로 이를 간과할 수 없다고 지적하고 있다. 문제가 일어나는 까닭은 다른 범주들과 비교해 볼 때, 어휘적 응집은 닫힌 범주(closed category)의 항목이 아니라 열린 범주(open category)의 항목들에 의해 실현되기 때문이다. 닫힌 어휘 항목(closed lexical items)라 함은 대명사, 접속사, 전치사와 같은 문법적인 범주들로서 그 구성항목들이 고정되어 있는 경우이다. 이와는 대조적으로, 어휘적 관계를 이루는 항목에는 제한이 없다. 이 때문에 함께 나오는 어휘 항목들의 집합을 확정한다는 것은 다분히 잠정적인 일이 될 수밖에 없는데, 이는 새 항목들이 끊임없이 집합 속에 추가될 수 있기 때문이다.

또 하나의 문제는 많은 어휘적 관계가 맥락(context)뿐 아니라 텍스트(text)에 의해 정해진다는 사실이다. 이는 한 텍스트에서는 관련된 단어나 어구가 다른 텍스트에서는 관련되지 않을 수 있음을 의미한다. 예를 들어, *neighbor*와 *scoundrel*은 전혀 관계가 없는 단어이다. 그러나, 아래 텍스트에서 이들은 동의어로 쓰이고 있다.

> My neighbor has just let one of his trees fall into my garden.
> And the scoundrel refuses to pay for the damage he has caused.

이처럼 많은 어휘적 관계가 텍스트의 제약을 받는다는 본질을 고려할 때, 영어의 관련 어휘들의 유한 목록(finite items)을 수립한다는 것은 불가능한 것이며, 이러한 목록을 만든다해도 영어의 어휘적 응집에 대한 부분적 분석을 제공하는데 그치는 것이다.

이러한 문제점에도 불구하고, 어휘적 응집은 많은 점에서 응집의 범주 중 가장 흥미로운 부분이다. 독자/청자의 배경지식은 여타 응집 유형을 인지함에 있어서보다 어휘적인 관계를 인식함에 있어서 더 확실한 역할을 한다. 예를 들어, 어휘배합(collocation)의 패턴은 일정 주제에 있어 요구되는 지식을 가진 사람이라야만 인지할 수 있다. 많은 어휘적 관계들이 텍스트-의존적 성격을 가진다는 사실, 그리고 이 관계들을 인식하는데 있어서 언어 사용자가 기여하는 부분이 있다는 사실이 어휘적 응집을 의미론적으로 설명하고자 하는 언어학자들에게 어려움을 안겨주는 것이다. 하지만, 최근 어휘 협응 프로그램들과 영국 Birmingham 대학의 Collins Cobuild 데이터 베이스 등이 생겨남에 따라, 단어들의 함께 쓰임에 관한 통찰력을 제공해 주기 시작하여, 연구자들과 교사들에게 매우 유익한 자료가 되고 있다.

이러한 텍스트 속의 관계성들을 분석하는데 있어 또 한 가지 문제점은 한 어휘 항목이 어느 정도의 의미적 거리 안에 있어야 응집성의 관계를 유지할 수 있느냐 하는 것이다. 예를 들어, *장미*와 *꽃*은 *장미*와 *식물*보다 더 밀접한 관계에 있어 보인다. 또한 *모기*와 *곤충*의 관계는 받아들이더라도, *모기*와 *동물*의 관계에는 고개를 갸우뚱거릴 수도 있다. 모기와 동물은 분류학상으로 볼 때 너무 멀리 떨어진 것일까?

앞에서 시사한 바 있거니와, 텍스트와 맥락으로부터 자유로운 분류법이란 부분적일 수밖에 없고, 어휘 항목간의 응집성 여부는 어휘들이 어떤 텍스트 속에 있느냐에 따라 결정된다. 또한, 어휘배합 관계를 밝혀내는 우리의 능력은 텍스트 내용에 우리가 얼마나 익숙하냐에 따라 달라진다.

최근 Hoey(1991)의 연구는 어휘적 응집에 대한 우리의 이해를 진일보 시켜 주었다. Hoey는 응집의 형태 중 가장 중요한 것으로 어휘적 응집을 꼽으며, 어휘적 응집은 텍스트의 응집적 연결(cohesive ties) 전체의 40% 정도를 차지하는 것으로 보았다. 그의 연구는 우리가 여기에서 다루기에는 너무 복잡하지만, 그럼에도 불구하고, 그의 생각의 골자를 고려해보는 것은 가치있는 일이다.

Hoey는 텍스트를 이루는 문장들간의 다양한 어휘적 관계들이 텍스트 응집성 정도를 측정하는 척도라고 주장한다. 텍스트 안에 있는 한 특정 문장이 가지는 중심성(centrality) 내지 중요도(importance)는 그 문장이 다른 문장들과 가지는 어휘적 연결의 수가 얼마나 되는가에 따라 결정된다는 것이다. 그는 이 관점을 아래 텍스트의 분석과 함께 예시하고 있다.

## DRUG CRAZED GRIZZLIES

A drug known to produce violent reactions in humans has been used for sedating grizzly bears *Ursus arctos* in Montana, USA, according to a report in The New York Times. After one bear, known to be a peacable animal, killed and ate a camper in an unprovoked attack, scientists discovered it had been tranquillized 11 times with phencyclidine or 'angel dust' which causes hallucinations and sometimes gives the user an irrational feeling of destructive power. Many wild bears have become 'garbage junkies', feeding from dumps around human developments. To avoid potentially dangerous clashes between them and humans, scientists are trying to rehabilitate the animals by drugging them and releasing them in uninhabited areas. Although some biologists deny that the mind-altering drug was responsible for uncharacteristic behaviour of this particular bear, no research has been done into the effects of giving grizzly bears or other mammals repeated doses of phencyclidine.

BBC Wildlife, 1984, 2, 3: 160

Hoey의 분석은 우선 텍스트 속의 서로 다른 문장들간의 동어반복적 연결 (repetition links) 수를 계산하는 것으로 이루어진다. 위의 텍스트에서 문장 1은 문장 2, 3, 4, 5와 네 개의 연결을 가진다. 이 연결들을 아래에 명시해 놓았다.

| | | | | |
|---|---|---|---|---|
| 1. produce | humans | uses | | sedating grizzly bears |
| 2. bear | tranquilized | user | | |
| 3. bears | human | | | |
| 4. them | humans | animals | | drugging |
| 5. drug responsible for | | grizzly bears | | |

(*known to*의 표현은 1과 2에 모두 나오지만, 서로 다른 사건을 의미하므로

동어반복으로 간주되지 않았음을 주의하자.)

 이러한 절차를 사용하면, 텍스트 내의 각 문장들 간의 연결 개수를 찾아낼 수 있다. Hoey는 텍스트의 응집도 및 각 구성 문장들이 응집성에 기여하는 정도를 결정하기 위해 더 복잡한 절차를 사용하고 있다.

 읽기나 쓰기를 가르치는 사람이라면 누구나 응집성이란 무엇이며, 그것이 어떻게 텍스트의 관련성을 외적으로 나타내 주는지를 어느 정도 이해할 필요가 있다. 앞으로 보게 되겠지만, 읽고 쓰기를 배운다는 것은 이러한 장치들을 조절하는 힘을 개발시키는 것을 포함하며, 어린아이들은 이러한 장치들을 읽고 쓰기에 활용함에 있어 명시적 교육(explicit instruction)의 도움을 받을 수 있다는 것이 밝혀졌다.

◆ **텍스트의 수사적 패턴**(rhetorical patterns)

 텍스트의 일관성(coherence)은 정보가 텍스트 안에 어떤 방식으로 담겨지느냐와도 관련되어 있다. Hoey(1983)는 텍스트 내에 존재하는 조직의 패턴에 대한 그의 저서에서, 정보를 배열하는 순서는 원인-결과(cause-consequences), 문제-해결(problem-solution) 등 수사적 관계라는 술어로 설명될 수 있다고 주장한다. 그는 이 관계들이 담화에서 어떻게 작용하는지를 보여주기 위해서 아래 네 문장들을 사용하고 있다.

> I opened fire.
> I was on sentry duty.
> I beat off the attack.
> (and) I saw the enemy approaching.

 이 네 문장은 스물 네 가지의 방법으로 배열될 수 있다. 그러나, 이 모든 배열이 다 일관적인 담화로 용인될 수 있는 것은 아니다. 예를 들어 "I beat off the attack. I opened fire. (나는 적의 공격을 물리쳤다. 나는 사격을 개시했다)"의 순서는 비일관적이다. 사실, 스물 네 가지의 배열은 완전히 용인 불가능한 것으로부터 완전히 용인 가능한 것에 이르기까지 연속선상에 놓여 있을 것이다. Hoey는 단 한 가지 배열만이 완전히 용인 가능하다고 보고 있다: "I was on sentry duty. I saw the enemy approaching. I opened fire. I beat off the attack. (나는 보초를 서고 있었다. 적이 다가오는 것을 보았다. 나는 사격을 개시했고, 적의 공격을 물리쳤다.)"

텍스트 내의 정보를 배열함에 있어서의 제약들은 용인가능성의 수준을 결정짓는 것으로서, 부분적으로는 이 요소들(정보들) 사이에 존재하는 관련성 때문에 생겨난다. 우리가 방금 보았던 텍스트에는 두 개의 특별한 관계의 유형이 있다. 바로 원인-결과(cause-consequence)의 관계와 도구-성취(instrument-achievement)의 관계이다.

> I was on sentry duty.
> 원인 → I saw the enemy approaching. → 결과 → I opened fire.
> 도구 → I opened fire → 성취 → I beat off the attack.

사실 텍스트 속의 정보 배열 순서를 바꾸기 위해서 사용되는 문법적 장치들이 존재한다. 이러한 도구에는 종속(subordination)이나 접속(conjunction) 등이 있다 (예를 들어 "While I was on sentry duty, I opened fire, because I saw the enemy approaching. I (thereby) beat off the attack."라든지 "I opened fire because I saw the enemy approaching when I was on the sentry. By this means I beat off the attack." 등).

## 의미 성립(making sense)

이제까지 우리는 언어에 일관성을 세워주는데 기여하는 언어적 요소들을 살펴보았다. 그러나, 이러한 언어적 장치들이 있다고 해서 화자 또는 글쓴이의 의미를 이해할 수 있다고 장담할 수 없다. 또한 이러한 장치들이 결여되어 있다고 해서 화자 또는 글쓴이의 의미를 이해하지 못하는 것이 아니다. 아래 대화의 예를 생각하여 보자.

    **A:** *Where is Rebecca?*
    **B:** *The rehearsals started tonight.*
    **A:** *Oh, OK.*

이 대화는 앞에서 논한 바 있는 응집적 장치들(cohesive devices)을 전혀 갖추고 있지 않지만, 대부분의 사람들은 이 대화가 의미가 통한다(makes sense)는 점에 동의할 것이다. 위의 대화는 외적인 응집(overt cohesion) 포함하지 않으면서 일관성(coherence)을 가질 수 있음을 보여주고 있다. 위 대화는 말이 된다. 왜냐하면 기능적 차원에서 서로 맞아떨어지는 맥락을 구성해 볼 수 있기 때문이다.

    **발화**(utterance)                    **기능**(function)
    **A:** *Where is Rebecca?*        요청(Request)
    **B:** *The rehearsals started tonight.*  설명(Explanation)
    **A:** *Oh, OK.*                  수락(Acceptance)

유의미한 맥락을 구성하고 각 발화의 기능을 알아낼 때, 일관성은 세워진다. 이렇게 되면 이 대화를 일관적일 뿐 아니라 응집성도 갖추게 되는 대화로 재구성해 내기 위해 필요한 빠져있는 조각들을 복원해낼 수도 있을 것이다. 이렇게 응집적 요소까지 포함시키게 되면 대화는 아래처럼 흐를 것이다.

A: *Where is Rebecca? I want to give her her allowance.*
B: *She's out. You remember that she successfully auditioned for* The Jungle Book — *well, the rehearsals started tonight.*
A: *Oh, OK. I'll leave the money here and she can get it when she comes home.*

이 대화가 성립되는 것은, 우리가 한 언어의 능숙한 사용자로서 요청(request)의 기능 뒤에 설명(explanation)의 기능이 따를 수 있음을 예측하기 때문인데, 이는 마치 타동사가 나오면 그 뒤에 목적어가 뒤따르리라는 것을 예측하는 것과 마찬가지이다. 이러한 담화에 대한 통찰력은 담화도 문장이나 마찬가지로 "적법성(well-formedness)"을 판별하는 수의적 및 의무적 조건들을 명시한 규칙으로써 설명할 수 있으며 예측할 수 있을 것이라는 믿음을 가지게 하기에 이르렀다.

◆ **기능적 일관성**(functional coherence)

담화 속에는 규칙적으로 반복하여 나오는 패턴이나 요소가 발견되는데, 특히 교실이라든지, 법정, 상담실 등과 같은 환경에서는 의사소통적 상황으로 인하여 상당히 예측 가능하고 심지어 의례적(ritual) 성격을 가진 언어 사용을 하게끔 된다. 이는 상품이나 용역의 교환이 일어나는 거래 맥락에서도 마찬가지이다. 아래 인용된 예를 보자.

*Cabin attendant*: Are you having salad?
*Passenger:* Yes, I am.
*Cabin attendant:* Caesar or regular?
*Passenger:* Regular
*Cabin attendant:* Would you like dressing on that?
*Passenger:* Yes, please.

*Cabin attendant:* Blue cheese or ranch?

*Passenger:* Blue cheese, please.

아래 발췌문은 위의 것과는 매우 다르다. 여기서는 화자들이 때때로 상호 이해를 확인하기 위해 "교섭"해야 한다.

**A:** *How do I get to Kensington Road?*
**B:** *Well you go down Fullarton road . . .*
**A:** *. . . what, down Old Belair, and around . . . ?*
**B:** *Yeah. And then you go straight . . .*
**A:** *. . . past the hospital?*
**B:** *Yeah, keep going straight, past the racecourse to the roundabout. You know the big roundabout?*
**A:** *Yeah.*
**B:** *And Kensignton Road's off the right.*
**A:** *What, off the roundabout?*
**B:** *Yeah.*
**A:** *Right.*

Nunan, 1993

이 발췌문에서, 대화자들에 의해 이루어진 교섭은 소기의 성과를 올리고 있다. 그러나 대화가 항상 이런 식으로 되어 가는 것은 아니다. 대화나 사람간의 관계를 망치게 되는 화용적 실패(pragmatic failure)의 예도 얼마든지 있다. 이러한 경우들을 아래 예에서 보자.

1. 맥락: 747기의 위층 금연석

    Passenger: I've been smoking for 28 years, and I gave up so I could travel up here.

Cabin attendant: Sorry?

Passenger: I said, I've been smoking for 28 years, and I gave up so I could sit up here.

Cabin attendant: So?

Passenger: So, I gave up smoking.

Cabin attendant: What do you want?

Passenger: I don't want anything. (Turns to partner). Well, I won't be traveling with this outfit again.

2. 맥락: 공장에서의 근무교대가 끝나고

   Native speaker: See you later.
   Non-native speaker: What time.
   Native speaker: What do you mean?

3. 맥락: 직장에서 휴식 시간에

   **A:** *I have two tickets for the theater tonight.*
   **B:** *Good for you. What are you going to see?*
   **A:** *Measure for Measure.*
   **B:** *Interesting play. Hope you enjoy it.*
   **A:** *Oh, so you're busy tonight. (Widdowson, 1984)*

4. 맥락: A가 정원의 헛간을 청소하는 남편에게

   **A:** *Are you wearing gloves?*
   **B:** *No.*
   **A:** *What about spiders?*
   **B:** *They're not wearing gloves either.*

5. 맥락: 초등학교 교실

   **A:** *Tony, are you talking?*
   **B:** *Yes, I am.*

A: *Don't be cheeky.*

6. 맥락: 홍콩대학교 캠퍼스
   A: *Did you enjoy your Christmas?*
   B: *I was in Beijing.*

7. 맥락: 학회 중 복도에서 누군가 말하는 것이 들림
   It was just like whatever, exactly.

위의 대화 중 어떤 경우도 언어적인 문제로 인해 야기된 대화 실패가 아니다. 대화의 실패는 담화차원에서 일어난 것이다. 대화의 실패는 상대방의 발화가 가지는 기능을 잘못 해석함으로써 일어난다.

상황 1에서, 승무원은 승객이 무언가를 원한다고 생각했고 (왜냐하면 대체적으로 승객은 그런 이유로 승무원에게 말을 걸기 때문에), 이 담화가 거래적인 교류(transaction)라고 가정했다. 그러나 이 경우는 승객이 그냥 사교적 상호작용(interaction)을 하려 했던 것이다.

상황 2에서, B는 이민노동자로서 "See you later"라는 말을 초청(invitation)으로 받아들였다. 많은 경우에 이 말이 초청이 될 수도 있을 것이다. 그러나, 이 특정한 문화적 맥락에서, 이 말은 "Good-bye"의 뜻으로 쓰이는 관용적인 말이다. 저자의 경우도, 미국에서 처음으로 누군가가 내게 "Check you later" 할 것이라고 말하는 것을 들었을 때, 나의 즉각적인 반응은 "왜 내가 검사의 대상이 되어야 하는가, 그것이 신체적인 것인가, 아픈가, 꼭 해야 하는가"를 묻는 것이었다. 한번은 호텔의 체크아웃 데스크의 직원이 나를 전에 만난 적이 없으면서 내게 "Missing you already"라고 말했을 때, 어쩌면 내가 사람을 끄는 자력이 있는데 그것이 이제껏 감춰져 왔을지도 모른다고 생각하기까지 했다.

상황 3에서, B는 고의적인지 아닌지는 몰라도 A의 말을 초청(invitation)이 아닌 사실 진술(statement)로 받아들이고 있다.

상황 4에서는, 남편이 일부로 유머를 사용했을지도 모르겠지만, 부인의 말을 경고(warning)보다는 단순한 질문(question)으로 받아들이고 있다.

상황 5에서, 초등학생은 고의일 수도 있겠지만 명령(command)의 의도를 가진 교사의 말을 질문(question)으로 받고 있다.

이 상황들이 공통으로 가지고 있는 성격은 무엇인가? 모든 대화자들은 영어 원어민이거나 영어를 아주 잘 하는 사람들이다. 따라서 의사소통이 결렬되는 것은 문법이나 어휘 때문이 아니라 담화/기능 차원의 문제이다. 문법이 기능적인 의사소통에서 중추적이고 중요한 요소라고 해도 그것이 의사소통의 전부는 아닌 것이다. 문법을 가르칠 때 우리는 기능적 관점에서의 접근을 시도함으로써, 영어의 구조들이 만들어지는 방식 뿐 아니라 왜 어떤 맥락에서 한 구조가 다른 구조보다 더 선호되는지도 보여주어야 한다.

마지막에서 두 번째 예는 이러한 점을 완벽하게 보여준다. 인용된 부분은 저자가 크리스마스 직후 홍콩대학교에서 우연히 들은 대화의 일부이다. 나는 모든 단어를 완벽하게 알아들었지만, 베이징에 한번도 가 본 적이 없는 사람으로서 "I was in Beijing"이란 말에 어떤 값을 매겨야 할지, 크리스마스를 즐겁게 보냈단 말인지 아닌지 도무지 알 수가 없었다. 마지막 예문은 학회 복도에서 우연히 들은 말인데, 그 의미는 나로서는 전혀 짐작할 수 없었다.

이러한 예들을 볼 때, 담화를 해석하고 일관성을 찾아내는 것은 독자/청자가 언어지식을 사용하여 담화의 세계를 텍스트 그 자체를 넘어서는 개체, 사건, 상태들과 관련시키는 것의 문제라고 볼 수 있다. 단, 언어의 부분들이 언어 외적인 맥락에 의존하여 결국 해석될 수 있는 것은 사실이지만, 그렇다고 언어 그 자체는 상관이 없다든지 불필요하다든지 하는 식의 결론은 너무 극단적이라 하겠다.

## 화행(speech acts)

앞 절에서, 우리는 명시적으로 드러나는 발화 사이의 응집성(cohesion) 관계만으로는 담화의 일관성을 설명하기에 불충분함을 보았다. 또한 응집성은 담화 안의 발화들이 수행하는 기능적 역할을 인식할 수 있는 언어 사용자들의 능력에 따라 달라짐을 보았다. 다음 절에서 우리는 배경지식이 담화 해석에 미치는 영향을 살펴볼 것이다. 그러나 배경지식의 역할을 살피기 전에, 언어의 기능, 또는 화행의 문제를 좀더 깊이 생각해보고자 한다. 화행이란 간단히 말해서 사람들이 언어를 통해서 수행하는 것들, 즉 "사과", "불평", "지시", "찬성", "경고" 등을 일컫는다. *화행*이란 용어는 언어철학자 Austin(1962)에 의해 처음 만들어졌으며, 또 다른 철학자인 Searle(1969)에 의해 발전되었다. 이러한 철학자들이 발전시킨 기본적인 통찰력은 "우리가 언어를 사용할 때 단순히 물체, 상태 등에 대한 명제적 진술(propositional statement)만을 하는 것이 아니라, 요청, 부인, 소개, 사과 등의 기능도 수행한다"는 것이다. 개별 발화가 수행하는 화행이 무엇인가를 말하기 위해서는 그 발화가 일어나는 맥락을 알아야만 한다. 화자가 발화를 함으로써 기능적, 의사소통적으로 도달하기를 원하는 것을 그 발화의 언표내적 효력(illocutionary force)라고 한다.

그러나 이미 앞에서 보았듯이, 기능은 담화의 표면에 외적으로 나타나는 경우가 별로 없다. 한 발화나 문장은 여러 기능을 수행할 수 있으며, 이 기능들은 발화가 일어나는 맥락으로부터 소급해낼 수 있다.

1970년대에 몇몇 언어 전문가들은 학습자들에게 외국어를 가르침에 있어 형식적인 요소만을 가르치는 것으로는 불충분하며, Austin이나 Searle과 같은 학자들의 연구들이 시사하는 바를 따라 교사들이 언어 기능들을 가르쳐야 한다고 주장하기 시작했다. 이에 따라, 교사들은 화행 이론이 주는 통찰력을 교재와 교육절차에 통합시키기 시작했다. 청자 및 독자가 일정 언어부분의 기능을 알아내는 능력은 해당 맥락 또는 배경을 얼마나 아는가에 다분히 의존한다. 이 문제를 다음 절에서 좀더 살펴보자.

## 배경지식(background knowledge)

◆ 담화 해석

앞에서 우리는 담화의 일관성에 대한 논의들을 살펴보고, 언어 사용자의 언어지식 및 내용지식이 담화 해석에 필요함을 보았다. 이 절에서는 우리가 알고 있는 세상에 관한 것들이 어떻게 우리의 담화 이해를 돕는가를 좀더 자세하게 살펴보고자 한다. 언어 지식(즉 어휘, 문법, 담화적 도구)만으로는 담화가 적절히 해석될 수 없음은 아래 텍스트를 통해 잘 나타난다.

If the balloons popped, the sound wouldn't be able to carry since everything would would be too far away from the correct floor. A closed window would prevent the sound from carrying, since most buildings tend to be well insulated. Since the whole operation depends on a steady flow of electricity, a break in the middle of the wire would also cause problems. Of course, the fellow could shout, but the human voice is not loud enough to carry that far. An additional problem is that a wire could break on the instrument. Then there could be no accompaniment to the message. It is clear that the best situation would involve less distance. Then there would be fewer potential problems. With face-to-face contact, the least number of things could go wrong.

대부분의 원어민 화자는 이 이야기에 나오는 문법구조나 어휘 항목들을 이해하는데 전혀 문제가 없을 것이다. 그럼에도 불구하고, 이 텍스트가 도대체 무슨 뜻인지를 이해하는 것은 그들에게 매우 어려운 일이며, 그 내용을 말이나 글로 요약하라고 하면 더욱 문제를 느낄 것이다.

위의 인용문은 담화를 해석함에 있어서의 맥락과 배경정보의 중요성을 보여주는 Bransford와 Johnson(1972)의 잘 알려진 연구로부터 따온 것이다. 이들은 피험자들에게 위의 텍스트를 듣고 이를 회상해 보도록 하였을 때 피험자들이 큰 어려움을 느낌을 발견하였다. 그러나 다른 피험자 집단에게는 그림을 보여주었는데 이들의 경우는 텍스트를 거의 전부 회상해낼 수 있었다. 주어진 그림에는 한 남자가 여자 친구에게 세레나데를 부르는 장면이 있었는데, 여자는 아파트의 창문에 기대어 있었으며, 노랫소리는 여러 개의 풍선에 의해 붙들어 매어져 공중에 떠 있는 스피커들을 통해 그녀에게 전달되어지는 그림이었다.

연구들은 담화 이해가 단어 및 문법구조 지식 이상을 요구함을 보여준다. 담화 이해는 청자나 독자가 텍스트의 외부에 존재하는 개체들, 상태들과 같은 세상에 대한 지식을 텍스트의 내용과 연결시키는 것을 요구한다.

작가들은 텍스트의 세계와 텍스트 외부의 세계 사이의 상호작용을 여러 방식으로 이용한다. 예를 들어 유머작가나 풍자작가들은 실제 세상과 대응을 이루는 허구의 세계를 만들어 내고, 실제와 상상의 세계를 나란히 놓음으로써 희극적이거나 풍자적인 효과를 연출한다. 아래 텍스트는 이 과정을 보여준다. 구 소련에서 일어난 사건들을 잘 모르는 사람들에게는 위에서 다룬 "세레나데" 텍스트나 마찬가지로 아래의 텍스트를 거의 이해하기 힘들 것이다.

> The former Comrade Chairman of the former Communist Party, former president of the former empire and former photo opportunity slogged up the last six flights of stairs to his office. The stairs were well worn, particularly in the centre of each step where two deep grooves commemorated the heel-marks of generations of poitically incorrect thinkers who had been dragged to the basement by men with no necks. later, they had been released as politically correct mulch. Somewhere in

the basement was a room full of their hats, sorted and labelled. The former Comrade Chairman wondered what had happened to them. The former re-education staff had probably opened a shop, he decided. There wasn't much call for trained interrogators who could correct political error while forcing the miscreants' kneecaps down their throats, outside the more progressive Western universities. He hoped the shop was doing well. Everyone needed a hat, if only to gather up stray potatoes down at the shunting yards, and it was just the kind of entrepreneurial spirit he knew lurked beneath the coarse woollen exterior of the former Soviet people, even the horrible ones.

Cook, 1991: 194

담화를 이해하는 것은 지면상의 단어들을 아는 것 그 이상이라는 직관으로부터, 우리의 세상 지식이 담화를 이해하려는 우리의 노력을 어떻게 이끌어 주는지를 설명할 수 있는 이론적 틀을 제시하려는 시도들이 이루어졌다. 이 연구들 중 많은 부분이 인공지능 분야의 연구자들에 의해 이루어졌다. 우리가 세상을 어떻게 이해하는가를 설명하기 위한 용어들 중에는 프레임(frame), 스크립트(script), 시나리오(scenario), 스키마(schema) 등이 있다.

◆ 스키마 이론(schema theory)

심리언어학이나 응용언어학 분야에서 가장 널리 쓰이는 용어는 스키마이다. 이 용어는 1932년 심리언어학자인 Bartlett가 인간 기억의 작용에 관한 그의 유명한 연구에서 처음 사용한 조어이다. 프레임 이론에서와 마찬가지로, 스키마 이론은 우리가 머리에 넣고 다니는 지식이 서로 관련된 패턴들로 구조화되어 있다고 제안한다. 이 패턴들은 경험 세계의 어떠한 측면에 대한 우리의 모든 사전 경험들로부터 구축되어지며, 우리로 하여금 미래 경험에 관해 예측할 수 있도록 해준다. 담화를 이해하는 것이 우리의 언어적인 지식과 내용 지식을 모두 사용하는 과정이라면, 이러한 스키마들, 또는 "정신적인 영화 스크립트"는 지극히 중요하다.

프레임이나 스키마 이론과 같은 심리 모델을 사용하는 학자들이 제공한 가장 중요한 직관은 의미가 말이나 글 속에 미리 산뜻하게 포장되어 나오는 것이 아니라는 점이다. Widdowson(1978)은 텍스트란 화자나 글쓴이의 원래 의미를 가리키는 정교한 "표지판(signposts)에 지나지 않으며, 청자나 독자는 담화를 만들어 낸 이의 원래 의미를 재구성하기 위해 자신이 가진 언어적, 내용적 지식을 사용하여야 한다고 제안하였다.

추후 연구에서 Widdowson(1984)은 스키마 이론을 담화 이해의 측면에서 새롭게 재해석하고 있으며, 어떤 담화에나 체계적 층위와 스키마적 층위라는 두 개의 차원 또는 층위가 있다고 주장한다. 체계적 층위는 청자 또는 독자의 언어적 지식과 관련되며, 스키마적 층위는 배경 내용 지식과 관련된다. 한 담화를 이해함에 있어 우리는 우리 자신의 스키마적 지식을 화자 또는 필자의 지식과 맞추려고 노력한다. 그렇게 하는 가운데, 우리는 우리가 읽거나 듣는 내용을 해석해야 한다 (Cicourel[1973]은 해석(interpretation, 자신의 지식, 관점 등에 의거해 의미를 풀이하는 과정)이 이해(comprehension)에 가지는 중요성을 처음 지적한 학자들 중 하나인데, 그는 우리가 담화에서 실제로는 나타나지 않는 내용을 제공해주는 해석의 과정을 사용함을 보이고 있다).

Widdowson(1984)은 이 해석적 과정들이 담화를 이해하는데 어떻게 작용하는가를 보여주었다. 그에 따르면, 담화를 듣거나 읽는데 있어서의 주요 과제는 담화에서 언급되는 다양한 사물과 사건들을 놓치지 않고 따라가는 것이다. 이 과정에서 제2장에서 살펴보았던 여러 응집적 장치(cohesive devices)들을 사용할 수 있다. 많은 경우 응집적 관계들을 따라가는 능력은 다분히 직접적인 문제라고 여겨진다. 아래 텍스트를 생각해 보자.

I saw John yesterday. He gave me his hat.

많은 사람들이 모자는 John의 것이라고 가정할 것이다. 그러나 Widdowson은 이런 유형의 관계들을 형성, 추적하는 능력이 이러한 단순한 작업 이상의 것을 필요로 할 경우가 종종 있음을 보여준다. 우리가 보거나 듣는 것을 해석해야 할 때가 있는 것이다. Widdowson은 이러한 점을 잘 보여주는 다분히 기괴한 텍스트들을 제시하고 있는데, 그 중 처음 것은 아래와 같다 (읽어가면서, 밑줄 친 지시참조 표현들이 무엇을 가리키는지 생각해 보라).

Statistical probability was discovered in a teapot. A postman saw <u>it</u> <u>there</u> and connected it to a petrol pump. <u>He</u> was wearing silk pajamas at the time. They were old and dusty.

Widdowson이 바로 지적한 바와 같이, 독자는 이 초현실적인 시 토막을 놓고 당황하겠지만, *it*를 *statistical probability*와, *he*를 *postman*과, *there*를 *teapot*과 짝지어주는 것은 어려운 일이 아니다. 그러나 이보다 어려운 경우들도 있다. 예를 들어 아래 텍스트에서의 *it*은 무엇을 지칭할까?

Statistical probability was discovered in a teapot. A postman saw <u>it</u> and connected <u>it</u> to a petrol pump. <u>It</u> was old and dusty.

여기서 *it*가 무엇을 지칭하는가를 결정하는 것은 첫 번째 *it*의 가능한 선행사가 두 개(statistical probability와 teapot) 있고, 세 번째 *it*이 지칭할 수 있는 선행사는 셋(statistical probability, teapot, petrol pump)이기 때문이다. 우리는 문제의 해결을 도울 배경 지식을 사용할 수 없기 때문에 *it*가 무엇을 지칭하는지 말할 수 없게 된다.

이번에는 세 번째 텍스트를 생각해 보자.

> Statistical probability was discovered in a teapot. A postman rinsed *it* out. He had no idea what *it* was of course.

위에서 *it*가 무엇을 가리키는지 결정하기 위해 우리의 세상 지식에 의존할 수 있다. 차 주전자(teapot)는 자주 헹구는 것이므로, 첫 번째 *it*는 *teapot*이리라고 가정할 수 있다. 또한 우체부는 *teapot*가 무엇인지 익히 알고 있을 터이므로 두 번째 *it*는 *teapot*가 아닌 *statistical probability*를 가리킬 것이다. 요는 많은 경우에 담화 처리가 언어적 응집관계 뿐 아니라 세상 지식에도 의존한다는 것이다.

우리는 생각보다 자주 이 해석적 과정에 임한다. 유명 잡지에서 따온 다음 글 토막을 보자.

> I believe all children have a mystical empathy with nature. We come into this world 'trailing clouds of glory' as the poet Wordsworth puts it.
> *Clyne 1991*

여기서 첫 문장과 둘째 문장을 이어주는 직접적인 연결어는 없으며, 따라서 연결을 만들어 내고 "clouds of glory"와 "어린아이들이 자연에 대해 가졌다고 하는 공감" 사이의 관계를 형성하기 위해 우리의 배경지식을 사용할 필요가 있다. 대부분의 모국어 사용자는 이러한 관계들을 찾는데 별 어려움을 겪지 않는다.

### ◆ 배경지식과 기능적 해석

우리는 위에서 청자나 독자가 다양한 지시어들이 무엇을 지칭하는지를 알아내기 위해 배경지식이 필요함을 보았는데, 지금까지는 언어의 명제적 수준(propositional level)에서의 논의였다. 이제 배경지식이 기능적 수준에서 담화 해석에 어떻게 기여하는가를 보기로 하자. 기능을 연구할 때, 문제는 "화자/필자가 우리에게 세상의 사건, 사물에 대해 무엇을 말하고자 하는가?"가 아니라 "화자/필자가 언어를 통해 달성하려고 하는 것이 무엇인가?"이다. 이번에도 역시 Widdowson은 그의 요점을 잘 드러내주는 생생한 (가상의) 대화를 소개하고 있다.

> A: *I have two tickets to the theater tonight.*
> B: *My examination is tomorrow.*
> A: *Pity.*

이 가상의 대화자들은 여기서 무엇을 하려 하는가? Widdowson에 따르면 A, B 양쪽 모두 암묵적으로 A의 첫 발화를 초청으로 받아들이고 있다. B의 대답은 표면적으로 볼 때 A의 진술과 별 관계가 없으나, 초청에 대한 거절로 받아들여지고 있다. 이는 A의 마지막 언급을 보더라도 알 수 있다. 물론, 대화가 이처럼 순조롭게 진행되지 않을 수도 있다. 아래 대화를 생각해 보자. A의 시작하는 말은 초청의 의도를 가진 것이다. 대화자들이 아래 대화에서 하려고 하는 것은 무엇일까?

> A: *I have two tickets for the theater tonight.*
> B: *Good for you. What are you going to see?*
> A: *Measure for Measure.*
> B: *Interesting play. Hope you enjoy it.*

교섭이 예정대로 되어 나가지 않고 있으므로, A는 자신의 원래 담화 책략으로 되돌아가기 위해 재교섭을 해야 할 것이다.

> A: *Look, are you free tonight?*
> B: *I'm not sure, why?*

메시지가 아직도 전달이 안되고 있으므로, A는 재시도를 하게 된다.

> **A:** *Well, I'd like to invite you to come to the theater with me.*
> **B:** *Well, actually my examination is tomorrow.*

이제 A도 둔감하게 나온다.

> **A:** *I know, so is mine. What's that got to do with it?*
>
> Widdowson 1983: 44-45

이 교섭 과정들은 각 발화가 기능적으로 무엇을 뜻하는가 (즉 초청인가, 정중한 거절인가 등)를 아는 대화 당사자들의 능력에 의존함을 주목하자.

## 교육적 시사점

4장의 나머지 부분에서는 이제껏 논한 언어에 대한 개념들이 갖는 몇 가지 실질적인 시사점을 제시하고자 한다. 이 시사점들은 교육적인 문제들을 중점적으로 다루고 있는 3부에서 다시 상세하게 논의될 것이다.

유기적 학습을 활성화시킬 수 있는 방법들은 다양하며, 재래적인 연습 유형들도 조금만 변형하면 (특히 이러한 활동들이 탐구적이며 협동적인 과제들 속에 통합된다면) 이러한 접근법과 조화를 이룰 수 있다 (예를 들어, Wajnryb [1990]에 소개된 "문법 받아쓰기 과제"(grammar dictation tasks)나 Woods [1995]의 빈칸 채우기 문제(gap and cloze exercises)를 참조하라).

필자의 수업에서는 아래와 같은 방법으로 유기적 접근법을 활성화시킨다.

언어를 선택의 집합(set of choices)으로 가르치기;
학습자들이 언어의 능동적인 탐구자가 되도록 격려하기:
학습자들이 문법과 담화의 관계를 탐구하도록 격려하기.

### ◆ 언어를 선택의 집합으로 가르치기

앞 절에서도 시사하는 바와 같이 학습자들에게 고정된 문법 규칙들을 주입시켜 주기 힘든 이유는 일단 문법이 의사소통적 역할 속으로 들어가면 선택은 학습자 자신이 창출하고자 하는 의미에 따라 결정되기 때문이다. 궁극적으로, "여기서 무슨 형태를 써야 하는가?"라는 질문에 대한 대답은 "무슨 메시지를 전달하느냐에 따라 다르다"이다. 예를 들어, 학습자가 두 가지 정보에 동일한 비중을 두고 싶으면 등위접속(coordination. 즉 and, or 등)을 사용하는 단문으로 정보를 표현할 수 있다. 한편 둘 중 하나의 정보에 더 비중을 두고 싶다면, 종위접속(subordination)을 쓸 수 있을 것이다.

여러 선택 가능한 문법적 방법들이 존재하며, 이들이 다른 종류의 의미를 창출하도록 해주며, 정확히 무엇을 전달하고자 하는가를 것을 결정하는 것은 궁극적으로 학습자 자신임을 알도록 돕기 위해서, 필자는 자주 아래와 같은 "긴장 완화(ice-breaker)" 과제들로 수업을 시작한다.

> [주] 아래 각 문장은 다른 종이에 따로 써져 있으며, 각 종이는 교실에 무작위적으로 돌리도록 한다.]
>
> **과제 1:**
> 다른 학생들의 종이를 보지말고 자기의 종이에 써있는 정보와 거의 같은 정보가 들어있는 문장이나 질문이 적힌 종이를 가진 사람을 찾으시오.

1. a. In his 1925 study, Smith asserts that grammar and discourse are closely linked.
   b. In his 1925 study, Smith asserted that grammar and discourse are closely linked.
2. a. Mr. Patten, a former governor of Hong Kong, was warmly greeted when he arrived in London.
   b. Mr. Patten, the former governor of Hong Kong, was warmly greeted when he arrived in London.
3. a. You'll be late tonight, won't you?
   b. You'll be late tonight, will you?
4. a. The team are playing in Nagoya, tonight.
   b. The team is playing in Nagoya, tonight.
5. a. You should call your parents, tonight.
   b. you could call your parents, tonight.
6. a. The passive voice should be avoided in academic writing.
   b. Academic writers should use the passive voice.
7. a. I'm going to study for the exam tonight.
   b. I'll study for the exam tonight.
8. a. Alice saw a white rabbit.
   b. Alice saw the white rabbit.
9. a. My brother lives in New York, but he is visiting me in Hong Kong at present.
   b. My brother, who lives in Hong Kong, is visiting me in Hong Kong at present.
   c. My brother, who is visiting me in Hong Kong at present, lives in New York.

**과제 2 :**
(a) 비문법적인 항목이 있는가, (b) 두 항목(또는 세 항목) 간의 의미에 차이가 있는가를 판별하시오.

### ◆ 학습자들이 언어의 능동적 탐험자가 되도록 격려하기

이 원리를 사용함으로써, 교사들은 학생들이 자신의 학습에 더 큰 책임을 지도록 격려할 수 있다 (ESL 상황에서 이 원리의 가장 단적인 예를 보려면 Heath(1992)를 참조할 것). 학생들은 수업에서 자신의 언어를 구사하게 되는데, 수업을 통하여 학습자 개인의 언어 구조나 기능에 관한 가정들을 세우기 위해 서로 도울 수 있다. 필자는 가끔 학생들에게 폴라로이드 카메라를 주고 캠퍼스를 돌아다니며 비문법적이라고 생각되는 표지판이나 게시물, 또는 재미있거나 무슨 뜻인지 모르거나 좀더 잘 알고 싶은 표지판들의 사진들 찍어오라고 한다. 학생들은 사진을 찍어 수업에 가져오고, 이것이 다음 수업의 재료가 된다. 최근의 이러한 수업지도는 심지어 학생들이 표지판이나 공공게시물을 게시하는 행정 책임자에게 편지를 써서 오류를 지적하고 수정을 제안하는 데까지 발전하기도 하였다.

능동적 탐험의 원리가 활성화되는 교실의 특징은 학습자들이 언어 자료에 접하여 이로부터 규칙, 원리들을 알아내고 스스로 적용할 수 있는 기회를 가지도록 하는 귀납적인 교수법이 적용된다는 것이다. 중요한 것은 단순히 원리나 규칙을 제시하는 것보다 학습자에게 스스로 문제를 해결하는 기회가 주어질 때에 정보가 더 심층 처리되고 저장된다는 것이다 (그 단적이고 실질적인 예는 Woods(1995) 참조).

이 단원 끝에 제시된 예는 *ATLAS* 교과서 시리즈의 한 과에서 발췌한 것이다. 이 언어에 초점을 둔 연습들에 앞서 행해진 과제에서 학습자들은 여러 가지 상품이나 용역에 대한 구어 또는 문어체의 실제 광고들을 기초로 하여 여러 과제를 수행한다. 원어 듣기 및 읽기 텍스트에 있는 수식어들(fabulous, green 등)은 특별히 부각되어지며, 언어에 초점을 둔 연습에서의 초점이 된다. 학생들은 이 특정 측면에 중점을 두고 연습문제를 풀어가며, 그 후 어순과 관련된 규칙을 만들어 내도록 한다.

◆ 문법-담화의 관계 탐구 격려하기

이 원칙을 사용하는 과제들은 언어형태, 의미, 사용 간의 관계가 복잡하게 서로 얽혀 있으며, 문법적 구조 선택(예를 들어, 두 개의 정보를 대등 병렬(coordination)로 연결할 것인가, 종속관계(subordination)로 연결할 것

그림 4-2 *ATLAS* – Book 3, Heinle & Heinle publishers

인가의 문제)은 맥락과 목적에 따라 정해질 것이라는 점을 학습자들에게 보여준다. 이러한 과제들은 학습자들이 맥락 안에서 문법의 기능을 발견하도록 해주며, 일관성 있는 담화를 만들어 내기 위해 학습자들의 발전 도상에 있는 문법적 능력을 사용하도록 도와준다.

---

간호(nursing)에 대한 다음 정보들을 보자.

- The nursing process is a systematic method.
- The nursing process is a rational method.
- The method involves planning nursing care.
- The method involves providing nursing care.

이 정보들은 여러 가지 문법적 자원들을 사용하여 한 문장으로 압축될 수 있다.

*"The nursing process is a systematic rational method of planning and providing nursing care"*

### 과제 1
위의 문장을 주제문으로 하여, 아래 정보들을 모두 포함하는 일관된 문단을 만들어 보자(아래에 제시된 문장간 순서를 바꾸어도 무방하다):

- The goal of the nursing process is to identify a client's health status.
- The goal of the nursing process is to identity a client's health care problems.
- A client's health care problems may be actual or potential.
- The goal of the nursing process is to establish plans to meet a client's health care needs.
- The goal of the nursing process is to deliver specific nursing interventions.
- Nursing interventions are designed to meet a client's health care needs.
- The nurse must collaborate with the client to carry out the nursing process effectively.
- The nurse must collaborate with the client to individualize approaches to each person's particular needs.
- The nurse must collaborate with other members of the health care team to carry out the nursing process effectively.
- The nurse must collaborate with other members of the health care team to individualize approaches to each person's particular needs.

> **과제 2**
>
> 다른 사람들이 만든 문단과 비교해 보고 유사점과 차이점을 써 보자. 차이점을 설명할 수 있는가? 정보를 연결하는 방법이 달라짐으로써 의미의 차이를 유발하였는가?
>
> **과제 3**
>
> 이제 각자가 만든 문단을 수정하고 처음 것과 비교해 보자 [이 과제는 학습자들에게 개별적으로 시행한다].
>
> [D. Nunan(1996). Academic Writing for Nursing Students. The English Centre, University of Hong Kong 출판]

### ◆ 결론

4장에서는 언어 학습 및 사용에 대한 우리의 현재 지식과 일맥상통하는 언어관을 설명하고자 하였다. 첫 부분에서는 2장에서 다룬 연구들과 관련시켜 언어 습득의 유기적 관점을 지지하고자 하였고, 이어서 이 유기적 관점과 일관된 언어관을 보다 상세하게 탐구해 보았다. 유기적 언어관이란 맥락 속에서의 언어관이다. 이 부분에서는 문법, 담화, 맥락, 배경 지식 간의 복합적인 연계와 상호관계를 다루었으며, 마지막으로 유기적이며 담화적인 언어 발달에 근거를 둔 교육이 아래와 같은 특징들을 가질 것이라고 주장하였다.

◇ 학습자들이 원어적 언어표현에 노출되어, 배워야 할 문법적 요소들을 광범위한 언어적, 경험적 맥락 속에서 접한다.
◇ 학습자가 특정 구조를 연습했다고 해서 그 구조를 습득했다고 가정하지 않으며, 연습을 하는 경우 그것은 단지 최종적 습득을 향한 첫 단계로 인식된다.
◇ 언어 형식이 순환-반복 제시되며, 학습자들은 형식-기능 간의 관계를 투명하게 보여주도록 고안된 과제들을 수행한다.

◇ 학습자들은 맥락 속에서 문법의 기능을 탐구할 수 있게 해주는 귀납적 학습 경험들을 통하여 언어를 점진적으로 구조화시키고 재구조화시키는 가운데, 스스로 영어 문법 원리들에 대한 이해를 증진시키는 기회를 가진다.
◇ 시간이 경과함에 따라, 학습자들은 목표 언어의 항목들을 점점 더 다양하고 복잡한 언어적, 경험적 환경 속에서 접하게 된다.

언어 발달을 엄격하게 선형적(linear)으로 이끌어 나아가려는 접근방식은 세계 곳곳에 끈질기게 남아있다. 교사 개발 세미나나 연수에 참여한 교사들을 보면, 학생들이 선형적으로 하나씩 하나씩 학습해 나아가는 것이 아님을 인정할 준비가 되어 있다. 그러나 이에 대한 교사들의 일반적인 반응은 자신들이 "제대로 하고 있지 않다"는 불편한 감정을 가지게 되는 것이다. 학습자들이 실제로 언어를 습득하는 방식을 제대로 반영하지 않는 접근법이 이토록 지속되는 까닭 중의 하나는 수년 간 언어교수법의 지배적인 방법이었던 "3P(presentation, practice, production)"가 깊숙이 뿌리를 내렸기 때문일 것이다. 많은 교사들은 이 모형에 따라 언어 교수를 정의하고 있으며, 이들에게 있어서, 이 3P에 들어맞지 않는 학습활동들은 언어 교수로 인정되지 않고 있는 것이 사실이다. 이러한 입장은 최근 유기적 접근방법을 기초로 구성된 교재를 사용하도록 요구받은 한 교사가 필자에게 피력한 의견에서도 잘 볼 수 있다. 이 교사는 자신의 학생들이 3P에 입각한 교재를 사용하는 동급의 학급보다 더 빨리 진전하고 있음을 보았을 때 너무도 놀랐다고 하였다. 왜 놀랐는가를 묻자, 그 교사는 이런 방법은 원래 언어를 배우도록 되어 있는 방법이 아니기 때문이라고 답했다.

우리의 교육적 목표를 달성하는 여러 대안들을 모색함에 있어, 한 관점을 다른 관점보다 지나치게 강조하여서는 안 되며, 인지적 스타일, 학습자가 선호하는 학습 전략, 선행 학습 경험 및 학습이 일어나는 문화적 맥락 등의 요소를 소홀히 해서도 안 된다. 그러나, 최근 급속히 발전되고 있는 연구들의 결과들을 고려할 때, 선형적으로 습득되는 문법 구조들이 있는가하면, 대다수의 구조들이 유기적이고 복잡하며 다중선형적(multilinear)으로 습득된다고 말할 수 있다고 본다.

◆ 제4장의 개념도

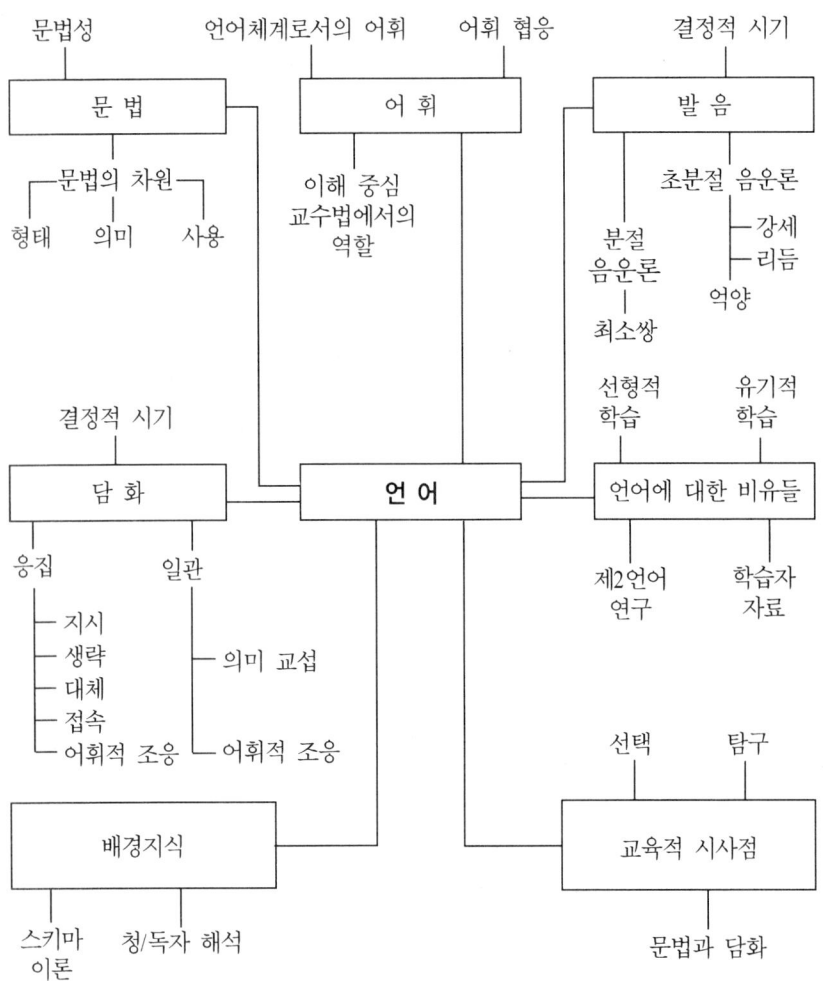

◆ **질문 및 과제**

1. 문법성(grammaticality)의 개념이 가지는 문제점은 무엇인가?
2. 제2언어 습득에 대한 유기적 접근법의 본질적 특성들은 무엇인가? 유기적 접근법은 어떤 면에서 선형적 접근법과 다른가? 유기적 접근법을 가르치는 것이 가지는 실용적인 시사점들은 무엇인가?
3. 지시적 응집(referential cohesion), 어휘적 응집(lexical cohesion), 접속(conjunction)의 예를 아래 글에서 각각 세 가지씩 찾아라. 이러한 사항들을 가르치기 위한 수업을 만들어 내기 위해 스스로 분석해 보라.
4. 화행(speech acts)이란 무엇인가? 화행은 왜 언어 교육에서 중요한가?
5. 담화 이해에 있어 배경지식이 하는 역할은 무엇인가?

A common criticism of the simple alternative-response type item is that a pupil may be able to recognize a false statement as incorrect but still not know what is correct. For example, when pupils answer the following item as false, it does not indicate that they know what negatively charged particles of electricity are called. All it tells us is that they know they are not called neutrons.

T/F Negatively charged particles of electricity are called neutrons.

This is a rather crude measure of knowledge, because there is an inestimable number of things that negatively charged particles of electricity are not called. To overcome such difficulties, some teachers prefer to have the pupils change all false statements to true. When this is done, the part of the statement it is permissible to change should be indicated. however, unless the key words to be changed are indicated in the correction-type true-false item, pupils are liable to rewrite the entire statement. In addition to the increase in scoring difficulty, this frequently leads to true statements which deviate considerably from the original intent of the item.

*Gronland 1981: 165*

6. 아래 원칙들을 통합시킬 수 있는 과제들의 사례를 찾거나 스스로 고안해 보라.

◇ 언어를 선택으로서 가르치기
◇ 원어적 자료 사용하기
◇ 형태/기능간의 관계 보여주기
◇ 언어의 능동적 탐험가로서의 학습자
◇ 문법과 담화의 관계 탐색하기

## ◆ 참고문헌

Bartlett, F. C. 1932. *Remembering: A Study in Experimental and Social Psychology.* Cambridge. Cambridge University Press.

Bransford, J., and M. Johnson. 1972. Contextual prerequisities for understanding: Some investigations of comprehension and recall. *Journal of Verbal Learning and Verbal Behaviour,* 11.

Brown, H. D. 1987. *Principles of Language Learning and Teaching.* Englewood Cliffs, N.J.: Prentice Hall.

Byrne, D., and G. Walsh. 1973. *listening Comprehension 1.* London: Longman.

Carter, R. 1993. *Introducing Applied Linguistics.* Lodon: Penguin.

Carter, R., and M. McCarthy (eds.) 1988. *Vocabulary and Language Teaching.* London: Longman.

Celce-Murcia, M., and E. Olshtain. (forthcoming) *Discourse and Context in Language Teaching.* New York. Cambridge: Cambridge University Press.

Clyne, D. 1991. *The Bulletin Magazine,* December 1991.

Cobbett, W. 1819. *A Grammar of the English Language.* Oxford: Oxford University Press.

Cook, P. 1991. *The Bulletin Magazine.* December 1991.

Crystal, D. 1992. *An Introduction to Linguistics.* London: Penguin.

Ellis, R. 1994. *The Study of Second Language Acquisition.* Oxford: Oxford

University Press.

Gronlund, N. 1981. *Measurement and Evaluation in Education.* New York: Macmillan.

Hall, N., & J. Shepheard. 1991. *The Anti-Grammar Grammar Book.* London: Longman.

Halliday, M. A. K., 1985. *An Introduction to Functonal Grammar.* London: Arnold.

Halliday, M. A. K., and R. Hasan. 1976. *Cohesion in English.* London Arnold.

Harris, Z. 1952. Discourse analysis, *Language,* 28, 4.

Heath, S. B. 1992. Literacy skills or literate skills? Considerations for ESL/ EFL learners. In D. Nunan (ed.) *Collaborative language learning and Teaching.* Cambridge: Cambridge University Press.

Hoey, M. 1983. *On the Surface of Discourse.* london: Allen and Unwin.

oey, M. 1991. *Patterns of Lexis in Text.* Oxford: Oxford University Press.

Johnston, M. 1987. Understanding learner language. In D. Nunan (ed.), *Applying Second Language Acquisition Research.* Adelaide: NCRC.

Kellerman, E. 1983. If at first you do succeed . . . In S. Gass and C. Madden (eds.), *Input in Second Language Acquisitition.* Rowley, Mass.: Newbury House.

Larsen-Freeman, D. 1995. *Grammar Dimensions: Form, Meaning and Use.* Boston: Heinle & Heinle.

Larsen-Freeman, D., and M. Long. 1991. *An Introduction to Second Language Acquisition Research.* London: Longman.

Levinson, S. 1983. *Pragmatics.* Cambridge: Cambridge University Press.

Martin, J. R. 1981. Lexical cohesion. Mimeograph, Linguistics Department, University of Sydney.

McCarthy, M. 1991. *Discourse Analysis for Language Teachers.* Cambridge: Cambridge University Press.

Morgan, J., and M. Rinvolucri. 1986. Vocabulary. Oxford: Oxford University Press.

Nunan, D. 1993. *Introducing Discourse Analysis.* London: Penguin.

Nunan, D. 1995. *ATLAS: Learning-Centered Communication.* Boston: Heinle & Heinle.

Nunan, D., and K. Keobke. 1997. Growing their own grammars: learners and language acquisiton. Paper presented at the International Language in Education Conference, University of Hong Kong, December 1997.

Odlin, T. (ed.). 1994. *Pedagogic Grammar.* Cambridge: Cambridge University Press.

Pearson, I. 1978. English in Medical Science.

Pennington, M., and J. C. Richards. 1986. Pronunciation revisited. TESOL Quarterly, 20, 2, 207-225.

Pica, T. 1985. The selective impact of classroom instruction on second language acquisition. *Applied Linguistics,* 6, 3, 214-222.

Pienemann, M., and M. Johnston. 1987. Factors influencing the development of language proficiency. In D. Nunan (ed.), *Applying Second Language Acquisiton Research.* Adelaide: NCRC.

Renouf, A. 1984. Corpus development at Birmingham University. In J. Aarts and W. Meijs (eds.), *Corpus Linguistics: Recent Developments in the Use of Computer Corpora in English Language Research.* Amsterdam: Rodopi.

Richards, J. C., J. Platt, and H. Weber. 1985. Dictionary of Applied Linguistics. London: Longman.

Rivers, W. 1983. *Interactive Language Teaching.* Cambridge: Cambridge University Press.

Ross, J. 1979. Where's English? In c. Fillmore, D. Kempler, and W. Wang (eds.), *Individual Differences in Language Ability and Language Behavior.* New York: Academic Press.

Rutherford, W. 1987. *Second Language Grammar: Teaching and Learning.* London: Longman.

Schmidt, R., and C. McCreary. 1977. Standard and superstandard English: Recognition and use of prescriptive rules by native and non-native speakers. *TESOL Quarterly,* 11, 271-288.

Searle, R. 1962. *Speech Acts.*

Sinclair, J. McH., and A. Renouf. 1988. A lexical syllabus for language learning. In

R. Carter and M. McCarthy (eds.) *Vocabulary and Language Teaching.* London: Longman.

Wajnryb, R. 1990. *Grammar Dictation.* Oxford: Oxford University Press.

Widdowson, H. G. 1978. *Teaching Language as Communication.* Oxford: Oxford University Press.

Widdowson, H. G. 1984. *Learning Purpose and Language Use.* Oxford: Oxford University Press.

Willis, D. 1990. *The Lexical Syllabus.* London: Collins.

Woods, E. 1995. *introducing Grammar.* London: Penguin.

Wolfe, T. 1979. *The Right Stuff.* New York: Farrar, Straus & Giroux.

| 제5장 |

# 학습자의 초점

이 장과 다음 장은 밀접하게 관련되어 있다. 이 장에서 우리는 학습자를 살펴보고 다음 장에서는 학습 과정을 살펴본다. 학습자와 학습 과정은 교수법이라는 동전의 양면이기 때문에 두 개의 장에서 우리가 만나게 될 문제들은 비슷할 것이지만, 약간 다른 관점에서 살펴볼 것이다.

이 장에서는 다음과 같은 개념과 문제점들을 다루고 있다:

**학습자의 요구**
◇ 요구의 정의
◇ 객관적 및 주관적 요구
◇ 요구 식별을 위한 기법과 절차
◇ 요구 분석을 지도 과정에 통합하기
◇ 요구 분석 비판하기

**학습자의 역할과 기여**
◇ 역할의 다양성
◇ 학습자의 기여

**학습자의 선택**
◇ 정보에 근거한 선택법 배우기

◇ 교실 기법

## 학습자의 요구

제1장에서 나는 교수요목 설계에 대한 단일 접근법의 분열을 추적해 보았다. 그러한 접근법에서 학습자에게는 자신의 의사소통 목적과 관계없는 구별되지 않은 언어 음식이 주어졌다. 이러한 견해는 여러 면에서 도전 받았지만, 특히 언어 교수에 대한 의사소통 접근법의 출현에 의해 가장 큰 도전을 받았다. 그러한 접근법을 지지하는 사람들은 언어 코스의 내용은 학생들이 그 언어를 배우는 목적을 우선적으로 반영해야 한다고 주장했다. 학생들을 코스에 적합하도록 만들기보다, 코스가 학생들에게 적합하도록 설계되어야 한다. 따라서 특수 목적 영어 운동이 생겨났고 과학기술 영어(*English for Science and Technology*), 의학 영어(*English for Medical Students*), 그리고 관광 영어(*English for Tourism*)와 같은 코스가 나타났다.

### ◆ 요구의 정의

학습자 요구를 분석하기 위한 가장 포괄적인 체계는 Munby(1978)에 의해 개발되었다. Munby는 자신의 모형에 대해 언어를 의사소통으로 보는, 당시 널리 유행하던 견해를 기초로 삼았다. 그가 자신의 모델을 개발하던 시기는 Hymes나 Halliday 같은 언어학자들 및 Widdowson, Breen, Candlin, Sinclair, 그리고 Coulthard와 같은 응용언어학자들이 개념적 우주를 만들어 내고 있었고, 그 우주 바깥으로 소위 의사소통 혁명이 공전하고 있었으며, 모형 자체는 의사소통 능력의 다양한 구성요소들을 원자로 하는 야심에 찬 시도였다. 모형 자체는 수많은 언어적 및 비언어적 변수들로 이루어졌고, 그것이 교육과정 설계에 대해 포괄적으로 어떻게 적용될 수 있는지 알기란 어려웠다. 분명한 것은, 완전히 그 모형에서 유래된 어떤 교육과정이든지 나는 모르고 있다는 것이다. 그럼에도 불구하고, 그것은 요구에 기초한 교육과정을 개발함에 있어 고려될 필요가 있는—적어도 잠재적으로는—엄청나게 많은 변수를 상기시키는데 유용하다.

> **요구 분석**
> 특정 학습자 집단을 대상으로 하여 언어 내용과 학습 과정을 결정하기 위한 일련의 도구, 기법, 그리고 절차

### ◆ 객관적 및 주관적 요구

요구 분석에 있어서 가장 실제적인 작업 몇 가지가 Brindley(1984)에 의해 수행되었다. 1980년대 중반, Brindley는 Richterich(1972, Richterich와 Chancerel, 1978)에 의한 "객관적" 요구와 "주관적" 요구의 구별을 정교화시켰다. 또한 그는 시초 요구와 진행중인 요구를 구별했는데, 이것은 교사에게 어느 정도 중요성을 지니는 구별로서, 많은 교사들이 단지 진행중인 요구 분석에만 몰두하고 있다.

"객관적" 요구는 교사에 의해 진단될 수 있는 것으로, 학습자의 언어 능숙도 및 언어사용 패턴에 관한 정보(학습자 자신의 개인적인 경험과 지식을 길잡이로 이용하고, 아마 거시적 기능에 대한 Munby식의 상술을 참고하여 보충할 수 있다)와 아울러 학습자에 관한 교사의 개인적인 자료 분석에 기초를 둔다. 반면, "주관적" 요구(그것은 종종 소망, 욕구, 기대, 또는 결핍의 다른 심리적 표시인데)는 쉽게 진단될 수 없고, 또는 많은 경우, 학습자 스스로도 진술할 수 없다 (Brindley 1984: 31). Brindley는 <표 5-1>에 제시된 자료가 프로그램 설계 목적에 유용할 수 있다고 제안한다. 자료를 수집하는 이유는 오른쪽 난에 제시되어 있다.

Brindley의 구별이 유용한 것이기는 하지만, 나는 "내용" 요구와 "과정" 요구로 구별하기를 선호한다. *내용 요구*는 전통적으로 교수요목 설계

의 영역인 화제, 문법, 기능, 개념, 그리고 어휘 같은 것들을 선택하고 순서화하는 것을 포함한다. 반면 *과정 요구*는 전통적으로 방법론의 영역으로 간주되는 학습 과제와 경험들을 선택하고 순서화하는 것을 가리킨다.

표 5-1

| 자료 유형 | 원 리 |
|---|---|
| 1. 학습자의 인생 목표 | 교사가 학습자의 언어 목표, 의사소통 망, 그리고 사회적 역할을 결정하거나 예측하는 토대를 갖기 위해 |
| 2. 언어 목표, 의사소통망 및 사회적 역할 | 그럼으로써 학습자는 일반적인 사회적 역할에 기초한 집단에 배치될 수 있다; 그럼으로써 교사는 학습자의 사회적 역할에 적절한 코스 내용에 관해 미리 결정할 수 있다. |
| 3. 객관적 요구, 언어사용 패턴, 개인적인 자원(시간 포함) | 그럼으로써 학습자는 요구와 흥미 또는 그 어느 쪽에 따라서든 집단화될 수 있다. |
| 4. 언어 능숙도와 언어 난이도 | 그럼으로써 학습자는 언어 능숙도에 따라 집단화될 수 있다. |
| 5. 학습 전략 선호도, 정의적 요구, 학습 활동 선호도, 학습 속도, 교정에 대한 태도를 포함한 주관적 요구 | 개인적인 요구에 맞춰 교사가 학습 활동을 각색할 수 있도록 하기 위해 |
| 6. 학습자의 목표 달성에 관한 정보 | 교사가 수행을 감시하고 그에 따라 프로그램을 수정할 수 있도록 하기 위해 |
| 7. 학습자의 의사소통 전략을 포함하여 제2언어 학습의 발달 과정에 관한 정보 | 교사가 언어 내용과 자료를 학습자의 발달 단계에 맞춰 조정할 수 있도록 하기 위해 |

*Brindley, 1984에서 각색*

또 다른 유용한 구별은 시초 요구 분석과 진행중인 요구 분석 사이의 구별이다. 시초 요구 분석은 하나의 강좌가 시작되기 전에 실시된다. 대부분의 교육 제도에서 이것은 교사의 통제를 벗어나는 경우가 아주 흔한데,

대개 교육과정 전문가, 주제 토론자 등에 의해 결정된다. 진행 중인 요구 분석은 일단 강좌가 시작되고 나서 교사에 의해 수행되는 비교적 비공식적인 분석을 가리킨다.

◆ **요구 식별을 위한 기법과 절차**

요구 분석을 실시하는데는 다양한 영역의 도구와 기법이 이용될 수 있다. 목표 언어 상황에 관한 정보를 수집하고 분석하는데 일군의 기법들이 사용된다. 이러한 기법들은 대체로 — 비록 배타적인 것은 아니지만 — 시초의 내용 분석을 위해 사용된다. 여기에서 언급된 중요한 문제는 다음과 같다: 목표 언어 상황에서 성공적으로 의사소통하는 언어를 이해하고 발화하기 위해, 학생들이 필요로 하는 기능과 언어적 지식은 무엇인가? 두 번째 기법 세트는 학습자에 관한 그리고 학습자로부터 나오는 정보를 얻기 위해 설계된 것이다. 이러한 정보는 내용과 과정 모두에 관련될 수 있으며 대개 몇 가지 형태의 설문지를 통해 실시된다. 부록 3에 포함된, 세 가지 부분으로 된 설문지는 내용 및 과정 정보 모두를 산출하기 위해 설계된 종합적인 도구이다. 설문지를 훑어보면서 당신의 학습자에게는 어떻게 수정해야 할 것인지 생각해 보라.

가능하다면 필자는 요구 분석을 학습 과정 자체의 일부로 만들기를 좋아한다. 이런 일을 위해 필자는 학습자에게 무엇을 어떻게 배워야 할 것인지에 관해 아이디어를 내보도록 요구하는 활동을 학습 단원 속에 통합시킨다. 단원의 아주 초기부터 필자는 다음과 같은 기법을 통해 학습자가 자신의 학습에 기여하게 될 아이디어에 익숙해지도록 한다. 이러한 절차, 또는 그것의 어떤 형태는 필자가 중급 또는 그 이상의 수준에 있는 학생들과 함께 배우는 첫 단원의 기초를 형성한다. (이 절차의 첫 부분에 사용되는 설문지는 초급 수준의 학생들일 경우, 그 학생들의 모국어로 처리될 수 있다.)

1. 교실에서의 내용과 절차는 학생들이 배우고 싶어하는 것과 어떻게 배우고 싶은지에 관한 그들의 견해에서 부분적으로 나온다고 학생들에게 말해 준다. 다음 요령에 따라 숫자에 동그라미를 함으로써 자신의 태도를 나타내도록 학생들에게 요구한다.

---

**요령**
1. 나는 이것을 전혀 좋아하지 않는다.
2. 나는 이것을 많이 좋아하지는 않는다.
3. 이것은 괜찮다.
4. 나는 이것을 꽤 좋아한다.
5. 나는 이것을 아주 좋아한다.

### I. 화제
영어 수업에서 나는 다음과 같은 화제를 공부하고 싶다..................

| | |
|---|---|
| 1. 나에 관해서: 나의 감정, 태도, 신념 등 | 1 2 3 4 5 |
| 2. 학문적인 주제로부터: 심리학, 광고 편집 문학 등 | 1 2 3 4 5 |
| 3. 유행하는 문화로부터: 음악, 영화 등 | 1 2 3 4 5 |
| 4. 현재의 사건과 문제점에 관해서 | 1 2 3 4 5 |
| 5. 논란의 여지가 있는 것: 미성년자 음주 등 | 1 2 3 4 5 |

### II. 방법
영어 수업에서 나는 다음과 같은 방법으로 배우고 싶다..................

| | |
|---|---|
| 6. 소집단 토론과 문제 해결 | 1 2 3 4 5 |
| 7. 형식적인 언어 공부, 예를 들면 교과서를 통한 공부 | 1 2 3 4 5 |
| 8. 교사의 말 듣기 | 1 2 3 4 5 |
| 9. 비디오 시청하기 | 1 2 3 4 5 |
| 10. 개별 과제 수행하기 | 1 2 3 4 5 |

### III. 언어 영역
올 해, 내가 가장 향상시키고 싶은 것..................................................

| | |
|---|---|
| 11. 듣기 | 1 2 3 4 5 |

| | |
|---|---|
| 12. 말하기 | 1 2 3 4 5 |
| 13. 읽기 | 1 2 3 4 5 |
| 14. 쓰기 | 1 2 3 4 5 |
| 15. 문법 | 1 2 3 4 5 |
| 16. 발음 | 1 2 3 4 5 |

### IV. 수업 이외

수업 이외에 내가 하기를 좋아하는 것................................................

| | |
|---|---|
| 17. 독립된 학습 센터에서 연습하기 | 1 2 3 4 5 |
| 18. 영어 원어민과 대화하기 | 1 2 3 4 5 |
| 19. 친구와 영어 연습하기 | 1 2 3 4 5 |
| 20. 재미있거나 당황되는 영어 예시들 수집하기 | 1 2 3 4 5 |
| 21. 영어로 TV 시청하기/ 영자신문 읽기 | 1 2 3 4 5 |

### V. 평가

나의 영어가 얼마나 향상되었는지 이것을 통해 알아보기를 좋아한다............

| | |
|---|---|
| 22. 내가 쓴 작문 과제를 선생님이 평가해주는 것 | 1 2 3 4 5 |
| 23. 수업 중 나의 실수를 선생님이 교정해주는 것 | 1 2 3 4 5 |
| 24. 진보를 스스로 점검하고 실수를 스스로 교정하는 것 | 1 2 3 4 5 |
| 25. 동료 학생이 교정해주는 것 | 1 2 3 4 5 |
| 26. 실제 상황에서 언어를 사용할 수 있는 지 알아보는 것 | 1 2 3 4 5 |

2. 다음에는 학생들에게 5개의 집단에 들어가서 자신을 동료 학생에게 소개하라고 요구한다(학생들이 이 일을 하는 동안 나는 완성된 설문지를 5개의 하위 항목들로 자른 다음, 각 집단별로 명칭을 부여한다: "화제" 집단, "방법" 집단 등이 있다.).
3. 집단별로 학생들은 자기들이 받은 설문지의 항목을 분석하고, OHP 용지에 그 결과를 요약하여 제공한다.(여기서 나는 학생들에게 자료를 나타내는 방법으로서 가능하면 창의적이 되라고 격려하는데, 파이 도표, 표, 심지어는 만화까지 이용하도록 권장한다.)
4. 집단별로 학생들은 그러한 정보를 해석하여 다음과 같은 질문에 답하도록 요

구된다. 그 학급은 설문지의 이 문항에 대해 대체로 왜 그렇게 응답했다고 생각하는가?
5. 다음으로 학생들은 수집하고 분석한 자료를 토대로 그 학급에 대한 대체적인 보고서를 준비한다.

　　이러한 수업은 많은 이점을 갖고 있다. 그것은 내게 집단의 흥미와 선호도에 대해 즉석 "스냅사진"을 제공해주고, 학습자에게 코스 및 그것의 원리에 대해 생각하도록 만들고, 소집단 내에서 학습자가 협력하여 활동하도록 강제하고, 자신의 영어를 능동적으로 연습하게 한다. 학습자의 능동적인 참여를 설명하기 위해, 평가 문항에 대한 학급의 반응을 분석하고 해석해야 하는 과제를 할당받은 한 집단으로부터 얻은 대본을 여기에 제시한다. 우리는 학생들이 25번 문항("나는 동료 학생으로부터 교정 받기를 좋아한다")의 상대적인 비인기성에 대해 토론하면서 상호작용을 얻게 된다.

F1　　문제 25번. 동료 학생들에 의해 교정되는 것. 또한 괜찮아.
F2　　[용법에 대해서 말하는 것은 어떠니?] 왜 있잖아, 음, 그 급우들, [좋아한대, 아마 그들, 그들은 수업 시간에 동료 학생을 필요로 할거야. 실제로 찾아볼까?
F1　　왜냐하면 우리는, 우리에게는 동등한 자격이 있으니까. 음, 그리고 내 능력은 거의 [ ]. 그래서, 음, 급우들은, 있잖아, 그 다른 급우들의 능력을 실제로 믿지 않아. 그리고//
F2　　왜?
F1　　왜냐하면 우리는 똑같거든. 우리는 같은 종류야.
F2　　너의 말은 그 애들이 원어민이 아니라는 뜻이구나. 그래서 우리는 실제로 다른 사람들이 영어로 말하는 것을 믿어서는 안 된다는 것이지?
F1　　그런 말은 아니고, 하지만 너는 이것은 이해해야 해. 너는 학부 학생이고 나도 마찬가지야. 그래서 나는 못해. 그 말은 너의 능력이 내 능

| | |
|---|---|
| M1 | 력보다 더 훌륭하다고 급우들이 생각하지 않는다는 거지. 그 애들은 믿지 않아, 어떤 종류에 대해서는: 하지만, 하지만 그들은 참을성이 있고, 다른 사람을 가르치고 있지. 그리고// |
| M1 | 하. |
| F1 | 또한 그들은 원어민이고 |
| F2 | 그것에 관해 너의 의견은 뭐니? 그것이 …라고는 생각하지 않니?(주위의 소음이 너무 시끄럽다.) [교환하는 좋은 생각] 공부는 학생에게 있어서, 너도 알다시피, 음, 나는, 나는 네가 알아들을 거라고 생각해, 음, 우리는 영어를 그다지 잘 하지 못한다는 것 말이야. 하지만 우리 모두는 영어로 실수를 해왔어, 그래서 우리는 그 실수들에 대해 더 많이 알지도 몰라, 아마 우리는 우리가 대개 저지르는 실수를 자각하고 있을 거야. |
| F1 | 때때로 우리는 실수를 알아, 하지만 그것을 어떻게 교정해야 할지는 몰라, 그래서 우리는 선생님께 의지해야 해. |
| M2 | 그런데, 요약하자면, 내 생각에는, 음, 다른 동료 학생들의 작업을 교정하는 것이 우리의 능력이라고 모두들 생각해. 동의하니? 그렇지만 아마 우리의 영어는 그들의 작업을 교정할 수 있을 만큼 충분히 좋지는 않을 거야. |
| M1 | 그래서 학생들은 원어민 선생님들을 선호하지// |
| F1&M1 | 맞아. |
| M1 | 그것을 교정하기 위해서. |
| F1 | 자료들은 이런 점을 정말로 반영하고 있어. |

이러한 집단 토론에 참여한 학생 중 한 사람이 수업 전체를 다음과 같이 보고했다(집단은 보고하는 방법에 대해 선택할 수 있는데, 유일한 규정은 집단의 모든 구성원들이 기여해야 한다는 것이다.):

| | |
|---|---|
| F1 | 나는 25번 문항, 음, 동료 학생들에 의해 교정되는 것에 대해서 말하 |

*겠어요. 그런데 그것은, 음, 가장 인기 없는 것일 거예요. 음, 우리 중 겨우 네 명만, 겨우 네 명만 이 문항을 선택했어요. 그리고 이 문항에 대해 겨우 네 명만 긍정적인 선, 선호도를 보였어요. 음, 이 부분에 대해서는 여러 가지 이유가 있지요. 먼저, 음, 우리는, 우리에게는, 음, 있다고 믿어요. 우리는 똑같은 자격을 갖고 있어요. 음, 우리는 대학으로부터 인정을 받았지요. 음, 그것은 우리가 대부분의 영역에서 똑같은 능력을 갖고 있다는 거예요. 그래서 우리는 이것들을 교정하는데 급우들이 도움을 줄 수 있다고는 믿지 않아요. 그리고 그들에게는 없어요. 음, 그 외에도, 음, 학생들은, 음, 다른 사람들의 작업을 교정하는 일에 자신감이 충분하지 않다 는 것을 보여주지요. 그리고 그들은, 음, 그들은 그럴 능력이 없다고 그들은 생각해요. 그리고 그것이 또한 반영하고 있는 것은, 음, 과거에 그들이 배웠던 것이 다른 사람의 작업을 교정하는 일에 도움이 된다고 생각하지 않는다는 것이지요. 음, 그 결과는 강화시켜요. 22번과 24번의 결과를 강화시켜요. 다시 말하면, 그것은 우리가 영어에 자신이 없다는 뜻이에요. 그리고 26번에서도 Fiona에 의해 설명될 거예요.*

### ◆ 요구 분석 비판하기

요구에 기초한 코스의 개발이라고 해서 비판을 비켜 가지는 못했다. 가장 분명한 비평가 중 하나는 Henry Widdowson(1984)이었는데, 그는 일련의 분리된 기능들을 원자화하여 가르치려는 시도는 기본적으로 하나의 훈련에 불과하며, 결국 제한된 의사소통 목록으로 귀결될 것이라고 주장했다. 사실상 학습자는 영어 "숙어집"과 별반 나을 것이 없는 상태로 끝나게 될 것이다. Widdowson에 의하면, 학습자는 언어 교육이 효과적으로 될 수 있도록 의사소통 역량을 개발할 필요가 있다. 다시 말하면 특별히 배운 것 이외의 일을 하기 위해서는 학생들에게 교실에서 가르쳐지는 기능들을 사용할 수 있는 능력이 필요했다. 그는 요구에 기초한 코스 설계에서 다음과 같이 제안한다.

우리는 ESP란 단순히 언어의 특정 영역을 기술하는 문제이고, 다음에는 이러한 기술을 코스 명세로 활용하여 이러한 특정 영역에 대처하기 위해 요구되는 제한된 능력을 학습자에게 부여하는 문제라고 가정한다. 다시 말하면, ESP는 기본적으로 연습 과정이라고 가정된다. 이제 몇 몇 종류의 ESP에서는 훈련 — 내가 규정했듯이 — 은 당연히 적절한데, 왜냐하면 그것은 제한된 행동 목록 역할을 하고, 여기에는 해결되어야 할 공식과 문제들이 아주 밀접하게 조화를 이루고 있기 때문이다. 이것은 아마 항공 교통 관제의 의사소통에도 해당될 것이다. 그러나 가르쳐지는 영어의 의도가 기본적으로 교육적인 목표들을 보조하는 경우에는 분명히 쓸모 없을 것이다. 그리고 여기서 우리는 그 분야에 대해 종합적인 이론적 견해를 향해 첫 발을 떼어놓을 수 있다. 우리는 한 쪽 끝에는 훈련이, 다른 쪽 끝에는 교육이 배치된 특이성 저울을 따라 ESP의 목적들이 배열된다고 제안할 수 있다. 저울을 따라 교육의 방향으로 움직이게 되면, 역량의 발달을 더 많이 설명해야 하고, 동시에 목적을 확고하게 하는 교수법적 문제를 고려해야 하는데, 여기에서 목적은 최종 목표의 투사이다. 저울의 훈련 쪽 끝에는 목적과 목표가 수렴하여 밀접한 조화를 이룰 것이고 제한된 능력을 부여하려고 애쓸 것이다.

저울의 교육 쪽 끝에는 학문 목적을 위한 영어 코스들이 밀집해있는데, 이들 코스는 의사소통 역량의 개발을 요구하고 목적의 계통적 기술에 있어서 교수법적 결정을 필요로 한다. 저울의 이쪽 끝에서 ESP는 점차 GPE로 변해 간다.

*Widdowson 1984: 10-11*

나 자신의 견해로는 학습자의 일반적인 역량을 발전시키는 언어 교육의 필요성을 지적한 점에서 Widdowson이 옳다고 본다. 그러나 코스들이 이 것을 성취하느냐의 여부는 내용에 대한 사전 명세에 있다기보다 지도가 교실 행동의 차원에서 어떻게 이루어졌는가와 더 관련이 있는 것 같다. 다시 말해 그것은 교수요목 설계보다는 방법론의 문제이다. 특정 상황이나 사건과 관련된 기능을 학습자에게 가르치기 위해 개발된 코스들이 결과적으로 학습자가 다른 상황에는 전이시킬 수 없는 언어로 되느냐의 여부는 경험적인 조사를 해봐야 하는 문제인데, 그것은 GPE 코스들이 결국 특별히 준비하지 않은 의사소통 상황에서 학습자가 사용할 수 있는 언어가 되느냐의 여부에 대한 문제이다. 교수와 연구에 대한 나의 경험에 비추어 볼 때, 예측할 수 없는 의사소통 문제를 해결하기 위해 배운 것을 전이시키는 학생들의 능력은 코스 설계자와 교재 개발자가 대개 가정하는 것보다 훨씬 더 제한적이라고 나는 믿는다. 어떤 경우에든 주어진 코스의 교육적 잠재력 여부는 선택된 내용의 유형보다 제공되는 학습 경험의 유형과 더 관련 있는 것 같다.(이 점에 대한 토론을 위해서는 Nunan, 1988을 참고하라.)

요구 분석 기법에 대한 다른 비판은 학습자가 즉각적인 의사소통 목적을 염두에 두고 있지 않기 때문에 대부분의 외국어 상황에서는 적절하지 않다는 것이다. 그런 상황에서 언어 코스에 대해 가능한 유일한 원리는 틀림없이 교육적인 원리일 것이다. 다시 말해 학습자가 외국어 학습에 몰두하는(또는 대개의 경우 제도적으로 몰두하도록 요구받는) 이유는 그들이 실제로 그 언어를 사용할 어떤 가능성 때문이 아니라 인지적, 정의적, 개인 상호간, 그리고 문화 상호간 기능과 지식 및 태도의 발달을 촉진할 것이기 때문이다.

## 학습자 역할과 기여

◆ **역할의 다양성**

가르치는 일을 끝없는 매혹의 원천으로 만드는 일 중 하나는 어떤 두 개의 수업도 똑같은 적이 없다는 사실이다. 교사와 학생, 그리고 학생과 학생 사이의 복잡한 개인 상호간 화학 작용이 이것을 설명해 준다. 나는 이 책을 쓰면서 상급 수준의 작문 코스 두 반을 가르치고 있다. 한 반의 수업은 월요일 아침에 이루어지고, 다른 하나는 수요일 아침이다. 코스의 목적, 교재, 교사, 교실, 그리고 시간이 똑같다는 사실에도 불구하고 수업 자체는 아주 다르다. 그러한 차이는 각 집단 안에서 발전되어온 개인 상호간 서로 다른 역학, 그리고 참여자들이(나 자신을 포함하여) 자신 및 집단 안의 다른 사람들에 대해 갖고 있는 서로 다른 역할 기대감과 관계가 있다.

교실에서의 역할 관계에 관한 매력적인 책에서 Tony Wright는 역할의 두 가지 양상을 식별하고 있다. 첫 번째는 사회적 및 개인 상호간 요소와 관계가 있다. 이것에는 지위와 자격에 대한 견해, 개인이 품고 있는 태도와 가치관, 그리고 집단과 개인의 인성들이 포함된다. 두 번째 양상은 학습 과제, 특히 그것의 본질에 대한 교사와 학습자의 기대, 그리고 그것이 교실에서 다루어지는 방식과 관계가 있다(Wright 1987: 12).

어떤 교실에서든지 이 두 가지 요소는 끊임없이 상호작용하면서 학습 과정을 용이하게 하거나 반대로 심히 손상시킬 수 있는 역동적이고 불안정한 환경을 만들어낸다. 교사와 학습자 모두에 대한 역할 기대는 내향성/외향성, 인지 유형, 사전 학습과 교수 경험, 그리고 문화적 요소와 같은 개인적인 인성 요소에 의해 결정될 것이다. 또한 이들 요소는 가르치는 일을 재미있게 만드는데, 왜냐하면 이들 요소들의 복잡한 결합이 어떤 특정 상황에 어떻게 작용할지 전혀 확신할 수 없기 때문이다. 교실에서 예기치 못한 일이 발생할 때, 대개 그 원인은 역할의 다양함과 대립으로 추적해볼 수 있다.

행동을 통한 학습이라는 경험 철학, 그리고 학습자를 자신의 지식에 대한 능동적인 건축자로서 보는 가정과 더불어, 의사소통 언어 교수는 많은 비서구적인 상황에 적절하지 못하다는 주장들이 때때로 있다. 그러한 상황은 학습의 전달 양식인 고(高)구조에 의해 특징지어지는데, 그런 상황에서 교사는 행동을 통제하며, 학생들이 교실 앞에 나가 큰 소리로 말하는 것은 적절하지 못한 것으로 간주된다. 내가 가르치는 많은 학생들은 교수-학습의 전달 양식인 고(高)구조를 행동의 표준으로 보는 학교 출신이며,

서로 다른 역할 기대감이 학생들에게 명확하게 표현되고 또한 그들에 의해 수용되는 분위기를 만들어내는 일이야말로 내게는 해볼만한 일이다. 사실 나의 학습자들은 일반적으로 보다 능동적인 역할을 채택하고 싶어한다. 문제는 그들 스스로 어떻게 하는지 모른다는 점이다.

이러한 도전에 대처하여 다양한 정도의 성공을 거두기 위해 여러 가지 해결책이 모색되었다. 학생들의 구두활동 참여에 두드러진 영향을 미치는 교실 변수 중 하나는 집단의 크기이다. 10명 또는 그 이상의 집단에서 침묵을 지키는 학생들이라도 집단의 크기가 5명 또는 3명으로 줄어들게 되면 토론에 능동적으로 기여하게 될 것이다. 의사소통 과제의 유형 또한 말을 하려고 하는 학생들의 자발성에 영향을 줄 수 있다. 나의 학생들은 공식적인 토론을 대단히 즐긴다. 다른 종류의 구두 과제에는 기여하기를 꺼렸을 많은 학생들도 토론에는 열정적으로 참여할 것이며, 특히 그들 스스로 토론의 화제를 결정할 기회가 주어지면 더욱 그렇다.

### ◆ 학습자의 기여

새로운 코스를 시작할 때 나의 첫 관심은 학생들의 태도, 사전 학습 경험, 그리고 미래에 대한 기대를 알아내는 것이다. 다음에 나는 코스가 진행되는 동안 학습자 저널, 조사 및 대화를 통해 학생들의 태도와 기대가 변하는 것을 감시한다. 다음 대화는 강좌가 시작되고 여러 주가 지난 뒤 학생 집단 하나를 데리고 녹음한 것이다. 나는 그들에게 학교에서의 경험을 대학에서 배운 것과 비교하도록 요구했는데, 다음은 그들이 말했던 것이다:

**Tony** *나는 학교에서 단지 몇 가지의 연습문제를 하면서 영어를 배워요…*
**Mandy** *… 수업시간이나 숙제에서요. 그리고 졸업 수준 또는 A 수준이 되면, 우리는 지나간 시험문제를 풀지요. 그것이 전부예요. 특별한 학습은 없어요. 선생님이 달라지면 접근법이 달라지지요. 몇몇 선생님*

은 초등학교 접근법을 택하셨어요 (나머지 학생들은 함께 웃는다). 선생님은 우리에게 텍스트를 읽어보게 하고, 다음에는 어려운 몇몇 단어에 밑줄을 치라고 하며, 그 다음에 우리는 그것들을 책에 간단히 적어두어야 해요. 우리는 초등학생이 아니기 때문에 이런 방식을 좋아하지 않았어요. 왜냐하면 몇몇 선생님들은 단지 우리에게 맡기기 때문이지요. 우리에게는 교과서가 있고 그 다음에 선생님은 우리에게 안에 있는 연습문제를 풀어보라고 말씀하셔요.

Teacher  그런 방식이 좋았니?
Mandy  아뇨 (웃음) 무엇을 하고 있는지 우리는 몰랐으니까요. (다른 학생들도 동의한다.) 사실 Paula(더 일찍 말을 한)와 똑같은 학교에 다녔고 지금도 그래요. 그리고 모든 것이 거의 똑같지요. 매일 연습문제만 했어요. 재미는 전혀 없었고요.
Paula  재미가 전혀 없었다는 말은 맞아요. 그래요. 나도 Mandy와 똑같은 학교에 다녀요(모두 웃는다.) 영어 수업에서조차 우리는 영어를 말하지 않아요.(웃음)

학생들이 중등학교의 경험에 관해 이야기할 때, 교실에서 진행되는 것에 문화적 겹침 현상이 있는 반면, "적법한" 활동으로 간주되는 것 또한 일정 영역의 다른 요소들, 특히 개별 교사들의 태도, 신념, 그리고 연습에 의해 결정된다는 점이 명백해졌다. 이것은 성공적인 언어 발달에 결정적인 연습 — 예를 들면, 수업에서 목표 언어의 사용이 권장되거나 더 나아가 허용되는 정도 — 에 대해서도 마찬가지였다. 몇몇 영어 수업에서는 영어 자체가 사용되는 일이 드물었다. 다른 수업에서는 학생들이 광둥 사투리를 사용하면 벌금을 낸다고 보고했다. 이것은 다음 대화가 드러내는 것처럼 부정적인 결과를 가져왔다(예측할 수 있는 일이었다).

Steve  내가 중등학생이었을 때, 만일 수업 시간에 광둥 사투리를 말하다가 걸리면 벌금이 부과되었어요.

Teacher  야!
Steve    예.
Teacher  뭐라고?
Steve    50 센트요.
Teacher  그것이 도움이 되었니?
Steve    예. 그렇지만 나는 계속해서…
Tony     … 조용히 해.
Steve    수업 시간에 돈을 벌기 위해 속임수를 써서 학생들이 광둥 사투리로 말하게 하려고 애썼지요. 하지만 나는 수업에 집중하지 못했어요.
Teacher  음.
Steve    그것이 효과가 있었다고 생각하지는 않아요. 이런 비극은, 비극이 아니라 전략이지요. 왜냐하면 만일 우리가 광둥 사투리를 말하면 50센트를 주어야 하고 그래서 수업시간에 아무도 말을 하지 않는 경우가 아주 잦을 거예요. 그래서 학생들은 영어를 배우지 못하지요. 그들은 영어를 배울 수 없는 거예요.

이 대화에서 우리는 자신의 모국어를 사용했다는 이유로 학생들에게 벌금을 과하는 교사의 전략에 대해 Steve와 그의 학교 친구들이 보이는, 놀라울 것이 없는 반응을 발견한다. 그 학생들은 침묵에 빠졌다. 따라서 그 전략은 교사에 의해 의도된 것과는 반대되는 효과를 갖고 있다.

　　제도적인 면에서 Hong Kong은 극도로 시험이 주도하는 교육제도를 갖고 있고, 이러한 교육제도가 교실에서 일어나는 일에 반영되어 있고, 교수의 전달 양식을 영속화하는데 중요한 영향을 끼치고 있음은 놀라운 일이 못된다. 내가 인터뷰한 많은 학생들의 보고에 따르면 중등학교에서의 영어 학습 경험은 시험 준비에 지배되었다고 한다. 이것은 다음 대화를 통해 설명된다.

Julia    중등학교에서 영어 수업은 아주 따분해요. 왜냐하면 우리 학생들은

|         | |
|---------|--|
| | 단지 교실에 앉아서 선생님이 말하는 것을 듣기만 하거든요. 나와 영어를 연습할 수 있는 사람을 찾을 수 없기 때문에 교실 밖에서는 영어를 거의 연습할 수 없어요. 그래서 영어를 연습할 다른 방법을 찾아야 하고 그래서 나는 영어를 연습하고 듣기 기능이나 그와 비슷한 것들을 향상시키기 위해 TV를 시청해요. |
| Teacher | 음·음. |
| Martin | 내 경험으로 볼 때, 중등학교 선생님은 우리에게 종이를 나누어주시고 아무 것도 가르치는 것 없이 연습문제만 풀었어요. 선생님들은 문법이나 작문 스타일 또는 정상적인 영어 대화를 가르치지 않고 교과서를 따라 단지 여러 번 계속해서 소리내어 읽기만 했지요. 그래서 중등학교 영어 수업은 아주 따분했다고 생각해요… 그리고 별로 쓸모도 없고요. |
| Julia | 맞아요. 나도 Martin의 의견과 같아요. 중등학교 다닐 때 수업시간에 우리는 시험 요건에 맞추기 위해 연습문제만 했어요. |
| Cindy | 중등학교 다닐 때 나는 영어를 매우 싫어했어요. 왜냐하면 각종 시험을 다시 치러야했거든요. 그리고 나는 또한 HKCE 영어 시험과 HKAL 시험을 치를 필요가 있었어요.[이것들은 외부에서 실시되는 정부 차원의 시험이다.] 그리고 그 때 내가 항상 했던 질문은 나는 중국인인데 왜 영어를 배우지 않으면 안 되는가 하고요.(함께 웃음) |

마지막으로 발췌한 대화에서 학생들은 학교에서의 경험을 대학 공부의 요구 사항과 비교한다. 여기서 우리는 학습자의 역할에 대해 상황에 따른 기대감이 변함에 따라 학생들이 적응할 준비가 되어 있음을 안다.

| | |
|---|---|
| Tim | 이번 접근법은 분명히 차이가 있어. 중등학교에서 우리는 높은 점수만을 위해 노력하잖아. |
| Paul | 하지만 대학에서 우리는 미래에 우리가 해야 하는 어떤 것, 직업에 도움이 될 수 있는 어떤 것에 관해 아마 배워야 할거야. 그것과 비슷한 어떤 것 또는 공부 말이야. |

Tim     대학에서는 우리가 영어로 많은 연습을 하지 못한다고 생각해. 왜냐하면 그것이 시험이 아니기 때문이야. 하지만 우리는 공부하면서 어떻게 하면 영어를 효과적으로 사용할 수 있는지 관심을 가져야 해. 예를 들면, 더 많은 어휘를 배워라 또는 더 빨리 읽어라, 또는 개별 지도 시간에는 구두 기능을 연습해라. 그래서 이번 접근법은 달라.

Trudy     강사 말이야. 대부분의 사람들이 영어로 말하는데, 이것은 듣기가 포함되지. 왜냐하면 우리가 익숙해져야 하니까…

Amanda     다른 액센트야.

Trudy     맞아.

Teacher     그래서 너희들은 대학에서 영어를 배우는 방식은 서로 접근법이 다르다는 것을 알게 된다. 영어를 얼마나 자주 사용한다고 생각하니? 영어 수업 이외에도 영어를 사용하니? 다른 학생이나 동료들과 영어로 말하니? 수업에서 강사가 영어를 사용하니?

Tim     모든 강의와 개별 지도 시간은 영어로 진행되지요. 특히 우리가 토론을 하는 개별 지도 시간에는 우리 모두 영어를 사용해요. 그래서 영어를 연습할 기회는 더 많다고 생각해요.

Teacher     그렇지만 교실 밖에서도 영어를 사용하니?

Tim     아뇨.

    학생들과 학습 경험에 대해 이야기를 나누는 것 이외에도, 나는 그들이 구독하고 있는 저널을 읽어 줌으로써 학습 과정에 대한 그들의 반응을 파악할 수 있는 분명하면서도 종종 놀라운 통찰력을 얻는다.(일반적인 강좌, 특히 그들이 방금 배운 수업에 대한 반응을 기록하기 위해 두 시간 수업의 끝에 나는 학생들에게 10분을 준다.) 다음 발췌문은 대학 작문 코스의 중간쯤에 수집되었다. 코스를 시작할 때 학생들은 몇몇 "재미있는" 구두 상호활동 과제에 대한 욕구를 나타냈는데, 이 과제는 코스가 제공하는, 그들에게 다소 소화가 잘 안 되는 학문적인 규정식으로 간주되는 것을 보충하기 위함이었다. 이들 저널의 목록은 두 시간 수업의 끝에 수집되었는데, 그러한 수업에서 나는 코스에 요구되는 대학 작문의 요건들을 학생들의 덜 학문적인 욕구와 균형을 맞추려고 애썼다. 첫 시간에 학생들은 일련의 쓰기 과제를 완성했다. 두 번째 시간에 그들은 짧은 비디오 자료를 시청한 다음 소집단으로 나뉘어 비디오에 나오는 자료를 토대로 하는 문제 해결 과제를 완성했다.(이러한 수업에서 한 가지 문제는 오후 늦게 만난다는 점이었는데, 여러 학생들에 의해 언급된 사실이지만 이 시간은 학생들의 에너지 수준이 낮을 때이다.)

이 수업은 학문적인 문제점에 대해 초점을 두었기 때문에 아주 유용하다고 생각해요. 하지만 이 수업의 가장 재미있는 부분은 매 시간마다 새로운 급우들을 만날 수 있었다는 거예요. 게다가 기사 읽기와 TV 시청을 통해 분위기는 다소 편안해지고 우리의 힘이 거의 다 빠진 오후 이후에도 그리 따분하게 느껴지지 않았지요.

미안하지만, 여러 번 당신의 수업을 따라갈 수 없었어요. 왜냐하면 당신이 말하는 속도는 내게 너무 빨랐거든요! 어쨌든, 비록 우리가 소위 "침묵 시간"을 가졌음에도 불구하고 나는 이 수업을 정말 즐겼어요. 이 수업에 대한 큰 문제점은 우리가 너무 수동적이고, 아마도 말 한 마디 하는데 수줍어한다는 점이라고 생각해요! 게다가 수업 중 우리가 말을 더 많이 하고, 더 많은 의견을 개진하며, 좋은 토론을 하는 것은 중요하기 때문에 서로를 잘 알 수 있는 기회가 우리에게 주어져야 한다고 생각해요.

이 수업은 집단 내 다른 학생들과의 대화와 비디오 시청 기회 때문에 지난 번 것보다 더 재미있다고 생각해요. 이들 두 가지는 수업을 덜 지루하게 만들었어요. 다음 수업에서도 이와 비슷한 과제—예를 들면, TV 시청 및 젊은이들의 일상적인 삶과 관련된 화제에 관해 토론하기—가 우리에게 여전히 주어진다면 더 좋을 것이라고 생각해요. 게다가 나는 듣기 기능이 구두 기능만큼이나 중요하다는 점을 지적하고 싶어요. 그래서, 만일 이런 점에도 강조점이 주어진다면 더 좋을 거예요.

나는 이 수업이 정말로 재미있었다는 것을 알았어요. 나는 편안함을 느꼈고 그 수업을 아주 즐겼지요. 우리(우리 대부분)가 자신의 의견을 표현하고 느낌을 공유할 수 있었기 때문에 이런 화제에 대해 토론하는 것은 아주 재미있었어요. 또한 TV 프로그램은 원어민의 영어를 들어볼 수 있는 더 많은 기회를 내게 주었고, 그래서 나는 서로 다른 액센트에 익숙해질 수 있었어요. 나는 이 수업에서 우리가 했던 것에 아주 만족감과 행복감을 느꼈어요. EAS(미술과 학생을 위한 영어) 전체에서 이런 느낌이 계속될 수 있기를 바래요.

이들 저널 목록은 한편으로는 학생들의 필요와 흥미에 응답하려고 시도하는 것(비디오 시청과 재미와 같은 비학문적인 것들과 종종 관련되는데)과 강좌의 목적을 충족시키는 것 — 다시 말해 학생들에게 영어로 대학 수준의 공부에 준비시키는 것 — 사이의 갈등을 보여준다. 비록 이들 학생 중 많은 수가 대학 작문에 관한 단원들을 "지루한" 것으로 알고 있지만, 이것은 코스의 중심 요건이어서 포기할 수 없다. 그 발췌문은 학생들의 흥미와 강좌의 요건 사이에 종종 발생하는 갈등을 드러내준다. 비록 그것은 모든 학생들이 능동적이고 상호작용적인 학습을 즐긴다는 점을 아주 명백히 보여주고 있지만, 또한 수업 구성원들 간 흥미가 다양함도 보여준다.

교실의 역할에 관한 책에서, Tony Wright는 학습 과제의 본질과 개인 및 집단이 학습 과제를 다루는 방식에 대해 학습자가 갖고 있는 기대감은 교실 역학의 한 가지 중요한 양상일 것이라고 제안한다. 코스를 시작할 때 학생의 태도와 의견을 파악하는 한 가지 방법은 설문지를 돌리는 것이다. 나는 코스의 시작과 끝에 다시 다음과 같은 설문지를 돌리는 것이 흥미롭다는 것을 발견한다. 코스의 시작에서 이런 일은 학생들의 흥미와 선호도에 대한 아이디어를 얻게 해준다. 코스의 끝에 자료를 수집하는 것은 코스의 결과 학생들의 입장에 태도의 변화가 있었는지 여부를 알게 해준다.

### 어떤 종류의 교실 과제를 좋아합니까?

**A.** 소집단 과제에 대한 다음 서술을 공부하고 아래 요령에 따라 평가하시오. ("과제 등급"이라고 쓰여있는 곳에 번호를 쓰시오.) 예시에 대해서가 아니고 과제 유형에 반응하시오.

1. 나는 이런 유형의 과제를 전혀 좋아하지 않는다.
2. 나는 이런 유형의 과제를 별로 좋아하지 않는다.
3. 나는 이런 유형의 과제를 꺼려하지는 않는다.
4. 나는 이런 유형의 과제를 매우 좋아한다.

### 과제 A. 정보 공유

예시: 학급은 A와 B, 두 집단으로 나누어진다. 당신은 자신의 생활방식의 양상들에 대해 이야기하는 사람들 세 명의 토론을 듣는다. 휴가를 어디로 가는지, 주말에 무엇을 즐기는지, 가장 좋아하는 취미. 다른 절반의 집단은 자신의 생활방식의 다른 양상들에 대해 이야기하는 사람들 세 명의 토론을 듣는다. 가장 좋아하는 오락 형태, 가장 좋아하는 음식의 종류, 운동의 종류. 다음에 당신은 다른 집단의 학생 한 명과 짝이 되어 다음 형태를 완성한다.

|  | 사람 1 | 사람 2 | 사람 3 |
|---|---|---|---|
| 휴가 | | | |
| 오락 | | | |
| 주말 | | | |
| 음식 | | | |
| 취미 | | | |
| 운동 | | | |

*과제 등급:*

### 과제 B. 결론 내리기/ 문제 해결하기

예시: 당신은 짝을 지어 활동한다. 당신에게는 직업에 대한 묘사와 세 개의 구직서가 주어진다. 당신은 어떤 사람이 그 직업을 적합한지 결정해야 한다.

*과제 등급:*

**과제 C. 문법 연습**

예시: 당신은 여러 개의 문법적인 오류가 포함된 짧은 지문을 읽는다. 당신은 그 오류를 수정하고 무슨 규칙을 어겼는지 말해야 한다.

*과제 등급:*

**과제 D. 대화 연습**

예시: 당신은 하나의 대화를 듣고 그것을 다른 학생과 연습한다.

*과제 등급:*

**과제 E. 진정한 읽기**

예시: 당신은 영자신문을 수업에 가져온다. 서너 명의 학생들과 함께 기사를 선택하여 기사에 수반되는 이해 점검 질문 한 벌을 준비한다. 당신은 그 기사와 질문을 다른 집단과 교환한다. 그들은 당신의 기사를 읽고 당신이 작성한 질문에 답한다. 당신은 그들의 기사를 읽고 그들이 작성한 질문에 답한다.

*과제 등급:*

**과제 F. 정보 격차 메우기**

예시: 당신은 매 다섯 번째 단어가 지워진 지문을 읽는다. 당신은 어떤 단어가 지워졌는지 찾아내고 그것을 대치해야 한다.

*과제 등급:*

**과제 G. 소집단 토론**

예시: 여러 다른 학생들과 협력하여 당신은 토론 과제를 수행한다. 당신은 그 토론을 녹음한다. 토론의 결론에서 당신은 그 테이프를 듣고 당신의 오류를 찾아낸다.

*과제 등급:*

**과제 H. 역할극**

예시: 당신은 서너 명의 다른 학생들과 역할극에 참여한다. 당신들 중 하나는 구직 인터뷰를 받고 있는 어떤 사람인 척한다. 다른 학생들은 인터뷰를 하는 심사위원인 척한다.

*과제 등급:*

B. 서너 명의 다른 학생들과 응답을 비교하고 유사점 및 차이점을 주목하시오. 가장 인기 있는 것으로부터 가장 인기가 없는 것까지 과제의 등급을 매기시오.

가장 인기 있는 것: ____ ____ ____ ____ ____ : 가장 인기 없는 것

C. 과제 1과 2에 대한 당신의 응답에 기초하여 무엇이 "좋은" 교실 과제인지 결정하시오. (5개의 특징을 목록으로 작성하시오.)

1. _____
2. _____
3. _____
4. _____
5. _____

지난번 나는 이러한 설문지를 돌려서 다음과 같은 결과를 얻었다.

가장 인기 있는 것   1. 역할극
                         2. 소집단 토론
                         3. 대화 연습
                         4. 정보 공유하기
                         5. 의사 결정/ 문제 해결
                         6. 정보 격차 채우기
                         7. 문법 연습
가장 인기 없는 것   8. 진정한 읽기

## 학습자의 선택

### ◆ 정보에 근거한 선택법 배우기

효과적인 언어 사용자와 비효과적인 언어 사용자 사이의 차이는, 효과적인 언어 사용자는 자신에게 이용 가능한 언어적 선택권에 대해 적절한 선택을 한다는 점이다.(이것은 제2언어 학습자뿐만 아니라 원어민에게도 적용된다.) 마찬가지로 효과적 및 비효과적 언어 사용자 사이의 한 가지 중요한 차이점은 효과적인 학습자는 그들이 언어를 배우는 수단에 대해 적절한 선택을 한다는 점이다. 우리는 그들에게 교실이라는 안전함 속에서 그렇게 하도록 실습 기회를 줌으로써 학습자들이 적절한 선택을 하는 기능을 발전시킬 수 있도록 돕는다. 정보에 근거한 선택법을 배우는 것은 모든 학습자들이 어느 정도는 개발해야 하는 중요한 기능이다. 그러한 선택법을 배운 학습자와 함께 활동을 할 때, 제1장에서 내가 묘사한 것과 같은 교섭된 교실이 실제 현실이 될 수 있다.

제1장에서 내가 지적했듯이, 교섭과 선택의 요점은 비록 관련 당사자들이 그것의 잠재적 중요성을 항상 깨닫지는 못하더라도 모든 교실에 존재한다. 현재 내가 가르치는 학급과 단 한 주만에 내는 다음과 같은 문제들에 대해 학생들과의 교섭에 열중했다:

> 특정 과제에 대한 활동을 집단으로 할 것인가 또는 짝을 지어 할 것인가;
> 읽기 과제를 듣기 과제 이전에 할 것인가 또는 그 반대로 할 것인가;
> 녹음기를 누가 작동시킬 것인가;
> 자기 접근 센터 방문은 오늘 해야 하는가 또는 내일 해야 하는가;
> 일련의 집단보고는 얼마나 오랫동안 계속되어야 하는가;
> 특정 작문 과제는 교실 안에서 해야 하는가 또는 교실 밖에서 해야 하는가;

일련의 반성 용지는 매주 완성해야 하는가 또는 2주마다 해야 하는가?
몇몇 학급이 중요한(그들에게!) 축구 시합을 시청하도록 하기 위해 월요일 저녁 일찍 그 단원을 끝내야 하는가;
특정 과제를 개별적으로 완성한 다음 집단에게 공유시켜야 하는가, 또는 시작부터 집단 과제로 해야 하는가.

이러한 목록은 적당하거나 심지어 약간 평범해 보이며, 교사와 학습자가 잠재적으로 언제든지 만들어낼 수 있는 종류의 일이다. 바로 이것이 내가 이룩하려고 애쓰는 요점이다. 토론을 위한 이러한 요점들을 강조하고 자신의 교수 틀 속에 엮어 넣을 수 있는 기회를 찾아봄으로써, 교실 전체 분위기는 점차 바뀔 수 있다.

◆ 교실 기법

선택을 한다는 아이디어가 당신의 학습자에게 생소하다면, 당신은 선택 요령을 단원 속에 집어넣음으로써 점차 자신의 학습에 대해 이러한 중요한 차원을 그들에게 소개할 수 있다. 교섭은 학습 관리에 관한 결정의 형태로 할 수 있고(나의 교실에서 가져온 앞서의 예시 대부분은 이런 유형의 것이다), 아니면 어떤 과제를 완성해야 할 지에 관한 실질적인 결정이 포함될 수도 있다. 예를 들면, 다음 과제에서 학습자들은 말하기 또는 쓰기 연습을 할 것인지를 선택해야 한다.

다음 예시에서는 두 개의 과제 모두 읽기를 포함한다. 그러나 그것들은 서로 다른 유형의 읽기 전략을 연습시키고 있다. 첫 번째는 세부 사항을 찾기 위한 읽기에 초점을 맞춘 반면, 두 번째는 중심 사상을 찾기 위해 텍스트를 훑어 읽도록 요구한다.

**과제 8**

당신의 선택: Ⓐ 또는 Ⓑ

Ⓐ **짝 활동** 아이디어를 찾기 위해 과제 2의 도표를 이용하시오. 당신 나라에서 도시 생활과 시골 생활에 관해 이야기하시오.

Ⓑ 도시와 시골 생활에 관한 자신의 글을 쓰시오. 아이디어를 찾기 위해 과제 2의 도표를 이용하시오.

|       | 긍정적 | 부정적 |
|-------|--------|--------|
| 도시 생활 |        |        |
| 시골 생활 |        |        |

그림 5-1  *ATLAS* – Book 2, ⓒ Heinle & Heinle Publishers

처음에, 학생들은 개별 선택을 한다는 생각에 약간 불편해할 수도 있다. 만일 그렇다면 그들은 두 개의 과제를 재빨리 살펴보고 어느 것을 할 것인지에 관해 학급 투표를 실시할 수도 있다. 또 다른 방법으로, 두 개의 과제 모두를 하고 싶은 학생들은 과제를 하는 순서에 관해 결정할 수 있다. 중요한 것은 선택 그 자체라기보다 선택을 하고 책임을 떠맡는 행위인 것이다.

◆ **결론**

이 장에서 나는 언어 학습을 학습자의 관점에서 탐구했다. 나는 요구에 기초한 코스 — 의사소통 교수에서 나타난 것인데 — 의 개발과 언어 학습 과정에 있어서 학습자의 역할, 학습자의 기여, 그리고 학습자의 선택이 갖는 중요성을 살펴보았다. 이러한 요소들은 어떻게 그리고 무엇을 배울 것인지를 결정함에 있어서, 학습자에게 능동적인 역할을 부여하는 것이 문화적으로 적절하지 못한 것으로 간주되는 상황 뿐 아니라, 어떻게(방법)와 무엇(내용)에 관한 결정이 학습자의 손, 심지어는 교사의 손 밖에 있는 상황에서도 중요하다고 나는 주장하고 싶다. 여기에서 내가 주장하는 바는 궁극적으로 만일 학습자가 배워야 한다면 스스로의 힘으로 그 학습을 하지 않으면 안 된다는 단순한 사실에 토대를 두고 있다.

다음 장에서 우리는 이러한 문제점들을 약간 다른 관점에서, 다시 말하면 언어 교실에서 일어나는 것의 기저에 깔린 학습 과정의 관점에서 살펴볼 것이다.

◆ 제5장의 개념도

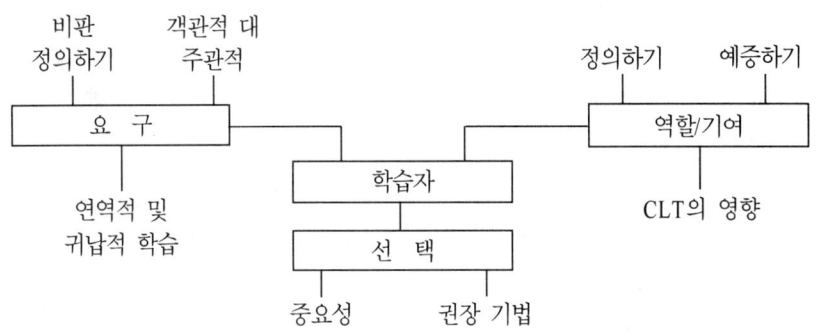

◆ 질문과 과제

1. 객관적 요구와 주관적 요구의 차이는 무엇인가? 교실에서 교사가 다루기 더 쉬운 것은 어떤 것인가?
2. 코스 설계에 대해서 요구에 기초한 접근법을 지지해주는 언어에 관한 가정은 무엇인가?
3. 이 장 안에 제시된 학습자들과의 인터뷰 자료에는 어떤 학습자 역할이 함축되어 있는가?
4. 당신의 교실 또는 당신에게 낯익은 교실에서는 어떤 학습자 역할이 함

축되어 있는가?
5. 계획적인 읽기에서 학습자의 선택을 찬성하는 주장은 어떤 것인가?
6. 가능하다면 하나의 단원을 관찰하거나 단원 중 하나를 녹음하여 검토해 보라. 학생들에게 제공되는 선택들의 목록을 작성하라. 교사에 의해 개발되지 않은 선택을 학습자가 할 수 있는 다른 기회들이 있는가?
7. 이 장에서 제공된 표본 자료 몇 가지를 이용하여 특정 학습자 집단에 대한 요구 평가 도구를 개발하라. 그 도구를 이용하여 당신이 선택한 학습자 집단에게 요구 분석을 실시하라. 수집한 자료에 기초하여 이러한 학습자들을 위한 코스를 개발하려고 계획하는 코스 설계자에게 주는 일련의 충고를 공식화하라.
8. 작문 수업에 대한 평가의 일부로 수집된 다음의 학습자 일기 목록들을 공부하라. 단원에 대한 나타나는 긍정적 및 부정적 양상들은 무엇인가? 이와 같은 피드백의 결과, 당신이 이러한 단원을 가르치는데 있어 무슨 변화를 만들어낼 것인가?

비디오를 시청하고 그 비디오에 관한 질문에 답하는 것은 아주 따분해요. 하지만 나는 중요하다고 생각하는 사람들에 관해 급우들과 이야기하는 것을 즐겨요, 그리고 또한 어떤 질문들에 대해 토론하는 것도요. 이런 활동으로부터 나는 다른 급우들의 경험과 의견을 알게 되지요.

나는 이런 수업이 전에 했던 것보다 훨씬 재미있음을 알았어요. 그러나 이 수업에서 내가 무엇을 배웠는지 말할 수는 없지만 그것을 즐겨요. 우리에게 보다 적절한 화제에 대해 토론하거나 몇몇 개인적인 경험을 하는 것이 재미있다고 생각해요. 추신. 아마 어휘 몇 개도 배웠을 거예요.

결혼에 관한 화제는 내게 그렇게 재미있지는 않아요. 우리 대부분은 아직 이런 문제에 대해 생각해보지 않았거든요. 우리는 아직 대학에서 공부하고 있지요. 문단 몇 개를 읽는 것은 따분해 보이지요. 그리고 대부분의 사람들은 문장 몇 개 읽었다고 해서 자기 마음을 쉽게 바꾸지는 않아요. 그리고 읽기 자료는 그것이 하나의 사실이라기보다 단지 새로운 생각처럼 보인다는 점을 확신시키지 못해요. EAS의 두 번째 부분은 보다 재미있어 보여요. 그리고 우리는 안정된 장소/의자에 앉을 수는 없을 것 같아요. 내 생각에 관해 다른 급우에게 이야기하는 것은 재미있고 즐거워요. 그리고 그것은 우리의 의사소통 기능을 향상시켜줄 수 있지요.

이 수업의 첫 번째 부분은 비록 화제가 아주 매력적이기는 하지만 아주 따분하다고 생각해요. 그 까닭은 주로 우리가 급우들과 우리 자신의 의견을 말할 기회가 적었기 때문이에요. 두 번째 부분은 좋았는데, 특히 공유하는 부분이 좋아요. 우리는 더 많이 공유하고 대화함으로써 급우들과 더 친해질 수 있어요.

첫 번째 부분에서 우리 집단의 토론 분위기는 별로 좋지 않았어요. 아마 힘이 다 빠진 때문에 급우들이 많은 아이디어들을 생각해낼 수 없었을 거예요. 하지만 휴식은 힘을 보충하고 마음을 편안하게 하는데 아주 도움이 되었지요. 과제(중요한 사람을 공유하기)의 끝에서 효과는 분명히 좋았어요. 우리는 삶의 경험을 공유할 수 있고 여기저기 걸어다니면서 서로 이야기하느라 더 많이 깨어있을 수 있었어요. 그 때문에 우리는 서로를 더 많이 알게 되었지요. "어휘 채워 넣기" 과제는 또한 나중의 과제에 도움이 되었어요.

내가 휴식을 취할 기회를 갖게 된 것은 굉장했어요. 일의 부담(과제라고 말하는 것이 더 낫겠지요)은 괜찮았고 나는 그것을 해나갈 수 있어요. 하지만 첫 번째 부분은 내게 꽤 지루해 보였어요. 기분전환을 한 후, 나는 수업이 꽤 능동적으로 되고 있음을 알았고 비디오의 사용은 얼마 안 되어 수업에 대한 우리의 흥미를 일깨워 주었지요. 우리가 비디오, 특히 영화를 시청하면서 더 많은 것을 할 수 있고 토론 시간에 익숙해질 수 있기를 바래요. 그렇게 하면 아주 멋질 거예요. 일반적으로 말해서 급우들과 이야기하고 집단 토론을 할 수 있는 기회가 있었어요. 이런 일은 내게 아주 유익할 거예요.

오늘 수업은 내게 좋은 관계가 무엇인지에 대해 생각할 기회를 주어서 아주 재미있었지요. 토론을 통해 나는 "관계"에 대해 더 잘 이해할 수 있게 되었어요. 또한 나는 좋은 에세이를 쓰는 법에 관한 중요한 아이디어를 얻을 수 있었어요.

오늘의 토론은 우리 자신을 급우들과 공유할 수 있고 서로에 관해 더 많이 알 수 있어서 아주 재미있었어요. 우리는 토론을 통해 영어로 말하는 더 많은 기회를 가질 수 있었지요. 이외에도 화제는 AIDS[지난주의 수업—DN]보다 더 재미있었어요. 나는 오늘의 토론을 정말 즐겼어요.

오늘은 다소 "학문적인" 수업, 다시 말하면 대학 작문인데, 내게는 따분했어요. 종이를 쳐다보는 것보다는 서로에 관해 토론하도록 하는 것이 더 낫다고 생각해요. 비록 짧기는 하지만 나는 TV 프로그램 예정표를 즐겨요. 하지만 신문 기사를 쳐다보기보다는 TV 시청이나 테이프 듣기를 좋아하지요. 수업 중 분위기는 다소 가라앉아 있지요. 다음 번에는 더 재미있고 미소나 웃음이 많아졌으면 좋겠어요.

문단의 목적이나 청중 그리고 제목을 찾아내는 것은 따분하다고 생각해요. 하지만 "짝 선택하기—미국식 방법"이라는 지문은 재미있어요. 우리는 EAS의 두 번째 부분에서 듣고 말하는 기능을 연습할 기회가 있었어요. 인터뷰하거나 설문지 부분은 아주 재미있었지만 우리 중 몇몇은 다른 학생들이 이러한 설문에 어떻게 답하는지 알아내기 위해 질문할 시간이 충분하지 않았어요.

자신의 삶에서 대단히 중요한 사람에 관해 다른 사람들과 이야기하는 것은 아주 좋았어요. 이것을 통해 나는 그들에 관해 더 많이 알 수 있었지요. 과제 2에 더 많은 시간을 쏟은 것이 더 좋았다고 나는 생각해요. 과제 2에 있는 질문들은 논란의 여지가 있는 것들이고 그래서 토론할만한 값어치가 있지요. 아마 우리는 이러한 논란의 여지가 있는 질문들에 관해 논쟁도 할 수 있을 거예요. 이번 수업의 화제는 약간 따분했다고 생각해요. 사실 나는 보다 마음을 집중할 수 있는 화제나 활동을 해보고 싶어요. 아마 우리는 이런 수업을 통해 한 가지 활동 — 예를 든다면 논쟁 — 은 할 수 있을 거예요.

서로 다른 목적과 청중을 가진 서로 다른 도입 문단을 — 그렇지만

"관계"라는 똑같은 화제 하에서 — 배우고, 비교하고, 음미할 수 있는 기회를 우리에게 주었다는 점에서 오늘 수업은 아주 재미있었어요. 게다가 Whyte가 쓴 기사는 우리의 비판적인 사고, 다시 말하면 우리가 믿기 전에 생각해야 한다는 것을 발전시키는데 도움을 주었지요. 비록 그것이 사실이 아닐지라도, 그것에 충분한 증거가 있는가, 또는 나 자신에게 모순은 없는, 또는 우리가 우리 자신의 믿음에 충실하겠다고 결정하는가.

9. 만일 당신이 하나의 학습자 집단과 만날 수 있다면, 이 장에서 기술된 교실 기법 몇 가지를 시험해 보라. 그 단원을 녹음하고 검토해 보라. 무엇이 효과적으로 작용했는가? 별로 성공적이지 못한 것은 무엇인가? 왜 그런가? 다음 번에 당신은 무엇을 다르게 할 것인가?

## ◆ 참고문헌

Brindley, G. 1984. *Needs Analysis and Objective Setting in the Adult Migrant Education* Program. Sydney: AMES.

Brindley, G. 1986. *The Assessment of Second Language Proficiency: Issues and Approaches.* Adelaide: NCRC.

Munby, J. 1978. *Communicative Syllabus Design.* Cambridge: Cambridge University Press.

Nunan, D. 1988. *The Learner-Centred Curriculum.* Cambridge: Cambridge University Press.

Richterich, R. 1972. *A Model for the Definition of Learner Needs.* Strabourg: Council of Europe.

Richterich, R., and J-L. Chancerel. 1978. *Identifying the Needs of Adults Learning a Foreign Language.* Strasbourg: Council of Europe.

Widdowson, H. G. 1984. *Learning Purpose and Language Use.* Oxford University Press.

Wright, T. 1987. *Roles of Teachers and Learners.* Oxford: Oxford University Press.

제6장
# 학습과정

제5장에서, 우리는 학습과정 속에서 학습자가 하는 역할에 대해 논하였다. 본 장에서는 학습과정 그 자체에 대하여 더 자세히 들여다보기로 한다. 이 장은 제2장과도 밀접한 관계가 있다. 2장에서는 학습자 유형과 전략을 탐구한 몇몇 주요 연구들을 요약한 바 있는데, 이제부터는 이러한 연구들이 교실에 어떻게 적용될 것인가를 논할 것이다. 다음은 본 장에서 다루어질 개념들이다.

**학습 전략**
◇ 전략의 정의
◇ 학습과정에 있어서의 전략의 중요성
◇ 직접적 전략과 간접적 전략

**교실에서의 전략 도입**
◇ 수업의 예
◇ 교실 과제들

**학습 전략 및 과제**
◇ 학습 전략의 유형

학습자의 독립 격려하기
◇ 목표 설정
◇ 자체 측정 및 평가
◇ 학습자의 선택

## 전반적인 학습과정(learning strategies)

### ◆ 전략의 정의

전략이란 학습자들이 언어를 배우거나 사용하기 위하여 사용하는 정신적 또는 의사소통적인 과정을 일컫는다. 어떤 학습이든 그 기저에는 적어도 하나 이상의 전략이 있다. 그러나 대부분 교실 학습자들은 자신들이 사용하는 전략에 관해 의식하지 못한다.

### ◆ 학습과정에 있어서의 전략의 중요성

전략에 대해 아는 것은 중요한데, 이는 자신이 하고 있는 일을 더 잘 알고, 자신이 관계하고 있는 학습의 근간을 이루는 과정에 대해 의식하고 있을 때, 더욱 효과적인 학습이 일어날 수 있기 때문이다. 2장에서 언급한 연구들에서 보여주듯이, 학습자들이 자신의 학습 기저에 있는 전략들에 대해 배울 때 동기가 증가한다. 따라서, 학습이 어떻게 진행되는가를 살피고 다양한 전략들에 대하여 실험함에 아울러, 명시적으로 전략을 가르친다면 더욱 효율적인 학습이 될 수 있을 것이다.

언어 학습 전략 분야의 선구적인 교사 및 연구자들 중 한 사람으로 꼽히는 Rebecca Oxford는 전략이 두 가지 이유에서 중요하다고 주장한다. 첫째로, 전략은 "능동적이고 자발적인 개입으로서, 이는 의사소통 능력을 발달시키는데 필수적이다"(1990: 1). 둘째로, 적절한 학습 전략을 개발해

낸 학습자들은 더 큰 자신감을 가지게 되며, 더 효율적으로 학습한다. Oxford는 전략에 대해 소개하면서 전략의 열두 가지 주요 측면을 밝히고 있다. Oxford에 따르면, 언어 학습 전략은

◇ 최종 목표인 의사소통능력에 기여한다.
◇ 학습자들이 보다 자발적으로 방향을 잡아가게 한다.
◇ 교사의 역할을 확장시킨다.
◇ 문제-중심적(problem-oriented)이다.
◇ 학습자가 취하는 특정 행동들이다.
◇ 학습자의 인지적인 측면 뿐 아니라 행동적인 측면도 포함한다.
◇ 직접, 간접적으로 학습을 도와준다.
◇ 늘 관찰 가능한 것은 아니다.
◇ 의식적인 경우가 잦다.
◇ 가르쳐질 수 있다.
◇ 융통성이 있다.
◇ 다양한 요소들의 영향을 받는다.

◆ 직접적 전략과 간접적 전략

Oxford는 직접적 전략(direct strategies)과 간접적 전략(indirect strategies)을 구분하고 있다. 직접적 전략들에는 기억(memorizing), 분석(analyzing) 및 추론(reasoning), 지적 추측(guessing intelligently) 등이 있으며, 간접적 전략들에는 자기 학습 평가 및 다른 사람과 협조하기 등이 있다.

## 교실에서의 전략 도입

본 절에서는 어떻게 전략들을 교실에 도입할 것인가를 살펴보겠다. 이

부분을 읽어감에 있어, 전략들은 언어 수업의 지속적 과정 속에 가능한 한 많이 통합되어야 한다는 점을 염두에 두는 것이 중요하다. 필자가 방문하였던 학교 중에는 전략을 언어 수업과 별개로 제시하는 곳이 더러 있었는데, 이는 잘못된 것이다. 이렇게 하면 학습자들이 전략이 언어학습에 어떻게 관련되어 있는지에 대해 깨닫고 전략을 학습에 적용하는 것이 힘들어진다.

### ◆ 수업의 예

아래의 내용은 수년 전에 필자 자신의 수업에 대하여 이야기체로 계속 써온 기록의 일부이다. 첫 수업에서 나는 두 가지를 하고자 했다. 그 하나는 수업을 듣는 학생들이 어떤 학습을 선호하는가에 대한 정보를 수집하는 것이고, 두 번째는 교육적인 분위기를 조성하고, 내가 이 수업에서 학생들로부터 어느 정도의 참여도와 노력을 원하는지에 대하여 학생들 스스로 가늠하도록 하는 것이었다.

내 첫 수업이 시작되는 아침이다. 교탁에 여러 가지 물건들을 내려놓으면서, 학생들이 예민하게 자리 이동을 하는 것을 느낄 수 있다. 나는 학생들에게 이 수업이 이제까지의 다른 수업들과는 조금 다를 것이며, 수업 목적은 그들의 언어기능, 특히 말하기 기능을 향상시키는 것이지만, 학습 기술을 향상시키는 것도 목표 중의 하나라고 이야기한다. 그들과 함께 하는 제한된 시간 동안 나는 영어라는 언어 퍼즐 맞추기의 매우 작은 부분밖에는 가르칠 수 없을 것임을 지적하고, 그렇기 때문에 우리가 함께 하는 시간의 일부를 할애하여 학생들이 보다 효율적인 학습자가 되도록 도와주는 과제들을 시행하게 될 것이라고 말해준다. 그들은 말없이 주시하며 이 모든 말을 받아들인다. 구두 언어 기능을 향상시킨다는 목표는 지난주에 학생들과의 협의를 통하여 정해진 것이므로, 수업은 소집단 단위의 문제-해결 과제(problem-soloving tasks)의 형식으로 진행될 것이라고 학생들에게 말한다. 학생들을 4인 1조의 소집단별로 모이도록 하고, 다음 주부터는 여덟 명이 더 수업에 들어올 것이라고 예고하였다(이 학생들에게는 이미 면접을 시행했었고 어떤 식으로 배우고 싶어하는가에 대해서도 물어 보았었다). 나는 이 여덟 명의 학생들이 말한 내용을 요약한 아래 유인물을 나누어주었다.

---

Student A: What helped me most to learn English? Let's see, reading all sorts of printed material, listening to native speakers on the radio, TV, and films finding opportunities to use English out of class.

Student B: The things that helped me least, well, I would say memorizing grammar rules, reading aloud one by one around the class, doing boring grammar exercises.

Student C: Language taught inside the classroom is not sufficient to make a person a competent speaker in the real world. You need to use the language outside of the classroom.

Student D: Practising through conversations and using the media, especially TV with subtitles and newspapers. You must have someone who is proficient in the language to speak with in order to learn the language sufficiently well.

Student E: I find that motivation is vital in the success of learning a foreign language. Strong interest, sheer determination and motivation to learn a second language were the most important things for me.

Student F: I would say "teacher talk" helped me least. Looking back, I wish he had given me more opportunities to use the language in class, especially speaking it inside and outside the classroom. It would have been more fun and challenging if I was thrown into the deep end.

Student G: The thing I liked least was negative oral criticism and punishment for wrong answers. Dull teachers creativity or who are inactive/cannot be heard clearly.

Student H: what helped me most was constant drilling, and when I had my own textbook and made notes from teacher explanations.

---

나는 각 소집단에게 이 내용을 읽고 토의하여, (a) 어떤 학생이 자기 소집단에 들어오면 좋을까, (b) 어떤 학생은 자기 소집단에 절대로 들어

오면 안 될까를 결정하도록 했다. 학생들에게 질문이 있는지 물어보고, 과제 수행에 관한 질문 두 가지에 답변했다. 그리고 나서, 이 과제에 25분이 주어진다고 말해 주었다. 학생들이 들은 내용을 소화하고 유인물을 읽기 시작하느라고 잠시 충격으로 인한 고요가 지속되었다. 나는 방을 나감으로써 경기가 시작되었음을 알렸다. 내가 돌아왔을 때, 분위기는 극적으로 전환되어 있었다. 학생들은 각자의 소집단 안에서 활기차게 이야기하고 있다. 나는 소집단 활동을 중지시키고, 보고를 듣는 일로 넘어갔다.

수업에 관한 이 짧은 기록은 한 강좌의 첫 교시를 보여주고 있는데, 그 주요 요소는 교섭(negotiation)이다. 이 강좌의 제3주까지 학생들은 무엇을 배우며 어떻게 이에 접근해야 할 지에 관한 중요한 결정들을 내리고 있었다. 그러나 첫 3주 동안, 학습자들에게 학습자 자신들이 선호하는 학습 유형, 전략들을 알아내고 정리하게 할 뿐 아니라, 그들이 교사 및 동료 학생들과 함께 교육과정을 놓고 교섭하는데 필요한 다른 주요 기술들을 갖추게 하기 위해 많은 에너지가 투여되었다. 이 실제 수업 예를 본 절에 포함시킨 이유는 교섭이 절대적(all-or-nothing)인 개념이 아니라는 점과, 초기에는 교섭의 철학이 교사-주도적 교실 속에서도 이루어질 수 있음을 보여주기 위해서이다.

◆ **교실수업 과제들의 예**

필자는 수업을 듣는 학습자들에게 "어떻게 배우는가를 배우는 것(learning-how-to-learn)"에 다음과 같은 측면들이 있음을 깨닫게 하려고 노력한다.

◇ 전반적인 학습 과정
◇ 학습이 일어나는 맥락 또는 환경에 대한 민감성의 증가

◇ 4기능(즉, 듣기, 말하기, 읽기, 쓰기) 다루기
◇ 발음, 어휘, 문법, 담화의 언어 체계 다루기

이 측면들 각각을 보여주는 과제들의 예를 아래에 소개하였다.

### 전반적인 학습과정

한 강좌의 초반부에는 수업 속에서 학습자가 학습 및 학습자가 된다는 것의 대체적인 의미에 초점을 두도록 한다. 필자는 학습자로 하여금 어떤 방식으로 가장 잘 배우기를 원하는지, 어떤 방식이 효과가 있으며 어떤 방식이 효과가 없는지에 대해 생각해 보게 하는 일련의 과제들을 개발해 내거나 응용하였다. 또한 학습자들이 자신의 생각이나 선호도, 태도들을 다른 학습자들과 비교하도록 하였다. 아래에 예시한 과제는 Gibbs(1989) 등을 응용한 것으로, 학생들이 자신들의 학습에 대한 대체적인 성향을 파악하도록 돕기 위하여 사용되었다.

---

**당신의 성향은?**

**과제 1**

다음 진술들을 살펴보고, 어느 진술이 자신을 가장 정확히 묘사하고 있는지 정하시오 (각각의 진술이 모두 자기에게 조금씩은 해당된다고 생각되더라도, 자신에게 가장 흡사하다고 생각되는 것 하나를 고르도록 노력할 것).

*진술 A:* "나는 매우 경쟁적이다. 공부할 때에는 매우 조직적이며, 잘하고 싶어한다."

*진술 B:* "나는 교사가 정확하게 무엇을 하라고 지시해주는 것이 좋다. 나는 공부 시간을 대부분 교사나 책에서 가르쳐주는 것을 외우는데 사용한다."

*진술 C:* "나는 내가 무엇을 배우고 있으며, 왜 그것을 배우는지를 이해하고 싶어한다."

**과제 2**

이제 다음 설문지를 완성하시오.
아래 문장들에 대하여 해당되는 번호에 동그라미 하시오.

4 = 전적으로 찬성이다.
3 = 대체로 찬성한다.
2 = 잘 모르겠다.
1 = 대체로 반대한다.
0 = 전적으로 반대한다.

1. 나는 공부시간을 효율적으로 조직하는 것이 쉽다.  4 3 2 1 0 [A]
2. 나는 글을 쓰거나 다른 작업을 할 때 해야 할 일을 정확하게 듣기를 원한다.  4 3 2 1 0 [B]
3. 내가 듣는 영어 과목을 정말 잘하는 것이 나에게 중요하다.  4 3 2 1 0 [A]
4. 나는 일을 할 때 우선 내가 무엇을 해야하는가를 철저하게 이해하고자 노력한다.  4 3 2 1 0 [C]
5. 공부하는 동안, 나는 나중에 중요할지도 모르는 사실들을 암기하려고 노력한다.  4 3 2 1 0 [B]
6. 어떤 일을 할 때. 나는 교사가 원하는 결과물— 그것이 나의 생각과 다르더라도— 을 도출하려고 노력한다.  4 3 2 1 0 [A]
7. 내가 이 강좌를 듣는 주요 이유는 내가 정말로 좋아하는 과목에 대해 좀더 잘 알고 싶어서이다.  4 3 2 1 0 [C]
8. 나는 이 강좌의 주 내용보다는 자격증을 얻는데 더 관심이 있다.  4 3 2 1 0 [B]
9. 저녁에 할 일이 있으면 그것을 뒤로 미루지 않고 즉시 시작한다.  4 3 2 1 0 [A]
10. 나는 손대기 어려워 보이는 것들에 대해 이해하려 노력하는데 많은 힘을 쏟는다.  4 3 2 1 0 [C]
11. 나는 제대로 이해할 기회도 갖지 못한 채 무엇을 배워야 할 경우가 자주 있다.  4 3 2 1 0 [B]
12. 수업 속에 내가 좋아하지 않는 것들이 있으면 나는 대체로 그것들을 바꾸려 한다.  4 3 2 1 0 [A]
13. 나는 수업에서 배운 내용이나 책에서 읽은 내용에 관해 자주 스스로 질문을 던지곤 한다.  4 3 2 1 0 [C]
14. 나는 강좌에서 요구되는 것 이상은 거의 하지 않는다.  4 3 2 1 0 [B]
15. 할 수만 있다면 내 친구들보다 더 잘하는 것이 내게 중요하다.  4 3 2 1 0 [A]
16. 나는 수업 속에서 나온 재미있는 주제들에 대해 더 알기 위하여 수업 밖에서 많은 시간을 소요한다.  4 3 2 1 0 [C]

17. 수업 중에 공부한 것들이 매우 재미있으며, 이 강좌가 끝       4 3 2 1 0 [C]
    나도 계속 그것들에 대해 공부하고 싶다.
18. 나는 교실에서 배운 것을 암기하는데 많은 시간을 써야       4 3 2 1 0 [B]
    함을 깨닫는다.

## 과제 3

각 문항 끝에 표시된 A, B, C를 보고, A, B, C 별로
자기가 동그라미한 숫자들을 쓰시오. 각 세로줄의
숫자를 더해 총점을 계산하시오 (가장 높은 점수가
나온 것이 자신의 전반적 성향을 표시함).

|   | A | B | C |
|---|---|---|---|
|   | ___ | ___ | ___ |
|   | ___ | ___ | ___ |
|   | ___ | ___ | ___ |
|   | ___ | ___ | ___ |
|   | ___ | ___ | ___ |
|   | ___ | ___ | ___ |
| Totals | ___ | ___ | ___ |

## 과제 4

과제 1에서 자기와 같은 결과가 나온 사람을 찾아보시오. 과제 2의 설문지에 쓴 답들을 상대방과 비교하고 유사점 및 차이점을 알아보시오. 두 사람이 가장 높은 점수를 받은 부문이 서로 일치하는가 대조해보시오.

## 과제 5

서너 명의 다른 학생들과 함께 비교해 보시오. 소그룹을 조직함에 있어, 위의 세 가지 성향을 각각 대표할 사람들이 한 사람씩 있도록 하시오. 아래 설명들을 살펴보고 이 설명들이 과제 2의 설문을 통해 나타난 성향들을 정확히 기술한 것인지 생각해 보시오.

**만일 당신이 A에서 가장 높은 점수를 받았다면:**
이것은 "성취적 성향(achieving orientation)"에 대한 24점 만점 중 당신이 받은 점수로서, 경쟁심, 조직적 학습 방법, 성공에 대한 열망 등의 지표이다. 이 부문에서 높은 점수를 받은 학습자들은 어떤 일이든 간에 잘하고자 하는 성향을 가지고 있으며, 실제로 잘 해내는 경향이 있다.

**만일 당신이 B에서 가장 높은 점수를 받았다면:**
이는 "재생적 성향(reproducing orientation)"에 대한 24점 만점 중 당신이 받은 점수로서, 학습에 대해 표면적으로 접근하는 방식을 나타낸다. 이 부문에서 높은 점수를 받은 학습자들은 배우는 내용을 암기하려 하고, 과목 그 자체에는 관

심이 없으며 단지 과목에 합격하거나 자격증을 얻는데 관심이 있다. … 합격하는데 관심은 있지만, 대체적으로 잘 하지는 못한다.

**만일 당신이 C에서 가장 높은 점수를 받았다면:**
이는 "의미적 성향(meaning orientation)"에 대한 24점 만점 중 당신이 받은 점수로서, 학습에 대한 심도 있는 접근성향을 가리키며, 배우는 것을 이해하려는 의도, 과목 그 자체에 대한 흥미, 그리고 배우려는 욕구 등을 나타낸다. 이 부문에서 높은 점수를 받은 학습자들은 강좌에서 평가하는 부분 이외의 것들이라 할지라도 흥미를 느끼는 부분이 있을 때 자신의 흥미를 따라간다.

G. Gibbs, S. Habeshaw, & T. Habeshaw(1989)에서 응용

### 학습의 맥락 및 환경

두 번째 초점은 학습과정이 일어나는 맥락 및 환경이다. 여기서 필자는 전체 활동, 2인조 활동, 그룹 활동, 개별 학습, 협동 학습(cooperative learning), 자아-접근적 학습(self-access learning), 교실 밖 학습 등의 다양한 방식의 활동들에 대한 성찰적 태도와 기술들을 발전시키도록 돕는 과제들을 고안하였다.

아래 일련의 과제들은 독립적 학습(independent learning)에 어느 정도 경험이 있으며, 이제 학습목표를 세우고, 이를 이루기 위한 적절한 절차 및 사용 가능한 자원들을 밝혀내고, 현실적인 시간 계획을 설정하고, 학습에 대한 자체 평가방법을 알아낼 필요가 있는 학습자들을 위해 고안된 것이다.

## 학습 약정서(learning contract)

**과제 1**

다음의 학습 약정서를 완성하시오.

1. 수업 기간. From: _____ to: _____
2. 예정된 만날 시간: _____
3. 학습목표 :
   _____
   _____
   _____

4. 목표 달성 절차 :
   _____
   _____
   _____

5. 사용 가능한 자원 :
   _____
   _____

6. 평가 (목표를 달성했는지 어떻게 알 수 있을 것인가?) :
   _____
   _____
   _____

**과제 2**

짝끼리 약정서를 교환하시오. 짝의 약정서 내용을 아래 사항에 비추어 검토하시오.

    목표는 이루고자 하는 것을 명료하게 기술하고 있는가?
    절차 및 자원은 목표와 일관되게 정해졌는가?
    목표와 시간 계획 등은 현실적인가?
    목표가 달성되었다는 증거가 다른 관찰자가 보기에도 합당한 것인가?

**과제 3**

짝에게 물어볼 질문 세 가지를 쓰고, 약정서의 내용을 향상시킬 세 가지 제안 사항을 쓰시오.

질문
1. _____
2. _____
3. _____

제안
1. _____
   _____
2. _____
   _____
3. _____
   _____

질문들과 제안들에 대해 짝과 토의하시오.

**과제 4**
짝과의 논의를 고려하여 자신의 약정서를 수정하시오.

### 4 기능 다루기

필자가 중점을 두는 세 번째 분야는 4기능과 관련된다. 이 부분에서는 통독하기(skimming), 정보 찾으며 훑어보기(scanning), 선택적 듣기(selective listening), 노트하기(note-taking), 정보 조직하기(organizing information) 등의 기술을 발달시키도록 학습자들을 돕는다. 다시 말해서, 과제들은 학습자로 하여금 듣기, 말하기, 읽기 및 쓰기에서 자신들이 사용할 수 있는 직접적 전략들이 무엇인지 성찰하는 것을 돕는 방향으로 고안되어진다. 아래 과제는 학생들이 모국어가 아닌 언어로 강의를 들어야 하는 학문적 듣기(academic listening) 강좌의 일부이다. 과제의 목적은 학습자들에게 어떻게 하면 이미 알고 있는 것을 사용하여 보다 성공적으로 들을 수 있는지를 보여주려는 것이다.

## 예측하고 확인하기

### 과제 1

"How to succeed in an employment interview"에 대한 짧은 토의 내용을 듣고, 주제와 관련하여 연상되는 단어들을 될 수 있는 한 많이 쓰시오.

**How to Succeed in an Interview**




### 과제 2

두 명의 다른 학생들과 조를 지어서 그들이 쓴 단어들을 자기 목록에 첨가하시오.

### 과제 3

아래 주제를 두 명의 다른 학생들과 함께 살펴보고, 이와 관련된 3~5가지 생각들을 써넣으시오.

주제: Success in an interview depends on being able to talk confidently about yourself, your skills, and your abilities.

관련 생각들:
1. _____
2. _____
3. _____
4. _____
5. _____

### 과제 4

이제 강의를 듣고, 듣기 교재에 있는 말이나 생각들 중 자신의 목록에 있는 것과 일치하는 것을 표시하시오.

> **과제 5**
> 다시 듣고, 강의의 주요 단어들의 목록을 작성하시오.
> _____
> _____
> _____
> _____
>
> **과제 6**
> 자기의 목록을 다른 두 학생과 비교하시오.

### 언어적 체계들(linguistic systems)

전략 훈련이 학습자들을 도울 수 있는 마지막 분야는 발음, 어휘, 문법, 담화를 다루는 접근법에 관한 것이다. 이 부분은 학습자들에게 모르는 단어의 의미를 알아내기 위해 어떻게 맥락을 사용할 것인가, 스스로의 발음을 어떻게 모니터할 것인가, 귀납적, 연역적 경험들을 통해 어떻게 문법적인 인식(grammatical awareness)을 발전시킬 것인가를 보여준다. 학습자가 맥락 속에서 문법의 기능에 대한 의식을 고취하도록 하는 매우 효과적인 방법이 "어휘 받아쓰기(dictogloss)" 방법이다. 이 기술을 교실에 도입하는 데 필요한 단계들이 아래 제시되어 있는데, 문법을 점검하고 문법에 대한 성찰을 독려하는데 특히 효용이 있다.

> **어휘 받아쓰기(dictogloss)**
>
> **과제 1**
> 이 과제에서는 짧은 글을 읽어 줄 것이다. 2회 반복해서 이 글을 들으면서 최대한 많은 단어 또는 어구를 받아 적어보자.
> _____
> _____
> _____

> **과제 2**
> 이제 두세 명의 학생들과 함께 받아쓴 내용을 서로 나누고, 원래 글의 내용에 가깝게 자신들의 말로 표현할 수 있는지 시도해 보자. 글을 재구성하는 것이 끝나면, 철자, 발음, 문법적 정확성의 면에서 면밀히 검토해 보자.
> _____
> _____
> _____
> _____
>
> **과제 3**
> 자기 소집단이 재구해 낸 글을 다른 그룹과 비교해 보고, 유사점과 차이점을 찾아보자.
>
> | 유사점 | 차이점 |
> |---|---|
> | _____ | _____ |
> | _____ | _____ |
> | _____ | _____ |

## 학습 전략 및 과제

### ◆ 학습 전략의 유형

교실에 도입되는 모든 과제들의 밑바탕에는 어떤 종류이든 학습 전략이 존재한다. 때로는, 겉보기에 완연히 다른 과제들이 실상 동일한 전략을 기초로 한 것인 경우도 있다. 교사들은 교실에서 전형적으로 사용되는 과제들의 기저에 있는 전략들이 무엇인지 확인하고 나서, 과제들이 상당히 제한된 범위의 전략들에 근거함을 발견하고 놀라기도 한다.

필자 자신의 수업이나 교과서 저술을 위해, 필자는 아래와 같이 전략 유형을 설정하였다. 학생들의 나이나 언어 능숙도, 중점적 기능, 개별 학습자의 필요에 따라, 일정 전략들이 다른 전략들보다 더 빈번히 사용될 수 있다. 본 절의 남은 부분에서는 좀더 일상적으로 사용되는 언어 전략들에 대해 설명하고, 왜 이 전략들이 중요하며 어떻게 학습 과정을 도울 수 있는가를 논할 것이다. 첨부된 예들은 여러 다른 출처로부터 발췌한 것이다. 최근 출간된 교과서들을 훑어보면서, 더 많은 저자들이 전략과 전략인식을 교재 속에 포함시키고 있음을 발견하고 반가움을 느꼈음도 덧붙이고 싶다.

**인지적(cognitive) 전략**

| | |
|---|---|
| *분류하기*(classifying) | 비슷한 것들을 부류별로 나누기<br>예: 인명들을 검토하여 남자 이름과 여자 이름으로 분류하기 |
| *예측하기*(predicting) | 학습과정에서 앞으로 나올 것을 예측하기<br>예: 한 과의 제목과 목표를 읽고 무엇을 배울 것인지 예측하기 |
| *귀납하기*(inducing) | 일정한 문형(pattern)이나 규칙성 찾기<br>예: 대화를 살펴보고 단순 과거 시제를 만드는 규칙 발견하기 |
| *노트하기*(taking notes) | 텍스트 속의 중요한 정보를 자신의 말로 쓰기 |
| *개념도 만들기*(concept mapping) | 텍스트 속의 개념을 개념도 형태로 만들기 |
| *추론하기*(inferencing) | 새로운 것을 배우기 위해 이미 알고 있는 것을 사용하기 |
| *구분하기*(discriminating) | 주요 개념(main idea)과 이를 받쳐주는 개념들(supporting ideas)을 구분하기 |
| 도표 만들기(diagramming) | 텍스트의 정보를 사용하여 도표에 표시하기 |

**대인적(interpersonal) 전략**

| | |
|---|---|
| *협동하기*(cooperating) | 다른 학생들과 생각을 나누고 함께 배우기<br>예: 소그룹 활동으로 텍스트를 읽고 표 채우기 |
| *역할놀이*(role-playing) | 다른 사람의 역할을 가장하여 그 상황에서의 언어표현 사용하기 |

|  |  |
|---|---|
|  | 예: 리포터라고 가정하고, 글에서 정보를 얻어 작가 인터뷰하기 |

### 언어적(linguistic) 전략

| | |
|---|---|
| *대화적 문형*(conversational patterns) | 대화를 시작하고 유지하기 위한 표현들 사용하기<br>예: 상황과 그에 알맞은 관용적 표현 짝짓기 |
| *연습하기*(practicing) | 지식 및 기능을 향상시키기 위한 통제 연습 시행 |
| *맥락 사용하기*(using context) | 주변 맥락을 사용하여 모르는 단어, 구, 개념 등의 의미를 추측하기 |
| *요약하기*(summarizing) | 텍스트의 요점을 잡아내고 요약하여 제시하기 |
| *선택적 듣기*(selective listening) | 개개 단어를 다 이해하지 않고, 주요 정보를 위해 듣기<br>예: 대화를 듣고 대화자의 수를 알아내기 |
| *통독*(skimming) | 텍스트의 전체적 개념을 얻기 위해 빠른 속도로 읽기<br>예: 텍스트가 신문기사인지, 편지글인지, 광고문인지 결정하기 |

### 정의적(affective) 전략

| | |
|---|---|
| *개인화하기*(personalizing) | 학습자들이 한 가지 주제에 대한 자신의 의견, 느낌, 생각 등을 공유하는 것<br>예: 도움이 필요한 친구로부터 온 편지 읽고 조언해 주기 |
| *자기 평가*(self-evaluating) | 학습과제를 얼마나 잘 수행했는지 스스로 생각해보고 점수 매겨보기 |
| *성찰하기*(reflecting) | 자신이 가장 잘 학습할 수 있는 방법들이 무엇인가 생각하기 |

### 창의적(creative) 전략

| | |
|---|---|
| *브레인스토밍*(brainstorming) | 할 수 있는 한 많은 새로운 단어 및 개념 생각해 내기<br>예: 소그룹별로 생각나는 한 많은 직업 생각해 내기 |

### 분류하기(classifying)

학습자들에게 어휘 목록을 의미적 부류들로 나누도록 하는 아래와 같은 과제들은 분류하기 과제에 속한다. 분류하기 과제가 학습자에게 유익한 것은 항목들이 서로 분리된 항목으로서보다는 의미있는 방식으로 부류에 속하게 될 때 더 기억하기 쉬워지기 때문이다. <그림 6-1>은 그 예시이다.

**UNIT REVIEW:** *Word Power*

Group these words and phrases from the unit into the categories below.

| | | |
|---|---|---|
| ~~bus~~ | drive | lack of oxygen |
| row | river | brilliant sunsets |
| fatigue | ranch | fear |
| subway | wildflowers | rowboat |
| fly | dehydration | fractured ribs |
| canyon | mule | ship |
| ocean | plane | ride |
| museum | imbalance | train |
| jet lag | dolphin | sadness |
| terror | cliffs | walk |
| bicycle | airport | stores |
| cacti | | bighorn sheep |

| Travel | | | |
|---|---|---|---|
| Forms of Transportation | Ways to Travel (Verbs) | Things to See on Trips | Possible Problems on Trips |
| bus | | | |

그림 6-1 *Reading Workout*, Heinle & Heinle Publishers

**Before You Listen**

Work in pairs. Look at the ad on page 134 for a bicycle shop from the yellow pages of the telephone book. What things do you think you might hear on a telephone message for this store? Make a list. Then compare your answers with one other student's.

1. _____
2. _____
3. _____

그림 6-2 *Get It? Got It!*,   Heinle & Heinle Publishers

**3**  **PairWork**  Draw a line to show where each adverb should go in each sentence.

| | | |
|---|---|---|
| a | Is it warm in the evening? | usually |
| b | It is cold in Rio de Janeiro. | rarely |
| c | Does it snow in New York? | often |
| d | It is wet in London. | always |
| e | It snows in Sydney. | never |

그림 6-3 *ATLAS* – Book 2, Heinle & Heinle Publishers

### 예측하기(predicting)

예측하기, 또는 내다보기(looking ahead)라 할 수 있는 이 전략은 학습자들이 앞으로 일어날 것을 예측할 수 있도록 도와준다. 이 방법은 학습자들이 새로운 자료에 대해 제대로 준비되게 함으로써 더욱 효율적인 학습을 가져온다. <그림 6-2>를 참조하라.

### 귀납하기(inducing)

학습에 대한 귀납적 접근법에서, 학생들은 자료를 접하게 되며 이로부터 스스로 규칙들 및 원리들을 추출해 낼 수 있는 기회를 체계적으로 제공받는다. 요컨대 단순히 규칙을 말해주는 경우보다 학습자가 스스로 문제를 해결해 내는 기회를 가질 때 정보가 더 깊이 처리된다는 것이다. <그림 6-3>을 참조하라.

### 추론하기(inferencing)

추론은 새로운 것을 배우기 위해 이미 알고 있는 것을 사용하는 것과 관계된다. 학습이란 근본적으로 새로운 것과 이미 알고 있는 것을 연결시키는 것이므로, 추론하기는 매우 중요한 전략이라 할 수 있다. <그림 6-4>를 참조하라.

### 구분하기(discriminating)

구분하기는 구어 및 문어 텍스트의 주요 개념(main idea)과 이를 받쳐주는 보조 정보(supporting information)를 구분하는 것을 의미한다. 텍스트 내의 가장 중요한 정보를 찾아낼 수 있는 학습자는 더 효율적으로 듣고 읽을 수 있다. 이들은 언어를 더욱 신속히 처리할 수 있고, 화자나 저자의 주요한 메시지를 더 효율적으로 집어내고 기억할 수 있다. <그림 6-5a> 및 <그림 6-5b>를 참조하라.

8. **Class Work.** Writers often suggest what they mean rather than stating it directly. Readers must then make inferences, or draw logical conclusions, based on the available information. What inferences can you make about the slave traders and the Ibo people based on the information in the sentences below?

> **READING STRATEGY:**
> **Making Inferences**
> See page 225.

a. While the slave traders were in Africa, they went by the Ibo tribe, and they found eighteen grown people. They fooled them. They told them, "We want you to go to America to work."

What inferences can you make about the slave traders from the information in these sentences?

*The slave traders weren't honest.*

b. When these people got to St. Simon's Island, they found out that they had been tricked and they were going to be sold as slaves. Then all eighteen of these people agreed together. They all said, "No! Rather than be a slave here in America, we would rather be dead."

What inferences can you make about the people from the Ibo tribe based on the information in these sentences?

그림 6-4 *Multicultural Workshop* – Book 2,    Heinle & Heinle Publishers

---

• **A. Reading Overview: Main Idea, Details, and Summary**

Read the passage again. As you read, underline what you think are the most important ideas in the reading. Then, in one or two sentences, write the main idea of the reading. *Use your own words.*

**Main idea:**

그림 6-5a *Topics for Today*,    Heinle & Heinle Publishers

**Details:**

Use the chart below to organize the information in the article. Refer back to the information you underlined in the passage as a guide. When you have finished, write a brief summary of the reading. *Use your own words.*

**A Nuclear Graveyard**

| The Nuclear Repository Controversy: To Use or Not to Use the Yucca Mountain Site ||
|---|---|
| Arguments Against Using This Site | Arguments in Favor of Using This Site |
|  |  |
|  |  |
|  |  |
|  |  |
|  |  |
|  |  |

**Summary:**

그림 6-5b *Topics for Today,* Heinle & Heinle Publishers

> **PLAN A TRIP**
>
> With a group of three students, consult the information from the tables above, and choose a city that you would like to visit. Describe to your class your choice of destination and the reasons your group chose it. Next, as a group, write a letter to its tourist board (addresses below), or visit a local travel agency to get more information. When you receive the information, read it, and create a poster advertising your destination. Include information from the tables in this chapter, as well as photos or information included in the promotional literature you received in the mail.
>
> Argentinean Tourist Information
> 330 West 58th Street
> New York, NY 10019
>
> Brazilian Consulate General
> 3810 Wilshire Blvd.
> Los Angeles, CA 90010
>
> British Tourist Authority
> 40 West 57th Street
> New York, NY 10019
>
> Egyptian Tourist Authority
> 323 Geary Street
> San Francisco, CA 94102
>
> French Government Tourist Office
> 610 Fifth Avenue
> New York, NY 10020
>
> Hong Kong Tourist Association
> 548 5th Avenue
> New York, NY 10036
>
> Italian Government Travel Office
> 630 Fifth Avenue
> New York, NY 10111
>
> Japan National Tourist Office
> 360 Post Street
> San Francisco, CA 94108
>
> Mexican Tourist Office
> 10100 Santa Monica Boulevard
> Los Angeles, CA 90067
>
> Russian Intourist
> 630 Fifth Avenue
> New York, NY 10111
>
> Singapore Tourist Board
> 342 Madison Avenue
> New York, NY 10173
>
> Spanish Tourist Office
> 665 Fifth Avenue
> New York, NY 10022
>
> Thailand Tourism Authority
> 3440 Wilshire Blvd.
> Los Angeles, CA 90010

그림 6-6 *Global Views*, Heinle & Heinle Publishers

### 협동하기(cooperating)

우리는 협력할 때 다른 학생들과 생각을 나눈다. 이 원칙은 "백지장도 맞들면 낫다(Two heads are better than one)"라는 격언을 의미를 살리는 것이라 하겠다. 이 원칙은 언어 학습에서 특별히 효과적인데, 이는 학생들이 협력을 하기 위해서는 서로 의사를 소통해야 하기 때문이다. <그림

6-6>을 참조하라.

### 연습하기(practicing)

언어기능을 향상시키는 본질적인 전략은 연습이다. 이는 지식 또는 기능을 향상하기 위해 통제된 연습을 하는 것을 의미한다. <그림 6-7>을 참조하라.

> **The Sound of It: Understanding Intonation in Negative Questions**
>
> People often use statement word order to ask a negative question if they think the answer will be "no." Their intonation goes up. Here's an example from Conversation 1.
>     EXAMPLE:  Question: You don't have one?
> In many languages, people answer "yes" because they're thinking, "Yes, that's right. I don't have one." But in English the answer is "no."
>     EXAMPLE:  Question: You don't have one?
>                     Answer: No (I don't).
>
> A. With a partner, take turns asking and answering these questions. In each case, answer "no" and give the correct answer. Then listen and check your answers.
>     EXAMPLE:  a:    The main language of Quebec isn't English?
>                       b:    _No, it's French_    (French)
>     1. a:  It's not strange to experience culture shock?
>        b:  _____ (normal)
>     2. a:  Osaka isn't the capital of Japan?
>        b:  _____ (Tokyo)
>     3. a:  Men don't usually talk much at home?
>        b:  _____ (in public)
>     4. a:  Women don't usually talk much in public?
>        b:  _____ (at home)
>     5. a:  English isn't easy?
>        b:  _____ (hard)
>     6. a:  You're not from Canada?
>        b:  _____

그림 6-7 *Get it? Got it!*,   Heinle & Heinle Publishers

> **E. Listen for Numbers**
> Read these questions about the story asking *How far* and *How long*. Then listen to the story again and answer with the questions.
>
> 1. How long are they going to be on vacation? _____
> 2. How far is it from Ohio to the Shenandoah National Park? _____
> 3. How long are they going to stay at the park? _____
> 4. How far is it from the park to Wilmington? _____
> 5. How long are they going to stay in North Carolina? _____
> 6. How far is it from Wilmington to Orlando? _____
> 7. How far are they staying from Disney World? _____
> 8. How far is it from Orlando back to Columbus? _____

그림 6-8 *Listen to Me*, Heinle & Heinle Publishers

### 선택적 듣기(selective listening)

개개 단어를 다 이해하려 하지 않고 주요 정보만 선택적으로 듣는 것은 학습자들에게 중요한 전략이다. 학습자가 교실 밖의 실제 의사소통 상황에서 효과적으로 대처하기 위해 이 전략은 필수적이다. 학습자들이 원어민 역시 의사소통시 이 전략을 매우 자연스럽게 사용하며, 대부분 듣기 상황에서 모든 단어를 이해하는 것은 사실상 불필요할 뿐 아니라 불가능하다는 것을 깨닫는 것은 중요하다. <그림 6-8>을 참조하라.

## 학습자 독립을 격려하기

◆ 목표 설정

목표를 학습자에게 분명히 주지시키는 것은 교육적 측면에서 여러모로 중요한 장점이 있다. 첫째로는 학습자들에게 앞으로 해나갈 과제들에 대해 주의를 집중하게 해주며, 또한 동기를 증강시킨다. 연구들에 따르면 목표가 명시된 강좌의 학생들은 목표를 비명시적으로 하였던 강좌보다 더 좋은 수행을 보인 것으로 나타난다. 이 분야의 두 연구자는 "목표 설정은 L2 학습 동기를 자극시키는데 있어 무엇보다 중요한 역할을 하며, 따라서 L2 교실에서 목표 설정을 위해 투여되는 노력과 시간이 너무도 적다는 것은 충격적이다"라고 결론짓고 있다 (Oxford & Shearin, 1993).

◆ 자기 측정 및 평가

자기 평가는 자신이 어떤 학습 과제를 어느 정도 잘 해냈는가에 대하여 생각하고 자기 자신에게 점수를 매기는 것을 말한다. 학습자가 스스로 자신의 학습목표에 비추어 자신을 평가하게 함으로써 교사는 학습자의 자아 비판적 능력을 개발시킬 뿐 아니라 학습자들에게 수업과정의 목표에 대해 상기시켜줄 수 있다. 또한 학습자가 교육 사슬의 주요 고리들(예를 들어 학습자의 의사소통적 목표들과 이 목표를 이루기 위한 문법적, 구조적 수단들) 사이를 잇기 시작하도록 촉진시킨다.

◆ 학습자의 선택

학습자들이 스스로 선택을 하도록 격려하는 것 역시 학습자 독립의 주요 측면이다. 효율적인 학습자는 언어 안에 있는 여러 사용 가능한 문법적 수단으로부터 적절한 선택을 하는 학습자이듯, 효율적인 학습자는 또한 학습 과제들이나 전략들의 측면에서도 적절한 선택을 하는 학습자이다. 학습자들이 교실에서, 그리고 교사가 제공하는 교재 속에서 선택을 하도록 함으로써, 우리는 학습자들에게 그들 자신이 스스로의 학습을 결정해 나아가고 주도권을 행사하는 책임을 진다는 중요한 메시지를 전달하는 것이다.

◆ **결론**

    6장에서는 언어 교육에서 언어적 내용 뿐 아니라 학습 전략이 필요함에 대한 이론적, 경험적 근거를 제시하였다. 6장은 학습과정 상에서의 학습자 역할을 다룬 5장의 내용을 보충하고 있으며, 전략이라는 국면을 교실 수업에 도입하는 것의 실용성 문제에 많은 부분이 할애되었다. 이 장의 요지들을 출간, 또는 미출간된 다양한 출처로부터 발췌한 견본 과제들을 살펴봄으로써 이해할 수 있도록 해놓았다.

◆ **제6장의 개념도**

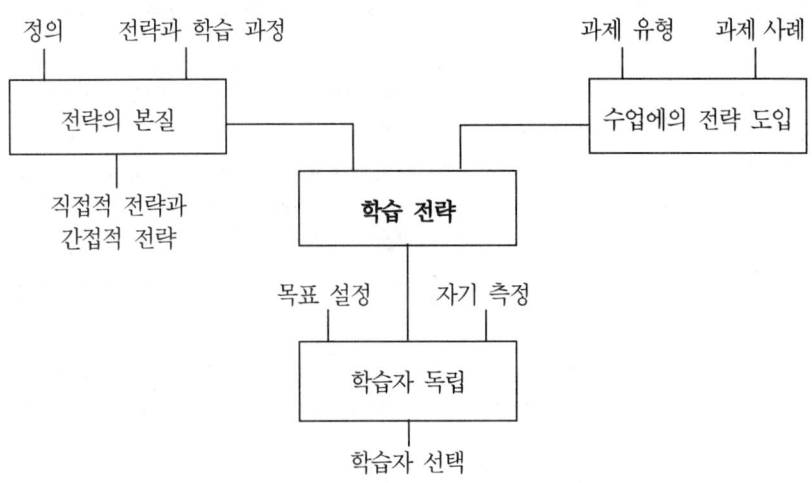

◆ **질문 및 과제**

1. 학습 전략을 자신의 말로 정의하라.
2. 직접적 전략과 간접적 전략의 차이는 무엇인가?
3. 한 교재를 자율적으로 선정하여 한 단원을 분석하라. 그 단원의 과제들의 기저에 깔린 전략들을 찾아내어 이를 나열하고 설명하라. 교재에 포함된 전략

은 어느 정도 광범위한가? 전략들을 유형화해 보라.
4. 전략들 중 한 가지에 중점을 두고 한 단원 또는 단원의 일부를 가르쳐 보라. 이 수업 분량을 녹음/녹화하여 분석하고 논의하라.

### ◆ 참고문헌

Bacon-Shone, J., K. Bolton, and D. Nunan. 1997. Language use, policies and support at the tertiary level. Research Report to the Committee for Research and Conference Grants, University of Hong Kong.

Barnett, M. A. 1988. Teaching reading strategies: how methodology affects language course articulation. *Foreign Language Annals*, 21/2: 109-119.

Blanton, L. L., and L. Lee. 1995. *The Multicultural Workshop*. Boston: Heinle & Heinle.

Brophy, J. 1987. Synthesis of research on strategies for motivationg students to learn. *Educational Research*, 47, 40-48.

Carroll, J. B. 1981. Twenty-five years of research on foreign language aptitude. In K. C. Diller (ed.). *Individual Differences and Universals in Language Learning Aptitude* (pp. 83-118) Rowley, Mass.: Newbury House.

Cohen, A. D. 1996. Language learning strategies instruction and research. AILA '96 Symposium on Learner Autonomy, Finland, August 1996.

Cohen, A. D. and Aphek, E. 1980. Retention of second language vocabulary over time: investigating the role of mnemonic associations. *System*, 8: 221-235.

Cohen, A., S. Weaver, and T. Y. Li. 1995. The impact of strategies-based instruction on speaking a foreign language. Research Report, National Language Resource Center, University of Minnesota.

Ellis, G., and B. Sinclair. 1989. *Learning to Learn English*. Cambridge: Cambridge Unversity Press.

Foley, B. 1994. *Listen to Me: Beginning Listening, Speaking & Pronunciation*. Boston: Heinle & Heinle.

Gardner, R. 1985. *Social Psychology and Second Language Learning: The Role* of *Attitudes and Motivation.* London: Arnold.

Gibbs, G., S. Habeshaw, and T. Habeshaw. 1989. *53 Interesting Ways to Appraise your Teaching.* Bristol, Avon: Technical and Educational Services Ltd.

Green, J. M., and R. Oxford. 1995. A closer look at learning strategies, L2 proficiency, and gender. *TESOL Quarterly,* 29/2: 261-297.

Hatch, E., and A. Lazaraton. 1991. *The Research Manual: Design and Statistics for Applied Linguistics.* New York: Newbury House.

Huizenga, J., and Thomas-Ruzic, M. 1994. *Reading Workout.* Boston: Heinle & Heinle.

Jones, B., A. Palincsar, D. Ogle, and E. Carr. 1987. *Strategic Teaching and Learning: Cognitive Instruction in the Content Areas.* Alexandria, Va.: Association for Supervision and Curriculum Development.

Jones, V., and L. Jones. 1990. *Classroom anagement: Managing and Motivating Students.* Needham Heights, MA: Allyn and Bacon.

McVey Gill, M., and P. Hartmann. 1993. *Get it? Got it!* Boston: Heinle & Heinle.

Nunan, D. 1995a. Self-assessment as a tool for learning. In D. Nunan, R. Berry, and V. Berry (eds.), *Bringing about Change in Language Education.* Hong Kong: Department of Curriculum Studies, University of Hong Kong.

Nunan, D. 1995b. Closing the gap between instruction and learning, *TESOL Quarterly,* 29/1: 133-158.

Nunan, D. 1995c. *ATLAS: Learning-Centered Communication.* Levels 1-4. Boston: Heinle & Heinle/International Thomson Publishing.

O'Malley, J. M., A. U. Chamot, G. Stewner-Manzanares, G. Russo, and L. Kupper. 1985. Learning strategy applications with students of English as a Second Language. *TESOL Quarterly,* 19, 285-296.

O'Malley, J. M. and A. U. Chamot. 1990. *Learning Strategies in Second Language Acquisition.* Cambridge: Cambridge University Press.

Oxford, R. 1990. *Language learning Strategies: What Every Teacher Should know.* Boston: Newbury House.

Smith, L. C., & N. N. Mare. 1997. *Topics for Today.* Boston: Heinle & Heinle.

Sokokik, M. 1993. *Global Views. Reading About World Issues.* Boston: Heinle & Heinle.

Spada, N. 1990. In J. C. Richards and D. Nunan (eds.), *Second Language Teacher Education.* New York: Cambridge University Press.

Tsui, A. 1996. Reticence and anxiety in second language learning. In K. Bailey and D. Nunan (eds.), *Voices from the Classroom: Qualitative Research in Language Education.* New York: Cambridge University Press.

Willing, K. 1990. *Teaching How to Learn.* Sydney: National Centre for English Language Teaching and Research.

Willis, D. 1990. *The Lexical Syllabus.* London: Collins ELT.

## 제3부
# 현장에서의 제2언어 교수

**도입**

이 마지막 절은 듣기, 말하기, 읽기, 그리고 쓰기 교수에 초점을 두고 있다. 나는 이 네 가지 기능들을 분리하여 다루기로 했는데, 이것은 네 기능을 분리하여 가르쳐야 한다는 믿음에서라기보다는 조직하기가 편하기 때문이다. 많은 상황에서, 특히 성인을 다룰 때, 학습자는 다른 세 가지보다 하나의 특정 기능에 중요한 초점을 둘 것을 요구하고 있다는 점을 잘 알고 있지만, 나는 언어 기능의 교수에 있어서 일반적으로 통합 접근법을 좋아한다. 현재, 나는 대학에서 쓰기 기능의 발달에 일차적인 초점을 두는 코스를 가르치고 있다. 그러나 그렇다고 해서 학생들이 읽기, 토론하기 및 듣기를 많이 하지 않는다는 의미는 아니다.

이 절에 있는 장들에서 당신은 처음의 두 절에 나타났던 주제와 관련된 많은 관심사들이 다시 나타나서 출발 시점의 아이디어를 뒷받침하고 있음을 알게 될 것이다. 이 책의 1절은 이론적인 관심사에 중요한 초점을 두고 있고, 2절은 교수법에 대한 응용 연구의 중요성에 강조를 두고 있는 반면, 이 마지막 절은 언어 교수의 실제에 주된 초점을 두고 있다. 이 말은 그러한 기능들에 대해 직접 언급하는 이론과 연구는 다루어지지 않는다는 것이 아니라, 코스의 설계 및 교수법상의 과제 개발과 관련된 문제들에 주된 초점이 주어진다는 뜻이다.

**제7장은 듣기 — 필자의 용어로는 신데렐라 기능 — 를 다루고 있다.** 이 장의 첫 부분은 듣기 과제의 개발, 계열화 및 등급화에서 중요한 고려 사항을 설정하기 전에 먼저 개념적 및 경험적 문제들을 고찰한다.

**제8장은 말하기를 살펴보고 구어와 문어를 구별짓는 것이 무엇인지에 대한 고찰로 시작한다.** 또한 말하기를 꺼려하는 학습자의 용기를 북돋아 주고 동기를 부여하는 방법들을 살펴본다. 다음으로 코스의 설계와 자료/과제 개발의 문제들을 탐색해본다. 본 장에는 말하기 단원 견본이 포함되어 있는데, 이것의 의도는 본 장에서 다루어지는 중요한 요점 몇 가지를 예시하기 위한 것이다.

**읽기에 관한 제9장은 읽기 프로그램에 대한 중요한 이론적 및 경험적 토대 몇 가지를 고찰함으로 시작한다.** 특히 읽기에 대한 발화중심 접근법과 과정중심 접근법 사이의 논쟁이 다루어진다. 다음에는 읽기 프로그램의 과제 유형으로 주의를 돌리는데, 특히 읽기 과정의 다양한 전략들을 학습자가 정복하고 응용하는데 도움이 되는 과제들을 살펴본다.

**쓰기에 관한 제10장은 쓰기 교수법에 대해 기능적인 담화중심 접근법을 옹호하고 있다.** 제4장에서 언급된, 언어에 대한 기능적 견해의 토대가 되고 이를 확장시켜주는 그러한 접근법에 대한 원리가 제시된다. 다음으로 그러한 원리들을 교수 자료 설계에 활용하는 실제적인 방법들이 제시된다.

# 제7장
# 듣기

듣기는 제2언어 학습에서 신데렐라와 같은 기능이다. 이 기능은 언니 별되는 말하기에 의해 너무 흔히 무시되어왔다. 어떤 제2언어를 알고 있다고 주장할 수 있는 것은 대부분의 사람들에게 있어 그 언어로 말하고 쓸 수 있는 것을 의미한다. 듣기와 읽기는 따라서 부차적인 기능이고 그 자체에 목적이 있다기보다는 다른 목적을 달성하기 위한 수단이다.

그러나 듣기는 지금까지 너무 자주 유행되어왔다. 1960년대에 구두 언어 기능이 강조됨에 따라 듣기의 중요성 또한 증대되었다. 듣기는 또한 1980년대에 유행하게 되었는데, 이 때는 이해가능 입력에 관한 Krashen의 아이디어가 명성을 얻던 시기였다. 얼마 후 듣기는 James Asher의 전신반응 교수법에 의해 강화되었는데, 이것은 Krashen의 저작으로부터 지지를 이끌어낸 방법론으로서 제2언어는 학습자에게 발화 부담이 없는 경우, 초기 단계에서 가장 효과적으로 배워진다는 믿음에 기초를 두고 있다. 또한 1980년대 동안 제2언어를 통한 듣기 찬성론자들은 제1언어 분야에서 이루어진 노력에 의해 고무되었다. 이를 통해 Gillian Brown(예를 들면, Brown 1984, Brown et al. 1987 참조)과 같은 사람들은 학교에서 문해 능력 뿐 아니라 구두 능력(듣고 말하는 능력)도 발달시켜야 하는 일의 중요성을 입증할 수 있었다. 이보다 앞서, 읽고 쓰는 법에 대한 지도는 제1언어 화자에게 필요하지만 듣고 말하는 법은 원어민 화자에게는 자동적으로 양도되는 것이기 때문에 지도가 필요하지 않다는 생각이 당연시되었다.

본 장은 다음과 같은 문제점과 개념들을 다루고 있다:

**다른 언어로의 듣기**
◇ 듣기의 본질
◇ 하향식 및 상향식 처리
◇ 도식 이론
◇ 듣기 유형

**듣기에 대한 연구**
◇ 이해가능 입력
◇ 과제 난이도
◇ 듣기와 일반적인 언어 발달

**듣기 과정에서 학습자의 역할**
◇ 학습자의 역할
◇ 듣기의 개인화

**듣기 교과를 위한 데이터 베이스**
◇ 진정한 자료

**과제 유형**
◇ 상호적 대 비상호적 듣기
◇ 듣기 전략
◇ 언어 능력에 관한 초점

## 다른 언어로의 듣기

### ◆ 다른 언어로 듣는 것의 본질

이미 지적했듯이 듣기는 외국어 교실에서 그 중요성이 점점 더 커지고 있다. 이러한 인기 성장에는 여러 가지 이유가 있다. 본 장의 후반부에 이해가능 입력의 역할을 강조함으로써 제2언어 습득 연구는 듣기에 중요한 토대를 제공해 왔음을 알게 될 것이다 (이런 연구 몇몇을 제2장에서 살펴보았음을 독자는 기억할 것이다). Rost(1994: 141-142)가 지적하듯이, 듣기는 언어 교실에서 대단히 중요한데 왜냐하면 그것은 학습자에게 입력을 제공하기 때문이다. 입력을 적정 수준으로 이해하지 못하면 학습이 시작될 수 없다. 그는 듣기를 강조하는 다른 중요한 이유들로 세 가지를 들고 있는데, 이것들은 구두 언어 숙달도의 발달에 대한 듣기의 중요성을 입증해 준다.

◇ 구두 언어는 학습자에게 상호작용 수단을 제공한다. 학습자들이 이해를 성취하기 위해서는 상호작용해야 하기 때문에 해당 언어 화자에게 접근하는 것은 필수적이다. 게다가 들은 언어를 학습자가 이해하지 못한 것은 상호작용과 학습에 대한 자극이지 장애물이 아니다.
◇ 원어민 화자가 실제 사용하는 언어를 이해하려고 시도하는 학습자에게 진정한 구두 언어는 도전거리를 제공한다.
◇ 듣기 연습은 교사에게 그 언어의 새로운 형태(어휘, 문법, 새로운 상호작용 유형)에 대해 학습자의 주의를 끄는 수단을 제공한다(pp. 141-142).

### ◆ 하향식 및 상향식 처리

듣기에 대한 두 가지 견해가 지난 20여 년 동안 언어교수법을 지배해 왔는데, 그것은 "상향식" 처리 견해와 "하향식" 이해 견해이다. 상향식 처리 모형은 듣기란 일직선 형태로 들은 소리들을, 가장 작은 의미 단위(또는 음소)로부터 완전한 텍스트에 이르기까지 해독하는 과정이라고 가정한다. 이런 견해에 따르면, 음소 단위들은 해독되고 함께 연결되어 단어를 형성하고, 단어는 함께 연결되어 구를 형성하고, 구는 함께 연결되어 발화를 형성하고, 발화는 함께 연결되어 완전한 의미의 텍스트를 형성한다. 다시 말해 그 과정은 일직선 형태이고 그러한 과정에서 의미는 마지막 단계로 파생된다. 듣기에 대한 소개에서 Anderson과 Lynch(1988)는 이것을 "듣기에서 청자를 녹음기로 보는 견해로 부르고 있는데, 왜냐하면 그것은 청자가 메시지를 받아들이고 저장하는 것이 녹음기와 똑같은 방식 — 연속적으로, 한 번에 하나의 소리, 단어, 구, 그리고 발화 — 이라고 가정하기 때문이다."

또 다른 대안인 하향식 견해는 청자가 들려오는 소리를 단서 삼아 화자의 원래 의미를 능동적으로 구성한다(또는, 보다 정확히 말하면, 재구성한다)고 제안한다. 이러한 재구성 과정에서 청자는 자기가 들은 것을 이해하기 위해 듣기가 일어나는 문맥과 상황에 대한 사전 지식을 이용한다.(상황 문맥에는 화제와 근접한 지식, 화자 또는 화자들 그리고 서로에 대해서뿐 아니라 그 상황에 대한 그들의 관계, 그리고 이전에 일어난 사건들과 같은 것이 포함된다.)

---

**음소:**
음소는 어떤 언어에서 소리의 가장 작은 의미 단위이다.
예: /s/ /sh/ 이 두 가지 소리는 영어에서 ship과 sheep과 같이 의미상 대조를 이룬다.

---

### ◆ 도식 이론

하향식 접근법에 대한 중요한 이론적 지주는 도식 이론이다. 도식이라는 용어는 심리학자 Bartlett(1932)에 의해 처음 사용되었는데, 이후 발화 처리와 언어 이해 영역의 연구자들에게 중요한 영향을 끼쳐왔다. Bartlett은 우리가 머리 속에 갖고 있는 지식은 상호 관련된 유형으로 조직되어있다고 주장했다. 그러한 유형들은 어떤 상황이나 사건에 대해 정형화된 정신적 대본이나 시나리오와 유사한 것으로, 유사한 사건들에 대한 수많은 경험들로부터 형성된 것이다. 우리는 살아가는 동안 문자 그대로 수백 가지의 정신적 도식들을 만들어내며, 그것들은 하루 동안 우리가 속해있는 여러 상황들 — 직장까지 가는 기차를 잡는 것에서부터 업무 회의에 참여하는 것, 식사를 하는 것에 이르기까지 — 을 이해하도록 도와준다.

---

**도식 이론**

도식 이론의 기초가 되는 개념은 과거의 경험들이 새로운 경험을 이해하도록 도와주는 정신적 뼈대를 창조한다는 것이다.

---

때때로, 특히 문화가 교차되는 상황에서, 우리가 어떤 상황에 대해 잘못된 또는 부적절한 도식을 적용하게 되면 곤란한 상황에 처할 수 있다. 나는 ATLAS 학습 시리즈에 실린 다음 사건에 대해 Erik Gundersen에게 감사하고 있다.

내가 대만에 있었을 때, 나는 업무상 저녁 식사를 위해 대여섯 명의 사람들과 함께 이 식당으로 나갔고, 나는 그 중 가장 덜 중요한 사람이었다. 아시아 사무소장, 지역의 판매 대표, 그리고 다른 몇몇 중요한 사람들이 나와 있었다. 모임을 주관한 사람이 내게 좌석을 권했고, 나는 그곳에 앉았다. 모두들 약간 불편한 기색이었지만 아무도 말을 하지 않았다. 그러나 어쨌든 나는 무엇인가 잘못을 저질렀다고 말할 수 있었다. 그리고 서구식 기준 때문에 나는 내가 저질렀던 것을 정말 느끼지 못했다. 나는 단순히 내게 주어진 좌석에 앉았다. 나는 모두를 당황하게 했음을 알았고, 그것은 내가 앉아 있던 곳과 관련이 있었지만 그러나 그것이 무엇인지 알지 못했다…. 저녁 식사의 끝 무렵 대만 소재 아시아 사무소장은 "아시겠지만 당신은 귀빈석에 앉았고, 아마 당신은 그렇게 하지 말았어야 했습니다."라고 말했다. 그래서 나는 혼자 생각했다. "글쎄, 내가 잘못한 것이 뭐지?" 나는 그녀에게 물었고, 그녀는 다음과 같이 말해주었다. "그러니까, 당신은 문을 마주보는 자리에 앉았고, 대만에서 그것은 파티에서 가장 중요한 사람을 위해 남겨놓은 자리이며, 따라서 그 자리가 당신에게 제공되면 당신은 그것을 거절해야 한다. 당신은 여러 번 그것을 거절해야 하고, 아마 네 번 또는 다섯 번째쯤에는 당신이 외국인 손님으로서 그 자리에 앉아야 한다고 누군가가 주장할 것이다. 당신은 그렇게 해야 하며, 당신이 아까 그랬던 것처럼 즉시 그 자리에 앉아서는 안됩니다."

*ATLAS Level 3, Unit 7*

이러한 상황에서 Gundersen은 그가 가진 서구적 도식을 적용했는데, 그에 따르면 당신이 손님으로부터 자리를 제공받으면 이를 받아들이는 것이다. 그러나 많은 동양적인 상황에서 이것은 Erik Gundersen이 불편함을 토로했던 것처럼 잘못된 행동이다. 그러나 그러한 경험 때문에 그는 자신의 "식당" 도식을 수정하게 되었다. 이렇게 볼 때, 비교적 불편한 학습 경험들조차 삶을 윤택하게 할 수 있다. 이러한 정신적 틀은 우리가 일상적인 삶의 요건들을 예측하고 처리하는데 도움을 준다는 점에서 매우 중요하다. 사실 Oller(1979)가 지적하듯이 이러한 도식이 없다면 삶의 어떤 것도 예측할 수 없고, 아무 것도 예측할 수 없다면 무엇이든 제 역할을 다 할 수 없을 것이다. 그런 세상은 혼란스러워 보일 것이다.

관련 당사자간 지역 특유의 정형화된 문화적 지식 이외에도 사건이나 사람들은 중요하다. 예를 들어 Jack이 채식주의자라는 것을 알지 못하고는 다음 텍스트를 해석하기가 불가능하다.

| Denise | *Jack이 오늘 밤 저녁식사에 올 거예요.* |
|---|---|
| Jim | *양고기를 대접할 계획인데.* |
| Denise | *글쎄, 당신은 그 점에 대해 다시 생각해야 할 거예요.* |

 엄격한 상향식 접근법의 부정확성은 우리가 듣기 텍스트를 상향식 접근법의 제안처럼 축어적으로 저장하지 않는다는 것을 보여주는 연구에 의해 증명되어 왔다. 하나의 텍스트를 듣고 회상할 수 있는 만큼 많이 적어보라고 요구받았을 때, 청자는 어느 정도는 기억해내고, 어느 정도는 잊어버리며, 어느 정도는 원래의 듣기 텍스트에 없던 것을 종종 첨가한다. 게다가 성공적으로 회상된 것들이라도 원래의 메시지와 정확히 같은 단어들로 기록될 가능성은 거의 없다.
 이 모든 것은 청해와 어떤 관계가 있는가? 그것은 코스, 자료, 그리고 교과단원을 개발함에 있어서 최소 쌍 사이를 구별하는 능력과 같은 상향식 처리 기능을 가르치는 것도 중요하지만 들은 것을 이해하기 위해 학습자가 이미 알고 있는 것을 사용하도록 돕는 것 또한 중요하다는 것을 암시한다. 만일 문법 내용 또는 어휘에서 학습자들 사이에 지식의 격차가 있지나 않을까 하고 교사가 의심할 경우, 다음과 같은 도식 구축 활동이 듣기 자체보다 선행될 수 있다.

**A. 듣기 전 활동**  누군가가 다음 항목들 중 하나를 당신에게서 빌려간 적이 있는가? 누가 빌려갔는가? 그 사람은 그것을 언제 반환했는가?

_____ your car
_____ money
_____ a tape or CD
_____ clothes, for example, a dress to wear to a party
_____ your dictionary
_____ a tool, such as a power saw or a drill

**B. 중요 어휘**  새로운 어휘에 대해 토론한 다음 아래 문장들을 완성하라.

| | |
|---|---|
| several | more than two, but not many |
| break | a rest time at work or school |
| bill | a paper that tells the items bought and their prices |
| pay back | to return money that a person borrowed |
| wallet | a small case for keeping money, credit cards, etc. |
| (be) broke | to not have any money |

1. Can I borrow five dollars? I'll _____ you _____ tomorrow.
2. Those people are renting _____ videos.
3. On their _____, the workers usually sit and talk.
4. The _____ for lunch was ten dollars.
5. I don't have any money because I forgot my _____.
6. I can't lend you any money. I'm _____.

그림 7-1 *Now Hear This!*, ⓒ Heinle & Heinle Publishers

이러한 과제의 목적은 단원 내용에서 학습자가 우연히 마주치게 될 몇몇 용어들에 친숙해지게 하는 것으로, 아파트를 임대하는 것과 관련이 있다.

### ◆ 듣기 유형

여러 가지 다른 유형의 듣기가 있다. 이들 유형은 듣기 목적을 포함한 변수의 수, 즉 청자의 역할, 그리고 듣게 되는 텍스트의 유형에 따라 분류할 수 있다. 이들 변수들은 섞이고 조합되어 여러 다른 외형을 띠는데, 이들 각각은 청자의 입장에서 특별한 전략을 요구할 것이다.

> **개인 상호간 대 거래 언어**
> 개인 상호간 대화는 사회적 상호작용 과정에서 일어난다. 거래 언어는 상품과 서비스의 교환을 위해 존재한다.

텍스트를 분류할 수 있는 방법은 여러 가지가 있다. 일반적인 한 가지 분류는 독백(예를 들면, 강의, 연설, 그리고 뉴스 보도)과 대화이다. 독백은 계획된 것과 계획되지 않은 것으로 더 자세히 나눌 수 있다. 계획된 독백에는 매체를 통한 보도와 연설을 포함된다. 비록 항상 그런 것은 아니지만 이들 중 많은 것이 읽으라고 쓰여진 텍스트이다. 계획되지 않은 독백에는 일화, 이야기, 그리고 즉흥 연설이 포함될 것이다.

대화는 그 목적 — 그것의 본질 면에서 기본적으로 사교적/개인 상호간인가 아니면 거래적인가 — 에 따라 분류될 수 있다. 개인상호간 대화는 관련된 개인들 사이의 친숙성 정도에 따라 더 자세히 나눌 수 있다.

듣기의 목적은 또 다른 중요한 변수이다. 하루의 뉴스에 대한 일반적인 생각을 얻기 위해 뉴스 보도를 듣는 것은 똑같은 보도를 듣더라도 중요한 스포츠 행사의 결과와 같은 특정 정보를 위해 듣는 것과는 다른 처리와 전략이 관련된다. 새로운 컴퓨터 소프트웨어를 작동시키기 위한 일련의 지침을 듣는 것은 시나 단편소설을 듣는 것과는 다른 듣기 기능과 전략을 필요로 한다. 듣기 과제를 설계함에 있어서 학습자에게 융통성 있는 듣기 전략을 채택하도록 가르치는 것은 중요하다. 이런 일은 듣기 텍스트를 일정하게 유지함으로써(가령 일련의 국제적 사건을 전하는 라디오 뉴스 보도를 가지고 공부하는 것), 그리고 학습자가 텍스트를 여러 번 듣도록 하되 매번 서로 다른 지시를 따르게 함으로써 가능하다. 첫 번째 예에서 학습자들에게는 요점을 찾으면서 듣도록 요구할 수 있는데, 단순히 그 사건이 일어난 나라들을 찾아내게 한다. 두 번째는 학생들에게 그런 장소들을 사건 목록과 연결하도록 요구한다. 마지막으로 학생들에게 세부 사항을 — 사건의 특정 양상들을 구별하는 것, 또는 아마 똑같은 사건에 대한 라디오 보도를 신문 설명과 비교하는 것, 그리고 강조하는 것의 불일치나 차이에 주목하는 것 — 찾아내면서 듣도록 요구할 수도 있다.

듣기에 있어서 융통성을 발전시켜나가는 이러한 기법은 <그림 7-2>에 제시된 과제가 좋은 예시이다. 학습자를 그러한 과제에 몰두하도록 할 때, 과제의 각 국면에 내재된 서로 다른 전략들을 지적하고, 학습자에게 다른 전략이 사용될 수 있는 상황들에 대해 생각해보도록 하는 것은 가치 있는 일이다. <그림 7-2>의 예에서 학습자는 하나의 텍스트를 세 번 듣고 점차 난이도가 높아지는 과제를 수행하도록 요구된다.

듣기를 특징짓는 또 다른 방법은 청자도 또한 상호작용에 참여하도록 요구되느냐 하는 관점이다. 이것은 상호 듣기로 알려져 있다. "실연"이든 매체를 통해서든 독백을 들을 때의 듣기는 정의에 의하면 비상호적이다. 청자는(종종 좌절하게 되는데) 대답을 하거나, 이해를 명료하게 하거나, 또는 올바로 이해했는지 확인할 기회가 없다. 실제 세상에서 청자가 어떤 대화에 관해 비상호적인 "엿듣는 사람" 역할을 맡는 경우는 드물다. 그러나 듣기 수업 교실에서 이것은 정상적인 역할이다. 듣기 과정의 학습자 역할에 관한 절에서 나는 대화를 주고받는 경우에서처럼 학습자에게 응답 기회를 주기 위해 교실에서 사용될 수 있는 기법을 기술할 것이다.

## 듣기에 관한 연구

이 장의 시작 부분에서 나는 듣기를 신데렐라 기능이라고 제안했는데,

다시 말하면 그것은 간과되었다가 하나의 운동으로 끌어올려지는 일이 번갈아 있었기 때문이다. 듣기 연구와 교수법 기술에 대한 뛰어난 개관에서, Dunkel(1993)은 청해 연구에 대한 현재의 관심은 제2언어 습득이론 분야에서 이루어진 비교적 최근의 발전에 의해 이끌어져왔다고 제안한다. 제2장에서 나는 이해가능 입력은 제2언어 습득에서 중요한 요소이며, 발화 전 이해 접근법은 언어 습득을 — 특히 초기 단계에서 — 용이하게 할 수 있다고 제안하는 Krashen(1982)과 다른 학자들의 저작을 고찰했다.

◆ **이해가능 입력**

이 연구는 수많은 이해중심 방법론의 발전을 자극했는데, 그 중 가장 잘 알려진 것은 아마 1980년대 동안 James Asher에 의해 흥미 있는 이름이 붙여진 전신반응 교수법(TPR)일 것이다. Asher의 방법론 또한 제1언어 습득에 대한 연구를 통해 얻은 함축성에 의해 깊은 영향을 받았다. Asher는 제1언어 습득의 본질에 관한 자신의 신념으로부터 다음 세 가지 원리를 끌어냈다.

### D. 처음 듣기

세 명의 자원봉사자들에 관한 다음 이야기를 들으시오. 아래 이름과 각 사람이 하는 자원봉사를 짝지으시오. 들은 후에는 그 이야기에 대해 기억나는 어떤 정보든지 학생들에게 말하시오.

1. _____ Walter    a. a soccer coach
2. _____ Tom    b. a cuddler
3. _____ Kate    c. a driver for "Meals on Wheels"

### E. 듣고 결정하기

이야기에 나오는 자원봉사자들에 관한 다음 문장을 들으시오. Walter, Tom 또는 Kate에 동그라미를 하시오.

1. Walter    Tom    Kate
2. Walter    Tom    Kate
3. Walter    Tom    Kate
4. Walter    Tom    Kate
5. Walter    Tom    Kate
6. Walter    Tom    Kate
7. Walter    Tom    Kate
8. Walter    Tom    Kate

### F. 이해 점검 질문

듣고 올바른 답에 동그라미를 하시오.

1. a. a few hours    b. over 50 percent    c. in their communities
2. a. at lunch time    b. to senior citizens    c. at church
3. a. They're old.    b. They're alone.    c. They have physical problems.
4. a. Yes, he is.    b. the coach    c. his son
5. a. on Saturdays    b. at school    c. one afternoon a week
6. a. They're sick.    b. They're drug users.    c. in the Infant Care Unit
7. a. She has AIDS.    b. No, she isn't.    c. She gives them love.

그림 7-2 *Listen to Me!*, ⓒ Heinle & Heinle Publishers

1. 우리는 제2언어 지도의 시작 단계에서 학습자에게 목표 언어를 발화하도록 요구하지 말고 발화보다는 이해를 강조해야 한다.
2. 우리는 "당장 여기서"라는 원리를 따라야 하는데, 이 원리에 따르면 언어는 주어진 환경에 물리적으로 존재하는 사물들과 연합되어야 한다.
3. 학습자는 명령에 나타난 지시 사항을 듣고 수행함으로써 이해했음을 증명해야 한다.

학구적인 목적을 위한 듣기 영역에서 Chaudron & Richards(1986)는 대학 강의에 대한 제2언어 학습자들의 이해도에 담화 표지들이 미치는 영향에 주목했다. 비록 그들의 연구가 방법론적인 어려움 때문에 공격을 받기는 했지만, 그것은 담화 표지에 대한 지식도 이해를 용이하게 할 수 있음을 분명히 보여주었다.

◆ 과제 난이도

교수법에 대한 중요한 고려사항(그리고 과제중심 접근법을 사용하는 코스 설계자와 교재 저술가에게는 중요한 문제)은 과제 난이도와 관련된다. 코스 내, 그리고 또한 과업 단위 내 과제들의 순서를 대체로 결정함에 있어서 문법적 복잡성이 유일한 결정 요소가 아니라고 한다면, 무슨 요인을 끌어낼 수 있을까?

---

What makes listening difficult?
1. The organization of information
2. The familiarity of the topic
3. The explicitness and sufficiency of the information
4. The type of referring expressions ussed
5. Whether the text describes a "static" or "dynamic" relationship

*Anderson and Lynch, 1988*

제1언어 분야에서, Watson과 Smeltzer(1984)는 화제에 대한 주의, 동기, 흥미 및 지식과 같은 학습자 내부의 요소들이 성공적인 듣기와 현저한 관계가 있다고 제안한다. 텍스트 요소에는 정보의 조직(정보가 실제의 삶에서 일어나는 것과 똑같은 순서로 제시되는 텍스트는 항목들이 순서에 관계없이 제시되는 텍스트보다 이해하기가 더 쉽다), 제공된 정보의 명료성 및 충분 정도, 사용된 지칭 표현의 유형(예를 들면, 대명사의 사용은 완전한 명사구보다 텍스트를 더 어렵게 만든다), 그리고 텍스트가 묘사하고 있는 것이 "정적인" 관계(예를 들면, 기하학적인 형태)인가 아니면 "동적인" 관계(예를 들면, 사고)인가가 포함된다. Brown과 Yule(1983)은 듣기의 난이도에 영향을 주는 요소들에는 네 가지 중요한 세트가 있다고 제안한다.

1. **화자 요소** : 얼마나 많은 화자가 등장하는가? 그들이 얼마나 빨리 말하는가? 그들이 어떤 유형의 액센트를 갖고 있는가?
2. **청자 요소** : 청자는 엿듣는 사람 또는 참여자 중 어떤 역할인가? 어떤 수준의 응답이 요구되는가? 청자는 그 주제에 대해 얼마나 관심이 있는가?
3. **내용** : 문법, 어휘 및 정보 구조는 얼마나 복잡한가? 무슨 배경지식이 가정되고 있는가?
4. **지원** : 그림, 도표, 또는 다른 시각 보조 자료의 측면에서 얼마나 많은 지원이 제공되고 있는가?

Anderson과 Lynch(1988)의 연구에서 사용된 과제들은 이러한 몇 가지 특징들이 이해를 용이하게 하거나 억제하는데 어떤 방식으로 작용하는지 설명해준다. 그 중 하나는 "노선 추적" 과제였는데, 여기에서 학생들은 어떤 도시 또는 도시의 어떤 지역 주위를 둘러보는 여행에 관한 묘사를 듣고 그 노선을 지도에서 추적한다. 연구자들은 위에서 찾아낸 몇 가지 특징들을 조작했는데, 이러한 변이들은 과제 난이도를 변화시켰다. 모든 거리와 특징들에 대한 표시와 함께 직사각형의 격자 안에 그려진 지도는 거리들이 비규칙적으로 된 지도보다 더 쉬웠다. 정보의 완전함이 중요한 요소라는 점은 놀라운 일이 아니다. 듣기에는 언급되어 있지만 지도에서는 생략된 특징들의 수에 따라 텍스트는 점차 어려워졌다. 건물과 천연 지형물의 수가 증가함에 따라 난이도 또한 증가되었다. 가장 어려운 과제 형태는 듣기 텍스트와 지도가 모순되는 정보를 포함하고 있는 경우였다.

연구의 또 다른 요소는 청해를 용이하게 하는 교실 과제의 유형에 초점을 맞추었다. Spada(1990)는 듣기를 수행하는 동안 완성해야 할 일련의 예측 연습문제를 제공함으로써 듣기의 구조화가 학습자에게 미치는 효과를 입증하는 연구에 관해 보고하고 있다. 예측 작업은 ─ 듣기 연습을 하다가 질문하기 위해 학생들이 테이프를 정지시킬 수 있는 기회가 덧붙여지면서 ─ 교사가 아무런 도식 구축 활동 없이 직접 듣기로 들어가고 듣기를 하는 동안 명료함을 추구할 수 있는 기회가 학생들에게 제공되지 않는 수업보다 듣기에서 더 큰 소득을 가져왔다.

Nunan(1997)에서 보고된 듣기 연구에서, 개념지도 기술의 사용 또한 효과가 있음이 판명되었다. 학생들은 세 집단 중 하나로 편성되었고, 텔레비전 방송기자와의 인터뷰를 듣도록 요구되었다. 첫 번째 집단에게는 단순히 테이프를 듣고, 메모를 하고, 다음에 이해도 테스트를 완성하도록 했다. 두 번째 집단에게는 듣고, 중요한 단어/구를 확인하고, 다음에 테스트를 완성하도록 했다. 세 번째 집단이 들을 때에는 중요한 단어/구 뿐만 아니라 이들 간의 관계를 나타내는 개념지도를 완성하도록 했다. 이 연구는 세 번째 집단에게 요구되는 처리과정의 추가 심도가 결국 우수한 이해를 가져왔다는 점을 보여주었다.

난이도는 또한 청자가 텍스트로부터 정보를 직접 추출해내도록 요구되는 정도, 또는 추론이 요구되는지의 여부에 의해 영향을 받는다. 앞 문단에서 기술된 연구에서 나는 듣기 텍스트로부터 진리값이 직접 결정될 수 있는 진술보다 추론을 요구하는 진술에서 학습자가 진리값을 결정하는데 더 큰 어려움을 겪는다는 점을 발견했다(Nunan 1997).

### ◆ 듣기와 일반적인 언어 발달

일반적인 언어 발달에 대한 듣기의 가치는 Ross에 의해 중요시되어 왔는데, 그는 언어 교수의 여러 가지 차원들과 그것이 학생의 일본어 산출에 미치는 효과에 대해 자세한 종단적 연구를 수행했다. 그는 다음과 같은 사실을 발견했다:

> 관찰된 자료와 듣기 테스트 결과 사이의 일관된 적합성은 초보 수준의 TEFL에 대해 교실에서 청해와 의사소통을 동시에 배양하고자 하는 접근법을 보증해주는 충분한 증거를 제공한다. 그러한 접근법에서는 즉석에서의 이해가능 입력을 만들어내기 위해 임시 변통적인 교사 언어가 꾸준히 이어지기를 반드시 요구하지는 않는다. 듣기 기능의 체계적인 성장을 위해서는 차라리 학생들의 흥미와 능력에 눈금을 맞춘 적절한 듣기 교재가 필요하다.
>
> *Ross 1992: 192-193*

이 절에서 고찰된 연구들은 <표 7-1>에 요약되어 있다.

## 듣기 과정에서 학습자의 역할

### ◆ 학습자의 역할

우리가 알고 있듯이 듣기와 읽기는 종종 "수동적" 또는 "수용적" 기능으로 특징지어진다. 이러한 용어들에 의해 그려지는 이미지는 학습자를 스펀지로 간주하여 교재와 테이프에 의해 제공되는 언어 모델을 수동적으로 빨아들인다는 것이다. 그러나 앞 절에서 보았듯이 듣기(그리고 제9장의 읽기에 대한 경우에서도 보게 되겠지만), 다시 말하면 들은 것의 의미를 파악하는 일은 하나의 구성 과정이고 여기에서 학습자는 능동적인 참여자라고 제안하는 증거가 있다. 이해를 위해, 청자는 화자의 원래 의도를 재구성할 필요가 있는데, 그 방법은 상향식과 하향식 처리전략을 둘 다 이용하는 것, 그리고 새로운 지식을 이용하기 위해 자신이 이미 알고 있는 것

표 7-1 듣기에 대한 연구

| 연구자 | 결과 |
|---|---|
| Krashen | (1982) 이해가능 입력은 제2언어 습득에서 중요한 요소이다. 발화 |
| Asher | (1982) 전 이해접근법은 언어 습득을 용이하게 하는데, 특히 초기 단계에서 그렇다. |
| Brown and Yule | (1983) 네 개의 상호 관련된 요소들이 듣기의 난이도에 영향을 준다: <br> 1. 화자 요소: 얼마나 많은 화자가 등장하는가? 그들이 얼마나 빨리 말하는가? 그들은 어떤 유형의 액센트를 갖고 있는가? <br> 2. 청자 요소: 청자의 역할은 엿듣는 사람 또는 참여자 중 무엇인가? 어떤 수준의 응답이 요구되는가? 청자는 그 주제에 대해 얼마나 관심을 보이는가? <br> 3. 내용: 문법, 어휘 및 정보 구조는 얼마나 복잡한가? 무슨 배경지식이 가정되는가? <br> 4. 지원: 그림, 도표, 또는 다른 시각 보조 자료의 측면에서 얼마나 많은 지원이 제공되고 있는가? |
| Watson and Smeltzer | (1984) 화제에 대한 주의, 동기, 흥미 및 지식과 같은 학습자 내부의 요소들은 성공적인 듣기와 현저한 관계가 있다. |
| Chaudron and Richards | (1986) 담화 표지에 대한 지식은 이해를 용이하게 할 수 있다. |
| Nunan | (1987) 진정한 듣기 입력에 체계적으로 노출된 학생들은 그렇지 못한 자료에만 노출된 학생들보다 뛰어난 수행을 보였다. |
| Anderson and Lynch | (1988) 과제 난이도의 중요한 요소들 <br> 1. 정보의 조직화 <br> 2. 화제에 대한 친숙도 <br> 3. 정보의 명료성과 충분 정도 <br> 4. 사용된 지칭 표현의 유형 <br> 5. 텍스트가 정적 관계를 서술하는가 아니면 동적 관계인가 |
| Spada | (1990) 도식 구축 과제가 부여된 학생들은 듣기에 대한 준비 없이 듣기 텍스트와 마주친 학생들보다 뛰어난 수행을 보였다. |
| Nunan | (1997) 내용 처리의 깊이는 청해의 중요한 요소이다. |
| Ross | (1992) 녹음된 듣기 교재에 의해 포괄적인 입력이 용이해진다. |

을 참고하는 것이다.

### ◆ 듣기의 개인화

듣기 교실에서 교사가 도전해볼 만한 일은 단원 내용에 대한 통제권을 학습자에게 어느 정도 부여하고, 학습자 스스로 그 과제에 대해 무엇인가를 가져올 수 있도록 내용을 개인화하는 것이다. 이 페이지의 아래쪽에 있는 과제는 이러한 개인화가 일어날 수 있는 한 가지 방법을 예시해주고 있다.

학습자의 관여를 증진시키는 또 하나의 방법은 듣기 자료를 출발점으로 하는 확장 과제를 제공하는 것이며, 다음에는 학습 내용의 일부를 학습자 스스로 제공하도록 한다. 예를 들면, 학생들은 그들이 하는 작업을 묘사하는 어떤 사람의 말을 들은 다음, 그 사람을 인터뷰하기 위한 일련의 질문을 만들어 낸다.

학습자 중심 차원은 두 가지 방식 중 하나로 듣기 수업에 도입될 수 있다. 우선 먼저, 교실에서의 활동 중심이 교사가 아니라 학습자에게 맞추어지도록 과제를 고안할 수 있다. 작업을 하는 사람은 바로 학습자이다. 이러한 생각에 토대를 둔 과제에서는, 학생들이 언어에 대한 자신의 이해를 구조화하고 재구조화하는 일, 그리고 언어를 사용하여 자신의 기능을 발전시키는 일에 적극적으로 참여하게 된다. 둘째, 다른 유형의 자료처럼, 교수 자료에 학습자 중심 차원을 부여함으로써, 학습 기저에 깔린 과정들 뿐 아니라 학습에 대해 능동적으로 기여하는 일에 학습자를 관여시킬 수 있다. 이것은 다음과 같은 방식으로 성취될 수 있다:

◇ 학습자에게 명시적인 지도 목표를 설정하는 것
◇ 학습자에게 어느 정도의 선택권을 주는 것
◇ 학습자에게 자신의 배경지식과 경험을 교실 안으로 가져올 수 있는 기회를 주는 것

◇ 학습자가 학습에 대한 반성적 태도를 키워나가고 자기 감시 및 자기 평가를 통해 기능을 발전시킬 수 있도록 학습자의 용기를 북돋아주는 것

---

**B. 노트 정리**

비디오를 보고 질문에 답하시오.

1. 이 학생들과 같은 경험을 해보았는가?
2. 당신의 원래 조국을 방문할 때 사람들이 이와 같은 경험을 한다고 생각하는가?

---

그림 7-3  *The Heart of the Matter*, ⓒ Heinle & Heinle Publishers

## 듣기 과정의 자료 목록(데이터 베이스)

### ◆ 진정한 자료

많은 언어 교실에서 학습자는 언어 학습을 위해 특별히 만들어진 자료를 듣고 읽는다. 그런 자료는 안정감과 편안함을 제공하며, 언어를 구성하는 다양한 유형과 체계를 학습자가 알 수 있도록 도와준다. 그러나 학습자가 진정한 텍스트를 듣는 것 또한 필수적이다. 학습자를 진정한 텍스트에 노출시키기는 것은 두 가지 이유에서 중요하다. 첫째, 진정하지 못한 듣기 텍스트는 진정한 텍스트와 몇 가지 면에서 다르다. 진정하지 못한 텍스트는 대개 구어체보다 문어체에서 더 자주 발견되는 언어적 특징을 포함하고 있다. 진정한 텍스트에서 발견되는 겹침, 망설임 및 잘못된 시작들이 거의 없고 의미의 교섭도 거의 없다. 이러한 차이 때문에 학습자는 교실 내외에서의 참된 의사소통에 대처할 준비를 항상 적절하게 하지는 못한다. 왜냐하면 진정한 의사소통의 몇몇 특징(반복, 명료함을 위한 요구 등)은

— 진정하지 못한 텍스트에서는 별로 나타나지 않는데 — 실제로 이해를 용이하게 하기 때문이다. 또한 진정한 자료를 사용하게 되면 학습자는 교실에서 다루는 자료에 대해 더 큰 흥미와 다양함을 맛볼 수 있다.

나 자신의 듣기 교실에서 어느 정도는 특별히 글로 쓰여진 텍스트가 사용되지만 그 자료는 바로 시작부터 진정한 자료에 토대를 두고 있다. 라디오와 텔레비전, 공영 방송 발표문, 대화와 토론, 전화 대화, 자동응답기의 메시지, 음성 메일, 그리고 다른 유형의 진정한 자료에서 추출한 듣기 연습이 학생들에게 주어진다. 이러한 진정한 자료는 내용에 생생함을 불어넣는데 도움을 주고, 궁극적으로는 언어의 학습과 사용을 보다 의미 있게 만들며, 그리고 궁극적으로는 학생들에게 더 쉽다고 나는 믿는다.

진정성은 물론 상대적인 문제이다. 어떤 의미에서는 창조된 문맥으로부터 당신이 언어를 추출하는 순간 그것은 "탈(脫)진정적인" 것이 된다. 또한 때때로 수정이 이루어져야 하는데 왜냐하면 화자는 청자의 주의를 딴 데 쏠리게 하거나 혼란스럽게 하는 낮은 빈도의 어휘나 평범하지 않은 문법 구조를 사용하기 때문이다. 또한 화자는 때때로 다른 이유들 때문에 수용할 수 없는 언어를 사용하기도 한다. 상업용 텍스트로 설계된 다음 인용문에서 나의 편집자는 영국인에 관한 언급을 수정해줄 것을 요구했는데, 왜냐하면 그녀는 그것이 영국 출신의 사람에게는 불쾌할 수 있다고 느꼈기 때문이었다.(그런데 그 언급은 영국인에 의해 작성된 것이었다.) 때때로 진정한 자료로 바뀌는 종류의 변화를 설명하기 위해 나는 원래의 대본과 수정된 대본 모두를 포함시켰다. 이러한 변화에도 불구하고 나는 다량의 언어적 및 내용 진정성이 남아있다고 주장하고 싶다.

**Original Transcript**
A: What do you think about tipping?
B: Oh, I find tipping very difficult and embarrassing because I never know where to, when to, and how much to.
C: Is that because Australians don't do it?
A: Yeah, basically.
B: It's not a big feature of our daily life.
C: I was talking about it to Chris Davison last week. She's Australian, but she's living in Japan, where there's no tipping, and she got very angry.
A: Well, she got chased out of a restaurant in New York by this guy who said, "Was there anything wrong with the service M'am?" And, you know, they'd left 12 percent tip instead of 15 percent or something.
B: I've heard of people having their money thrown back at them and the waiter saying "Here, you need this more than I need it."
C: Oh, well if that were me I'd say "Fine—that's true."
B: Well, we have an argument every time we go out to a restaurant.
C: Here?
B: No, back in Australia.
C: But people don't tip there, do they?
B: Well, I don't know. You might tip for really, really good service.

**Modified Tapescript**
A: (Australian) Pauline and I were talking to Angie last night about her trip to Italy. She just loved it, apart from the cost. And the tipping. Apparently, you have to tip everywhere you go.
B: (Australian) Yeah. She hated that aspect of it. I must say I find tipping very difficult and embarrassing because I never know where to, when to, and how much to.
C: (Brazilian) Is that because Australians don't do it?
B: Well, it's not a big feature of our daily life.
D: (British) I was talking about it to Yumiko, who's from Japan, of course, where there's no tipping of any kind. Anyway, she's in the States for a conference, and she got questioned by the waiter because she didn't leave a big enough tip.
B: Well, we have an argument every time we go out to a restaurant.
C: Here?
B: No, back in Australia.
C: But people don't tip there, do they?
B: Well, I don't know. You might tip for really, really good service.
A: But waiters are comparatively well paid in Australia. In the States they have to rely on tips to make a reasonable income.
B: Really? What does a waiter get?

**Original Transcript**

**A:** *But waitpeople there are comparatively well paid in Australia. In the States I resent it because these people are so badly exploited, you know, they get two bucks an hour or whatever.*

**B:** *Is that all? What would a waiter get?*

**C:** *There are some restaurants where you pay to work there.*

**B:** *To me, that seems really wrong.*

**C:** *Well my attitude's changed a lot since living in the States for seven years. Now I'm pretty careful to give people their 15 percent unless I really dislike the service. And if I really like it, I'll give more than 15 percent. But I hate going out with my British friends, because they don't tip, or they tip 5, or 6 or 7 percent.*

**A:** *Well, that's interesting, 'cause in Britain, tipping's a part of the culture.*

**C:** *But it's flexible, and related to how mean you are.*

**B:** *Don't you have to tip taxis in London, though?*

**C:** *Yeah, well that's sort of another subculture, isn't it? And I hate that sort of thing, 'cause taxi drivers get really nasty when you don't tip them enough.*

**A:** *And also hairdressers and barbers. You have to tip them in Britain.*

**Modified Tapescript**

**D:** *There are some restaurants where waiters pay to work.*

**A:** *Yeah, in some places, you actually pay to work there.*

**B:** *To me, that seems really wrong.*

**C:** *It's just a different culture. I don't mind the American system. When I'm in Australia and get rotten service I can't show my dissatisfaction.*

**D:** *Well my attitude's changed a lot since living in the States for seven years. Now I'm pretty careful to give people their 15 percent unless I really dislike the service. And if I really like it, I'll give more than 15 percent. But I hate going out with my British friends, because they don't tip enough—maybe 6 or 7 percent.*

**A:** *Well, that's interesting, 'cause in Britain, tipping's a part of the culture.*

**D:** *But it's flexible, and related to how generous you are.*

**B:** *In Singapore, there are notices everywhere—you know, "Don't tip. We do not encourage tipping."*

**A:** *What about in Brazil, Adriana?*

**C:** *Oh, I guess it depends on the person. Most people work hard, and don't like to throw their money away.*

**Original Transcript**

B: *In Singapore, there are notices everywhere—you know, "Don't tip. We do not encourage tipping."*
C: *When we were in Vietnam last year, Charlie used to have fights all the time with this guy who was out there with us, because this guy would give huge tips. I mean this guy would just give any amount of money. He's a typical ignorant foreigner overseas, even though he's worked overseas a lot. You know, this local money is not real money, it's just toy money. You're supposed to give a small tip there, but he would give five or six times the right amount.*

**Modified Tapescript**

## 과제 유형

과제 유형을 분류하는 여러 가지 다른 방법들이 있다. 그것들은 학습자의 역할에— 그들이 상호적 듣기에 관여하는가 또는 비상호적 듣기에 관여하는가— 따라 분류할 수 있다. 그것들은 또한 청자에게 요구되는 전략의 유형에— 요점을 찾기 위한 듣기, 특정 정보를 찾기 위한 듣기, 들은 것에 토대를 두고 추론하기 등— 따라서도 분류할 수 있다. 또 다른 대안으로, 그것들은 과제의 주된 초점이 언어적 기능들(음운론, 문법, 그리고 담화에 대한 청자의 지식을 활성화시키고 확장하는 것)에 맞추는지, 또는 자료의 경험적 내용에 맞추는지에 따라서도 분류할 수 있다.

### ◆ 상호적 대 비상호적 듣기

상호적 듣기는 한 개인이 청자와 화자 역할을 번갈아 하는 대화와 관련이 있다. 비상호적 듣기는 독백에서의 듣기와 관련이 있다. 듣기 코스에서 학습자는 상호적 및 비상호적 듣기 과제 모두에 관여하게 된다. 상호적 듣기의 경우, 학습자는 참여자 역할이 부여되어 청자와 화자를 번갈아 하게 되거나, 아니면 "도청자"나 "엿듣는 사람" 역할이 부여될 수도 있다. 이러한 두 번째 유형의 과제에서, 학습자는 둘 또는 그 이상의 다른 화자 사이의 대화를 듣지만 스스로 그 대화에 참여하지는 않는다. 이러한 두 번째 유형의 듣기가 듣기 수업에서 보다 일반적인 유형이라는 점은 그리 놀랍지 않다.

나는 듣기의 상호작용적 본질을 흉내내려고 노력하며, 또한 다음과 같은 활동을 통해 언어 단원의 내용에 학습자를 개인적으로 관련시키려고 노력한다. 이러한 과제에서 학습자들은 대화의 한 쪽 편을 듣고 글로 된 응답에 반응한다. 이것이 실질적인 대화에 참여하는 것과 똑같지 않음은 명백하다. 그러나 나는 그것이 학습자의 입장에서 비(非)참여적인 듣기를 넘어서서 일정 수준의 연관성을 분명히 만들어내고 있음을 발견한다. 학습자는 인화된 반응을 제공하기 때문에 학습자들 사이에는 변이가 있고, 이것은 뒤따르는 말하기 과제에 대한 잠재 능력을 만들어내는데, 그러한 말하기 과제에서 학습자는 자신의 반응을 다른 학습자와 비교하고 공유하게 된다. 다음 특별 과제는 공항으로 설정된 작업 단원에서 발췌한 것이다.

7. Imagine you are taking part in an airport survey.
   Listen and circle a response for each question.

   ⓐ Sure.              OK. As long as it doesn't take too long.
   ⓑ Yes, I did.         No, it was pretty short.
   ⓒ Yes, they're fine.  I don't think so. I think they need to do better.
   ⓓ Yes, it did.        No, I had to wait a long time, actually.
   ⓔ You're welcome.     Don't mention it.

그림 7-4 *Listen In* – Book 2, ⓒ International Thomson Publishing Asia.

---

**텍스트**

실례합니다만, 저희는 공항 편의시설에 대해 승객들이 어떻게 생각하고 있는지 조사하고 있습니다. 몇 가지 질문을 드려도 될까요? … 장거리 비행을 해보셨습니까? … 아하. 그렇다면 공항에 대해 어떻게 생각하십니까? 깨끗합니까? … 공항 직원들에 대해서는 어떻게 생각하세요? 유능한가요? … 좋습니다. 이제, 수화물에 대해서는 어떤가요? 빨리 그리고 양호한 상태로 도착했습니까? … 자, 됐습니다. 대단히 감사합니다.

---

비상호적 듣기 과제의 원천으로는 단지 강의와 일방적인 일화들만이 아니라 대단히 다양한 진정한 자료들을 참고할 수 있다. 나 자신의 듣기 수업에서 나는 다음과 같은 자료를 사용했다:

　　자동응답기 메시지
　　가게에서 알리는 내용
　　대중 교통에 관한 발표

전화 상으로 회사와 공공 사업체가 컴퓨터에 저장된 메시지를 점점 더 많이 사용함에 따라 이것 또한 풍부한 자료 원천이 될 수 있다. 오락에 관한 단원에서 사용된 다음 텍스트는 어떤 영화 체인점에 의해 개발된 방식에서 각색된 것인데, 이 체계를 통하면 전화로 영화를 선택하고 값을 지불하는 것이 가능하다.

A: (Jenny) 영화 보고 싶니?
B: (Bob) 물론이지. 무엇을 하는데?
A: Dunno. 새로 컴퓨터화 된 예약 서비스를 시도해 보자.
B: 뭐라고?
A: 전에 내가 이야기한 새로운 서비스. 내가 했던 그 조사에 대해 얘기했던 것 너도 알잖아.
B: 어떻게 작동하지?
A: 자, 이 번호로 전화를 걸기만 하면 돼… 어디 있더라? 여기 있다.
B: 알았어. (다이얼이 돌려지는 소리.)
C: 안녕하세요. Ticketmaster에 오신 것을 환영합니다. Ticketmaster를 통해 현재의 모든 영화 티켓을 예약하실 수 있습니다. 현재의 영화 목록에서 고르려면 1번을 누르세요. 극장 목록에서 고르려면 2번을 누르세요. Ticketmaster의 새로운 특징에 관해 알고 싶으면 3번을 누르세요. 이 목록을 반복하려면 0번을 누르세요.
B: 1번을 눌러.
A: 알았어. (삐-)
C: 다음은 영화 목록입니다. 선택하려면 언제든지 엔터를 치세요. The Nutty Professor는 1번을 누르세요. Danger in Space는 2번을 누르세요. Death at Midnight은 3번을 누르세요.
A: Crazy Professor을 보자.
B: 아니, 나는 코메디는 싫어.
A: 알았어. 나는 공상 과학은 싫고, 그러니 Death at Midnight을 보자. 그 영화 꽤 좋대.
B: 알았어. (삐-)
C: Death at Midnight을 상영하는 극장들입니다: Odeon Queensway는 1번을 누

르세요. New York Cinema는 2번을 누르세요. ABC Theater Parkside는 3번을 누르세요….

B: 좋았어. Queensway가 제일 가까워.

A: 두 장?

B: 그럼.

C: Odeon Queensway를 선택하셨습니다. 상영 날짜를 선택하십시오. 오늘은 1번을 누르세요. 내일은 2번을 누르세요. 모레는 3번을 누르세요.
　(삐-) 오늘 날짜의 상영 시간을 선택하세요. 오후 12:30은 1번을 누르세요. 오후 2:30은 2번을 누르세요. 오후 5:30은 3번을 누르세요….

A: 5:30?

B: 좋지. (삐-)

C: 5:30을 선택하셨습니다. 구입하려는 티켓 번호를 입력하세요. 9번까지. (삐-). 두 장 예약하셨습니다. 이것이 맞으면 계속하기 위해 파운드 기호를 누르세요. 좌석 번호를 다시 입력하려면 0번을 누르세요. (삐-). 두 장 확인하셨습니다. 지불 방법으로 신용카드를 선택하세요. American Express로 지불하시려면 1번을 누르세요. Mastercard로 지불하시려면 2번을 누르세요. Visa로 지불하시려면 3번을 누르세요.

A: Amex?

B: 안 돼. 내가 지불할게. 나는 Visa를 입력하겠어. (삐-)

C: Visa를 선택하셨습니다. 카드 번호를 입력하고 별표 키를 치세요….

A: 와! 장거리 전화를 걸지 않아도 되니까 기분 좋다.

　*출처*: D. Nunan. 1997. Listen In. Book 2. International Thomson Publishing

◆ **듣기 전략들**

이 책에서 반복적으로 나타나는 동기는 학습 기저에 깔려있는 처리과정에 대한 학습자의 자각을 발전시키려는 필요성이며, 그럼으로써 결국 학습자는 학습에 대해 더 큰 책임감을 가질 수 있을 것이다. 이것은 교실 활동의 수준에서 학습자중심 전략을 채택함으로써, 그리고 부분적으로는 학생들에게 넓은 영역에 걸쳐 효과적인 학습 전략을 갖추게 함으로써 가능하다. 이러한 전략들을 통해 학생들은 더 나은 청자가 될 뿐만 아니라 또한 효과적인 언어 학습자가 될 것이다. 왜냐하면 학습 기저에 깔린 처리 과정들에 초점을 맞추고 심사숙고할 수 있는 기회가 학생들에게 주어질 것이기 때문이다. 이런 일은 중요한데, 왜냐하면 만일 학습자가 자신이 하고 있는 일을 자각한다면, 다시 말해 자신이 관련된 학습 기저에 깔린 처리 과정을 의식하고 있을 경우, 학습은 보다 효율적으로 될 것이기 때문이다. 듣기 교실에서 가르쳐질 수 있는 중요한 전략들에는 선택적 듣기, 다른 목적을 갖고 듣기, 예측하기, 점진적인 구조화, 추론하기, 그리고 개인화가 포함된다. 이들 전략은 내용에 대한 교수와 분리되지 말고 그 단원의 계속되는 조직 속에 엮어 넣어짐으로써 학습자가 그러한 전략들을 효과적인 학습 발달에 적용하는 법을 배울 수 있도록 해야 한다.

나는 추론적인 이해 과제의 발달을 특히 선호하는데 왜냐하면 그러한 과제는 학습자가 자료를 보다 깊이 있게 처리하지 않으면 안되기 때문이다. 또한 그것은 어휘 발달을 용이하게 한다. 요컨대 그것들은 축어적인 이해만을 요구하는 과제보다 학습자에게 더 많은 일을 하도록 요구한다.

앞서 지적했듯이 직접적인 전략들 — 예를 들면, 선택적 듣기와 요점을 찾기 위한 듣기 — 을 가르치는 것 이외에도 교사는 또한 각 단원의 시작 단계에서 목표를 진술함으로써 학습 과정을 강조할 수 있다. 그러한 진술은 중요한데 왜냐하면 학습자들은 교사가 달성하려고 하는 것을 자각하게 되기 때문이다. 목표 진술은 이러한 코스를 진행하는 동안 규칙적인 간격으로 실시되는 자가진단 연습 문제를 통해 강화될 수 있다. 이러한 연습문제는 학습자에게 배운 것을 상기시키는 역할을 하고, 처리 과정을 감시하고 평가하는 기회를 줄 것이다. 중요한 듣기 전략들의 목록을 예시와 함께 보려면 이 절의 끝에 있는 <표 7-2>를 참고하라.

표 7-2 가장 중요한 듣기 전략 몇 가지와 예시 요약

| 전 략 | 예 시 |
|---|---|
| 요점을 찾기 위한 듣기 | ◇ 화자는 휴가 또는 사무실에서의 하루를 묘사하고 있는가?<br>◇ 라디오 방송은 뉴스 또는 날씨에 관한 보도인가? |
| 목적을 찾기 위한 듣기 | ◇ 화자는 예약 또는 음식을 주문하고 있는가?<br>◇ 화자는 제안에 찬성 또는 반대하고 있는가? |
| 중심 사상을 찾기 위한 듣기 | ◇ 화자는 남자에게 질문을 왜 하는가?<br>◇ 화자는 영화를 좋아했는가, 싫어했는가? |
| 추론을 위한 듣기 | ◇ 화자는 말을 통해 무엇을 함축하고 있는가? |
| 특정 정보를 찾기 위한 듣기 | ◇ 티켓 가격이 얼마라고 말하고 있는가?<br>◇ 화자의 남편은 아이들을 태웠다고 말하는가?<br>◇ 화자는 중국어를 왜 공부하고 있다고 말하는가?<br>◇ 모임이 어디에서 개최되었다고 그녀는 말했는가? |
| 음소 식별을 위한 듣기 | ◇ 화자는 처음 또는 네 번째로 말했는가?<br>◇ 화자는 파티에 올 수 있다 또는 없다고 말했는가? |
| 화자의 태도를 식별하기 위한 톤/음조 듣기 | ◇ 화자는 결혼식을 즐겼는가, 그렇지 못했는가?<br>◇ 화자는 놀랐는가, 아닌가? |
| 강세 듣기 | ◇ 무엇이 더 중요한가? 그가 시계를 어디에서 언제 샀는가? |

## ◆ 언어적 기능에 관한 초점

발음, 문법, 그리고 담화와 같은 언어적 체계의 제반 양상들에 초점을 맞추는 과제들과, 내용의 처리에 초점을 맞추는 과제들 사이에는 또 다른 기본적인 차이가 있다. 과제가 발음에 초점을 맞추게 되면, 분리된 소리들에 초점을 맞추는 분절적 과제들과, 강세, 리듬, 그리고 억양과 같은 초분절적 자질에 초점을 맞추는 과제들 사이에 대개 차이가 생긴다. <그림 7-5>와 <그림 7-6>에 있는 과제들은 분절적 수준에 초점을 맞추고 있는데, 이것은 학습자들에게 최소쌍 대립을 구별하도록 요구한다.

초분절적 자질들은 강세, 리듬, 그리고 억양이 의미 양상들—예를 들면, 화자의 태도 및 텍스트 내의 정보 초점과 같은—을 나타내는 방식에 학습자의 주의가 쏠리게 한다. 구어에서 이러한 자질들은 특히 중요한데,

왜냐하면 그것들은 학습자가 종종 주목하지 못하고 지나치는 언어의 제반 양상들을 찾아내는데 도움을 주기 때문이다. 그것들은 또한 말하기에 대한 중요한 준비이기도 하다. 학습자가 해당 언어의 분절적 및 초분절적 자질 둘 다를 터득하는 것이 중요하기는 하지만, 본래 초분절적 자질들이 더 흥미롭다. 그것들은 화자의 태도와 같은 언어의 제반 양상들에 초점을 맞추기 때문에, 그러한 자질들을 가르치기 위해 의사소통적 과제를 개발하는 것은 더 쉽다. 다음 과제인 <그림 7-6>은 이러한 점을 설명해 준다. 이 과제는 영어에서 억양이 질문과 진술을 어떻게 구별하는지 학습자에게 가르치는데 사용될 수 있도록 설계된 것이다.

---

**분절적 대 초분절적 자질들**

언어의 분절적 자질들은 음소와 음소 구별과 같은 해당 언어의 고립된 개별 음, 그리고 이것들이 어떻게 의미적 구별을 가져오는지에 대해 다룬다. 초분절적 자질들은 강세, 리듬, 그리고 억양이 태도, 정보 초점 등과 같은 차이를 나타내는 데 작용하는 방식에 초점을 맞춘다.

**PARTNER 1**

**1a. LISTENING DISCRIMINATION AND SPEAKING. Pair Practice Words for /θ/ and /s/.**
PARTNER 1. Use this page. PARTNER 2. Turn to page 121.
DIRECTIONS: First you are the speaker. Say the words to your partner. You see the consonant sound before each word. For example, you say "Number 1 is sing." Repeat any words your partner does not understand.

1. /s/ sing
2. /θ/ thumb
3. /θ/ theme
4. /s/ pass
5. /θ/ thick

6. /θ/ tenth
7. /s/ mouse
8. /s/ sank
9. /s/ worse
10. /θ/ think

Now you are the listener. Your partner will say some words. Circle the words you hear. Ask your partner to repeat any words you do not understand. Number 11 is an example.

11. (path)   pass
12. worth    worse
13. think    sink
14. mouth    mouse
15. thing    sing

16. thank    sank
17. thumb    some
18. thick    sick
19. theme    seem
20. tenth    tense

Now compare answers with your partner.

---

**PARTNER 2**

**1b. LISTENING DISCRIMINATION AND SPEAKING. Pair Practice Words for /θ/ and /s/.**
PARTNER 2. Use this page. PARTNER 1. Turn to page 111.
DIRECTIONS: First you are the listener. Your partner will say some words. Circle the words you hear. Ask your partner to repeat any words you do not understand. Number 1 is an example.

1. thing   (sing)
2. thumb   some
3. theme   seem
4. path    pass
5. thick   sick

6. tenth   tense
7. mouth   mouse
8. thank   sank
9. worth   worse
10. think  sink

Now you are the speaker. Say the words to your partner. You see the consonant sound before each word. For example, you say "Number 11 is path." Repeat any words your partner does not understand.

11. /θ/ path
12. /s/ worse
13. /s/ sink
14. /θ/ mouth
15. /θ/ thing

16. /θ/ thank
17. /s/ some
18. /s/ sick
19. /s/ seem
20. /θ/ tenth

Now compare answers with your partner.

그림 7-5 *Sounds Great* – Book 1, ⓒ Heinle & Heinle Publishers

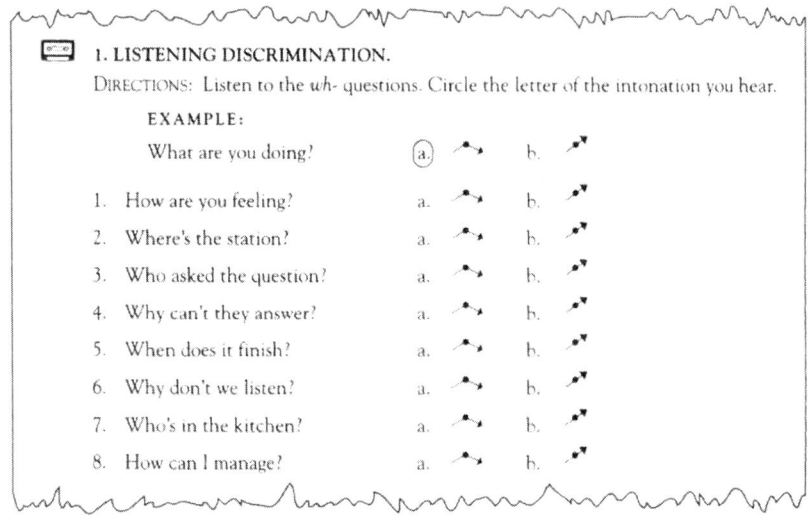

그림 7-6 *Sounds Great* - Book 1, ⓒ Heinle & Heinle Publishers

◆ 결론

　이 장에서 나는 청해에 대한 이론적, 경험적, 그리고 실제적 측면의 몇 가지 양상들로 출발했다. 나는 오늘날의 듣기 교실에서 상향식 및 하향식 듣기 기술 모두를 학습자에게 발전시켜야 할 필요가 있다고 제안했다. 또한 듣기 교수에 있어서 전략중심 접근법의 중요성을 강조했다. 그러한 접근법은 학생들이 실질적인 양의 진정한 자료에 노출되는 교실에서 특히 중요한데, 왜냐하면 학생들은 모든 단어를 이해하지 못할 것이기 때문이다(그리고 그럴 것으로 기대해서도 안 된다). 이 장에서 기술된 전략들에는 중요한 정보를 찾기 위한 듣기, 요점을 찾기 위한 듣기, 추론하기, 개인화, 예측하기, 그리고 집중적인 듣기들이 포함된다. 이 장의 마지막 부분에서 나는 이러한 다양한 원리들이 듣기 자료와 작업 단원들을 설계하는 실제적인 과제에 어떻게 적용될 수 있는지 설명했다.

　요약하면, 효과적인 듣기 코스는 다음과 같은 특징들로 설명된다고 말할 수 있다(또한 Mendelsohn, 1994에 나열된 설계 특징들을 참고하라).

◇ 듣기 목표는 명시적이어야 한다: 학습자는 무엇을 위해서 그리고 왜 듣는지를 알고 있어야 한다;
◇ 자료는 독백 및 대화 모두를 포함하여 다양한 영역의 진정한 텍스트에 기초하여야 한다;
◇ 도식 구축 과제는 듣기보다 선행되어야 한다;
◇ 효과적인 듣기 전략들은 자료 속에 통합되어야 한다;
◇ 하나의 텍스트를 여러 차례 들음으로써, 그리고 점차 난이도가 높아지는 듣기 과제를 해결하는 연습을 함으로써, 들은 것을 점진적으로 구조화할 수 있는 기회가 학습자에게 주어져야 한다;
◇ 과제에는 학습자가 자신의 학습에 능동적인 역할을 할 수 있는 기회가 포함되어야 한다;
◇ 내용은 개인화되어야 한다.

◆ 제7장의 개념도

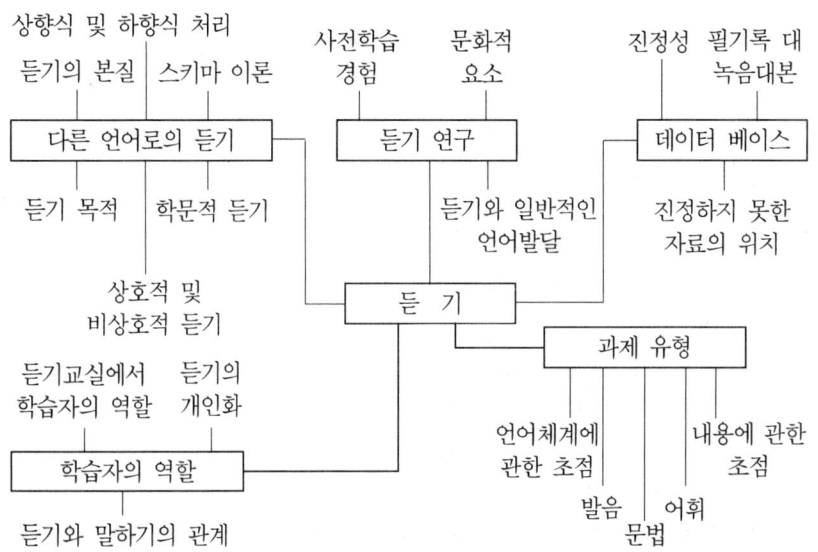

◆ 질문과 과제

1. 하향식과 상향식 듣기 사이의 차이는 무엇인가? 왜 둘 다 중요한가?
2. 당신에게 친숙한 교재에서 하향식과 상향식 듣기 과제의 예를 찾아 보라.
3. 도식 이론은 무엇인가, 그리고 그것은 청해에서 왜 중요한가?
4. 듣기 교재를 분석하고 텍스트의 기저에 깔려있는 중요한 학습 전략들을 찾아 보라.
5. 듣기 과제의 난이도를 결정하는 요소들의 목록을 적어 보라.
6. 이해가능 입력은 무엇이고 언어 교수에서 왜 그것이 영향력 있는 개념이 되었는가?
7. 진정한 듣기 자료의 표본을 수집하고(또는 본 장에서 제시된 자료를 사용하라), 그러한 자료를 토대로 일련의 듣기 과제를 설계하라.

◆ 참고문헌

Anderson, A., and T. Lynch. 1988. *Listening*. Oxford: Oxford University Press.

Asher, J. 1982. *Learning Another Language through Actions*. Los Gatos Calif.: Sky Oaks.

Bartlett, F. C. 1932. *Remembering: A Study in Experimental and Social Psychology*. Cambridge: Cambridge University Press.

Beisbier, B. 1994. *Sounds Great: Beginning Pronunciation for Speakers of English*. Boston: Heinle & Heinle.

Brown, G. 1990. *Listening to Spoken English. Second Edition*. London: Longman.

Chaudron, C., and J. C. Richards. 1986. The effect of discourse markers on the comprehension of lectures. *Applied Linguistics, 7, 2*.

Brown, G., and G. Yule. 1983. *Teaching the Spoken Language*. Cambridge: Cambridge University Press.

Dunkel, P. 1993. Listening in the native and second/foreign language: Toward and integration of research and practice. In S. Silberstein (ed.), *State of the Art TESOL Essays*. Washington, D. C.: TESOL

Foley, B. 1994. *Now Hear This!* Boston: Heinle & Heinle.

Foley, B. 1994. *Listen to Me! Beginning Listening, Speaking & Pronunciation.* Boston: Heinle & Heinle.

Krashen, S. 1982. *Principles and Practice in Second Language Acquisition.* Oxford: Pergamon.

Mendelsohn, D. 1994. *Learning to Listen.* San Diego, Calif.: Domine Press.

Nunan, D. 1987. Does instruction make a difference? Revisited. *TESOL Quarterly*, 21, 2.

_____. 1997. Listening in Language Learning. Paper presented at the Korea TESOL Convention, Kyongju, Korea, October 1997.

Nunan, D., and L. Miller (eds.), 1995. *New Ways in Teaching Listening.* Washington, D. C.: TESOL.

Oller, J. 1979. *Language Tests in School.* London: Longman.

Ross, S. 1992. Program-defining evaluation in a decade of eclecticism. In Alderson, J. C. and A. Beretta (eds.), *Evaluating Language Education.* Cambridge: Cambridge University Press.

Rost, M. 1990. *Listening in Language Learning.* London: Longman.

Rost, M. 1991. *Listening in Action.* London: Prentice Hall.

Rost, M. 1994. *Introducing Listening.* London: Penguin.

Spada, N. 1990. In J. C. Richards and D. Nunan (eds.). *Second Language Teacher Education.* New York: Cambridge University Press.

Vai, M. 1998. *The Heart of the Matter. High-Intermediate Lisening, Speaking, and Critical Thinking.* Boston: Heinle & Heinle.

Watson, K., and L. Smeltzer. 1984. Barriers to listening: Comparison between students and practitioners. *Communication Research Reports*, 1, 82-87.

# 제8장
# 말하기(Speaking)

제2언어 학습에 있어 듣기를 신데렐라에 비유한다면 말하기는 그녀를 압도하는 언니에 해당된다. 일반적으로 또 다른 언어를 사용할 수 있음은 그 언어로 말할 수 있음을 의미한다. 누군가 던진 "또 다른 언어를 아십니까?"라는 질문은 보통 "그 언어로 말할 수 있습니까?"를 의미한다. 본 장에서는 "또 다른 언어로 말할 수 있는 것"이 의미하는 바가 무엇인지에 대하여 살펴볼 것이다. 본 장의 앞부분에서 말하기의 본질에 대해서 살펴본 다음, 7장에서와 마찬가지로 말하기와 관련된 과제 난이도에 관한 문제를 다루어 볼 것이다. 본 장에서 다루어질 논의점과 개념들은 다음과 같다.

**말하기의 본질**
◇ 의사소통 능력의 특징
◇ 담화 대 대화
◇ 상호 거래적 언어와 상호 작용적 언어
◇ 말하기의 목적
◇ 장르 이론과 말하기

**말하기를 회피하는 화자**
◇ 이전의 학습 경험
◇ 동기

◇ 말하기를 회피하는 화자를 다루기

**과제 난이도**
◇ 과제 난이도에 영향을 미치는 요인: 과제 요인, 학습자 요인, 언어 요인
◇ 말하기를 돕는 듣기

**교과 설계의 문제**
◇ 목표 설정
◇ 체계-기능(systemic-functional) 언어학의 영향

**교육적 과제**
◇ 기존 교재들의 제한성
◇ "3P" 지도 사이클
◇ 교육적 대 현실세계 과제

**말하기 수업 모델**


## 말하기의 본질

### ◆ 의사소통 능력의 특징

우리가 또 다른 언어로 말을 하기 위해서는 무엇을 알고 있어야 하며, 또한 어떤 능력을 가지고 있어야하는가? 물론, 이해할 수 있는 정도의 소리를 만들어 낼 줄 알고, 단어를 적절히 사용할 줄 알며, 문법을 잘 알고 있어야 함은 당연하다. 결국 이러한 다양한 요소들이 모아져 언어학적 능력을 형성한다. 그러나 이러한 언어학적 능력이 필요하다 할지라도, 다른 언어로 능숙한 의사소통을 하고 싶어하는 사람에게는 충분한 것이 아니다.

1974년, 사회언어학자 Dell Hymes는 Chomsky의 언어 능력이라는 개념의 대안으로 의사소통 능력이라는 개념을 제안하였다. 의사소통 능력은 언어학적 능력을 포함할 뿐만 아니라 (다른 시각을 위해 Canale과 Swain을 참고할 지라도) 화자로 하여금 누구에게, 언제, 무엇을, 어떻게 말할 수 있는지에 관한 다양한 사회언어학적, 회화적인 기술을 포함한다. 1970년대 초, Sandra Savignon은 여러 가지 기본적인 특징들을 포함한 의사소통 능력의 모델에 기초하여 의사소통 기능의 발달에 관한 중요한 연구를 하였다. 연구에서 Savignon은 의사소통 능력이란 "실제 상황에서 의사소통을 할 수 있는 능력"이라 정의하였다. 즉, "언어적 능력은 의사소통이 역동적으로 일어나는 상황 하에서 하나 혹은 그 이상의 대화자가 제공하는 언어적 뿐만 아니라 준 언어적인(paralinguistic) 정보자료에 잘 적응해야만 한다" (p. 9). Savignon은 정적인 것보다는 역동적이며 의미의 교섭을 수반하는 의사소통 능력이 말하기에만 제한되는 것이 아니라 쓰기에도 관계한다고 한다. 또한 의사소통 능력은 상황에 특정화된 것으로 능숙한 의사소통 능력을 가진 사람이라면 상황에 맞는 특별한 선택을 할 줄 알아야 함을 의미한다고 한다. 또한, 의사소통 능력은 수행(performance)과도 구별된다. Savignon에 의하면, 능력(competence)은 알고 있는 것(what one knows)인 반면, 수행은 행동하는 것(what one does)이다 (Savignon, 1972, 1983을 보시오).

---

**의사소통 능력의 특징**

의사소통 능력은 다음 사항들을 포함한다: (a) 언어의 문법과 어휘에 대한 지식; (b) 말하기의 규칙에 대한 지식 (예를 들면, 대화를 시작하고 끝내는 방법을 아는 것, 서로 다른 종류의 담화 상황에서 어떤 화제가 다루어 질 수 있는 가를 아는 것, 말이 전달되는 대상과 상황에 따라 어떤 식으로 말을 해야하는가를 아는 것; (c) 요청하기, 사과하기, 감사하기와 초대하기와 같은 다양한 화행을 사용하고 또한 그에 반응하는 방법을 아는 것; (d) 언어를 적절히 사용할 줄 아는 것.

*Richards, Platt and Weber 1985:49*

◆ 담화(Discourse) 대 대화(Discourse)

아무리 위대한 극작가라고 해도 진정한 의미 교섭의 진수를 포착할 수는 없다. Harold Pinter, David Mamet이나 Edward Albee와 같은 위대한 현대 극작가라 할지라도 그렇게 할 수는 없다. 다음 인용문이 보여주듯이 비록 Albee가 개인적인 담화를 정확히 담을 수 있는 그런 귀를 가졌다해도 위의 사실은 부인할 수 없다.

| | |
|---|---|
| Martha: | Our son does not have blue hair . . . or blue eyes for that matter. He has green eyes . . . like me. |
| George: | He has blue eyes, Martha. |
| Martha: | Green. |
| George: | Blue, Martha. |
| Martha: | GREEN! [To Honey and Nick] He has the loveliest green eyes . . . they aren't all flaked with brown and grey, you know . . . hazel . . . they're real green . . . deep, pure green eyes . . . like mine. |
| Nick: | Your eyes are . . . brown, aren't they? |
| Martha: | Green! Well, in some lights they look brown, but they're green. Not green like his . . . more hazel. George has watery blue eyes. Milky blue. |
| George: | Make up your mind, Martha. |
| Martha: | I was giving you the benefit of the doubt. Daddy has green eyes, too. |
| George: | He does not! Your father has tiny red eyes . . . like a white mouse. In fact he is a white mouse. |

Albee, 1965: 50-51

실제 대화는 이런 식으로는 전개되지 않는다. 위의 인용문에서는 애매 모호함도 없고 오해도 없다. 이와는 반대로 실제 담화에서는 대화자들간에 대화의 내용이 서로 일치하는 가를 확인하기 위해서 주고받는 대화가 상당하다. 대부분의 대화에는 담화의 내용이 있으며 상위-담화(meta-discourse)

가 추가된다. 상위 담화란 진행중인 대화에 대한 대화(conversation about the conversation)를 의미하는데 이 상위-담화를 통하여 대화자들은 누가 누구에 대해서 그리고 무엇이 일어났는지에 대해서 이야기하는가를 확인해 가면서 의미를 교섭하여 대화를 잘 이끌어 나가게 된다. 2장에서 우리는 이러한 의미교섭의 과정이 학습자로 하여금 한계에까지 이르게 하여 결국 학습자의 능력을 키워주기 때문에 학습자의 언어 습득에 도움을 주는 것으로 가정하고 있음을 보았다.

특별히 제2언어 화자들에 관련된 말하기의 또 다른 면은 말하기가 이미 준비된 것인지 아니면 즉흥적인 것인지에 관련된다. 우리는 모든 대화가 즉흥적이라 가정하는 경향이 있고 또한 어느 정도는 그러하다. 그러나 우리 모두는 즉흥적으로 말할 때 우리에게 도움이 되는 일상적인 대화 틀(routines)이나 구문들, 다른 표현법들을 가지고 있다. 제2언어학습자들의 경우에는 계획하는 시간을 갖게 됨으로써 그들의 유창성과 정확성의 수준을 상당히 높일 수 있다. 만약 여러분이 제2언어나 외국어로 발표를 하도록 해야만 하는 학생들(학생으로서든지, 직장인으로서든지)을 가르치고 있다면, 그들에게 미리 준비되고 공들인 발표를 하도록 해야 함이 중요하다.

◆ 상호 거래적(Transactional) 언어와 상호 작용적(Interactional) 언어

여러분은 제4장에서 대부분의 대화가 기능적인 측면에서 상호 거래적이나, 상호 작용적인 것으로 분류될 수 있었음을 기억할 것이다. 상호 거래적 대화란 무엇인가를 얻거나 혹은 어떤 것을 수행하기 위해 행해지는 것이며, 상호 작용적 대화는 사교적인 목적으로 이루어진다. (제4장에서 필자는 심미적인 것과 같은 다른 기능들도 제안했지만 상호 거래적이며 상호 작용적인 기능이 가장 보편적이다.) 또 한 가지 기억되어야 할 점은 어떤 대화든지 상호 거래적이며, 상호 작용적인 면을 가지고 있는 것이 대부분이다. 이러한 서로 대조적인 기능이 다음과 같은 두 개의 대화 인용문에 나타난다. 첫 번째 인용문은 본래 상호 거래적인 반면, 두 번째 것은 상

호 교환적인 특성을 띤다. 그러나 인용문 1의 시작부분의 두세 개의 대화는 상호 작용적인 요소를 가지고 있다. 이와 유사하게 두 번째의 인용문도 아버지가 딸에게 텔레비전의 소리를 너무 크게 틀지 말라고 말할 때의 내용에서 역시 상호 거래적인 요소를 띠고 있음이 나타난다.

Extract 1:

**Store attendant:** Morning.
**Customer:** Morning.
**Store attendant:** Nice day.
**Customer:** Uh-huh. Can you give me two of those?
**Store attendant:** Sure.
**Customer:** Thanks.

Extract 2:

**Father:** Morning, Darling.
**Daughter:** Morning.
**Father:** Sleep well?
**Daughter:** Uh-uh. The thunder woke me up.
**Father:** Loud, wasn't it. And the lighting. . . . What are you doing?
**Daughter:** I'm going to finish watching that. . .
**Father:** Well, don't have it on too loud. Jenny's still asleep.

◆ 말하기의 목적

기능적인 관점에서 대화를 분석하는데 있어 가장 유용한 설계도(schemes) 중 하나가 바로 Martin Bygate(1987)의 것이다. Bygate는 대화는 일상적 대화틀(routines)에 의해 분석 될 수 있다고 제안하고 있다. 일상적 대화틀(routines)이란 정보를 제시하는 전통적인 (따라서 예측 가능한) 방법이다. Bygate는 두 가지 유형의 순서에 대해 언급하고 있다: 정보적 대화틀(information routines) (이것은 필자가 상호 거래적이라 불러왔던 것에 속하게 된다)과 상호 작용적 대화틀(interactional routines) (필자가 분류한 상호 작용적/사회적 범주와 일치한다). 정보적 대화 틀은 정보를 제시하는 구조가 자주 반복이 되는 것을 포함한다. 또한 기본적으로 설명적인 것들 (예를 들면 이야기 해주기, 묘사하기, 지시하기, 비교하기)과 평가적인 것들 (설명하기, 정당화하기, 예견하기, 결정하기)로 세분화 될 수 있다. 상호 작용적인 것은 사무적인 만남 (예를 들어, 구직 면접)이나 사교적인 만남 (저녁 식사 모인, 직장에서의 커피 휴식시간 등)으로 세분될 수 있다. Bygate는 대화에 참여하는 사람들은 끊임없이 의미를 교섭할 중 알아야하고 누가 무엇을, 누구에게, 언제, 무엇에 대하여 말했는지에 대한 대화를 잘 다룰 수 있어야 한다면서 그의 설계도에 대화관리영역(conversational management dimension)을 추가했다.

---

**우리는 왜 말하는가?**
오늘 어떤 말하기 과제를 수행하였는가? 다음은 Burns와 Joyce(1997)가 제시한 것들이다.
◇ 아이들에게 등교 준비를 하도록 말하기
◇ 이웃과 좋은 날씨에 대해 이야기하기
◇ 자동차 서비스를 받기 위해 차 정비소에 예약하기
◇ 직장동료와 휴일 계획에 대해 논의하기
◇ 세탁물을 찾는 것을 부탁하기 위해 어머니께 전화하기
◇ 서로 알고 있는 사람에 대해 친구들과 잡담하기
◇ 아들의 선생님과 향상정도에 대해 상의하기
◇ 새 여권을 신청하기
◇ 직장의 상사와 승진 가능성에 대해 논의하기

---

언어 교수방법론에 대해 1990년에 쓴 책에서 필자는 이 설계도의 개정을 제시하고 있다. 한 사건을 두 개의 다른 범주로 나누기보다는 정보적인 기능과 상호 작용적인 기능을 제안함으로써 대화를 두 개의 다른 영역으로

나타내도록 하고 있다. 즉, 설명적인 것과 평가적인 것들은 사무적인 것과 사교적인 대화와 같은 것이 된다. 이 두 영역을 하나의 그리드(grid)로 나타내었다. <표 8-1>을 보시오. 이 표는 여러 상황에 따른 기능들을 알게 해준다. 이 그리드는 다양한 방법으로 활용될 수 있다. 특히, 상호 거래적인 대화와 대인적인 대화를 기능적으로 분석하는데 사용할 수 있다. 또한 분석을 통하여 얻은 정보는 말하기와 구두로의 상호 작용을 위한 교과 설계에 사용될 수도 있다. 역시 필자도 학생들에게 어떤 특별한 기능이 다양한 의사소통의 상황들에 사용되는 지를 보여주기 위해 학생들과 함께 그리드를 해석해 본다.

　Bygate의 대회 틀은 주고받는 대화를 좀 더 예측 가능한 것으로 만들기 때문에 모국어 화자들 간의 의사소통을 수월하게 한다. 만약 언어가 전부 예측 가능한 것이라면 의사소통이란 아마도 불필요한 것일 것이다. 또

표 8-1

|  | *정보 (Information)* | | |
|---|---|---|---|
|  | *설명적인 글* | *평가적인 글* | *의미 교섭* |
|  | 이야기하기 묘사하기 | 설명하기 주장하기 | 대화를 이끌어가기 |
|  | 지시하기 비교하기 | 예측하기 결정하기 | |
| *상호작용* | | | |
| S 구직면접 | | | |
| E 식당 예약하기 | | | |
| R 우표사기 | | | |
| V 학교 등록하기 등등. | | | |
| I | | | |
| C | | | |
| E | | | |
| S 저녁 만찬 | | | |
| O 커피 휴식 | | | |
| C | | | |
| I | | | |
| A | | | |
| L | | | |

한 언어가 전혀 예측 불가능한 것이라면 효율적인 의사소통은 아마도 불가능할 것이다. 사람이 대화를 할 때에는 예측 불가능한 것을 줄이기 위해 상호작용을 한다. 이전에도 보았듯이, 이러한 면은 바로 사람이 의미교섭을 할 때 일어나는 현상이다. 제2언어 화자에게 대화 틀은 이해를 용이하게 하는데 매우 중요한 요소이다. 또한 학습자들은 이미 조작된 일련의 회화 패턴을 배움으로써 자신들의 능력을 "능가하는 기량"을 보일 수 있다. 실제로 그러한 이미 조작되어 공식처럼 배우는 회화표현들이 습득에 있어 중요한 전조적인 역할을 한다는 증거가 있다.

◆ 장르(Genre) 이론과 말하기

대화의 기계적인 대화틀에 대한 연구는 장르의 개념과 밀접한 관계가 있다. 여러분은 이미 4장에서 서로 다른 말하기의 상황이 서로 다른 유형의 글이 되며, 이러한 글은 전체적인 구조가 각각 다르고 글에 전형적으로 사용되는 문법적 요소들의 종류에 의해 차별된다는 주장을 하는 장르 이론을 기억할 것이다. 아마도 단순한 일상 대화에서 말하기의 가장 흔한 형태인 이야기하기(recount)는 전형적으로 소개하는 내용에 이어 이야기의 방향이 제시되는 순서로 진행된다.

> **장르**
>
> 장르란 계획되고, 목적이 있으며 사회적 구조(socially-constructed)를 띤 의사소통 상황이다(Martin, 1985). 이러한 상황들이 글의 구조와 문법적 특징에 따라 일반적으로 달라질 수 있는 구어체 글과 문어체 글로 쓰여진다.

그런 다음, 결국 상황에 대한 해설을 달고 난 후, 결론을 맺게되는 일련의 상황들이 뒤따른다. 문법적으로 상세히 말하기 장르는 단순 과거시제와 사람과 장소에 대한 특별한 언급을 하는 것이 특징이다.

다음은 *Who's Afraid of Virginia Woolf?*에서 발췌한 것으로 이야기하기 장르와 관련된 일반적인 글의 구조와 문법 요소들을 보여주고 있다.

| | |
|---|---|
| When I was sixteen and going to prep school, during the Punic Wars, | Introduction |
| a bunch of us used to go into New York on the first day of vacations, before we fanned out to our homes, and in this evening, this bunch of us used to go to this gin mill owned by the gangsterfather of one of us . . .—and we would go to this gin mill, and we would drink with the grown-ups and listen to the jazz. . . . | Orientation |
| And one time, in the bunch of us, there was this boy who was fifteen, and he had killed his mother with a shotgun some years fefore . . . | Event |
| and this one evening this boy went with us, | Event |
| and we ordered our drinks, | Event |
| and when it came time for his turn he said I'll have bergin . . . give me some bergin, please, bergin and water. | |
| Well, we all laughed . . . he was blond and had the face of a cherub, and we all laughed, and his cheeks went red | Event |
| and the assistant crook who had taken our order told the people at the next table what the boy had said | Event |
| and then they laughed, | Event |
| and then more people were told | Event |
| and the laughter grew . . . | Event |
| And soon everyone in the gin mill knew what the laughter was about, and everyone started ordering bergin, and laughing when they ordered it. | Event |
| We drank free that night, and we were bought champagne by the management, by the gangster-father of one of us. | Event |
| And of course we suffered the next day, each of us alone, on his train, away from New York, each of us with a grown-ups' hangover | Comment |
| but it was the grandest day of my . . . youth. | conclusion |
| *Albee, 1965: 62* | |

## 말하기를 회피하는 화자

 필자가 동료들과 최근 비공식적으로 조사한 자료에서 학생이 말하기를 회피하는 것이 그들에게는 해결하기 가장 어려운 문제로 나타났었다. Burns와 Joyce(1997: 134)는 말하기와 관련된 교실 수업 과제에 참여하기를 회피하게 만드는 요소를 세 가지 부류로 나누어 제시한다. 그들은 이러한 회피현상이 아마도 문화적인 요소, 언어적 요소, 또한/ 아니면 심리적/정의적 요소에 기인한다는 제안을 한다. 문화적 요소는 학습자의 이전의 학습경험과 이러한 경험에 의해 학습자가 갖게되는 기대감에서 생겨나는 것이라 한다. 여러분은 제1장에서 서로 다른 문화적 배경을 가진 교사와 학생들 사이에서 일어날 수 있는 오해에 대하여 언급했던 것을 기억할 것이다. 당신의 학생들이 만약 언어 학습은 교사나 테이프를 듣고 글로 주어진 과제를 수행하는 것이라 믿고있다면 그들은 말하기 활동에 활발히 참여하기를 꺼릴 것이다. 따라서 그들이 말하기 활동에 참여하게 하기 위해서는 얼마간의 학습 훈련과정에 참여할 필요가 있다.

◆ **이전의 학습 경험**

 필자가 지도한 학습자의 많은 수가 말하기를 회피한다. 이러한 회피현상은 부분적으로는 그들의 이전의 학습 경험 때문이다. 그들의 많은 수는 말할 기회가 극히 제한되는 주변이 시끄러운 곳에 위치한 학교의 밀집 환경에서 교육을 받아왔다. 그 외의 학생들은 그저 단순히 말하기를 장려하지 않는 학교에서 교육을 받았다. 그러나 일정의 학습 훈련이 이러한 회피 성향을 극복하는 방법이 될 수 있음을 발견했다. 수업이 활기 있고 수업 중 오고가는 대화를 잘 관리하는 것 또한 필요하다. 필자는 결코 어떤 과정이든지 초기에는 전체 학생들 앞에서 크게 소리내어 말하도록 요구하지 않는다. 학생들이 짝 활동을 할 때는 학생 둘을 서로 옆에 앉게 하기보다는 서로 마주 보게 한다. 만약 필자가 어떤 학급이 유난히 말하기를 회피하는 학생들로 이루어졌다는 것을 알게되면 방법을 바꾸어 학생들을 자리에서 일어나게 한 뒤, 말하기 과제를 하는 동안 필자는 교실을 돌아다닌다. 이런 방법이 왜 효과가 있는 지는 확실하지는 않지만 결코 실패하지는 않는다. 의사소통을 하게 만드는, 사람들끼리 서로 어울리는 사회적 본성에 대한 무엇인가가 있는 것같이 느껴진다. 이것 역시 규칙 깨기라는 John Fanslow의 개념과 상통한다. 학생들은 수업 중에 제자리에 앉아있어야만 한다는 교실의 규칙을 깨는 것을 허용함으로써 수업 중에 말해서는 안 된다는 규칙 또한 깨버리게 한다.

Burns와 Joyce에 의하면 구어의 사용을 막는 언어적인 요소에는 학습자가 그들의 모국어에서 영어의 소리, 리듬과 강약의 패턴으로 전이하는 어려움과 교사의 모국어 발음에 대해 학습자가 느끼는 어려움과, 또한 영어에서 많이 사용되는 문법 패턴들과 이러한 것들이 자신들의 모국어와 어떻게 다른지에 대한 이해의 부족 (예를 들어 영어 시제), 의미를 알기 위해 필요한 문화적 혹은 사회적 지식에 친숙하지 못한 면들이 포함된다. 심리적, 정의적인 요소에는 문화 충격(culture shock), 이전의 부정적인 사회적, 정치적 경험들, 동기의 부족, 수업 중 갖는 불안감이나 특히 이전의 학습 경험이 부정적인 경우에 학습자가 갖게되는 수줍음들이 포함된다.

### ◆ 동기

동기는 학습자가 의사소통을 할 준비가 되어있는지를 알아보는데 고려되는 주요한 사항이다. 동기는 언어 학습의 목표를 달성하려는 노력과 욕망, 언어 학습을 향한 학습자의 호의적인 태도들이 결합되어 있는 것을 말한다. 즉, 제2언어의 학습에 대한 동기는 언어를 배우려는 욕구와 학습과정 중 경험했던 만족감 때문에 언어를 배우기 위해 개인이 끊임없이 노력하는 정도를 말하는 것으로 보여진다. 동기가 유발된 학습자는 목표를 향해 노력하지만, 학습자의 노력이 반드시 동기가 유발된 것은 아니다. 요구를 하는 교사, 절박한 시험이나 새 자전거 약속과 같은 그러한 사회적 압력들과 같이 강요에 의해서, 아니면 교사나 부모님을 기쁘게 해드리기 위한 마음에서, 혹은 높은 성취욕구와 같은 개인이 갖는 많은 속성들이 노력을 하도록 만들 것이다 (Gardner 1985: 10).

---

**학습자들이 왜 동기가 유발되지 않는가?**
- ◆ 시간이 지나도 향상되지 못할 때/ 향상됨을 인식하지 못할 때
- ◆ 활력이 없는 수업
- ◆ 지루함
- ◆ 자료와의 관련성을 감지하지 못함
- ◆ 교수의 목적에 대한 지식 부족
- ◆ 적절한 피드백 부족

**무엇이 이루어져야 할까?**
- ◆ 학습자들에게 교수의 목표를 명확히 해준다.
- ◆ 학습이 성취할 수 있는 여러 단계로 나누어지도록 한다.
- ◆ 학습이 학습자의 필요와 흥미에 연결되도록 한다.
- ◆ 학습자의 지식과 시각을 학습과정에 반영하도록 하게 한다.
- ◆ 창의적인 언어사용을 권장한다.
- ◆ 학습자들이 참여하고있는 학습 활동의 수행에 필요한 전략들을 학습자 스스로 알아내도록 하는데 도와준다.
- ◆ 학습자의 향상정도를 스스로 기록해 갈 수 있는 방법을 개발한다.

---

말하기를 회피하는 제2언어 학습자를 대상으로 세밀히 연구 조사를 한 Amy Tsui(1996)은 언어 학습교실에서 발생하는 침묵현상의 이유에 대한 몇 가지 놀라울 만한 통찰력을 제시하였다. 또한 이러한 문제에 대한 몇 가지 실질적인 해결책도 얻게 되었다. Tsui와 연구를 위한 정보 제공자들은 홍콩에 있는 중등학교에서 자료를 수집하였다. 이러한 중등학교에서는 수업이 영어로 진행되기로 되어 있지만, 교사와 학생들 사이에서는 두 개의 언어 모두가 사용되고 있었으며, 실제로 많은 학교들이 중국어로 지도하고 있었다. Tsui와 연구를 위해 같이 일했던 교사들은 수업 중 말하기를

회피하는 이유를 설명하는 다섯 가지의 주 요소를 밝혀 놓았다:

1. *학생들에게 낮게 인식된 영어 숙달도:* 중등학교의 수업을 비디오에 담은 자료에서 학생들은 교사의 질문에 영어로 응답할 수 있는 능력이 있음에도 불구하고 자신감이 부족하고, 모험을 하지 않으려는 마음과 자신들의 영어 실력이 형편없다는 인식이 결국 응답을 회피하는 결과를 초래함이 나타났다.
2. *실수와 조소에 대한 학생들의 두려움:* 학생들은 자신들의 동료 앞에서 조롱당하는 것을 두려워한다. 게다가 학생들로 하여금 그들의 동료들 앞에서 발표하는 것을 금하도록 하는 많은 아시아 문화들에서 작용하는 어떤 문화적 요소가 있다.
3. *침묵에 대한 교사들의 조급한 태도:* 연구에 참여한 많은 교사들은 학생들에게 시간적 여유를 거의 주지 않거나 결코 주지 않았다.
4. *학생들에게 기회를 고루 주지 않았다:* 수집된 자료로부터 교사가 학생들의 응답을 원할 때에는 좀 실력이 나은 학생들을 선호한다는 것이 명확해졌다. Tsui가 지적했듯이 이러한 현상은 아마도 교사들이 학생들의 침묵을 잘 참지 못하는 것과 관련이 있을 것이다. 실력이 좀 더 나은 학생들에게 응답하게 함으로써 교사는 자신들의 수업에는 침묵의 시간이 없고 혼란스러운 시간도 없음을 확신할 수 있을 것이다.
5. 이해가 불가능한 입력: Tsui가 밝힌 마지막 요소는 교사가 제공하는 언어 자료들이 학생들이 이해하기에는 터무니없이 어려운 데에 있다. 예를 들어 자신이 수업을 진행하는 것을 본 한 교사는 "내가 질문을 하는 것을 보니, 간단하고 명확한 질문이라고 생각했던 것이 실제로 꽤 이해하기 어려운 것이었음을 깨달았다. 비단 이것만이 아니라, 가끔 질문이 혼돈하게 하고 충분하게 설명되지 않았다."(Tsui 1996: 154)라고 보고하였다.

    **Interviewer:**  What stops you from speaking up?
    **ESL student:** 'Cos my classmates also not speak up . . . they affect me very much . . . Sometimes I really frighten . . . I am afraid my classmate will laugh . . . I think my English level is

>            not good, so I am shy to talk English . . . I hate English
>            very much because I think English is quite difficult to
>            learn . . . Educational system is stressful. . . because many
>            people if fail in English . . . they affect (sic) their life.
>
> **Interviewer:** Are you worried about failing in English?
> **ESL student:** Very . . . very much.
>
> Tsui 1996: 145

### ◆ 말하기를 회피하는 화자 다루기

Tsui와 그녀의 동료들은 말할 때 갖는 불안감과 꺼리는 현상을 극복하기 위한 여섯 개의 전략을 마련하였다. 첫 번째 전략은 질문을 던지고 대답할 사람을 지명하는 그 사이의 시간을 늘이는 것이다. 그러나 이 방법은 학생이 대답할 때까지 2분 동안을 기다린 어떤 교사가 지적했듯이 한계가 있다. 기다리는 시간을 늘이는 것은 실제로 대답을 하도록 지명된 학생을 당황하게 하며 그 학생이 앞으로 자발적으로 수업에 참여하는 것을 막는다. 두 번째 전략은 질문하는 기술을 향상시키는 것이다. 이 방법은 몇 몇 교사들에게는 효과가 있었지만 그 외의 교사들에게는 그렇지 못했다. 교사들이 시도했던 또 다른 전략은 다양한 질문을 수용하는 것이다. 네 번째 전략은 전체 학생들 앞에서 발표하기 이전에 소집단이나 짝을 지어 질문에 대한 답을 연습해 보는 기회를 주는 것이다. 효과적인 방법으로 보고된 다른 한 전략은 언어의 형식보다는 내용에 초점을 두자는 것이다. 이러한 방법들은 특히 실력이 낮은 학생들의 불안감을 낮출 수 있었는데 아마도 그 이유는 실수하는 것에 대한 제약이 없었기 때문인 것 같다. 한 교사가 밝힌 마지막 요소는 학생들과 좋은 관계를 갖는 것이다. Tsui는 연구를 통하여 학생들의 의사소통을 조장할 수 있는 주 요소가 불안감의 정도가 낮은 교실 분위기를 만들어내는 것이라는 결론을 얻었다. 불안을 낮출 수 있는 방법이 바로 말하기를 회피하는 학생에게 용기를 주는 방법이 되었다.

<표 8-2>는 학습자로 하여금 말하도록 동기를 유발시키기 위해 적용될 수 있는 실행단계들의 몇몇을 정리한 것이다.

표 8-2  효과적인 동기유발을 위한 전제조건

| 요 소 | 특 징 |
| --- | --- |
| 1. 환경적 뒷받침 | 질서 있는 교실<br>교사는 수업관리에 능숙하다.<br>학생은 불안감 없이 모험을 하는데 주저하지 않는다.<br>피드백이 긍정적이다. |
| 2. 난이도가 적당한 수준 | 과제가 너무 쉽지도 어렵지도 않다.<br>학생들은 자신들이 무엇을 해야할 지를 알고 있다.<br>성취기준이 명확하다. |
| 3. 유의미한 학습 | 학생들은 자신들이 무엇을 학습해야할 지, 또한 왜 해야 하는 지를 알고 있다.<br>활동들이 의미가 있고 가치가 있는 것이다.<br>학습의 목적과 활동과의 관계가 명확하다.<br>새로운 과제는 이전의 것에 의거하며 이전의 것을 좀더 확장시키는 것이 되도록 한다.<br>학습 활동들이 순서대로 제시된다.<br>학생들에게 왜 수업에 임해야 하는지에 대한 이유를 제시한다. |
| 4. 전략 | 동기 유발의 전략은 교수적 욕구와 일치하는 것이어야 한다.<br>특정한 전략만 지나치게 많이 사용하지 않는다.<br>교사는 다양한 전략들을 사용한다.<br>교수에 학습하는 방법을 배우는 기회가 포함되어야 한다. |
| 5. 내용 | 학습 내용을 학생 자신들의 경험과 연관시킬 수 있다.<br>학습의 주제가 흥미롭다. |

## 과제 난이도

◆ **과제 난이도에 영향을 미치는 요인들: 과제 요인, 학습자 요인, 언어 요인**

1장에서, *과제(task)*를 중심으로 수업을 구성할 경우의 어려움 중 하나가 난이도를 결정하는 문제임을 지적한 바 있다. 말하기의 경우, 세 가지의 요소들을 생각해 보아야 하는데, 이들 중 어떤 요소들은 교사나 수업설계자들이 통제할 수 없는 것이다. 첫 번째 유형의 요소들은 학습자들이 다루는 자료에 관한 것들이다 (학습자들이 처리해야 하는 텍스트가 어느 정도의 밀집도/복잡성을 가지고 있는가? 내용은 학습자 경험에 비춰볼 때 얼마나 추상적/구체적인가? 맥락적 도움은 어느 정도 주어지는가?) 두 번째 유형의 요소들은 과제 자체와 관련이 있다. (과제 안에 몇 단계가 포함되는가? 과제는 얼마나 관련성 있고 의미 있는가? 주어진 시간은 어느 정도인가? 어느 정도의 문법적 정확성이 요구되는가? 도움은 어느 정도 줄 것인가? 과제가 학습자들에게 얼마나 명확하게 제시되는가? 연습 시간은 얼마나 주어지는가?) 마지막으로 학습자 내적인 요소들이 있다. 이들 요소들은 대부분 교사의 통제 밖에 있는 것으로, 학습자들의 자신감과 동기, 내용에 대한 사전 지식, 언어지식 및 언어능력, 문화적 지식, 과제 유형 자체에 대한 친숙도 등이 이에 해당된다.

---

**과제 난이도에 영향을 주는 요소들**
◇ 언어 사건이 일어나는 맥락이 어느 정도로 이해를 돕는가;
◇ 언어 사건이 학습자에게 얼마나 인지적 부담을 주는가;
◇ 배경 지식을 얼마나 사용할 수 있는가;
◇ 학습자들에게 얼마나 도움이 주어지는가;
◇ 학습자가 만들어내야 하는 언어가 얼마나 복잡한가;
◇ 과제를 완성하는데 요구되는 정서적인 압박감은 어느 정도인가;
◇ 학습자의 흥미와 동기는 어느 정도인가.

말하기 과제에는 대화 상대자 효과도 생각해야 한다. 학습자들은 대화 상대자에 따라서 동일 과제를 수행함에도 다른 행동을 보인다 (Martyn 1997). Martyn은 유사한 과제들을 다른 대화 상대자들과 수행하는 학습자들의 자료를 수집하였는데, 학습자들이 함께 학습하는 다른 학습자들로부터 느끼는 편안함의 정도에 따라 말하는 것이 달라짐을 발견하였다.

또 다른 대화 상대자 효과는 상대방의 능숙도이다. 위에서 이미 보았듯이, 의사소통은 학습자가 목적을 이루기 위해 의미를 교섭하는 협동적 과업이다. 그러므로, 학습자의 의사소통은 동료 학습자의 능숙도에 어느 정도 의존한다고 보아야 할 것이다. 이는 (기존 연구들 대부분이 대인적 측면을 도외시한 채 시행되었다는 점에서) 향후 연구에의 시사점을 줄 뿐 아니라, 말하기 수행의 평가에도 합의점을 가진다.

말하기 학습 과제의 난이도에 관해 이루어진 연구 중 가장 광범위한 연구는 제1언어 학습상황에서 이루어졌다. 이 연구는 Brown과 Yule (1983)의 책에서 언급되어 있으며, 이 책에서는 난이도를 결정함에 있어 고려되는 중요한 여러 가지 요소들이 밝혀져 있다. 첫째로, 추상적인 것의 정도가 한 요소인데, 화자에게 구체적이고 정적인 대상을 묘사해 보라는 과제가 어떤 대상의 위치가 다른 대상이 변화하는 것에 따라 달라지는 그런 대상을 묘사하는 것보다 쉽다. 따라서 사진을 묘사하는 것이 사건을 묘사하는 것보다 쉬운 것이다. 이러한 구체적인 묘사는 의사를 표명하기와 같은 추상적인 개념에 관계된 과제를 수행하는 것보다 쉽다.

### ◆ 말하기를 돕는 듣기

Brown과 그녀의 동료들은 과제를 어렵게 만드는 요소들을 밝히는 데에 관심이 있을 뿐만 아니라 화자의 과제 수행을 도울 수 있는 방법을 모색하는 데에도 관심이 있다. 말하기와 듣기사이의 공생 관계를 실감하게 하는 어떤 흥미로운 연구에서 이들은 청자로서의 이전 경험이 화자가 말하기 과제를 수행하는데 도움을 준다는 점을 발견하였다. (이러한 통찰력은 이미 논의 되어오고 있는 과제가 주어질 때 수용적인 것에서 생산적인 것으로 옮겨가야 한다는 과제에 근거한 원리(task-dependency principle)를 정당화하는 것으로 보인다.) 이러한 결과에 대하여 두 가지 전제가 가능한데, 첫째로, 청자의 역할이란 그가 화자의 역할을 할 때 전개시킬 모델을 학습자에게 제공하는 것이라는 점과 추가로, 학습자가 과제가 않고 있는 어려움을 알게끔 도와주는 것이 바로 청자의 역할이라는 것이다.

    청자의 측면에서 화자의 역할을 경험할 기회를 주는 것은 주어진 과제들을 단순히 연습하는 것보다 더 도움이 된다. 그 이유는 화자가 과제들이 요구하는 것을 파악하기란 실제로 어려움이 따르기 때문이다. 화자가 그런 과제들의 수행에 성공하는 경우는 대부분 과제가 요구하는 것을 화자가 미리 파악했을 때이며, 반복적인 연습을 통하여 과제 수행이 향상되고, 진정으로 즐겁고 동기가 유발되는 학습 경험을 하게 될 것이다.

## 교과 설계

### ◆ 목표 설정

    교과 개발에 대한 전통적 접근법에서는 한 강좌의 전반적 목표들이 확립된 후에, 수업 설계 과정의 첫 단계로서 학습자들이 해야할 것들을 세목화한다 다시 말해, 해당 과목의 목표(goals)와 목적(objectives)을 세워야 한다. <표 8-3>의 포괄적인 의사소통의 목표와 그에 따르는 세부적인 목표들은 일반적인 언어 숙달을 위한 과정의 계발을 하는 교사를 위한 어느 한 교과 과정의 틀에서 발췌한 것이다.

    목표와 목적이 중요함은 여전히 인정되지만, 최근 *과제*와 *텍스트*가 교육과정을 구성하는 중요한 요소로서 부상함에 따라, 교육과정 설계자들은 "목적 제일주의적" 접근법의 대안을 탐색하기 시작하였다. 과제-중심적 교과 설계에 대한 세부적 조사에 대한 설명으로는 필자의 1989년 저서인

*Designing Tasks for the Communicative Curriculum*을 참조할 수 있을 것이다.

표 8-3

| 전반적 목표 | 특정 목표들 |
|---|---|
| *의사소통* <br> 대인 관계의 범위를 넓히고, 목표어로 된 정보를 직접 대하며, 학문, 휴가, 여가시간 등과 관련된 목적들을 위해, 언어 기술을 사용하기 위해 학습자들은 목표어의 사용을 중심으로 하는 활동들에 참여함으로써, 목표어로 의사소통하는 기술들을 습득한다. | *아래 목적들을 위해 목표어를 사용할 수 있다.* <br> ◇ 정보, 생각, 의견, 태도, 감정, 경험, 계획 등을 주고받음으로써, 관계를 만들고 유지시키며 흥미있는 주제를 논의한다. <br> ◇ 타인과 함께 문제 해결, 계획 마련, 의사 결정, 재화와 용역 및 공공 정보를 얻기 위한 거래 등과에 관련된 사회적 상호작용에 참여한다. <br> ◇ 문어 및 구어 텍스트 내의 특정 세부사항을 찾음으로써 정보를 얻고, 그 얻어진 정보를 처리하고 사용한다. <br> ◇ 구어나 문어 텍스트를 전체적으로 듣거나 읽음으로써 정보를 얻고, 그 얻어진 정보를 처리하고 사용한다. <br> ◇ 말하기, 에세이 쓰기, 가르치기 등, 문어나 구어 형태로 정보를 준다. <br> ◇ 이야기, 연극, 영화, 노래, 시, 그림 등과 같은 자극들을 듣기, 보기, 읽기 등을 통해 개인적으로 반응한다. |

### ◆ 체계-기능 언어학(Systemic-Functional Linguistics)의 영향

호주에서는 체계-기능 언어학과 장르 학파의 교육학적 접근이 교과 설계에 영향을 미치게 되었는데, 이로 인하여 교과 설계자들은 교과 설계의 시작점으로서의 텍스트에 더 큰 중요성을 부여하게 되었다. <표 8-4>는 이러한 원칙들에 근거한 교과를 개발하기 위해 Burns와 Joyce(1997)에 의해 제안된 절차들을 보여주고 있다.

교과의 매개변수들을 정하고 나면, 다음 단계(또한 많은 교사들에게 가장 흥미로운 절차)는 교육적 과제(pedagogical tasks)들을 결정하는 단계이다. 다음 절에서는, 독자들의 학생을 겨냥한 교실 과제들을 만들어 내고, 수정하고, 응용하는데 있어 고려해야 할 문제들을 논의해 보겠다. 그리고 나서 어떻게 과제들을 학습 단원 속에 배열할 수 있는지에 대한 실례를 들어봄으로써 이 단원을 맺고자 한다.

표 8-4

| 단계 | 설명 및 예 |
|---|---|
| 1. 전반적 맥락을 규명하라. | 대학 강좌는 학생들이 대학에서 공부할 수 있도록 준비시키는 데 중점을 둔다. |
| 2. 목적을 수립하라. | 대학 학업을 수행해내기 위해 요구되는 구어적, 문어적 기술들을 함양하는 것을 그 목적으로 한다. |
| 3. 맥락 속에서 언어 사건 순서에 주의하라. | 언어 사건은 다음과 같은 것들을 포함한다.<br>◇ 대학 등록하기<br>◇ 과목 선택에 대해 논의하기<br>◇ 강의에 출석하기<br>◇ 개별 지도에 참석하기<br>◇ 도서관 사용하기<br>◇ 참고 도서 읽기<br>◇ 에세이 쓰기<br>◇ 보고서 작성하기<br>◇ 시험 보기<br>◇ 일상 대화에 임하기<br>해당 텍스트로는 다음과 같은 예들을 들 수 있다. |
| 4. 위의 순서로부터 나올 수 있는 텍스트를 나열하라. | ◇ 등록서 양식<br>◇ 사무적 대화/ 과목 선택<br>◇ 강의<br>◇ 개별 지도 담화<br>◇ 사무적 대화/ 도서관에서의 대화<br>◇ 글로 쓰여진 다양한 텍스트, 예를 들어, 특정 과목 에세이, 특정 과목 보고서<br>◇ 다양한 읽기 텍스트, 예를 들어 과목-특수적 학회지 논문, 과목-특수적 저서, 도서관 색인목록, 강의 노트<br>◇ 시험지<br>◇ 일상대화 내에서의 여러 장르들 (예를 들어, 일화) |
| 5. 학생들에게 필요한 사회언어학적 지식의 윤곽을 파악하라. | 학습자들은 다음에 관한 지식을 필요로 한다.<br>◇ 학사 제도<br>◇ 학업 과정 및 학업에서의 요망 사항들<br>◇ 학생의 역할 |

| 단 계 | 설명 및 예 |
|---|---|
| 6. 텍스트의 사례들을 녹음 또는 수집하라. | ◇ 문어적 텍스트: 에세이, 도서 목록, 학회지 등<br>◇ 구어적 텍스트: 손에 넣을 수 있는 녹음된 내용을 구하고, 반 정도의 대본이 되어있는 대화를 스스로 준비하고, 진정성 있는 상호작용을 녹음한다. |
| 7. 학습 단원을 개발하라. | 교실 과제는 학생들에게 주어질 학습 단원 안에서 순서가 정해져야 하며, 아래 사항을 갖추어야 한다.<br>◇ 명시적 언어입력(language input)<br>◇ 유도된 연습(guided practice)<br>◇ 개별적 수행의 기회 |

## 교육적 과제(Pedagogical tasks)

◆ 기존 교재들의 제한성

교육 시장에 나와 있는 대부분의 교재들은 소위 재생적 언어 과제(reproductive language tasks)라 할 수 있는 것들로 구성되어져 있다. 이러한 과제들을 완수하기 위해서, 학생들은 교사나 교과서, 또는 테이프에서 제공하는 모델 언어를 다소간의 변형을 주어 재생하는 것 이상을 요구받지 않는다. 예를 들어 아래의 과제 목록을 생각해 보라. 이 목록은 "학습자들이 실제 상황에서 꼭 필요한 언어를 사용할 수 있도록 도와준다"는 표면상의 목표를 내세운 한 인기 있는 교과서 시리즈 속에 들어 있는 과제 유형을 모두 모은 것으로 교과목 속에서 학습자들에게 제공하는 말하기 연습들이다.

1. 두 줄 짜리 대화를 듣고 읽은 후 짝과 연습하기.
2. 듣고 반복하기.

3. 모델로 제시된 대화를 듣고 본인 이름을 끼워 넣어 따라하기.
4. 질문 단서(question cue)를 읽고 질문 만들어 내기.
5. 두 줄 짜리 기본 대화를 읽고 짝과 연습하기.
6. 모델로 제시된 대화를 듣거나 읽은 후 짝에게 질문하기.
7. 모델로 제시된 대화를 읽고 제시된 단서(cue)로 주어진 말을 사용하여 비슷한 대화 만들기.
8. 대체표(substitution table)를 공부한 후 문장 만들기.
9. 모델로 제시된 대화 속의 질문과 대답을 살펴보고 단서 단어(cue)를 사용하여 유사한 질문 만들기.
10. 그림을 보고 모델 문장 살펴보기. 유사한 그림들에 대하여 유사한 문장들 만들기.
11. 숫자, 날짜 듣기. 숫자, 날짜를 듣고 말해보기.
12. 테이프에서 나오는 내용을 듣고 글로 된 이해점검 질문에 답하기.
13. 인터뷰 듣기. 짝에게 유사 질문하기.
14. 시계 그림 보기. 짝과 함께 시간에 대한 질의 및 응답 주고받기.
15. 지문을 듣고, 지도를 살펴본 후, 특정 지점에서부터 다른 지점으로 가는 길 설명하기.

◆ **3P식 수업 사이클**

    지난 20년 간 교수법 상의 개념적 변화에 수 차례의 도약이 있어 왔음에도 불구하고, 청화식 교수법은 여전히 세계 곳곳에서 지배적인 패러다임으로 존재하고 있다. 청화식 교수법의 기저에는 제시(presentation), 연습(practice), 말하기(production)의 "3P" 수업 사이클이 깔려 있다. 제1단계인 제시 단계에서는 교사, 교과서 및 테이프를 통하여 학생들에게 목표어의 모범 문장들을 제시한다. 연습 단계에서는, 일련의 연습들을 통해 학생들이 구조를 조작하는 활동을 한다. 마지막 단계인 말하기 단계에서는, 일련의 응용 과제 속에서 학습자가 구조를 적용하도록 한다.
    이러한 과제들은 기본적인 음운론적 요소들이나 통사적 유형을 터득하는데 필수적일 것이나, 이것만으로는 턱없이 부족하다. 이러한 재생적 연습에 더하여, 학습자들은 창의적 언어 사용의 기회를 가져야 한다. 여기서 창의적이라 함은 시나 연극을 쓰는 기회를 의미하는 것이 아니다 (물론 이런 기회들을 통해서 유익(이득)을 얻는 학습자들도 많을 것이다). 여기서 창의적이란 말은 익숙한 언어 요소들을 새롭고 익숙하지 않은 방식으로 다시 조합하는 기회를 의미한다.

표 8-5

|  | 3P의 수업 사이클 | | |
|---|---|---|---|
|  | 1단계<br>제시 | 2단계<br>연습 | 3단계<br>말하기 |
| 교사의 역할 | 모델 제시자 | 지휘자 | 감시자 |
| 학생의 역할 | 청자 | 수행자 | 상호작용 당사자 |
| 활동 유형 | 강의 | 대체 연습 | 역할 놀이 |
| 수업 구조 | 전체 수업 | 2인 1조 활동 | 소집단 활동 |

◆ 주요 원칙들

많은 양의 연구(2장 참조) 및 교육 실제에 대한 지침들은 말하기 교실에서 학습자들에게 유의미한 맥락 및 상황에서 목표어를 사용하는 기회들을 가능한 한 많이 부여해야 한다고 제안하고 있다. 문법적인 설명들이나 언어 분석은 습득을 도와줄 수 있지만, 이는 일부 학습자들에게 더 효과적인 것으로 보인다. 반면, 언어를 사용하는 기회는 모든 학습자들의 습득을 촉진시키는 것으로 나타난다. 창의적이며 비교적 예측 불가능한 언어사용을 하도록 요구하는 과제들에 참여할 때, 학습자들은 필연적으로 실수를 하게 되어 있다. 이는 학습 과정에서 자연스러운 부분으로 인식되어져야 한다.

과제에 관한 1999년 저서에서 필자는 교육적 과제(pedagogical tasks)와 목표사회/현실세계 과제(target & real-world tasks)를 구분해야 할 것을 주장하였다. 현실세계에 근거한 과제들은 수업 속에서 학습자들이 교실 밖 세계에서 요구되는 유형의 행동들에 근접하도록 요구한다. 반면, 교육적 과제들은 교실 밖에서는 좀처럼 요구되지 않을 것들을 하도록 요구한다. 이러한 과제들은 현실 세계의 행위를 연습할 수 있게 해준다는 근거로는 정당화될 수 없으므로, 무언가 다른 근거를 가져야만 하는데, 이러한 경우 아래와 같은 식의 논리를 바탕으로 심리학적 입장을 취하는 경우가 대부분이다. "글쎄, 학습자들이 교실 밖에서는 별로 수행하지 않을 성싶은 과제들에 임하기는 해도, 이 과제들은 습득의 내적 과정을 촉진시키고 있는 것이다"(1989: 40).

◆ **말하기 수업 모델**

본 절에서는, 중-상위 집단을 위한 언어 수업을 기술해 보겠다. 제시된 자료는 ATLAS Series에 근거한 것으로, 본 장에서 설명한 주요 원칙들을 예시하기 위해 선정하였다. 왼쪽에는 필자가 최근 이 교재를 사용하여 말하기 수업을 가르쳤을 때 학생들이 수행한 과제들이 나타나 있다. 오른편에는 그 과제들 및 과제적용의 타당성을 기술하였다.

**준비(Warm Up)**

1. 집단별로 *culture, culture shock, cultural identity*의 정의에 대해 브레인스토밍하라.

2. 집단활동: 브레인스토밍. 외국에서 사는 것의 좋은 점과 나쁜 점을 열거해 보라.

| 좋은 점들 | 나쁜 점들 |
|---|---|
|  |  |

우선 수업의 목표부터 설명하였다. 이 수업의 목표는 자신의 의견을 표현하고 그 의견에 대한 이유를 제시하는 것이었다.
처음 두 과제는 스키마 형성을 위한 것으로서, 학생들이 수업 주제에 대해 이미 알고 있는 바를 상기시키고자 하는 목적을 가진다. 필자는 학생들에게 지난주에 "culture shock" 문제에 대해 공부했던 수업을 상기시켰다.

## 듣기 과제

1. 비디오를 보고, 사람들이 어디에서 왔는지, 이들이 외국 생활의 어떤 점을 가장 좋아하며 어떤 점을 가장 싫어하는지, 또한 자신들의 문화를 어떻게 지켜 가는 지에 주의하라.
2. a. 듣기. Dave, Anne, Denise가 외국 생활이란 무엇인지에 대해 이야기하는 것을 들을 것이다. 이들은 모두 자신이 태어난 나라에서 살지 않고 있다. 들은 장소를 적어 보라.
   b. 소집단활동: 다시 듣기. 테이프에서 얻은 정보와 아래 사실 정보를 이용하여 이 세 사람의 태생과 현재 거주지에 관한 아래 표를 완성하라.

### 사실 정보

- One of the people living in Australia was born in Britain.
- Denise was born in Australia.
- One of the people living in Australia is from Canada

| Name | Where From | Where Now |
|---|---|---|
| Anne | | |
| Denise | | |
| Dave | | |

   c. 소집단 활동: 토의. 각 사람은 "culture"에 대하여 어떻게 말하고 있는가?

| Name | Topic | Comment |
|---|---|---|
| Anne | British culture | |
| Denise | Californian culture | |
| Dave | Popular culture | |

   d. 테이프를 한번 더 듣고 답을 확인하라.

듣기 과제의 목표는 학생들에게 앞으로 나올 말하기 과제를 위한 생각을 제공하고 언어 모델도 제시하려는 것이었다.

첫 번째 듣기는 미국에서 사는 이민자들이 외국 생활 경험과 자국 문화적 정체성을 유지하는 것에 대해 토론하는 것을 담은 진정성을 가진 비디오 시리즈를 중심으로 하였다.

두 번째 듣기는 자신이 태어난 곳이 아닌 나라에서 생활하고 일하는 세 사람을 인터뷰한 오디오 테이프 내용을 중심으로 한 것이었다.

마지막으로, 학생들은 다시 듣기를 하고 각 사람이 "culture"에 대해 어떻게 이야기했는지를 밝혀내야 했는데, 세 사람이 각기 조금씩 다른 방식으로 이 단어를 정의했기 때문에, 이 과제는 어려운 과제라 할 수 있다.

## 말하기

1. a. 2인1조 연습. 외국인들이 당신의 문화에 대해 어떻게 말할 것 같은지 열거해 보라.
   b. 홍콩을 표현해 줄 만한 것들을 나열하라. (예: 유명인들, 역사적 사건들…)
2. Tang을 인터뷰하고, 그녀가 홍콩에 대해 특별히 흥미롭거나 특이하거나, 이상하거나, 좋거나, 좋지 못하다고 생각하는 점들이 무엇인지 알아내라.
3. 2인1조 연습. 당신은 대기업의 컴퓨터 프로그래머로 일하기 위해 다른 나라에 막 도착했거나 아니면 다른 나라로 막 옮기려고 한다. 당신은 이 나라에 대해 아는 것이 거의 없다. 사람들을 만나고 그 나라에 대해 알기 위한 아이디어를 브레인스토밍해 보라.

### 브레인스토밍의 예:

A: I'd take classes in ceramics.
B: I had no idea you were interested in ceramics.
A: I'm not, but it's such a boring hobby that there must be lots of interesting conversations in the class.
B: That's a crazy idea. I'd find out about the place before I go. I'd read about the place in an encyclopedia, and I'd visit the local consulate. They always have lots of information.

   b. 다른 조와 함께 열 가지 가능한 아이디어들을 써 보라. 각 아이디어에 대해 재미있는 정도에 따라 순서를 매기고 (1=most interesting), 마찬가지 방법으로 가장 실질적인 방법부터 순서를 매겨 보라 (1=most practical).

학급은 두 부분으로 나누어, 학급의 반은 A 과제를 수행하였고 나머지 반은 B 과제를 수행하였다. 그리고 나서 이들이 완수한 과제에 대하여 피드백을 주기 위한 A/B 그룹간 활동(diad)을 가졌다.

행운인지, 이날 따라 Beijing Foreign Studies University에서 교환교사가 찾아왔으므로 이 교사를 우리 수업의 부분으로 통합시킬 수 있었다.

이 수업의 마지막 과제는 학생들이 외국에서 생활하고 일하는 것에 대해 생각해보고, 어떻게 다른 사람들과 만날 수 있을 지에 대해 창의적으로 생각해보도록 하기 위해 고안된 것이었다.

|  | *Interesting* | *Practical* |
|---|---|---|
| **Ideas** | | |
| 1. _____ | _____ | _____ |
| 2. _____ | _____ | _____ |
| 3. _____ | _____ | _____ |
| 4. _____ | _____ | _____ |
| 5. _____ | _____ | _____ |
| 6. _____ | _____ | _____ |
| 7. _____ | _____ | _____ |
| 8. _____ | _____ | _____ |
| 9. _____ | _____ | _____ |
| 10. _____ | _____ | _____ |

c. 목록을 완성하라. 어떤 조가 가장 재미있는 아이디어를 내었는가?

## ◆ 결론

본서에서 필자는 지난 30년 간 일어난 언어교육 분야의 혁명을 추적하였으며, 언어 및 언어학습의 본질, 학습 과정상의 학습자의 역할에 대한 견해들이 어떻게 변모해 왔는지를 논하였다. 또한 이렇게 변화하는 철학과 관점이 교실 안에서 일어나는 과정에 어떻게 (때로는 심오한) 영향을 끼쳐왔는가를 보여주려고 노력하였다.

본 장에서는, 이러한 변화들에 따라 우리 학습자들의 말하기 능력 함양에 도움을 주는 과제를 만들어내는 방식에 어떠한 변화가 있어 왔는가를 살펴보았다. <표 8-6>에서는 청화식 교수법이 말하기 교실을 주도해 왔던 때부터 의사소통적 언어 교육이 주도하는 현재에 이르기까지 관점의 변화가 교과과정의 모든 측면에 가져온 변화를 요약해 놓았다.

표 8-6

|  | 청화식 교수법 | 의사소통 중심 언어교수법 |
|---|---|---|
| 언어 상호작용 이론 | 언어는 규칙에 지배되며 위계적으로 배열되는 체계이다. | 언어는 의미 표현을 위한 체계이며, 그 주 기능은 의사소통이다. |
| 학습 이론 | 습관 형성; 구어를 문어보다 먼저 배워야 언어 능력들을 더 효율적으로 배울 수 있다; 분석이 아닌 유추로 학습한다. | 실제 의사소통을 포함하는 활동들, 유의미한 과제(task) 수행, 그리고 학습자에게 의미있는 언어 사용이 학습을 촉진시킨다. |
| 목적 | 음성, 형태, 순서의 구조에 대한 통제력, 언어 상징에 대한 숙달. 원어민의 능숙도를 목표로 한다. | 목적은 학습자의 필요에 따른다. 언어적 목적들 뿐 아니라 기능적 기술들도 목적에 포함된다. |
| 교수요목 | 음운론, 형태론, 통사론, 대조분석을 단계적으로 제시하는 교수요목 | 구조, 기능, 의미, 주제, 과제가 모두 교수요목에 포함된다. 순서는 학습자의 필요를 참조한다. |
| 활동 | 대화 예 제시와 연습, 반복과 암기; 문형연습 | 학습자들을 의사소통에 참여하게 한다. 정보 교환, 의미 교섭, 상호작용이 포함된다. |
| 학습자의 역할 | 올바르게 반응하도록 만드는 노련한 훈련 기술에 의해 지도받는 유기체 | 교섭자, 상호작용자로서의 학습자. 받기만 할 뿐 아니라 주기도 하는 역할. |
| 교사의 역할 | 주도적이고 활동적; 교사-주도적 방법; 모델 제시, 방향과 속도를 조절 | 의사소통의 촉진자. 요구분석가. 상담자. 과정 관리자. |
| 교재의 역할 | 1차적으로 교사 중심적 교재. 테이프와 시각적 교재; Lab 시설 자주 사용 | 1차적 역할은 의사소통적 언어 사용을 돕는 것; 과제 중심적, 진정성 |

### ◆ 질문 및 과제

1. 의사소통능력이란 무엇이며, 그 구성 요소는 무엇인가?
2. 의사소통의 일상적인 대화틀(routine)은 어떤 점에서 의사소통에 도움을 주는가?
3. 의미 교섭이란 무엇이며, 어떤 이유로 말하기 능력 신장에 중요하다고 가정되어 왔는가?
4. "장르"란 무엇인가? 장르의 이해가 구어를 가르치는 상황에서 어떻게 도움을 주는가?
5. 말하기 과제의 난이도를 결정하는 요소들을 열거하라.
6. 교과서를 하나 살펴보고 그 안에 내재된 학습자 및 교사의 역할 범위를 알아내라.
7. 말하기 능력을 개발하는데 중요하다고 느끼는 주요 원칙들을 요약하라. 이 원칙들을 사용한 말하기 수업을 설계해 보라. 어떤 식으로 이 원칙들이 교재를 통해 실현되는지를 보여라.

◆ 제8장의 개념도

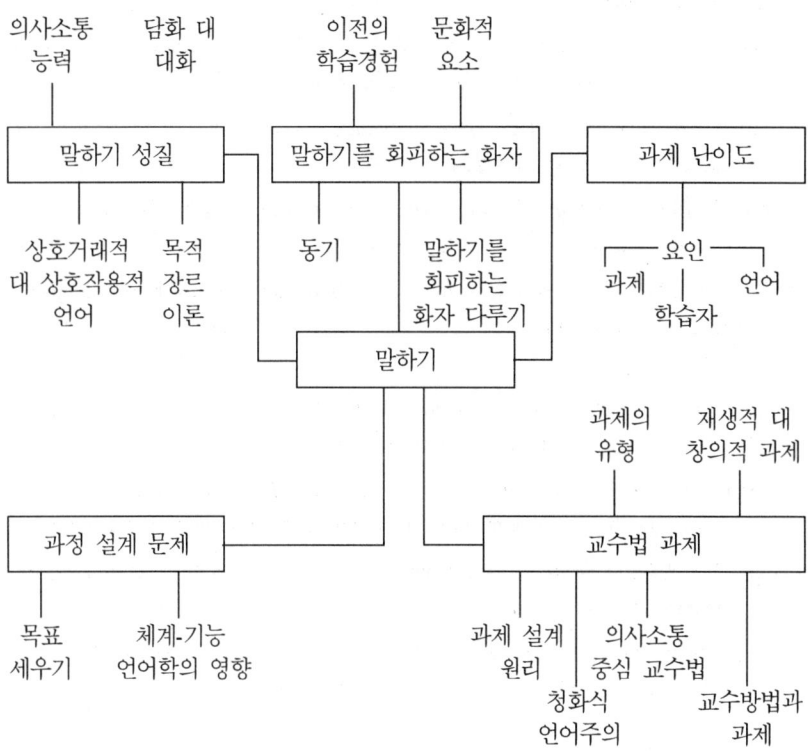

◆ 참고문헌

Albee, E. 1965. *Who's Afraid of Virginia Woolf?* London: Penguin.

Breen, M., and C. Candlin. 1980. The essentials of a communicative curriculum in language teaching. *Applied Linguistics*, 1, 2, 89-112.

Brown, G., and G. Yule. 1983. *Teaching the Spoken Language*. Cambridge: Cambridge University Press.

Burns, A., and H. Joyce. 1997. *Focus on Speaking*. Sydney: NCELTR.

Bygate, M. 1987. *Speaking*. Oxford: Oxford University Press.

Fanselow, J. 1987. *Breaking Rules*. New York: Longman.

Hymes, D. 1974. *Foundations in Sociolinguistics.* Philadelphia: University of Pennsylvania Press.

Gardner, R. 1985. *Social Psychology and Second Language Learning: The Role of Attitudes and Motivation.* London: Arnold.

McCarthy, M., and R. Carter. 1994. *Language as Discourse: Perspectives for Language Teaching.* London: Longman.

Martin, J. 1985. *Factual Writing: Exploring and Challenging Social Reality.* Geelong, Australia: Deakin University Press.

Martyn, E. 1997. Tasks and learner talk. Colloquium on task-based language teaching. International TESOL Convention, Orlando, Florida, March 1997.

Richards, J. C., J. Platt, and H. Weber. 1985. *Longman Dictionary of Applied Linguistics.* London: Longmaan.

Savignon, S. 1972. *Communicative Competence: An Experiment in Foreign Language Teaching.* Philadelphia: Center for Curriculum Development.

Savignon, S. 1983. *Communicative Competence: Theory and Classroom Practice.* Readingm, Mass.: Addison-Wesley.

Tsui, A. 1996. In K. Bailey and D. Nunan (eds.), *Voices from the Language Classroom.* Cambridge: Cambridge University Press.

## 제9장
# 읽기

 듣기와 마찬가지로 읽기도 때로는 수동적인 기능(passive skill)으로 간주된다. 그러나 7장에서 듣기가 단지 수동적인 기능이 아님을 보았듯이, 본 장에서도 읽기가 단순히 수동적인 기능이 아님을 보게 될 것이다. 물론 읽기와 비상호적인(noninteractive) 듣기 활동들(독백, 뉴스, 강의 등) 간에는 서로 유사성이 있다. 두 기능 모두 언어를 통해 전달된 상대방의 사고를 처리하는 것과 관련되며 매우 복잡한 인지 처리 활동이 개입이 된다는 점에서 그러하다. 따라서 두 기능이 유사하게 다루어지게 되는 경우뿐만 아니라, 한 분야에서 밝혀진 연구 결과가 다른 분야에도 적용이 되는 경우를 흔히 볼 수 있다. 물론 두 기능들 사이에는 중요한 차이가 있다. 듣기는 일시적(ephemeral)이다. 즉, 말이 발화되자마자 사라지게 된다. 반면 읽기의 쓰여진 말은 영구적인 것이며 반복적으로 사용 가능하다. 또한 읽기는 문어(written language)의 처리과정을 거치게 된다. 구어와 문어는 매우 다른 특성을 가지고 있는데 이에 대한 것은 다음 장에서 다루어질 것이다. 본 장에서 다루어질 개념들과 논의점들은 다음과 같다.

**다른 언어로의 읽기활동(Reading in another language)**
◇ 읽기의 목적과 전략
◇ 상향식 접근법 및 하향식 접근법

읽기에 대한 연구
◇ 스키마 이론
◇ 전이 가설
◇ 독해의 교차 문화적인 측면(cross-cultural aspects)에 대한 연구

과제의 유형
◇ 바람직한 읽기 과제
◇ 읽기 과제 수행을 위한 전략 중심 접근법

읽기 과정 설계
◇ 읽기 과정의 설계 단계(steps in the design process)
◇ 과업 중심 수업(task-based course) 설계


# 다른 언어로의 읽기

말하기와는 달리 읽기는 모든 사람이 자연스럽게 배우게 되는 그런 것이 아니다. 세계적으로 초·중등학교에서 읽기를 가르치기 위해 상당한 시간, 돈, 노력을 쏟고 있다. 실제로 다른 어떤 언어기능보다도 읽기 교수에 더 많은 시간을 할애하고 있다고도 할 수 있다. 지난 수백 년 동안 사람이 글을 읽을 수 있다는 것은 곧 그 사람이 교육을 받았음을 의미해 왔다. 그러나 많은 교육체제들이 직면한 가장 커다란 문제점은 어떤 아이들은 20여 년 동안 학교 교육을 받았음에도 불구하고 글을 제대로 읽지 못한다는 사실이다.

◆ **읽기의 목적과 전략**

본 논의에 들어가기 전에 다음과 같은 활동을 해보자. 먼저, 여러분들

이 지난 24시간 동안 해온 모든 읽기 활동들을 떠올려 목록을 만들어 보자. 여러분들은 각각의 읽기 활동을 위해 서로 다른 목적과 전략들을 취했었음을 알 수 있을 것이다. 아래 제시된 목록은 지난 24시간 동안에 필자가 한 읽기 활동들을 대략 정리해 놓은 것이다.

---

**지난 24시간 동안의 읽기활동 목록**
- ✓ 웹에서 런던, 샌프란시스코, 시드니 신문들
- ✓ 헤아릴 수 없는 양의 전자메일들
- ✓ The South China Morning Post 신문
- ✓ 직원에게서 전달받은 메모
- ✓ 한 동료가 최근 발간한 시집에 있는 몇 편의 시
- ✓ 브라질 비자 신청 양식
- ✓ 몇 개의 학문적인 글
- ✓ 앞으로 발간될 듣기 교재의 교정
- ✓ (선임)직원에게 보내는 대학의 공보문
- ✓ TESOL Matters의 지난 호
- ✓ 전화번호부
- ✓ 와인의 병에 붙은 상표
- ✓ 한 소설의 마지막 장

---

이러한 읽기 활동을 하면서 필자가 사용한 목적과 전략들은 글에 따라 달랐다. 소설은 흥미로 읽고자 했기 때문에 읽는 것을 즐겼으며, 또한 그 소설의 마지막 부분을 읽고 있었으므로 문장의 의미를 음미해 가며 천천히 읽어갔다. 동료의 시도 역시 흥미와 호기심에서 읽었다. 선임 직원에게 보내는 대학의 공보문은 그 동안 필자가 기억하고 있는 것들과 일치하는지를 확인하기 위해 대충 보았다. TESOL Matters는 특별한 정보를 찾아가며 훑어 읽었다. 듣기 교재의 교정본을 인쇄상의 오류를 찾기 위해 천천히 그리고 자세히 읽었다. 포도주의 원료로 쓰이는 다양한 포도의 종류들을 알아보기 위해 병에 붙은 상표를 읽었다. 요약해 보면, 흥미를 위해, 정보를 얻기 위해, 이미 알고 있거나 혹은 이미 알고 있다고 생각한 정보를 확인

하기 위해, 글이 정확히 쓰였는지를 확인하기 위해 글을 읽었던 것이다. 이러한 각각의 읽기 활동들을 수행함에 있어 각기 다른 전략들을 사용하였는데, 정확성뿐 아니라 흥미를 위해서는 천천히 그리고 주의 깊게 읽었으며 글의 일반적인 내용 파악을 위해서는 대충 훑어 읽기 전략(skimming)을 특정한 정보를 찾기 위해서는 훑어 읽는 전략(scanning)을 취했다.

Rivers와 Temperly(1978: 187)는 읽기의 주목적을 다음 7가지로 제시하고 있다.

1. 어떤 목적을 성취하기 위해 정보를 얻거나 어떤 주제에 호기심이 있기 때문에;
2. 일이나 일상생활에서 주어진 과제들을 수행하기 위한 지침(instructions)을 얻기 위해(예: 전기 기구와 그 작동법을 알기);
3. 극중 연기(to act in a play)를 하거나 게임을 하고 수수께끼를 풀기 위해;
4. 친구와 서신으로 연락을 하거나 업무용 서신들의 내용을 이해하기 위해;
5. 어떤 일이 일어날 시기와 장소 및 벌어질 일이 무엇인지를 알기 위해;
6. 무슨 일이 벌어지고 있으며 혹은 이미 벌어진 일이 무엇인지를 알기 위해(신문, 잡지, 보고서에서 보도된 것과 같이);
7. 흥미를 위해

Davies(1995)는 Lunzer와 Gardner(1979)와 Harri-Augstein와 Thomas(1984)가 제안한 다양한 읽기의 유형들을 재정리하고 있다.

◇ 수동적 읽기(receptive reading)란 이야기 형식의 글을 읽을 때와 같이 글을 빠르고 자동적으로 읽는 활동을 말한다.
◇ 숙고적 읽기(reflective reading)란 가끔 읽던 것을 잠시 멈추고 읽어 온 것을 다시 생각해 보는 활동을 말한다.
◇ 대충 훑어 읽기(skim reading)란 글의 일반적인 내용을 파악하기 위해 빨리 읽는 활동을 말한다.

◇ 훑어 읽기(scanning)란 특정한 정보를 찾기 위해 읽는 활동을 말한다.

그러나 Davies는 실제 읽기 활동에서는 대충 훑어 읽기와 훑어 읽기를 명확히 구분하기 어려움을 다음과 같이 설명한다.

> …대충 훑어 읽기(skimming)와 훑어 읽기(scanning)라 불리는 이 두 읽기 유형들을 명확히 구분하기가 어렵다. 그 이유는 실제로 일상생활에서 글을 훑어 읽을 때도 글의 큰 부분을 대충 훑어 읽어 가는 활동을 피할 수 없고, 그 반대로 대충 훑어 읽기를 할 때 훑어 읽기가 필요할 때도 있기 때문이다. 더구나 대충 훑어 읽기와 훑어 읽기 모두 상당히 빠른 속도로 읽어 글의 윤곽을 파악하는 기능을 수반하며, 글의 전개과정이나 내용을 깊이 생각하기보다는 글 속에서 정보를 찾아내기 위한 활동들이기 때문이다.
>
> *Davies 1995: 137*

◆ **상향식 접근법과 하향식 접근법**

7장에서 듣기기능발달을 위해 적용되는 상향식(bottom-up) 접근법과 하향식(top-down) 접근법에 대해 살펴보았는데, 이와 유사한 접근법들이 읽기 기능 발달을 위해서도 적용되고 있다. 먼저, 상향식 접근법에서의 읽기란 문자기호(written symbols)들을 그 소리에 상응하는 것들과 일치시켜 해독하는 선형식 방법(linear fashion)으로의 이해 과정이라 한다. 상향식 접근법에서는 먼저 학습자가 접하게 되는 각각의 문자를 식별하여 그 문자들에 상응하는 소리들에 맞추어 소리내어 본 후 이러한 소리들이 단어들이 되도록 다시 이들을 조합하여 의미를 이끌어내게 되는데, 일단 학습자가 한 단어의 의미를 이끌어내게 되면 읽기 과정의 마지막 단계에 이른 것이라 본다. 읽기 과정에 대한 이러한 설명은 타당한 것으로 여겨질 수도 있다. 문자는 소리를 나타내는 것으로 영어는 26개의 문자가 40개 이상의 소리를 표현해야만 한다는 사실에도 불구하고, 문자기호와 그에 상응하는 소리기호들은 상당히 일치됨을 볼 수 있다. 초급 수준의 학습자에게 읽기를 지도할 때 이렇게 소리와 문자기호가 일치됨을 지도하는 것도 옳은 방법이라 여겨진다. 사실 이러한 방법은 읽기 교수법 중 가장 많이 알려진 접근법인 발음 중심 교수법(phonics approach)의 기초가 된다. 반면, 총체적 언어 접근법(whole-word approach)이라 알려진 다른 방법은 단어들을 전체 상태, 혹은 전체 형태로 가르치고자 한다.

> **발음 중심 교수법(Phonics)**
> 학습자들이 문자기호를 그에 상응하는 소리기호와 서로 맞추어 가며 단어들을 해독하는 것을 배우는 읽기 교수의 한 접근법.

발음 중심 교수법에 기초한 한 가설에 의하면, 일단 학습자가 어떤 단어를 구성하기 위해 소리들을 조합했다면, 그 단어는 학습자에 의해 인식될 것이라 한다. 다시 말해 그 학습자는 이미 이러한 단어들의 구어형태를 알고 있었을 것이라 추측한다. 그러나 사실 이러한 가설은 제1, 제2언어 학습자들을 대상으로 세울 수 있는 가설이 아니다. 발음 중심 접근법을 이용하여 초급 수준의 읽기 지도를 해 본 경험이 있는 대부분의 교사들은 아이들이 글을 이해하지 않고도 그 글을 잘 읽을 수 있는 아이들의 경우를 본 적이 있을 것이다. 즉, 그런 아이들은 단어들을 소리내어 읽을 수는 있지만 글의 의미는 파악할 수는 없다.

이러한 발음 중심 접근법은 읽기 과정에서의 의미의 중요성을 약화시킨다는 사실 때문에 많은 비판을 받고 있다. 영어는 소리와 기호 사이의 일치성이 복잡하고 상대적으로 예측 불가능하다는 사실이 주지되어야 한다. 또한 인간의 기억과 언어 과정에 대한 연구들에서도 역시 발음 중심 접근법이 문제가 많다는 지적을 한다. 예를 들면 사람이 한 알파벳을 그에 상응하는 소리기호와 맞추는데 대략 일 초의 4분의 1시간이 걸린다고 하는데 이 비율로 계산해 볼 때 실력이 있는 읽기 학습자는 평균 길이의 영어 단어들을 분당 대략 60개를 처리할 수 있다는 계산이 가능하다. 그러나 사실 보통 수준의 읽기 학습자들도 분당 250—350단어를 처리할 수 있기 때문에 발음 중심 접근법에 근거한 읽기에 대한 설명은 비논리적인 듯하다.

발음 중심 접근법에 대해 가장 정확한 비판을 하고 있는 Frank Smith는 읽기 교수를 위해 "심리언어학적(psycholinguistic)" 접근법의 적용을 제안하고 있는데, *Understanding Reading*(1978)에서 다음과 같이 말하고 있다. 언어처리적 관점에서 볼 때, 발음 중심 접근법에 근거한 설명은 설득력이 없다. 왜냐하면 대부분의 단어들의 경우가 단어가 끝까지 발음되어지기 전까지 그 단어의 발음을 결정하는 것은 불가능하기 때문이라 한다. 예를 들면, 우리가 *h-o. . .*와 같은 글자의 배열을 만나게 되더라도, 일단 그 단어가 *house, horse, hot, hoot*과 같은 단어의 일부임을 알기 전까지는 글자 *o*에 어떤 특정한 음소적 가치를 부여하는 것은 불가능하다. 실제로 글을 읽을 때 독자로 하여금 뒤에 이어질 단어의 의미를 예견하게 하는 것이 바로 문맥(context)이다. 따라서 독자가 *h-o*의 배열이 있는 "It was the dead of night, and the owl began to ho. . ." 같은 문장을 접하게 될 경우 대부분의 독자들은 이어질 단어가 *hoot*라 바로 예측할 수 있을 것이다.

읽기가 글자를 선형적 방법으로 소리에 맞춰 해독하는 것이라는 개념에 반대하는 주장이 1970년대에 단어 실수 분석(miscue analysis)이라는 방법에 의해 이루어진 연구를 바탕으로 제기되었다. Goodman과 Burke (Goodman & Burke, 1972를 보시오)에 의해 제창된 이 방법은 독자가 글을 소리내어 크게 읽을 때 범한 단어 실수들(miscues)을 분석하는 것으로 읽기가 기계적인 해독 그 이상이며 읽는 과정에서 발생한 단어 실수의 경우들은 독자가 의미 파악을 위해 읽는 동안 그럴 듯한 의미로 잘못 파악한 것들이기 때문이라 한다. 예를 들면, 어떤 사람은 원문이 *It was a bright,* sunny day일 때, *It was a hot, sunny day*라고 읽을 수도 있다(만약 이때 누군가 It was a bright, sunny day라고 읽었다면, 우리는 그 문장을 읽은 사람이 문장을 기계적으로 해독했다고 판단할 수 있다).

> **단어 실수 분석(Miscue analysis)**
> 글을 크게 소리내어 읽는 것을 녹음한 다음, 녹음된 내용을 상세히 기록하여 본문에서 벗어난 것이나, 혹은 단어 실수들(miscues) 즉, 단어가 사용된 것들을 분석하는 방법

상향식 발음 중심 접근법을 대치할 수 있는 한 접근법이 단어 실수 분석학자인 Smith를 비롯한 다른 학자들에 의해 개발되었는데, 읽기의 하향식 또는 심리 언어학적 접근법(psycholinguistic approach)으로 알려진 이 접근법은 우리는 일단 읽을 글의 의미에 대하여 추측을 하거나 일련의 가설을 세운 후, 우리가 세운 가설이 옳은 것인지를 확인 할 글의 견본을 선택적으로 고른다고 한다. 읽기는 언어의 형태(form)를 분석하여 해독(decoding)하는 것이라기보다는 의미의 재구성 과정이며 독자는 단지 다른 가능한 방법들이 실패할 때만 해독(decoding) 방법에 호소하게 된다고 한다.

그러나 이러한 대체적인 접근법에도 역시 문제가 있다. Stanovich(1980)는 Smith의 주장처럼 만약 읽기가 가설을 먼저 설정하고 그 설정된 가설을 검증하는 과정이라면 이러한 접근법에 의한 읽기는 해독 방법(decoding)에 의한 것보다 더 긴 시간을 요하는 것임을 지적하고 있다.

하향식 접근법의 주창자들에 의해 제시된 가설중의 하나가 읽기를 배우는 것(learning to read)과 유창히 읽는 것(reading fluently)은 반드시 같은 과정을 거쳐야 한다는 것이다. 예를 들면 Smith는 유창히 읽을 수 있는 학습자는 단어들을 눈으로 인식한다고 주장한다. 즉 이러한 학습자들은 전체 단어 접근법(whole-word approach)의 주창자들이 주장하는 방법으로 글을 읽는다고 하면서, 따라서 읽기를 배우는 어린이들도 이러한 방법으

로 학습해야 한다고 주장한다. 그러나 이러한 주장이 읽기 학습을 위해서는 반드시 이 방법을 따라야 함을 의미하는 것은 아니다. 읽기 학습의 초기 단계에서는 발음 중심 접근법이 읽기 교수의 가장 효율적인 방법일 수도 있으며, 개인에 따라 읽기를 배우는 방법이 각자 다를 수 있으므로 읽기 교사는 학습자들의 각각의 다양한 요구에 맞는 전략들을 적용해야 한다.

이렇게 읽기 학습을 위한 접근법들이 서로 상반되기도 하고 어떤 면에서는 모순이 드러나기도 한 상태에서 학습자들은 글을 도대체 어떻게 이해하는 것일까? 읽기 능력이 뛰어난 학습자들이 글을 이해하는 방법을 잘 관찰해 보면 읽기 초보자들을 지도할 수 있는 효과적인 교수방법을 찾을 수 있을까? 이러한 문제에 대한 해결점을 모색하고자 필자는 다음과 같은 입장을 취한다. 즉 읽기란 학습자가 상향식 과정과 하향식 과정 사이를 끊임없이 왕래하게 되는 상호 작용적 과정(interactive process)이라고 본다.

필자의 이러한 견해를 증명하고자 여러분들을 아래에 제시된 글을 읽고 질문에 답해 보는 활동에 초대한다. 이제 여러분들이 다음 주어진 글을 이해하는 동안 어떤 전략들을 사용하게 되는지를 생각해 보자.

1. 몇 개의 단어들을 이해할 수 있는가?
2. 다음 글이 어떤 종류의 글이라 생각하는가?
3. 글의 내용이 무엇이라 생각되는가?
4. 글의 목적은 무엇인가?
5. 글이 어떤 언어로 쓰여진 것인가?

> **TOK BIKLOG GAVMAN**
> Sipos yu painim sompela Japan I les long pait, yu gifim dispela pas. sipos I savi wakabaut, I kan kam ontaim yupela nan painim soldia bilong yumi. Im I sik tumas, orait, yu brinim tok.
> Tok im gut, mipelan nokan kilim ol, kalabus dasol, nau salim ol iko long Astralia, na weitim pait I pinis.
> WOK BILOG GAVMAN. I GAT PEI.

위 글은 대부분의 학습자들이 결코 접해보지 못한 언어인 뉴기니아 Tok Pisin어로 쓰여졌다. 아래에 제시된 내용은 위의 글을 해독하고자 하는 두 사람 사이에 오고 간 대화의 내용에서 발췌한 것으로, 이를 통해서 이 두 사람이 위 글과 같은 문맥에 전혀 맞지 않은 글을 이해하기 위해 어떤 전략을 사용하는 지를 보게 될 것이다. 이들은 결국 상향식과 하향식의 두 가지 접근법을 모두 사용하여 위의 글을 그럴 듯하게 해석하고 있다.

A: *내 생각으로는 전략들 중 하나가 바로... 나는 그 언어를 좀 알고 있는 듯한 느낌이 들고 내가 기억을 되살려 전에 이미 봐왔던 것이나 들어왔던 것 중 무엇인가와 연결해보려 애쓰고 있는데..*

B: *또한 우리는 영어에 대한 지식을 이용하고 있으며 단어들을 영어와 관련시켜 생각하고 있다. 그러나 네가 그 언어의 실제 문법을 해독하려고 시도하려던 것뿐만 아니라, sompela, yupela(대명사)와 mipela 같은 것들은 아마도 yu, mi mifela, yufela와 같이 문법이 구성되는 방법과 관계가 있는 것 같다.*

A: *지금까지 우리가 해왔던 것은 대체로 한 마디씩 해독하려 한 것이었고 앞으로는 문맥의 의미나 배경 지식, 혹은 담화를 전체로서 이해고자 하는데, 음.. - 처음에 단어를 한 마디 한 마디씩 해독하려 시도했다는 사실이 흥미롭다.*

B: *우리가 비록 해결할 수 없어서 그냥 남겨두고 다음 것으로 넘어가야*

하는 상황에 놓일지라도 . .
A: 그리고는 다시 돌아가서. . .
B: . . . 앞으로 무엇이 나올지를 잘 알 수 있을 때. . 빈칸 채우기 같은. . . 읽은 것을 바탕으로 어디에 무엇을 넣어야 하는지를 결정하기 위해. . .
A: 나는 호주와 일본. . 파푸아뉴기니아 사이에 어떤 관계가 있는지를 생각하고 있는데. . 그 관계는 바로 전쟁이 아닐까?
B: 그러하거나 아니면 채광 투자.
A: 그래 맞아. 투자일 수 있어.
B: 그래, 일을 하긴 했는데 보수를 받지 않은 누군가가 있을 수 있어.
A: 아니면 그 나라에 투자하고 관계를 맺는 것이 큰 이득이 되지 않는다고 생각해서 이제는 투자를 일본 쪽으로 돌리고 있는 것일 수도 있어.

대부분의 사람들은 문맥이 전혀 무시된 글에 대해서는 글의 단어 몇 개의 뜻은 파악할 수 있을지라도 글의 유형이나 목적은 파악하기 어렵다. 그러나 다음 내용이 위 글에 첨가된다면 문맥에 맞는 이해 가능한 글이 된다.
 위 글의 원문은 2차 세계대전 중에 뉴기니아의 고산지에서 벌어진 전투에 참가했었던 한 친척 아저씨의 소지품들 중의 한 상자에서 몇 해 전 필자가 우연히 발견한 종이에 적혀 있었던 것으로 글과 함께 두 개의 삽화가 곁들여 있었다. 첫 번째 삽화는 뉴기니아의 고산지대에 사는 어떤 사람이 어느 정글에서 종이 한 장을 들고 있는 부상당한 일본인 병사를 나무 주위에서 바라보고 있는 장면이었다. 두 번째 그림은 고산지대에 사는 어떤 사람이 종이 한 장을 손에 들고 병사들 중 한 명이 구급 의료상자를 들고 있는 세 명의 호주인 병사들이 정글을 통과하도록 인도하고 있다는 내용이다. 종이의 뒷면에는 일본어로 쓰인 메시지가 적혀 있었으며, 그 종이는 호주 군대가 만든 것으로 2차 세계대전 동안 뉴기니아에서 전시 중 부상당한 일본 군인들이 호주인 병사들에게 구조요청을 하기 위해 그곳 원주민들에게 그 종이를 주어 호주인 병사들에게 전해지도록 하기 위한 것이었다. Tok Pisin어로 쓰인 이 메시지는 다음과 같이 해석된다.

---

**Tok Pisin literal translation**

GOVERNMENT'S MESSAGE

If you find some Japanese who refuse to fight, you give them this letter. If he is able to walk and come on time, you (plural) must look for our solider. If he is very sick, OK, you bring the message.

Tell them clearly that we can not kill them, but (we will) take them as prisoner only and send them to Australia, and (they will) wait for the war to end.

GOVERNMENT'S WORK (JOB)
HAS A WAGE (REWARD)

---

[Translated by Philip Aratiso.]

## 읽기에 대한 연구

### ◆ 스키마 이론

읽기 발달에 관한 전문 서적이나 연구 보고서들에서 언급되는 대부분의 실험연구들은 학습자가 모국어로 읽기를 배워나가는 제1언어 학습 상황에서 이루어진 것들이다. Grabe(1993)에 의하면 읽기에 관한 많은 연구들은 교육자들만큼이나 사람이 글을 읽고 쓰기를 깨우쳐 가게 되는 과정에 관심이 있어 온 인지심리학자들에 의해서도 이루어졌다. 심리학자들에 의하면, 아이들의 읽기 학습과정에 대한 관찰을 통하여 학습과정의 본질 및 정보 처리과정을 비롯하여 인간 정신의 다른 면들의 이해를 돕는 어떤 인지과정들을 관찰할 수 있는 "창(window)"을 마련하게 되었다 한다. 이 연구는 우리가 인식한 것을 연속적, 선형적, 그리고 단계적으로 처리하거나, 보이는 것 그 자체로 처리하지 않는다는 것을 보여준다. 오히려 읽은 것을 이미 알고 있던 것과 관련지어 해석한다.

제2언어 학습에 관한 연구들 중에서 흥미로운 한 연구 경향은 독자들 나름대로 가지고 있는 읽기 과정에 대한 내면화 된 모델이나 믿음이 읽기 성취도에 영향을 미친다고 본다. 이 연구의 주된 연구 문제들은 제2언어 읽기 학습자들은 읽기 과정을 어떻게 인식하고 있으며, 읽기 학습자들의 내면화된 모델들이 과연 그들의 읽기 성취에 어떤 영향을 미칠까하는 것이다. Devin(1984)은 모국어가 다양한 20명의 low-intermediate ESL 읽기 학습자들을 대상으로 면접방법을 이용하여 읽기에 대한 태도와 바람직한 읽기 방법에 대해 이들 학습자들이 인식하고 있는 방법이 무엇인지를 알아보고자 하였다. 피험자들이 읽기를 위해 취하게 되는 접근방법에 따라 소리 중심적, 어휘 중심적, 또는 의미 중심적으로 구분하여 이들 피험자들의 구두 읽기, 읽은 것을 상기하기(recall)와 텍스트의 이해에 대한 과제를 통해 얻은 자료들을 분석하였다. 특히 구두 읽기에서 나타난 피험자들의 실수를 분석한 결과 이 세 가지 읽기 유형들이 독자에 따라 읽기 과정에서 적용되는 방법이 제각기 다를 뿐만 아니라 읽기 과정에서 얻게 되는 효과도 상당히 다르다는 것을 발견하였다.

후속 연구에서 Devine(1988)은 다음과 같이 보고하고 있는데:

> 읽은 내용을 아무 도움 없이 다시 말해 보게 하는 방법(retelling)을 통하여 학습자의 읽기의 내면화된 모델이 학습자가 읽은 내용을 상기하는데 또는 이해하는데 영향을 미치고 있음이 밝혀졌다. 인터뷰에 응한 피험자들 중 성공적인 읽기란 글의 저자가 말하고자 하는 것을 이해하는 것으로 인식하고 있는 학습자들은 글을 잘 상기해 내거나 이해할 수 있었다. 반면, 문자의 소리 체계에 잘 맞게 발음하는 것을 성공적인 읽기라 인식한 학습자들은 이미 읽은 글을 이해할 수도 글을 다시 상기해 내지도 못하였다.

*(129)*

이 연구는 실질적으로 매우 흥미로운 점을 암시하고 있다. Devine에 의하면, 의미 중심 읽기 학습자들은 읽기에 있어서는 우리가 이들 학습자들의 일반적인 언어 능력 수준에 근거하여 예측할 수 있는 성취 수준보다 훨씬 더 높은 성과를 거둔다고 한다. 즉 이러한 학습자들은 내면화된 가정(internalized assumptions)과 태도(attitudes)에 의하여 자신들의 능력을 뛰어넘는 성과를 얻게 된다고 한다. 따라서 제2언어 읽기 학습자들이 당면한 문제들을 해결할 방법은 아마도 읽기에 대한 그들의 태도와 내면화된 가정에 관한 연구를 통해서 찾을 수 있을 것이라 본다.

7장에서 이미 스키마 이론의 개념에 대해 소개한 바 있다. 스키마 이론이란 우리가 가지고 있는 세상에 대한 지식과 기대(expectations)들이 새로운 정보를 이해할 수 있는 틀로 작용함으로써 이해력에 상당한 영향을 미치게 된다는 것을 의미한다. 제1, 2 언어 읽기 학습자들을 대상으로 이루어진 상당수의 연구들이 이러한 스키마 이론을 이용하고 있다는 사실은 그리 놀랄만한 일은 아니다. 스키마 이론의 기본 원리는 구어든, 문어든, 글 자체는 의미를 수반하지 않는다고 본다. 오히려 글은 청자나 독자들이 화자나 작가가 전달하고자 하는 원래의 의미를 이해하기 위한 방향제시나 실마리로써 작용한다고 한다. 그러므로 독해란 글에 제공된 실마리를 독자가 자신의 배경지식(background knowledge)에 맞추어 이해하도록 요구한다는 점에서 독자와 글 사이의 상호작용과정(interactive process)이라 한다(Adams & Collins, 1979; Rumelhart, 1980을 참고). 스키마 이론이 상향식과 하향식 처리과정과 관계가 있다는 지금까지 살펴 본 내용을 다음과 같이 정리할 수 있다.

> 스키마 이론에 의하면, 해석의 과정은 입력된 모든 자료가 내재하는 스키마에 준하여 체계화되고, 또한 내재된 스키마의 모든 면들이 입력 정보와 모순이 없어야 한다는 원리에 의해 진행이 된다고 한다. 이러한 원리에 입각하여 정보 처리과정(information processing)의 두 가지 방법

인, 상향식(bottom-up)과 하향식(top-down) 처리과정의 방법이 생기게 되었다. 상향식 처리 과정은 자료가 입력됨을 시작으로 자료의 특성들이 가장 적절한 상향식 스키마타를 통하여 스키마의 체계에 들어가는 과정이다. 스키마타(schemata)는 위 부분이 가장 일반적인 것으로, 아래 부분이 가장 특별한 요소로 구성되어진 계층적인 구조를 가지고 있다. 하위 단계에 속하는 스키마타가 상위 단계, 즉 더 일반적인 요소와 만나게 됨으로써 이 두 스키마타가 작용하기 시작한다. 따라서 이러한 상향식 과정은 자료에 의해 유도된 과정(data-driven)이라 한다. 반면, 하향식 과정(top-down)은 일단 존재하는 체계, 좀더 높은 수준의 스키마타에 근거하여 일반적인 추측을 한 후, 이러한 부분적으로 맞는 스키마타에 적절한 입력될 정보 자료를 찾게 될 때 일어나는 것이다. 따라서 이러한 하향식 과정을 개념에 의해 유도된(conceptually-driven) 과정이라 한다.

Carrell & Eisterhold 1988: 84

스키마 이론은 읽기에 관한 중요한 연구들에서 이론적 모델로 채택되어 오고 있는데, 앞으로 이 연구들 중 다음과 같은 세 가지의 다른 연구 분야들에 대해 살펴볼 것이다. 첫 번째 연구들로 모국어로는 읽기가 뛰어난 학습자의 읽기 능력이 제2언어로의 읽기 학습에는 쉽게 전이가 되지 못하는 원인을 찾아보려는 노력에서 시도된 연구들이다. 두 번째로 독해의 교차 문화적인(cross-cultural) 양상들, 즉 학습자들의 글에 대한 이해의 양상이 그들의 문화에 따라 다르다는 것에 관한 연구들이다. 마지막으로 읽기를 수행함에 있어 학습자의 배경지식과 언어적 지식이 어떤 관계가 있는지에 관한 연구들이다.

◆ **전이 가설**(The transfer hypothesis)

모국어로의 읽기 능력이 뛰어난 사람은 자신들의 능력을 제2언어 학습에 전이시킬 수 있다는 것이 독해 연구 분야에서 세워진 하나의 가설이다. 그러나 학습자의 모국어로의 읽기 능력을 바탕으로 그 학습자의 제2언어로의 읽기 능력을 예측할 수 없다는 사실이 밝혀지고 있다. 학습자의 제한된 언어능력이 학습자가 가지고 있는 모국어의 읽기 능력을 다른 언어 학습을 위해 전이되는 것을 방해(short-circuit)하고 있는 것이라 한다(Cziko, 1978; Clarke, 1979). Cziko는 이러한 전이의 방해 현상이 언어능력의 모든 수준에서 다 같이 나타나는 것이 아니라, 상급 학습자들보다는 초급이나 중급 학습자들에게서 더 많이 나타나는 현상임을 연구를 통해서 밝히고 있다. Hudson(1988)은 스키마 이론이 Cziko와 Clarke의 연구들에서 얻어진 결과들을 뒷받침할 수 있다고 주장한다. 즉 이러한 현상을 보이는 학습자들은 아마도 그들이 제2언어 학습을 위해 주어진 텍스트를 이해하는데 잘못된 스키마를 이용했기 때문일 것이라 주장한다.

> 기본적으로 여기에서 문제가 되는 것은 제2언어 학습자들이 의미적, 담화적 제약으로의 표기가 바로 그들의 낮은 제2언어 능력을 의미하는 것인지, 아니면 그들의 낮은 언어 능력과도 관련된 잘못된 스키마타를 이용한 것을 의미하는 것인지에 관한 것이다.
>
> *(p. 189)*

Hudson은 이러한 주장을 증명하기 위해 미국의 한 단기 언어 연수 프로그램에 참여하고 있는 언어 능력 수준이 다양한 93명의 ESL 학생들을 대상으로 연구를 시도하였다. 학생의 대부분이 미국의 정규대학에 입학할 계획을 가지고 있었다. 자료 수집을 위해 학생들에게 각각의 능력 수준에 맞는 9단계로 나뉘어진 읽기 과제를 부과하였으며 이 과제를 수행하기 위해 학습자들은 Pre-Reading(PRE), Vocabulary(VOC)와 Read-Test/Read-Test (RT)라 명명된 세 가지의 조건들에 나뉘어졌다. PRE의 조건은 학습자에게 읽기 자료에 적용시킬 수 있는 스키마를 제공하였으며, VOC 조건은 학습자들에게 읽기 자료의 이해에 필요한 중요한 단어들을 제공하였다. 반면 RT 조건은 주어진 읽기 자료를 학습자로 하여금 나름대로 해석하도록 하였다.

연구 결과, 주어진 텍스트의 이해에 필요한 스키마를 미리 제공하는 방법(PRE)은 초급 수준의 학습자들에게 효과적이었고, 중급과 고급 수준의 학습자들에게는 VOC와 RT의 방법이 더 효과적이었다. 학습자들마다 사용하는 읽기 전략들은 그들의 언어 능력 수준에 따라 다르며, 또한 학습자들이 취한 전략 방법에 따라 학습자들이 얻는 이득도 다르다는 것이 연구에서 증명되고 있다. 초급 수준의 학습자들의 지도에 있어 최소한 주어진 독해자료의 주제와 관련하여 학습자들이 이미 알고 있는 지식을 적용할 수 있게 도와주는 사전 읽기 활동들을 적용하여야 함이 이런 연구를 통해서 밝혀졌다.

◆ **독해의 교차-문화적인 양상**(Cross-cultural aspects of reading comprehension)

제2언어의 교사들이 특별히 관심을 갖는 연구 분야 중의 하나는 학습자들의 배경지식, 특히 문화적인 배경지식이 학습자들의 이해에 미치는 영향을 밝히고자 하는 것이다. 이 연구들 중 대표적인 연구로는 북미와 인도의 문화적 배경이 서로 다른 두 집단의 학습자들의 읽기 능력을 비교한 Steffenson(1981)의 연구를 들 수 있다. 연구에서 북미의 결혼을 묘사한 글과 인도의 결혼을 묘사한 두 종류의 글을 두 집단의 연구 대상자들이 어떻게 이해하는가를 관찰하였는데, 북미 출신 학습자들은 북미식 결혼을 묘사한 글을, 인도 출신인 학습자들은 인도 결혼에 관한 글을 더 잘 이해하였음이 밝혀졌다.

1980년대 중반에 필자가 중등학생들을 대상으로 학습자의 배경지식이 독해에 미치는 영향을 연구한 바 있는데, 특히 이 연구에서는 학습자들이 서로 다른 두 개의 글 사이의 밀접한 응집관계(cohesive relationship)를 인식하는데 그들이 가지고 있는 배경지식이 미치는 영향을 알아보고자 하였다(응집성(cohesion)에 관한 논의는 4장을 참고). 글 A의 주제는 학습자에게 익숙한 것인 반면 글 B는 그렇지 않은 것이었으나 일련의 독해 가능성

(readability) 분석에 의하면 글 B가 글 A보다 언어학적으로 더 단순한 것이었다(여기서의 분석은 문장의 길이, 단어의 친숙도와 문법의 복잡성을 고려하여 이루어진 것이다). 분석 결과로 96개의 응집관계(cohesive relationships)가 있음이 밝혀졌고, 또한 두 글을 통해 확인되었는데, 각 응집관계를 보여주는 주요 요소를 원문으로부터 삭제시켰다. 응집관계를 나타내는 예와 그 예가 평가 항목(test items)으로 만들어지는데 사용된 방법은 다음과 같다.

### 논리적 관계(Logical Relationship)

평가 항목: Usually there would be no difficulty in deciding whether a living thing is a plant of an animal and it can be classified immediately. There are _____ some very tiny creatures which scientists know to be living, but cannot be sure whether they are plants or animals(삭제된 항목은 'however'. 응집(Cohesive) 유형: 반의접속사(adversative conjunction)).

### 지시적 관계(Referential Relationship)

There is no difficulty in deciding that a bird is living and a stone is non-living, but not all things are as easy to distinguish as _____. (삭제된 항목: 'these'. 응집 유형: 지시적 대명사(referential demonstrative)

### 어휘적 관계(Lexical Relationship)

평가 항목: Green plants grow towards the light. This is because plants need _____ for energy.(삭제된 항목 'light'. 응집 유형: 어휘의 반복)

연구 결과 글의 응집 관계를 이해하는데 학습자에게 더 중요한 요소로 작용하는 것은 문법적 복잡성보다는 배경지식임이 밝혀졌다. 즉 문법적으로는 단순하지만 학습자들에게 익숙하지 않은 글인 글 B에서 보다, 문법적으로는 복잡하지만 학습자들에게 익숙한 글인 글 A에서 빈칸에 맞는 단어들을 채우는 과제를 더 잘 수행하는 것으로 나타났다. 또한 학습자들이 글을 이해하는데 글의 응집 관계의 유형에 따라 이해하는 정도가 달랐다. 즉, 글의 논리적인 관계의 이해가 지시적 관계나 어휘적 관계의 이해보다 학습자들에게는 더 어려운 것이었다.

최근 Guyotte(1997)는 위에서 언급된 연구와 비슷한 절차로 일본의 한 대학에 재학 중인 대학생들을 세 그룹으로 나누어 독해에 관한 실험 연구를 하였다. 의학과 관계없는 분야의 학생들, 의학부 준비과정에 있는 학생들, 그리고 의학부에 재학 중인 학생들로 구성된 세 그룹의 학생들이 의학 서적에서 발췌한 내용을 어떻게 이해하는지를 관찰하였다. 이 연구결과, 내용에 관한 학습자의 배경지식이 글의 논리적 관계를 파악하는데 중요한 역할을 하는 것으로 밝혀졌다.

이 연구가 실질적으로 암시하는 바는 다음과 같다. 첫째, 학습자들이 사전 읽기의 활동으로 수행한 스키마 만들기(schema-building) 활동과 과제들은 학습자들의 이해를 용이하게 하며, 둘째로, 학습자에게 주어진 텍스트와 이미 알고있는 것들을 결부시켜 생각하도록 훈련시키는 것 또한 유익한 활동이다. 마지막으로, 응집 관계(cohesive relationships)에 대한 학습은 반드시 이루어져야 함을 제안하고 있다. 특히, 논리적인 관계(logical relationships)에 대한 활동은 학문을 목적으로 하는 읽기 학습 프로그램에서는 반드시 다루어져야 함을 제안하고 있다.

말하기와 듣기 수업을 통한 교실 중심(classroom-oriented) 연구에 비하면, 제2언어 읽기 수업에 관한 연구는 상대적으로 그 수가 적다. Richards(1989)에 의해 이루어진 한 흥미로운 사례 연구에서는 제2언어 읽기 교실에 관해 소개하고 있다. 이 연구에서 수업은 4단계로 나뉘어지는데, 첫 단계에서는 학생들을 추리 능력 중심의 SRA 읽기 자료(SRA reading kits)를 이용하여 학습하게 한 후, 두 번째로 읽기의 유창성을 향상시키기 위해 읽기 자료 중 읽기 속독 부분을 학습케 한다. 세 번째 단계로 단어 학습자료

부분에서 발췌한 연습문제들을 풀어보게 한 다음, 마지막으로 다독 읽기 활동을 하는 것으로 수업을 마치게 된다.

    Richards는 교실 수업에서 일어나는 활동들을 묘사하는 것은 비교적 쉽지만 그에 대한 해석이나 평가가 더 어렵다고 말하고 있다. 그러나 연구의 본래의 목적이 무엇이 수업을 효과적으로 만드는가를 밝히고자 하는 것이었기 때문에 해석과 평가는 매우 중요하게 생각되었다. 수업의 분석 및 담당 교사와의 면담을 통하여 효과적인 교육의 본질을 함축하는 다음과 같은 원리들을 얻게 되었다.

1. 교수의 목표는 수업의 방향을 정하고 계획하는데 사용된다(교사는 수업을 통해 성취하고자 하는 것을 설정하고, 그 설정한 내용을 학습자들에게 전달하였다).
2. 교사는 제2언어로의 읽기의 본질에 대한 포괄적인 지식이 있으며, 이러한 지식은 수업을 계획할 때 참고한다(수업에 쓰여질 학습 활동을 선정함에 있어 교사는 일반 상식에 근거하기보다는 L2 읽기 전략, 스키마 이론, 배경지식의 역할에 관한 지식을 사용하였다).
3. 교실 수업시간은 학습을 위해 사용된다(학생들은 55~60분 동안 과제활동에 전념하였다).
4. 수업 중의 활동은 평가보다는 교수에 초점을 맞춘다.(교사는 수업을 통해서 학습자들이 일련의 기술을 터득했다는 것을 드러내 보이기보다는 그들의 능력을 계발하고 향상시킬 수 있는 기회를 제공하였다.)
5. 수업은 명확한 구조를 가져야 한다(학생들에게 수업 구조의 윤곽을 설명해 주었다).
6. 다양한 읽기 활동들이 각 수업에서 사용되었다(변화와 속도를 조절한 것(pacing)이 학생들의 긍정적인 태도를 유발하였다).
7. 학생들은 수업활동을 통하여 그들의 읽기 수행한 것에 피드백을 받을 기회를 얻게 된다(교사는 학생들이 여러 과업을 수행하면서 사용했던 여러 전략들과 그 효과에 대한 정보를 제공하였다).

8. 수업의 활동들은 학습자들이 생활하면서 접하게 되는 읽기 활동들과 관련이 있다(SRA의 활동들과 학습자들이 사용하는 교재 간에 상호 관련성이 있었다).
9. 수업은 학습자 중심으로 이루어졌다(학습자들 스스로가 노력하여 과제를 수행하도록 격려되었다).

이러한 연구는 읽기 수업이 실제로 어떻게 진행되는지를 포괄적인 교실 활동에 대한 전사자료(transcriptions)를 통해서 보여주고 있다는 면에서 흥미로운 연구라 할 수 있다. Richards가 확인한 원리(명백한 목적, 이론에 근거하여 짜여진 수업 계획, 과제 중심의 수업, 평가 중심이 아닌 교수 중심의 수업)들은 읽기 수업에만 국한된 것이 아닌 일반적으로 말하는 "바람직한" 수업의 특징을 말하는 것임은 주지할 만하다.

## 과제의 유형(Task types)

◆ "바람직한" 읽기 과제

DART(Directed Activities Related to Text) 모델은 다항식 선택과 같은 유형의 전통적인 읽기 활동들이 학습활동으로써 그 잠재성이 상당히 제한적이라고 주장한 Davines & Green(1984)와 Davines(1995)에 의해 개발되었다. Davines는 다음과 같은 특성을 갖는 읽기 과제가 바람직하다고 주장한다.

바람직한 읽기 과제는:

◇ 진정한(authentic) 것으로 학습자들의 학습의욕을 돋구는 읽기 자료를 이용한다.

◇ 학습자에게 읽기 자료를 이해하고 분석하는데 필요한 수사학적인 구조나 글의 개괄적인 틀을 제공한다.
◇ 교사나 학생에 의해 묵독과 반복 읽기의 형태로 이루어지는 구두로의 읽기 활동을 자주 한다.
◇ 학생들이 읽기 자료와의 상호작용 및 학생들간의 상호작용을 하도록 한다.
◇ 학생들이 질문에 답하기 같은 간접활동보다는 글의 직접 분석과 같은 활동을 하도록 하게 한다.
◇ 주어진 정보를 글의 형태에서 시각적 자료로 혹은 도식화로의 전환을 자주 필요로 한다.

이러한 특성들을 포함하는 능동적인 읽기 과제를 통하여:

◇ 학생들은 가설(hypotheses)을 구체화할 수 있다.
◇ 가설이 다른 학생들에 의해 평가되고 글에 비추어 확인된다.
◇ 다른 가능한 해석에 대해 논의를 하게 된다.
◇ 학생들은 이미 답을 알고 있는 질문이나 관계가 없는 것으로 보이는 것에 대한 질문을 하기보다는 모르는 내용에 대한 질문을 한다.
◇ 필요하다면 교사는 질문자보다는 정보제공자의 역할을 할 수도 있다.
◇ 학생들은 글을 비판적으로 읽는 법을 배우게 된다.

*Davines 1995: 144*

이러한 원리들은 DART 모델을 개발하기 위해 독해의 전통적인 접근법의 대안으로 이용되었다. 이 모델에서는 두 개의 다른 과제 유형 즉, 재구성 활동(reconstructive activities)과 분석 활동(analysis activities)들을 포함한다. 재구성 활동은 독자가 글을 재구성하기를 요구하는 것을 말하며 분석 활동은 독자가 글에 있는 정보를 다른 방식으로 전환하기를 요구하는 것이다. <표 9-1>은 이 모델을 바탕으로 개발할 수 있는 과제의 유형들의 예를 제시해 놓은 것이다.

표 9-1

| 재구성 활동 | 분석활동 |
|---|---|
| *(교사에 의해 변형된 글을 이용한다)* | *(변형되지 않은 원래의 자료를 사용한다)* |

**학생 과제:** 학생들은 의미를 재구성하여 글이나 도표를 완성한다.

**학생 과제:** 학생들은 글의 정보들을 찾아 표시하거나 명칭을 붙이며 찾은 정보를 분류한다. 이때 표시된 글을 글 요약(도표나 메모의 형식)의 기초로 사용한다.

**글 완성하기(text completion)**
◇ 단어로 완성하기(삭제된 단어를 채워 넣기)
◇ 구(phrase)로 완성하기(삭제된 구나 절을 채워 넣기)
◇ 문장으로 완성하기(삭제된 문장을 채워 넣기)

**순서대로 나열하기(sequencing)**
◇ 글의 부분들을 논리적/시간적 순서에 따라 배열하기(글을 단계별, 사건별 등으로 나열하기)
◇ 글을 분류하기(글의 내용이 어떤 범주에 속하는가에 따라 글을 나누기)

**예측하기(prediction)**
◇ 이어질 사건이나 단계에 대해 예측하기 (한번에 한 부분의 글만 제시하며 진행한다)

**표 완성하기(table completion)**
◇ 행과 열에 해당하는 제목들과 글을 정보의 출처로서 이용하여 표를 채워 넣기(교사는 행과 열에 해당하는 제목들을 제공한다)
◇ 표로 만들어질 행과 열의 제목 만들기(교사가 표를 완성한다)

**글에 표시하기(text marking)**
◇ 정보의 목표를 나타내는 부분을 찾아 밑줄 긋기

**명칭 붙이기(labeling)**
◇ 교사가 제공한 꼬리표를 글의 적당한 부분에 붙이기

**부분으로 나누기(segmenting)**
◇ 학생들은 글을 의미 혹은 정보단위들로 나누어 그 나뉜 글에 꼬리표를 붙인다.

**표 완성하기(table completion)**
◇ 학생들은 표에 넣을 열과 행에 들어갈 제목을 만들어 표를 완성한다.

**도표 만들기(diagram construction)**
◇ 글의 종류에 맞는 도표를 만들어 완성한다. 예를 들어, 과정을 묘사하는 글을 위해 순서도(flow diagram)로 계층적 분류를 묘사하는 글은 분지도(branching tree)로 나타낸다.

**학생들이 질문 만들기(pupil-generated)**
◇ 학생들은 글을 읽고 문제를 만들어 보고 문제에 대한 답도 찾아본다.

**요약하기(summary)**
◇ 글의 제목을 만들고 내용을 요약해 본다.

**재구성 활동**　　　　　　　**분석활동**
*(교사에 의해 변형된 글을 이용한다)*　*(변형되지 않은 원래의 자료를 사용한다.)*
**도표 완성하기**(diagram completion)
◇ 정보자료로 글과 도표를 이용하여 꼬리표(도표에서 삭제된 내용)를 완성한다.


본 장에서는 읽기 능력 발달을 위한 전략 중심 접근법(strategies-based approach)에 대해 논의해 보았다. 앞장에서도 이미 논의되었듯이, 전략이란 학습과 의사소통을 하기 위해 학습자가 사용하는 정신적인 과정들과 조작활동(operations)들이다. 다소 산만하기는 하지만 Grellet(1981: 12-13)에 의해 개발된 읽기 전략의 유형을 살펴보면 다음과 같다.
　Grellet는 읽기 전략을 크게 3가지 유형으로 분류하고 있다.

◇ 감지하기(sensitizing)
◇ 읽기 속도를 늘리기
◇ 대충 훑어 읽기에서 자세히 읽기로 넘어가기
　감지하기는 다음과 같은 하위범주로 구분된다.
　　◇ 추론하기(making inferences)
　　◇ 문장 내의 관계 이해하기
　　◇ 문장들과 개념들을 관련짓기
　대충 훑어 읽기에서 훑어 읽기로 넘어가기
　　◇ 추측하기(predicting)
　　◇ 미리 보기(previewing)
　　◇ 예상하기(anticipation)
　　◇ 대충 훑어 읽기(skimming)
　　◇ 훑어 읽기(scanning)
　이러한 전략을 활용한 교실 수업 방법:
　　◇ 그림 순서 맞추기(ordering a sequence of pictures)
　　◇ 글과 그림을 비교하기

◇ 그림(illustrations)을 이용하여 짝 맞추기
◇ 주어진 자료 완성하기
◇ 도표로 상세히 나타내기(mapping it out)
◇ 직소(jigsaw) 읽기
◇ 정보 재구성하기
◇ 여러 글을 비교하기
◇ 문서(document) 완성하기
◇ 요약하기
◇ 필기하기(note taking)

◆ 읽기 과제 수행을 위한 전략 중심 접근법

읽기 전략을 가장 포괄적으로 분류한 것 중의 하나가 중국대학(Chinese University)의 ELTU 교사들에 의해 개발되었다. 이들 교사들은 제2언어 학습자들의 읽기 속도와 독해력의 증진은 글과 목적에 가장 적합한 전략을 취함으로써 가능하다고 한다. 이들이 분류한 전략의 유형이 <표 9-2>에 제시되어 있다.

표 9-2 읽기 전략의 유형

| 전략(strategy) | 해설(comment) |
| --- | --- |
| 1. 학습목표 | 이해학습목표가 무엇이며 학생들이 글을 통해서 얻고자 하는 것이 무엇인지를 유념한다. |
| 2. 미리 보기(previewing) | 글의 제목, 중심 생각과 글의 구성을 파악하기 위해 글을 재빨리 읽는다. |
| 3. 대충 훑어 읽기 | 글의 일반적인 개념 파악을 위해 글을 처음부터 끝까지 빨리 읽는다. |
| 4. 훑어 읽기 | 특정한 정보를 찾기 위해 글을 읽는다. |
| 5. 몇 단어들을 덩어리로 묶기(clustering) | 몇 단어들을 덩어리로 묶어 한 단위로 읽기 |
| 6. 나쁜 습관들을 피하기 | 단어 하나씩 읽는 습관 같은 것을 피하기 |
| 7. 예측하기 | 앞으로 나올 것을 예측하기 |

| 전략(strategy) | 해설(comment) |
|---|---|
| 8. 능동적으로 읽기 | 질문을 한 후, 답을 찾기 위해 글을 읽기 |
| 9. 추론하기 | 명백히 언급되지 않은 개념 확인하기 |
| 10. 글의 장르 밝히기 | 글의 전체적인 구성 유형을 밝히기 |
| 11. 구의 구조 밝히기 | 구를 구성하는 구조 밝히기. 예를 들면 구가 구성된 방식이 귀납적인지 혹은 연역적인지를 밝히기 |
| 12. 문장 구조 밝히기 | 구조가 복잡한 문장에서 주어와 주요 동사를 찾기 |
| 13. 응집력 있는 글을 인지하기 | 대용형(proforms)에 맞는 지시대상을 정하기, 접속사의 기능을 만드는 요소를 밝히기 |
| 14. 모르는 단어의 뜻을 추론하기 | 모르는 단어의 뜻을 알아내는데 문맥뿐만 아니라 단어의 구성요소(접미사, 접두사, 어근)를 이용하기 |
| 15. 상징적인 언어 밝히기 | 상징적인 언어와 은유의 사용을 이해하기 |
| 16. 배경지식 이용하기 | 새로운 개념을 이해하기 위해 이미 알고 있는 것을 이용하기 |
| 17. 글의 스타일과 작가의 취지 알기 | 문장들의 길이가 짧은가 긴가와 같은 다른 스타일을 사용하는 작가의 취지를 파악하기 |
| 18. 평가하기 | 글을 비판적으로 읽어 글의 내용의 진정한 가치를 평가하기 |
| 19. 정보를 통합하기 | 밑줄 긋기나 메모하는 방법들을 이용하여 글에 전개된 개념을 파악하기 |
| 20. 검토하기 | 글을 다시 읽고 요약해 보기 |
| 21. 발표하기 위해 읽기 | 글을 충분히 이해한 후, 다른 사람들 앞에서 글을 발표하기 |

Hong Kong의 Chinese University의 ELTU에서 발췌된 것임

# 읽기 과정의 설계

◆ 읽기 과정의 설계 단계

### 1. 읽기 과정의 목표 설정

읽기 과정을 설계함에 있어 첫 번째로 이루어져야 할 것은 포괄적인 교육과정의 목표를 설정하는 일이다. 즉, 학습자들의 학습 목적이 진학준

비를 위한 것인지, 직장근로자가 제품의 설명서와 지침서들을 읽을 수 있는 능력이 키우기 위한 것인지, 아니면 EFL 교육과정의 한 과목으로 듣는 것인지를 결정해야 한다. 이러한 학습자들의 학습 목적이 무엇인가, 읽기 수업이 다른 언어 기능들과 어떤 관련성을 갖게 되는가에 따라 전체적인 교육목표와 교과목표가 결정된다.

### 2. 교재와 활동 과제의 선정

전체 교육의 목표와 수업 속에서 읽기가 다른 언어 기능들과 갖게 되는 관련성의 여부를 결정한 후 다음 단계로 이루어져야 할 일은 교재와 활동 과제들을 정해야 하는데, 이미 언급된 바와 같이 학습자들에게 주어질 과제의 결정은 학습자들의 학습목적이 개개인의 목적 달성을 위한 것인지 (이러한 학습자들은 교실 밖에서 일어나는 활동들과 관계가 있는 활동 과제들을 원할 것이다), 아니면 읽기 기능 자체를 향상시키고자 하는 지에 달렸다. 교육이 아닌 학습자들의 개인적인 목표달성을 위한 준비과정으로 읽기 수업을 수강하는 학습자들에게 주어지는 활동 과제들(target reading tasks)은 가구 조립 설명서나 신문에 나온 환율자료를 살펴본다든지, 조리법이나 전기 기구의 보증서 등을 읽어본다든지 하는 활동들이 포함된다. 진학준비 과정으로 수업에 참여하는 학습자들에게 주어지는 활동과제로는 뒤섞여 있는 문장들을 일관성 있는 문단이 되도록 문장들을 다시 배열하기, 한 사건을 가지고 신문 기사와 라디오가 사건 내용을 보도한 순서들을 서로 비교해 보기 등의 활동들이 있다.

### 3. 언어학적 요소(linguistic elements)를 결정

다음으로 결정되어야 할 것은 읽기 과정을 통해 다루게 될 언어학적인 요소 즉 어떤 문법적, 어휘적, 화용론적인 요소들을 가르칠 것인가를 결정해야 하는데, 필자는 이러한 언어학적인 요소들뿐만 아니라 이 요소들을 언제 가르쳐야 하는가를 결정할 때는 항상 교수요목 목록표(syllabus checklists)를 참고한다. 이 목록에서 항목들을 선택하는데 다음의 사항들을 기초로 한다.

◇ 학생들의 언어 숙달도
◇ 글의 의미를 재구성하기 위해 필요한 요소들
◇ 글의 장르 구조(the generic structure of the text)를 결정하는 요소들

### 4. 읽기 자료(texts)와 활동 과제의 구성

다음 단계는 읽기 자료들과 활동 과제들을 단원(units)별로 구성하는 일인데 그 구성방법은 다양하다. Hood, Solomon, and Burns(1996)에 의해 설계된 계획구조(planning framework)는 여러 가지의 가능한 방법들을 포함하고 있다. 예를 들면 실제 상황에서 벌어지는 일의 순서에 따라 글을 배열하기, (예를 들면 의학에 관련된 내용에서는 먼저 전화번호부를 찾는 일로 시작하여 병원을 찾아가기, 예약표 보기, 약국을 찾아가기의 순서로 행위가 일어나는 내용을 포함할 것이다) 글의 난이도에 따라 글을 나열하기, (예를 들면 병원의 개원시간에 대한 정보는 건강 문제를 다룬 잡지의 내용보다 더 쉬운 내용일 것이다) 학생들의 필요에 가장 부합하는 글을 다루기 시작하여 덜한 것으로 옮겨가기, 다루어지는 언어의 유형에 따라 글을 나누기, (전화번호부, 예약카드, 개점시간 안내판들의 자료들은 모두 수(numbers)를 가르치는데 사용될 수 있다) 또는 사용되는 전략(대충 훑어 읽기 전략(skimming)을 먼저 사용하게 한 후 훑어 읽기 전략(scanning)으로 그리고 세부 사항 이해를 위한 읽기 전략(reading for detail)으로 넘어가는 것이 적절하다)에 따라 방법은 달라질 수 있다.

### 5. 읽기 기능과 다른 언어 기능과의 연계성

수업에서 읽기만을 전적으로 다루지 않는 것과 마찬가지로 수업 설계 시 마지막으로 이루어져야 할 것은 읽기 기능과 다른 언어 기능들과 연계

성을 갖게 하는 것이다. Hood et al.은 일상생활에서 벌어지는 연속적인 행위들을 반영하는 다른 종류의 언어 기능들과 읽기 기능이 서로 연관성을 맺도록 해야 함을 제안한다. 예를 들면 우리가 건강(질병, 상해, 혹은 정기검진)에 대한 문제를 다룰 때 다음과 같은 방식으로 행동을 취하게 된다고 한다.

1. 전화번호부에서 관련된 전화번호를 찾는다.
2. 진료 예약을 위해 전화를 건다.
3. 전화 통화 내용을 몇 가지 메모한다.
4. 병원을 찾기 위해 거리의 표지판을 읽는다.
5. 병원 접수원에게 접수한다.
6. 의사와 진료 상담을 한다.
7. 약의 상표를 읽는다.
8. 무슨 일이 있었는지 누구에게 말한다.
9. 학교나 직장에 질병으로 결석했음을 알린다.

네 가지의 언어기능이 모두 관여하게 되는 위와 같은 연속적인 행위들은 교과과정을 계획하기 위해 적용되는 행위연속접근법(the action sequence approach)과 유사한 것이다 (Corbel, 1985).

◆ 결론

　　지금까지 상호 작용적 과정(interactive process)에서의 읽기란 언어학적인 지식(소리/기호의 상응함, 문법적 지식)뿐 아니라 현실 세계에 대한 지식의 개발까지도 포함하는 것이며 읽기 능력이 뛰어난 사람은 일련의 읽기 전략들을 필요에 따라 취사선택할 수 있는 능력이 있음을 의미하는 것임을 보았다.
　　지금까지 논의된 내용을 바탕으로 교실 수업에 적용할 수 방법을 다음과 같이 이끌어낼 수 있다.

◇ 사전 읽기 활동과 스키마를 기르는 활동들을 해야 한다. 특히 언어 수준이 초급의 단계에 있는 학생들에게는 이러한 활동들이 그들이 이미 알고 있는 지식을 읽기에 활용할 수 있도록 도와주기 때문에 더욱 필요하다.
◇ 학습자들에게 예측하기, 대충 훑어 읽기, 자세히 읽기 등과 같은 전략들을 가르치고 그 전략들을 목적에 맞게 사용할 수 있는 기회를 제공한다.
◇ 다양한 종류의 읽기 자료들을 접하게 하여 글의 종류에 따라 읽기의 목적이 다르다는 것을 알게 한다.
◇ 언어 수준이 높은 학습자들에게는 글 속에 있는 논리적, 지시적(referential)인 관계들을 찾아내는 활동들을 해보게 한다.
◇ 학생들에게 글에 제공된 정보 자료들을 한 양식(modality)에서 다른 양식으로, 제시된 글의 형식을 다른 형식(예: 도식화(diagrammatic))으로 전환시키는 활동들을 해보게 한다.
◇ 글을 읽는 활동 이외에도 읽은 글을 평가하고 비판할 수 있는 기회를 제공한다.

### ◆ 질문 및 과제

1. 읽기 과제들을 준비할 때 그 과제 활동의 목적을 고려해야 하는 이유는 무엇인가?
2. 듣기와 읽기의 유사점과 다른 점은 무엇인가?
3. 본 장에서의 읽기를 위한 발음 중심 접근법(phonics approach)에 반대하는 주장은 무엇인가? 이러한 상반된 주장에도 불구하고 발음 중심 접근법이 초급 수준의 읽기 학습자들에게 타당한 방법이 될 수 있는 근거는 무엇인가?
4. 전이 방해(short-circuit)가설이란 무엇이며 읽기 교수에 시사하는 바는 무엇인가?
5. 읽기 교재를 분석해 보고 분석에 사용된 전략들을 밝히시오.
6. <표 9-2>에 제시된 몇 가지의 읽기 전략들을 적용해 볼 수 있는 과제를 구상

해 보시오.
7. 본 장에서 언급된 연구들(research studies)을 요약하여 표로 나타내 보시오. 연구자와 연구한 연도를 밝히고 연구의 주 결과들에 대한 내용을 한두 문장으로 정리해 보시오.

◆ 제9장의 개념도

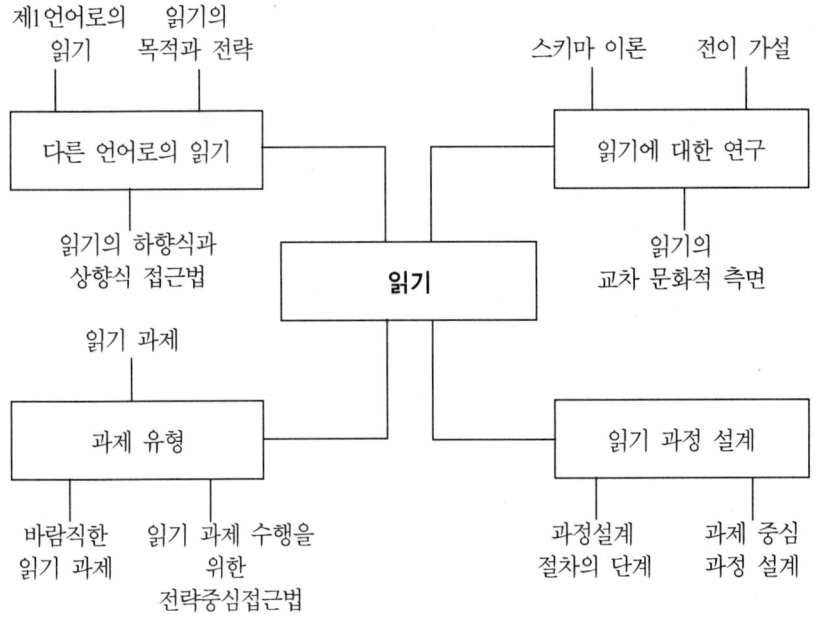

◆ 참고문헌

Carrell, P., and J. Eisterhold. 1988. Schema theory and ESL reading pedagogy. In Carrell, Devine and. Eskey (eds.). *Interactive Approaches to Reading.* Cambridge: Cambridge University Press.

Carrell, P., J. Devine and D. Eskey (eds.). 1988. *Interactive Approaches to Reading.* Cambridge: Cambridge University Press.

Clarke, M. 1979. Reading in Spanish and English: Evidence from adult ESL students. *Language Learning,* 29, 121-150.

Corbel, C. 1985. The "action sequence" approach to course design, *Prospect,* 1, 1.

Cziko, G. G.A. 1978. Differences in first- and second-language reading: The use of syntactic, semantic, and discourse constraints. *Canadian Modern Language Review,* 34, 473-489.

Davies, F. 1995. *Introducing Reading.* London: Penguin.

Davies, F., and T. Green. 1984. *Reading for Learning in the Sciences.* Edinburgh: Oliver and Boyd.

Day, R. (ed.) 1993. *New Ways in Teaching Reading.* Washington, D.C.: TESOL.

Devine, J. 1984. ESL readers' internalized models of the reading process. In J. Hanscombe, R. Orem, and B. Taylor (eds.), *On TESOL '83.* Washington, D.C.: TESOL.

Devine, J. 1988. The relationship between general language competence and second language reading proficiency: *Implications for Teaching.* In Carrell, Devine and Eskep (eds.) 1988.

Goodman, Y.M., and C.L. Burke. 1972. *Reading Miscue Inventory Manual: Procedure for Diagnosis and Remediation.* New York: Macmillan.

Grabe, W. 1993. Current developments in second language reading reasearch. In S. Silberstein (ed.), *State of the Art TESOL Essays.* Washington, D.C.: TESOL.

Grellet, F. 1981. *Developing Reading Skills.* Cambridge: Cambridge University Press.

Guyotte, C. 1997. *The Process of Japanese Students Reading a Medical Text in English: What Makes It Difficult?* Unpublished Ph.D. dissertation, Macquarie University, Sydney, Australia.

Harri-Augstein and Thomas 1984.

Hood, s., N. Solomon, and A. Burns. 1994. *Focus on Reading.* Second Edition. Sydney: NCELTR.

Hudson, T. 1988. The effect of induced schemata on the "short circuit" in L2 reading: Non-decoding factors in L2 reading performance. In Carrell, Devine and. Eskey (eds) 1988.

Lunzer, E., and Gardner 1979. *The Effective Use of Reading.* London: Heinemann.

Richards, J. C. 1989. *The Language Teaching Matrix.* Cambridge: Cambridge University Press.

Rivers, W. and M. Temperley. 1978. *A Practical Guide to the Teaching of English as a Second or Foreign Language.* New York; Oxford University Press.

Smith, F. 1978. *Understanding Reading: A Psycholinguistic Analysis of Reading and learning to Read.* New York: Holt, Rinehart and Winston.

Stanovich, K. 1980. Towards an interactive-compensatory model of individual differences in the development of reading fluency. *Reading Research Quarterly,* 16: 32-71.

Steffensen, M. 1981. Register, Cohesion and Cross-cultural Reading Comprehension. Technical Report No. 220. Center for the Study of Reading, University of Illinois, Champaign, Illinois.

# 제10장
# 쓰 기

언어의 네 기능 중에서 일관성 있고 유창하게 글을 쓰는 기능이 가장 어려운 기능일 것이며, 이러한 기능은 모국어 화자들조차도 결코 정통하기 어려운 기능이다. 하물며 모국어가 아닌 다른 언어로 학습을 하고자 하는 제2언어 학습자들이 유창하고도 일관성 있는 글을 써내기란 상당한 노력이 요구된다.

Raimes(1993)는 쓰기 교수에 대한 지난 25년 간의 개념적, 경험적인 연구들을 재정리하면서 제2언어로의 쓰기 교수 접근법을 다음과 같이 네 가지로 정의하고 있다. 먼저, 1970년대 중반까지 쓰기 기능은 구두 언어의 발달을 돕는 하나의 부차적인 기능에 불과한 것이었으며 반복 훈련과 연습의 청화식 교수법의 이상과 일치하는 형태 중심 기술(form-focused techniques)의 교수법이 우세하였다. 1970년대 중반부터 제2언어 교사들은 제1언어 교실에서 많이 사용된 '과정 중심 접근법(process approaches)'에 관심을 갖게 되었다. 용어가 의미하듯 과정 접근법은 글의 마지막 결과물보다는 글이 쓰여지는 과정을 중시한다. 1980년대 중반에 이르러 두 가지의 경향이 같이 공존하게 되었는데, 그 중 하나는 학문적인 내용에 중심을 두어 교수의 초점이 학생들이 정통해야 하는 학과목의 특성에 따라 학생들에게 요구되는 것이 무엇인가에 맞추어졌다. 따라서 이러한 내용 중심 접근법(content-based approaches)과 더불어 학생들이 글을 이해하기 위한 필요조건과 또한 이러한 필요 조건들이 글을 쓸 때 적용되어야 함을 강조하게 되었다.
 본 장에서 다루어질 문제와 기본 개념들을 살펴보면 다음과 같다.

**쓰기 과정의 본질(The nature of the writing process)**
  ◇ 결과 중심 대 과정 중심 접근법(product versus process approaches
  ◇ 과정 중심 쓰기(process writing)
  ◇ 구어 대 문어(spoken versus written language)

**기능 문법과 쓰기(Functional grammar and writing)**
  ◇ 장르 이론과 쓰기(genre theory and writing)
  ◇ 혜택을 받지 못하는 지역의 학교를 위한 프로젝트(the Disadvantaged Schools Project)
  ◇ SNAP 프로젝트(the SNAP Project)
  ◇ 기능 중심 모델의 문제점(problems with a functional model)

**쓰기 발달을 위한 담화 중심 접근법(A discourse-based approach to writing development)**
  ◇ 담화 과정(discourse processes)
  ◇ 담화에 기초한 쓰기 프로그램(a discourse-based writing program)

**대조 수사학(Contrastive rhetoric)**

## 쓰기 과정의 본질

### ◆ 결과 중심 대 과정 중심 접근법(Product versus process approaches)

 쓰기 교수법에 대해 가장 논란의 여지가 많은 부분이 쓰기 교수의 과정 중심 접근법과 결과 중심 접근법이 서로 대립적인 입장을 취하고 있는 것에 근거한다. 결과 중심 접근법은 쓰기의 마지막 결과물, 즉 일관성 있고 오류가 없는 글을 강조하는 반면, 과정 중심 접근법은 글의 초고에서 재고하기까지 관련된 단계를 중요시 여긴다. 과정 중심 접근법의 지지자들은 결코 완벽한 글은 존재하지 않겠지만, 글을 쓰고 재고하고 논의하여 다시 작업하는 연속적인 과정을 통하여 글이 거의 완벽에 가까워 질 수 있다는 사실을 깨닫고 이를 인정한다.

한편, 결과 중심 접근법에서는 교사들에 의해 제공된 모델 글이나 교과서를 학습자들이 모방하고 베껴 쓰고 바꾸는 등의 활동들을 중시하는데, 이러한 활동을 필자는 앞장에서 "재생적인 언어활동(reproductive language work)"이라 부른 적이 있다. 이 접근법에서는 문장 단위의 문법에 기초를 두어 문장들은 담화(discourse)를 이루는 벽돌들(building blocks)이며, 담화는 하나의 벽돌을 다음 것에 맞추어 쌓아가면서 만들어진다는 믿음을 근거로 한다. 이 접근법은 문장 단위의 구조주의 언어학자들과 상향식(bottom-up) 처리과정의 방법들과 일치하는 반면, 담화 분석 이론의 개념들과는 다르다. 담화 분석적 전통을 바탕으로 하는 연구자들은 상위의 것을 선택함으로써 그 하위 것은 자연히 결정됨을 빈번히 보아왔다고 한다. 다시 말하면, 한 문장 안에서 어떤 정보를 담고 어떤 문법의 형태를 취하는가는 (예를 들면 능동태나 수동태, 시제의 사용 혹은 종속절을 사용해야 하는지에 관한 문제들) 그 문장의 담화의 내용에 따라 결정된다고 한다. 이러한 과정 중심 접근법은 학습이 직접 경험에 의해 이루어짐을 강조하는 경험주의 철학에 의해서도 지지를 받는다. 과정 중심 접근법을 이용하는 교사들은 하나의 완벽한 글보다는 연속적인 글쓰기를 통한 쓰기의 발달을 강조한다. 예를 들면 글의 질보다는 양에 관심을 두기 때문에 초기단계에서는 형식의 정확성에 대해서는 우려하지 않고 학생들의 생각을 종이에 옮겨 적도록 요구한다. 그 다음 교정에 들어가기 전 학생들이 쓴 글을 동료들과 바꾸어 읽어가며 글의 내용이나 표현 방법에 대해 상호 피드백을 주도록 한다.

### ◆ 과정 중심 쓰기(Process Writing)

최근 워드프로세서의 급속한 발전과 의사소통의 수단으로 인터넷이 이용됨에 따라 쓰기 교수의 발달이 박차를 가하게 되었음은 분명한 사실이다. 쓰기 학습을 위한 과학 기술의 이용에 관한 전문가인 Stephen Marcus는 과정 중심 쓰기가 워드프로세싱의 발달로 가능해졌다고 주장한다. 워드프로세싱이 발달하기 이전에는 손으로 쓰는 신체적 행위가 아주 힘든 것이어서, 글을 쓰는 사람에게 글을 한 번 혹은 두 번 이상 다시 쓰기를 기대한다는 것은 현실적으로 불가능한 것이었다.

이러한 매력에도 불구하고 과정 중심 접근법에 대해서 논란이 되고 있는데, 그 중 한 논란의 내용을 살펴보면, 나이가 어린 쓰기 학습자들은 열거하는 글(recounts)이나 이야기 글(narratives)은 쓸 수 있지만, 그들의 학업 성취에 필요한 사실적인 글(factual writing) 같은 것은 잘 써내지 못한다고 한다. Martin(1985)에 의하면, 사실적인 글쓰기는 비판적인 사고능력의 발달을 촉진하므로 개개인으로 하여금 사회현실을 탐색하고 도전하도록 도와준다고 한다. 그러나 Rodrigues는 자유로운 쓰기 과정 접근법은 전통적인 고등학교의 연구 조사 보고서를 쓰는 것만큼이나 인위적인 것이라고 비판한다. 구조 없이 글쓰기를 하면 마치 어떤 글을 흉내내는 것만큼이나 얻는 것이 없다. … [학생들]은 구조가 필요하며 연습할 모델이 필요하고 기계적인 기능조차도 향상시켜야 할 필요가 있다. 또한 학생들은 생각을 통해서 사고하고 글을 수정하고 진정한 목적과 청중들을 위해 글을 쓸 시간이 필요하다고 한다(1985: 26-7).

이 책에서는 이미 진정성(authenticity)에 대한 문제를 여러 번 다루었다. 예를 들면, 7장에서 언어 학습을 위한 진정한 듣기 과제의 사용에 대해서 논의되었는데, 이를 쓰기와 관련지어보면, 쓰기 모델로서 학습자들에게 제시되어야 하는 글이 어떤 종류의 것이어야 하며, 또한 학습자들에게 어떤 종류의 글쓰기를 쓰기 과제로 부여해야 하는 문제와 같은 것이다. 특히, 논술 시험과 같이 다분히 학문적인 성격의 글쓰기들은 그 인위적인 성격으로 인해 비판을 받아왔다. Raimes는 이러한 문제들을 두 종류의 글쓰기를 모두 교수에 이용함으로써 해결하려고 한다.

… 학습을 위한 쓰기 (사전 쓰기, 초고 쓰기, 교정하기, 편집하기)와 보여주기 위한 글(시험을 위한 글쓰기)을 쓰면서 학생들은 글을 쓰는 목적이 다르고, 또한 사용하는 전략이 다르다는 것을 인식하고 있었다. 이러한 글들이 명확히 다른 것임을 인지하였는데 … 실제 질문에서는 화자는 답을 알기를 원하는 반면, 시험 상황의 질문에서는 화자는 청자, 즉 시험을 치르고 있는 대상이 알고 있는지를 원한다. 쓰기에도 이러한 유사한 차이가 있을 수 있다.

작문 수업에서 학생들은 언어 학습자로서 뿐만 아니라, 작가로서 쓰기 과정을 어떻게 잘 이용할 수 있는지를, 또한 기준에 맞는 글을 어떻게 써 낼 수 있는 지를 배워야 한다. 그러나 이러한 문제들을 둘러싼 논란의 단점 중의 하나가 과정과 결과를 하나의 실체로 여기기보다는 둘 중 하나를 선택하는 분리된 실체들로 간주되었다. 그러나 학습자들은 분명히 시험을 통과하기 위한 도구로 쓰기를 배울 필요가 있는 반면, 학습을 위한 수단 즉 전문적이며 개인적인 삶을 살아가면서 유용하게 쓰일 수 있는 도구로서도 인식이 되어야 한다.

*1993: 245*

과정 쓰기에 관한 가장 명확하고 실질적인 개론서 중의 하나가 White & Arndt(1991)에 의해 소개되었다. White와 Arndt는 쓰기를 상당한 시간에 걸친 지속적이고 지적인 노력이 요구되는 복잡한 인지적 과정이라 한다. 따라서, 하나의 글을 만들어내기 위해서는 여섯 단계의 순환적인 과정을 거쳐야 함을 제안한다(이 과정들은 <도표 10-1>에서 보듯이 선형적인 (linear) 것이 아니고 순환적인(recursive) 것이다).

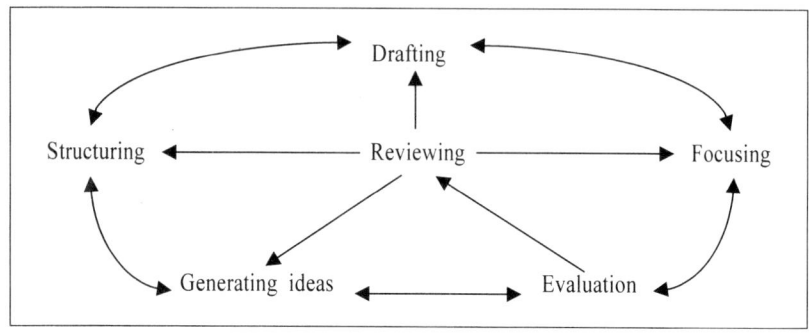

도표 10-1 글을 쓰는 과정

이러한 과정들이 실제 수업에서는 다양한 방법으로 실행될 수 있다. White 와 Arndt는 쓰기 과정에서 연속적으로 일어나는 대표적인 활동들을 다음과 같이 제시하고 있는데, 여기서 주목할 만한 사실은 학습자들이 글의 초고(first draft)를 만들어 내기 위해서는 여섯 단계를 모두 거쳐야 하는데 이러한 과정이 사회적이며 서로 협력적인 특성을 지니고 있다는 점이다.

1. 토론 (전체 학급, 소집단, 짝을 지어 토론하기)
2. 아이디어 착상(brainstorming)/메모하기/질문하기
3. 빨리 쓰기(fastwriting)/아이디어를 선택하기/글의 기본 관점(viewpoint) 세우기
4. 글을 대충 써서(rough draft) 윤곽을 잡아보기
5. 대충 써본 글을 자가 평가(self-evaluation)하기
6. 글의 자료로 이용할 정보들을 정리하기/글을 구성하기
7. 초고 만들기(first draft)
8. 그룹이나 동료들로부터 초고를 평가받기
9. 협의하기(conference)
10. 두 번째 글(second draft) 작성하기
11. 자가평가/편집/교정하기

12. 완성 본(finished draft) 작성하기
13. 완성 본을 마지막으로 평가하기

White와 Arndt가 지적했듯이, 과정 접근법은 학습자들이 글 쓰기에 필요한 일련의 기술들을 개발할 수 있도록 돕고자 하는 것이므로, 잘 쓰여진 글의 마지막 산물을 더 중요시 여기는 결과 중심 접근법들과 상충될 이유가 없다. 쓰기 수업에 필요한 것은 잘 된 표본 글 뿐만 아니라, 적절한 쓰기 절차도 필요하다. 즉, 과정과 결과 중심 접근법 모두가 필요하다.

◆ **구어**(spoken language) 대 **문어**(written language)

쓰기 교수(말하기 교수에서도 마찬가지로)를 위한 교과 과정개발을 위해서는 우선 구어와 문어의 양식의 차이를 주시해 볼 필요가 있다. 과거에는 대부분 교사들이 문어와 구어가 다른 점을 무시하고 학습자들에게 문어형태의 언어 모델을 제시함으로서 구어를 가르치려 했으며, 그 반대로 마치 쓰기가 "말을 글로 옮긴(talk written down)" 것처럼 문어를 가르치기 위해 구어 형태의 언어 모델을 사용하였다. 따라서 이 두 양식의 차이가 무엇인지를 알아볼 필요가 있다. 문어가 구어에서 출발한 것이지만, 문어는 "글로 쓰여진 말" 그 이상의 것이다. Halliday(1985)에 의하면, 쓰기는 새로운 의사소통을 필요로 하는 문화적인 변화의 결과로써 우리 사회에 등장하게 된 것이라 한다. 특히, 사냥과 채집보다는 농업을 바탕으로 하는 문화가 출현함에 따라 사람들은 시대를 거듭하여 언급되어 질 수 있는, 영원히 남을 기록을 필요로 하게 되었다. 이러한 변화들이 새로운 형태의 언어, 즉 쓰기를 탄생시켰다고 한다.

Holliday(1985)는 문어는 다음과 같은 목적으로 쓰일 수 있다고 한다.

◇ 수업 활동을 위해서 (예를 들면 공공 표지판, 상품 라벨, TV와 라디오 안내문, 고지서, 메뉴, 전화 번호부, 선거 투표용지, 컴퓨터에 관한 소책자들)
◇ 정보 제공을 위해서 (예를 들면 신문, 실제 일어난 사건을 다룬 잡지, 광고, 정치에 관한 소책자들)
◇ 오락을 위해서 (예를 들면 만화, 소설책, 시, 극, 신문의 특정기사, 영화 자막들)

이러한 언어의 서로 다른 사용 목적들은 글의 특성에 반영될 수 있다. 편지글은 신문의 사설과는 다른 특징을 가지며, 신문 사설은 시와는 다른 특징을 가지고 있다. 이전에 글의 유형(genre)의 개념에 관해서 살펴보았을 때도 그러했듯이, 이러한 차이들은 문법을 다루기 위한 문장이나 글의 구조를 다루기 위한 문장들 이와의 것들에서도 나타난다.

사실, 문어는 구어와 비슷하게 그 기능이 광범위하여 도구적인 기능, 정보제공의 기능 및 오락의 기능을 한다. 그러나 문어가 사용되는 상황은 구어의 상황과는 매우 다르다. 예를 들어 문어가 정보를 다루기 위해 사용될 때, 대화자들이 시간과 공간상 서로 떨어져 있거나 영구적, 혹은 반영구적인 기록이 필요한 경우에 사용된다. 많은 사람들이 다른 도시나 다른 나라에 있는 사람들과 대부분 전화로 의사소통을 하지만 글로 전할 때 더 효과적인 형태의 메시지들(예를 들면, 가족이나 친구들에게 안부용 엽서들)이 있다.

---

**다음 글의 차이점을 말할 수 있는가?**

McCarthy와 Carter(1994)의 연구 보고서에서 발췌한 다음 글을 살펴보고 어떤 글이 구어용 글에서 혹은 문어용 글에서 발췌한 것인지를 구분하시오. 만약 구분이 확실하지 않다면, "U"라 표시하시오.

A　. . . no, it'll shut. So, try it now. It's better. . .
B　. . . are erased away. Now, wouldn't you like to change your image . . .

> C ... and should be adjusted clockwise to reach the slowest speed while still ...
> D ... so, you know, up I get, bad temper ...
> E ... well, eventually he came home and they had ...
> F ... our answers to these questions may not be definitive or complete, but even if ...
> G ... your worries are over. Far from it. The little so-and-sos will turn up again ...
> H ... opportunities in space. Well, not strictly in space, but in space research ...
> I ... well, the place is gone now; not a stone remains ...
> J ... into my eyes and said nothing. Well, it was a good defense ...
>
> 각각의 글이 구어인지 문어인지를 구분하게 하는 요소는 무엇인가?

McCarthy와 Carter는 모국어와 비모국어 화자들 55명에게 위와 같은 글을 주고 각각의 글이 구어인지 혹은 문어인지를 구분하게 하였다.

응답자들의 대부분이 발췌문 A와 D는 구어라고 하였으며 상당수의 응답자들이 E, G와 H는 문어보다는 구어에 가깝다고 생각하였다. 대다수의 응답자들이 C와 F는 문어인 반면, B, I와 J에는 의견들이 다소 달랐으며 구분이 확실하지 않은 것으로 응답하였다(Carter & McCarthy 1994: 5).

Carter와 McCarthy의 진술에 의하면, 위의 반응들은 비록 제한적이긴 하지만 응답자들이 구어와 문어의 구성요소에 관해 명확히 알고 있다는 것을 의미하기 때문에 이 반응들은 매우 중요한 것이라고 한다. 응답자들이 구어의 특징으로 밝혀놓은 몇 가지 언어학적 요소들로 구어체(colloquialisms: *far from it, little so-and-sos*), 담화 표기어(discourse markers: *now, well,* and *you know*)와 축약된 동사 형태(*it'll, It's*)들의 사용들이 포함된다.

참고로, 윗 글은 다음의 자료에서 발췌된 것들임을 밝힌다.

A: 문의 닫는 장치에 발생한 문제에 대해 두 사람이 이야기하고 있는 내용
B: 상품 광고용 글
C: 일련의 지시문
D: 대화 내용
E: 대화 내용
F: 학문적인 내용의 글
G: 상품 광고용 글
H: 영국의 한 대학에 게시된 학문적인 내용의 광고문
I: 소설에서 발췌한 글
J: 소설에서 발췌한 글

이러한 연습을 통하여 여러분은 구어와 문어의 형태의 차이들이 절대적인 것이 아니고 오히려 우리가 문어와 관련된 것으로 여기는 것들이 때때로 구어에서도 나타나며 그 반대의 경우도 볼 수 있음을 알게 되었을 것이다. 이것은 바로 어떤 구어체의 글은 문어체의 글에 가까울 수도 있으며 어떤 문어체의 글은 오히려 구어체의 글에 가까울 수 있음을 의미한다. 다음의 글을 주시해 보면, 대부분의 모국어 화자들은 Text 1이 비록 문어체로 쓰여졌을지라도 구어체로 쓰인 Text 2보다도 더 구어체에 가깝다고 느낄 수 있다.

Text 1
Annie,
Gone to the deli for milk. Back in a flash.
Go in and make yourself at home.
— Theo

Text 2
At times one's preoccupation with averages can cause one to lose sight of the fact that many of the most important workaday decisions are based on considerations of the extremes rather than on the middle of a distribution.

문어와 구어의 두 형태들 간에 공통점이 존재한다하더라도 문어가 지니는 언어학적인 특징들뿐만 아니라 글이 해석될 문맥들을 살펴보면, 일반적으로 문어는 구어가 지니지 않는 어떤 특징들을 가지고 있음을 알게된다. 언어학적으로 문어는 내적으로 복잡한 절들로 구성되는 경향이 있는 반면, 구어의 복잡성이란 절들의 연결 방법이 복잡함을 의미한다. 이와 같은 특성이 다음에 제시된 문어체 글인 Text 3과 구어체 글인 Text 4와 같은 발췌문들에 나타나 있다.

**Text 3**

Like Vincent d'Indy a disciple of Cesar Frank, Chausson shares with them a dreamy, even idle poetry, sumptuous but precise orchestration, and an energy that is intimate rather than powerful, ascetic rather than importuante.

*Author's data   Mordden 1980: 292*

**Text 4**

This morning Associate Professor Joe Wolfe will talk about the science of music at half-past eleven, and we'll hear some fascinating things such as musicians playing music backwards, but most of it will be played forwards!

*Mordden 1980: 292*

우리는 위의 글들을 통해서 문어체의 글에 조금 더 많은 양의 정보가 함축되어 있다고 생각할 수 있지만 이 글은 단지 하나의 주절을 포함하고 있는 반면, 구어체의 글은 여러 개의 절들이 계속 연결되어 있다. 어떤 의미에서 구어체의 글은 "다듬어지지 않은(unedited)" 것이다. 만약 위의 Text 4를 말한 사람이 똑같은 내용을 문어체로 표현했다면 다음과 같은 글이 되었을 것이다.

> This morning at half-past eleven, Associate Professor Dean Wolf will present a program entitled "the Science of Music," in which the listener will experience a number of fascinating things, including music played backwards, although most will be played forwards!

구어와 문어는 내용어(명사와 동사들)와 문법어(전치사, 대명사 와 관사들)가 사용되는 비율도 다르다. 한 절당 사용되는 어휘나 내용어의 수를 어휘 밀도(lexical density)라 한다. 문어의 어휘 밀도는 구어체에서는 동사로 쓰였던 것이 문어체에서는 명사로 되는 경향이 많다. 이러한 과정을 다음의 예에서 볼 수 있다.

**구어**
Good writers reflect on what they write.

**문어**
Reflection is a characteristic of good writers.

---

**어휘 밀도(Lexical Density)**
한 절당 내용어의 수를 내용어 대 기능어의 비율로 나타낸 것이다.

---

Halliday는 동사를 명사로 바꾸는 이러한 과정을 *문법적인 은유(grammatical metaphor)*라 부른다. 또한, 구어의 형태는 어떤 의미에서 문어의 형태보다 더 기본적인 것이며 동사를 명사로 전환함으로서 어떤 상태의 변화를 야기한 것이라 주장한다. 달리 말하면, 영어의 문법체계에서 보통 동사로 나타내어진 행위 진행과정들이 개체로 전환되어 명사로 표현한 것을 말한다. 이러한 변화로 인하여 Halliday는 *은유(metaphor)*라는 용어를 사용하게 되었다.

이전에도 지적했듯이 구어와 문어 사이에 존재하는 이러한 언어학적인 차이는 절대적인 것이 아니며, 구어체와 문어체의 글은 많은 특징을 서로 공유한다. 결국, 글의 언어학적인 형태는 글의 내용과 글의 원래 목적에 따라 결정되어질 수 있다.

Bruns & Joyce(1997: 13)에 의해 제시된 구어와 문어의 차이점이 다음 <표 10-1>에 정리되어 있다.

표 10-1 구어와 문어의 차이점

| 구 어 | 문 어 |
|---|---|
| **문맥 의존성**<br>일반적으로 같은 시간과 장소에서 일어나는 의사소통에 사용된다.<br>서로 대화를 나누는 사람들간에 서로 공유하는 지식에 바탕을 두며 이러한 지식을 참고하기도 한다.<br>일반적으로 행위를 수반한다. | **문맥 비의존성**<br>시간과 거리를 초월하여 이루어지는 의사소통에 사용된다.<br>독자들로 하여금 글이 묘사하는 내용을 재창조하게 해야 한다.<br><br>일반적으로 행위를 반영한다. |
| **대화체**<br>항상 둘 이상의 화자가 개입하여 대화 글을 만들어 간다. | **독백체**<br>항상 한 사람에 의해 글이 쓰여진다. |
| **자발적, 비예견적**<br>대화자들은 사회적, 언어적으로 수용 가능한 자발적이며 즉각적인 대화글을 만들어 간다. | **편집되고 수정된 것**<br>쓰여진 글이 반복적으로 편집되고 수정된다. |
| **사건을 중심으로 기록**<br>의미전달을 위해 주로 동사를 쓴다. | **사건을 개체화하여 기록**<br>의미전달을 위해 주로 명사를 쓴다. |
| **문법적으로 난해함**<br>대명사나 접속사 같은 문법적인 언어를 더 많이 사용한다.<br>의미전달을 동사에 의존하기 때문에 완벽한 문장들보다는 구가 복잡하게 연결되어 글이 만들어진다. | **어휘 밀도가 높음**<br>의미가 명사로 전달됨에 따라 어휘나 내용어가 더 많이 사용된다.<br>명사가 아닌 것도 명사로 전환될 수 있기 때문에 명사화되는 과정이 주로 나타난다. |

## 기능 문법과 쓰기(Functional Grammar and Writing)

먼저, 이 책을 기술함에 있어 언어의 발달과 사용에 관한 필자의 기본 입장은 기능적인(functional) 입장을 취하고 있음을 밝혀둔다. 언어학적 분석(linguistic analysis)을 위해 사용되는 기능적 모델들(functional models)

은 언어 형태들간의 관계와 언어가 사용되는 다양한 용도를 설명하기 위해 개발된 것이다. Halliday는 언어의 구조와 기능 간에 존재하는 체계적인 상관관계를 다음과 같이 기술하고 있다.

> 모든 텍스트는— 즉, 말로하든 글로 쓰여지든— 사용되는 문맥 안에서 의미를 지니게 된다.
> 더욱이 그동안 수만 년에 걸쳐 만들어진 언어의 체계는 바로 언어의 사용에 의해 형성된 것이다. 언어는 인간의 욕구를 충족시키기 위해 만들어진 것이며, 언어가 구성되는 방법 또한 자의적이 아닌 인간의 필요에 따라 만들어진 기능적인 것이다. 기능 문법은 기본적으로 모든 언어가 그 사용 용도에 따라 이러한 테두리 안에서 설명될 수 있다는 의미에서 '자연 문법(natural grammar)'이다.
>
> *Halliday 1985: x iii*

### ◆ 장르(Genre) 이론과 쓰기

앞의 7장에서 보았듯이, 기능적인 관점에서 이용되는 많은 개념들 중에 핵심적인 개념이 바로 *장르(genre)* 개념이다. 구어처럼 문어에서도 장르는 어떤 특별한 구조와 문제시되는 장르의 의사소통적 목적에 따라 정해진 문법적인 형태들에 의해 나눌 수 있다. 장르 이론가들의 주장에 따르면, 언어는 어떤 기능들을 수행하기 위해 존재하며, 이러한 기능들은 어떤 글에 나타날 문법적인 요소들뿐만 아니라 사람들 간에 주고받는 담화의 전체 구조를 결정한다고 한다. 다시 말하자면 언어는 우리가 추측 가능한 단계를 가지고 있을 것이라 한다. 의사소통의 목적은 단어와 문법적인 구조와 같은 담화의 기본적인 구성 요소에 반영될 수 있으며, 의사소통의 목적과 내용이 달라짐에 따라 담화의 형태도 달라지게 된다. 따라서 설교, 정치적 연설, 간단한 대화와 같은 각기 다른 특성을 가진 담화의 유형들이 존재하는 것이다.

현재, 언어학자들은 장르의 기초가 되는 일반적인 구조와 장르의 특징이 되는 언어학적인 요소들을 밝혀내기 위해 다양한 글과 담화의 유형을 연구하고 있으며, 또한 화제화(topicalization), 지시어의 사용법, 글에서 이미 사용되고 있거나 혹은 새로운 구조를 갖는 담화의 다른 특징들에 대해서도 연구하고 있다.

앞으로 이러한 장르 이론이 쓰기 교수법이나 연구에서 어떻게 적용되었는지를 설명할 것인데, 이를 위해 지난 몇 년 동안 필자가 직접 관여했던 두 개의 연구를 소개할 것이다. 그 중 첫 번째 연구는 혜택을 받지 못하는 지역의 학교 연구 프로젝트(the Disadvantaged Schools Project)로 초·중등학교의 쓰기 교육 개발을 위한 한 혁신적인 교육과정의 평가를 다룬 것이며, 두 번째 연구는 SNAP으로 알려진 필요 평가 연구 프로젝트(Needs Assessment Project)이다.

◆ **혜택을 받지 못하는 지역 학교 프로젝트**(The Disadvantaged Schools Project)

이 프로그램은 호주의 시드니 시내에 있는 학교 학생들의 학문적인 쓰기 기능을 향상시키고자 계획된 것이었다. 이들 학교 어린이들의 대부분이 영어를 모국어로 사용하지 않는 환경에서 자라왔다. 프로그램의 목적은 어린이들로 하여금 다음과 같은 목표를 이루게 하는데 있다.

◇ 쓰기 수업 과제를 효율적으로 수행하기
◇ 효과적으로 메모하기
◇ 독립적으로 연구하기
◇ 쓰기 숙제를 완수하기
◇ 쓰기 수업 중에 벌어지는 토론에 적극적으로 참여하기

이 연구는 한 새로운 교사 교육프로그램 패키지(package)를 적용함으로써 효과를 얻게 되었다. 기능 문법에 기초한 이 패키지는 교사들에게 학습자

로 하여금 유형이 다양한 사실적 및 가상적 글의 전체 구조에 익숙하게 하며, 또한 성공적인 글쓰기를 위해 문법적인 요소들을 어떻게 사용하는지를 알게 해줄 수 있는 교수 방법을 훈련시키고자 하는 것이다.

이 교사 교육프로그램이 얼마 동안 실행된 후, 프로그램 평가 단계에 이르렀을 때 필자는 시드니의 Macquarie 대학교에 재직중인 3명의 동료들과 같이 평가에 참여하게 되었다. 평가는 다음과 같은 세 가지 목적을 위해 시행되었다. 첫째로, 이 프로그램은 어린이들의 쓰기 발달에 미치는 영향을 평가하기 위한 것이다. 둘째로, 학생들의 교실 연습과 쓰기의 효율성을 측정하는 교사의 능력에 이 프로그램이 어떤 영향을 미치는가를 평가하기 위한 것이었다. 마지막으로, 프로그램의 가장 효과적인 면은 무엇이며, 또한 수정이 필요한 것은 무엇인지를 밝히고자 한 것이었다.

프로그램에 참여한 어린이들의 1,500개의 글을 기능적인 문법 모델에 기초한 평가기준에 준거하여 평가하였다. 글을 상세히 분석하기는 힘들었기 때문에 평가의 범위를 다음의 3가지 범위로 제한하였다.

◇ 글의 구조(schematic structure)
◇ 화제의 전개(topic development)
◇ 지시관계(reference)

각 범위에 해당하는 세부적인 평가의 내용은 다음과 같다.

1. **글의 구조**(schematic structure)
    ◇ 글의 전체적인 구조가 글의 종류에 맞는 것인가?

2. **화제의 전개**(topic development)
    ◇ 글의 화제가 명확히 나타나 있으며, 또한 잘 전개되어 있는가?

## 3. 지시 관계(reference)

◇ 지시어가 적절히 사용되었는가?(지시어의 적절한 사용은 곧 글이 일관성이 있음을 암시하며 글쓴이가 말하는 것과 비교하여 쓰기의 "비문맥적인(decontextualized)" 특성에 대한 분별력이 있음을 나타내는 것이다(Nunan, 1992: 204))

<표 10-2>에 제시된 글은 평가결과 잘 된 글이라 판단된 글이다. 이 글은 각각의 절로 나뉘어져 있으며 왼쪽 부분에 명시된 것은 글의 구조적 관계를 나타낸 것이다.

표 10-2 글의 구조적 분석(Schematic structure of successful text)

| Structure | Clauses | Text: The Skull and the Skeleton |
|---|---|---|
| | 1 | One day there was a poor orphan girl |
| ORIENTATION | 2 | She had to work with her stepmother |
| | 3 | Her hands were going to skin and bones |
| | 4 | So she decided to run away |
| | 5 | She saw a castle |
| | 6 | So she knocked on the door tap tap tap |
| | 7 | A skull with no body without a skull |
| | 8 | and he said "yes" |
| COMPLICATION | 9 | The girl told the skull [what had happened to her] |
| | 10 | She stepped into his castle |
| | 11 | She saw a body without a skull |
| | 12 | She knew that it belonged to the skull |
| | 13 | And the skull told the girl [what had happened] |
| | 14 | The they [sic] had dinner |
| | 15 | She stayed two night[sic] |
| RESOLUTION | 16 | and she kissed the skull |
| | 17 | They got married |
| | 18 | They lived happily after |

윗 글이 성공적인 글이라는 평가를 받은 이유는 다음과 같다.

[윗 글]을 쓴 어린이는 대부분의 다른 어린이들처럼 아직 이야기 글 쓰기에 대한 충분한 통제력을 지니지는 못하고 있지만, 평가의 기준 1에 따르면 이야기 글이 거쳐야 하는 필수적인 단계인 도입, 전개, 결론의 형식을 취하고 있으므로 성공적인 글이라는 판정을 받고 있다. [글]의 주제는 한 불쌍한 고아소녀가 해골을 만나고 그 이후에 떨어져나간 몸의 골격을 또 발견하게 되는 모험에 관계된다. 무슨 일이 벌어졌으며(what had happened) 저녁식사(having dinner)에 관한 사건들에 대한 묘사는 논리적으로 그렇게 명확하지는 않지만, 해골과 골격 사이에 벌어지는 이야기의 진행순서 및 이야기의 전개, 결과를 이해하기에 충분한 정보를 제공하고 있기 때문에 판단기준 2에 따라 성공적인 글이라는 판정을 받고 있다. 또한 이 글은 지시관계가 분명하다. 등장인물로 불쌍한 고아소녀, 몸통이 없는 해골이 명확히 나타나 있으며 또한 이들이 'she', 'girl', 'he', 'the skull'로 명확히 언급되어 있다.

*Walshe et al. 1990: 20*

대체로, 이렇게 새로 도입된 평가 기준은 프로그램에 참여한 교사들로부터 긍정적인 반응을 얻었으며, 학습자들의 쓰기에도 유익한 것으로 밝혀졌다. 이 프로그램에 참여한 학교의 학생들과 참여하지 않은 학교의 학생들을 비교한 결과, 이 프로그램에 참여한 학생들이 더 다양하고 사실적인 글과 잘된 글을 쓸 수 있던 것으로 드러났다(더 자세한 내용은 Nunan (1992)을 참고하시오).

◆ **SNAP 프로젝트**(The SNAP Project)

기능적 접근법(functional approach)에 근거한 또 다른 하나의 프로그램이 SNAP(South Australian Needs Assessment Procedures) 프로젝트로 이 연구는 학생들이 학교 과정을 성공적으로 수행하기 위해 필요한 말하기 및 글쓰기의 여러 장르에 대한 학생들의 통제력의 장, 단점을 파악하기 위한 체계적인 절차를 개발하기 위해 착수되었다. 이 연구도 DSP와 마찬가지로 연구에 참여한 대다수의 학생들이 이민자들로 구성된 학교를 대상으로 하고 있다. 2년 동안 실시된 이 연구에서 필자는 연구팀과 주임 연구원 Lexie Mincham의 고문을 맡았다.

아래 제시된 두 가지 다른 장르의 예(설명문, 상세히 열거하기)는 본 연구의 바탕이 되는 기능적 언어 모델이 학생들의 글을 평가하기 위한 일련의 평가 기준들을 위해 어떻게 사용되고 있는지를 보여주기 위한 것이다. 또한 이러한 형식(pro formas)이 교수에도 사용될 수 있음을 알게 될 것이다. 학습자 중심 교수의 바탕이 되는 주 원리들 중 하나는 가르치는 교사뿐만 아니라 학습자들도 그들이 배워야 할 것이 무엇이며, 또 왜 배워야 하는지에 대해 명백히 알고 있어야 하는데, 이러한 형식(pro formas)을 사용함으로써 이해가 용이해질 수 있다.

## 《예 1》

**글 평가활동(Written Language Assessment Activity)**　　　　8-10세

**설명하기(Explanation)**

설명이란, 자연적이고 사회적인 현상을 평가하는 과정을 나타내기 위해 혹은 어떤 대상이 작용하는 방법을 알리기 위해 사용되는 사실적인 글이다. 어떤 대상들이 왜 그렇게 존재해야만 하는지를 인과적(causal) 관계에 초점을 두어 설명하기 위해 사용되기도 한다. 학교 교과 과정에서 이러한 설명의 글들은 과학과목이나 사회과목에서 자주 접할 수 있다.

이름: _____　　학년/반: _____　　날짜: _____
학교: _____　　선생님: _____
설명의 주제: _____

| (해당되는 □ 안에 ∨하시오) | 능력이 충분함 | 보통임 | 능력이 제한적임 | 능력이 없음 |
|---|---|---|---|---|
| 과제를 수행할 수 있는 능력 | □ | □ | □ | □ |
| **이 학생은** | □ | □ | □ | □ |
| －거의 도움 없이도 설명을 글로 쓸 수 있는가? | □ | □ | □ | □ |

|  | 능력이 충분함 | 보통임 | 능력이 제한적임 | 능력이 없음 |
|---|---|---|---|---|

(해당되는 □ 안에 ∨하시오.)

**글의 구조 및 구성:**
- 논제의 도입 및 진술이 잘 되었는가?  □ □ □ □
- 사건의 전개방법과 이유에 대한 설명이 논리적으로 잘 전개되었는가?  □ □ □ □
- 글이 구(paragraphs)로 이루어져 있는가?  □ □ □ □

**언어의 사용(Language features)**
- 글의 주제와 관련된 단어를 사용하였는가?  □ □ □ □
- 시제를 적절히 사용하였는가?  □ □ □ □
- 수동태를 사용하였는가?(선택사항)  □ □ □ □
  과제를 수행할 수 있는 능력  □ □ □ □
- if, when, because, consequently, since와 같은 연결사를 사용하였는가?  □ □ □ □
- 시간과 원인/결과의 개념들 사이의 관계가 나타나 있는가?  □ □ □ □
- 동사를 명사화하여 사용하였는가?  □ □ □ □
- 설명하는 내용이 주제와 일치하며 논리적으로 전개되었는가?  □ □ □ □
- 글의 방향이 일정하게 유지되어 있는가?  □ □ □ □
- 보충자료로 도표를 사용하였는가?(선택사항)  □ □ □ □

**정확성(Accuracy)**
- 어순, 동사의 변화, 대명사 등의 문법을 정확히 사용하였는가?  □ □ □ □
- 철자와 구두점들이 정확히 사용되었는가?  □ □ □ □

논평: _____
_____

평가(해당란에 ○하시오.) __최저 1____ 2____ 3____ 4____ 5____ 최고

《예 2》

글 평가 활동(Written Language Assessment Activity)    8-10세

상세히 글쓰기(Recount)

상세한 글이란 일련의 사건들의 기록으로 그 초점을 인물보다는 사건에 둔다. 글의 내용은 개인적인 것이든지, 사실에 바탕을 둔 것이든지 혹은 상상에 근거한 것들이 될 수 있다.

이름: _____   학년/반: _____   날짜: _____
학교: _____   선생님: _____
설명의 주제: _____

|  | 능력이 충분함 | 보통임 | 능력이 제한적임 | 능력이 없음 |
|---|---|---|---|---|
| (해당되는 □ 안에 ∨하시오.) |  |  |  |  |
| 과제를 수행할 수 있는 능력 | □ | □ | □ | □ |
| 이 학생은 |  |  |  |  |
| −도움이 거의 없어도 설명을 글로 쓸 수 있는가? | □ | □ | □ | □ |
| 글의 구조 및 구성: |  |  |  |  |
| −글의 첫 부분에 사건에 관계된 누가, 언제, 어디서에 관한 정보가 제공되었는가? | □ | □ | □ | □ |
| −사건이 일어난 순서에 맞게 전개되었는가? | □ | □ | □ | □ |
| −글이 구(paragraphs)로 이루어져 있는가? | □ | □ | □ | □ |
| −부연설명이나 개인적인 의견이 나타나 있는가? (선택사항) | □ | □ | □ | □ |
| 언어의 사용(Language features) |  |  |  |  |
| −글 속의 개체들(individual participants)이 주로 논의되고 있는가? | □ | □ | □ | □ |
| −시제가 주로 과거형을 취하고 있는가? | □ | □ | □ | □ |
| −행위 동사(action verbs)들을 사용하고 있는가? | □ | □ | □ | □ |
| −first, then, finally, because, however, although, as well과 같은 연결사를 사용하였는가? | □ | □ | □ | □ |
| −it, she, this와 같은 대명사를 사용하였는가? | □ | □ | □ | □ |
| −상세한 설명에 맞는 특별한 단어를 사용하였는가? | □ | □ | □ | □ |

|  | 능력이 충분함 | 보통임 | 능력이 제한적임 | 능력이 없음 |
|---|---|---|---|---|

(해당되는 □ 안에 ∨하시오.)

**정확성(Accuracy)**
- 어순, 동사의 변화, 대명사(she, her, hers, they, their) 등의 문법을 정확히 사용하였는가? □ □ □ □
- 철자와 구두점들이 정확히 사용되었는가? □ □ □ □

논평:_____

_____

평가(해당란에 ○하시오.) ___최저 1___ 2___ 3___ 4___ 5___ 최고

    지금까지, 학생들의 글을 평가하는데 기능적인 언어 모델 접근법을 사용함으로써 얻게 되는 장점들에 대해 살펴보았으며, 기능적인 언어 모델 접근법을 설명하기 위해 거대한 규모로 이루어진 한 평가 프로젝트와 학생들의 글을 평가하는데 사용될 수 있는 평가 점검표의 개발에 관한 연구를 소개하였다. 그러나 이러한 접근법이 완벽한 것이라고는 할 수 없다. 지금부터 이 접근법에 관계된 두 가지의 문제점에 대해 알아보고자 한다.

### ◆ 기능 중심 모델의 문제점

    기능 중심 모델에서 드러난 첫 번째 문제는 기능적 관점에 근거한 평가절차를 전통적인 평가절차와 비교해 볼 때, 우리가 채택한 방법이 공정한 것인가에 관한 문제는 필자와 동료들이 DSP연구에 참여하는 동안 직면한 문제였다. 우리는 공정한 평가절차를 채택하고자 노력하였으며, 우리가 채택한 평가 절차가 기능적 쓰기 접근법에 유리한 평가라는 비난을 피하고자 노력하였다. 이러한 문제점은 Beretta(1986)가 "프로그램의 정당한 평가방법(program fair evaluation)"이라 부른 것과 관계가 있다. 즉, 평가자가 평가 절차와 도구들을 선택할 때 평가될 모든 프로그램이 공정한 것이 되어야 함을 의미한다.

DSP 연구의 경우에서는, 비록 평가 기준이 불공평한 것이라는 비난을 받을 여지가 있을지라도 기능문법에 근거한 평가 기준을 채택하였는데, 그 이유는 새로운 프로그램이 학생들의 쓰기에 미치는 영향의 정도를 결정하는 것이 우리의 평가 목적 중의 하나이기 때문이었다. 그러나, 만약 우리가 다른 평가 기준(창의성과 같은)을 포함했더라면 결과는 아마도 달라졌을 것임은 의심할 여지가 없다.

　　두 번째의 문제점은 소위 장르 중심 교수법의 결과 중심 편향성과 관계된다. 쓰기 발달을 위한 과정 중심 접근법의 옹호자들은 장르 중심 교수법이 글의 제작에 있어 규범적인 접근법을 취하며, 글을 쓰는 과정보다는 결과 즉, 글쓰기의 마지막 산물을 너무 중시한다는 주장을 한다.(물론, 장르 중심 접근법의 옹호자들도 과정 중심 접근법이 너무 과정에만 치중하고 글쓰기의 결과는 무시한다고 주장한다.)

> 장르 이론에서 쓰기란 특별한 사회적 상황들에 기초하며, 대부분 담화가 규범을 따른다는 점이 중시된다. 따라서, 하나의 글을 쓰기 위해서는 일단 확립된 글의 패턴에 일치시켜야 하므로 교사는 학생들이 원하는 특별한 형식의 대화의 장으로 유도하여 결국 원하는 형식의 글을 쓰도록 하게 하는 것이 교사가 할 역할이다. 그러나, 과정 중심 접근법에서는 개개인의 창의성, 개인적인 발달, 자아의 실현 등을 강조하므로 교사는 감독자라기보다는 학생들의 학습 조력자의 역할을 한다.
>
> *Bamforth, 1993: 94*

Bamforth는 과정 대 결과 중심 접근법에 대한 논란은 잘못된 것이며, 이러한 논란은 경험을 근거로 하기보다는 오히려 관념적인 사고에 원인이 있다. "자유와 통제에 관한 논쟁이 결국 양자택일의 문제가 아닌 것처럼 결과와 과정은 서로 의존하는 관계에 있으므로 효과적인 쓰기 교수법은 두 접근법을 모두 필요로 할 것이다" (p.97).

과정과 결과에 대한 논란은 교수 요목 설계와 교수방법론 사이의 혼란으로 계속되고 있다. 필자의 생각으로, 장르 이론의 장점들은 가르칠 내용을 선택하기 위한 원리들을 제시함에 있기 때문에 결과 중심 접근법은 기본적으로 교수 요목 설계의 문제와 관계되며, 과정 중심 접근법은 교실 수업 활동을 위한 것이므로 근본적으로 방법론과 관계된다고 할 수 있다. 그러나, 교수 접근법이 포괄적인 것이 되기 위해서는 교수 요목 설계, 방법론, 및 평가 모두를 포함하여야 한다.

이 절의 마지막 부분에서는 기능적 모델에 기초한 장르 접근법에 대한 두 가지 비판에 대하여 살펴보았다. 그 첫째 비판은 우리가 소위 전통적 문어(written language) 교수평가라 할 수 있는 방법과는 대조적인 새로운 장르 중심 교육과정을 평가하는 방법에 관계된 것이다. 그러나 평가의 목적이 새로 시도된 원리들이 실제로 학습자들이 글을 쓸 때(혹은 말할 때) 반영이 되었는지를 평가하기 위한 것에 관계된 것 어느 것에도 이루어질 수 있는 비판이라는 점에서 그리 중요한 것으로 여겨지지 않는다. 두 번째의 비판은 장르 중심 접근법에 대한 결과 중심 접근법의 주창자들이 갖는 편견과 관계되는데, 이러한 비판 또한 근본적으로 잘못된 것임을 다음과 같은 이유를 들어 밝힌다. 결과 중심 접근법이 글쓴이의 창의성을 다소 무시한다는 이러한 논의는 그 창의성의 정도가 비교될 대상이 필요하며, 일반적으로 그 비교될 대상이란 정해진 약속이나 규칙이라는 사실을 간과하는 것에 있다. 창의성이 중요시되는 그림이나 글쓰기에 종사하는 사람들은 무엇보다도 담화의 전통적인 규칙에 정통해야 한다. 다시 말해서, 이 규칙들을 뛰어넘기 위해서는 무엇보다도 담화규칙들에 정통해야 한다.

## 쓰기 발달을 위한 담화 중심 접근법(A Discourse-based Approach To Writing)

앞의 4장에서 필자는 언어에 대한 한 유기적인 접근법을 제시하면서 담화와 문법은 분리되어서는 안 된다는 관점을 취한 적이 있다. 앞으로 이러한 관점이 쓰기 교수에 어떻게 적용될 수 있는지에 대하여 살펴볼 것이다. 이러한 관점에서 보면 일관성 있고 결속력 있는 담화를 만들어 낸다는 것은 근본적으로 다선형적(mutilinear)이며 다각적인 사고를 선형적인 것(linear)으로 바꾸도록 하는 언어가 갖는 문법적, 담화적 특징들에 기인한 것인데 앞으로 이러한 방법들에 대해 살펴볼 것이다.

◆ **담화 과정**(Discourse Processes)

제4장에서 살펴보았듯이 담화의 일관성의 개념은 담화 분석학자들, 언어 교육자들, 특히 교수의 대상어가 그 나라의 모국어가 아닌 나라에서 언어를 가르치는 사람들에게는 흥미있는 것이다. 담화 분석자들은 무엇이 일관성 있는 글을 만들어 내는가를 연구한다. 청자나 독자들에 의해 조리 있는 글이라고 인식되는 글은 무작위로 모아놓은 문장과 어떻게 다른가가 이들의 관심사이다. 반면, 언어 교육자들은 학습자들이 어떻게 하면 일관성 있는 담화를 만들어낼 수 있을까 하는 실질적인 문제에 관심을 둔다. 결국, 교수법의 방향 제시를 위해서는 담화 분석자들과 언어 교육자들의 관점이 일치되어야 한다.

여러 전문가들(Lautamatti, 1978; Witte, 1983; Connor and Farmer, 1990)에 의하면, 화제 구조분석(topical structure analysis) 기술은 일관성 있는 글을 쓰는 능력을 향상시키기 위해 작문 수업에 반드시 필요한 기술이라고 한다. Lautamatti(1978)는 글을 이루는 담화의 주제와 문장의 주제들이 맺고 있는 관계를 분석하는 방법을 개발하였다. Lautamatti가 주장하기를, 글은 3가지 방식으로 전개될 수 있으며, 그 방식들은 글에서 문장이 계속 전개될 때 글의 주제는 이러한 문장들에 분포되는 양상 속에서 볼 수 있다고 한다. 첫 번째 방법은 글에서 진행되는 문장들이 의미상 동일한 것들인 병렬식 진행방법(parallel progression)을 말한다. 두 번째 방법은, 연속적인 진행방법(sequential progression)으로 각각의 문장들의 주제가 서로 다르다.

마지막으로, 확장된 병렬 진행방법(extended parallel progression)에서는 앞 문장에서 이미 제시되었던 주제가 뒤에서 다시 제시되는 방식이다. 이러한 방식에 대한 예가 다음에 제시되어 있다.

제2외국어 학습자들에게 쓰기를 지도하기 위해 화제 구조 분석(topical structure analysis)을 적용한 몇 가지의 실험 연구가 있다. Witte(1983)는 학습자들이 글을 교정하는 과정을 밝히기 위하여 또한, 학습자들이 자신들이 쓴 글의 질(quality)을 잘 파악할 수 있는지를 알아보기 위한 도구로 화제 구조분석을 사용하였다. 최근에 Conner & Farmer(1990: 126-139)는 중급과 상급 수준의 대학 작문 수업에 참여한 ESL 학습자들에게 쓴 글을 교정할 때 화제 구조 분석방법을 교정 방법으로 사용하게 하는 연구를 하였다. 학습자들은 자신들의 초고를 만들기 이전에 먼저 쓸 글의 주제를 밝힌 후 그 요점들을 다시 도표로 구조화시켜 보는 단계를 거치게 된다. 학습자들이 이러한 단계를 거친 후에 초고를 완성하게 되는데 이때 화제 분석방법을 적용하도록 했다.

여기에 제시된 자료들이 비록 하나의 일화적인 예에 불과한 것일지라도 Conner와 Farmer는 자신들의 연구가 성공적인 것이었다고 보고했다(이들의 연구 보고서는 일종의 실험연구 결과 보고서가 아닌 하나의 새로운 교수법에 대한 보고서이다). 이들의 보고에 의하면:

> 학생들의 반응은 긍정적이었으며, 많은 학생들이 이러한 과정이 그들로 하여금 문장들의 의미를 파악하는데 도움을 주었으며, 또한 파악된 문장의 의미들이 글의 주제와 글을 쓰는 목적과 연관성을 갖도록 하는데 도움이 되었다고 응답하였다. 이러한 분석 방법을 교정 도구로 이용함으로써 학생들의 쓰기 능력을 향상시키기 위한 것이었는데, 특히 주제를 더 부각시키는 면(확장된 병렬식 진행 방법의 덕택으로)과 부차적인 주제(subtopics)를 발전시키는 면(병렬식과 연결식이 전개 방법들이 더 많이 사용된 덕택으로)에서 더욱 효과가 있었다.
> 
> *Conner & Farmer 1990: 134*

표 10-3

### 병렬식 전개 방법(Parallel Progression)

The ability to carry electricity varies according to the extent to which substances contain electrons that are free to move. It is not something possessed by all substances.

1. The ability to carry electricity
2. It

### 연속적 전개 방법(Sequential Progression)

The ability to carry electricity varies according to the extent to which substances contain electrons that are free to move. Some substances contain few such molecules, and are therefore poor conductors.

1. The ability to carry electricity
2. Some substances

### 확장된 병렬식 전개 방법(Extended Parallel Progression)

The ability to carry electricity varies according to the extent to which substances contain electrons that are free to move. Some substances contain few such molecules, and are therefore poor conductors. This ability has been closely studied by physicists in recent years.

1. The ability to carry electricity
2. Some substances
3. This ability

---

여러 해 전, 학문을 위한 준비 과정으로 ESL프로그램(English for Academic Purposes program)에 참여하고 있던 제2언어 학습자들이 조리 있는 과학 실험보고서를 쓸 때 어떤 방법을 쓰는지 살펴 본 적이 있다. 학습자들은 여러 개의 명제를 제시받고 이를 일관성 있는 담화구조의 형식으로 작성하도록 요구받았는데, 이들 글에서 나타난 화제 구조 패턴(topical structure patterns)들이 상당히 다양성을 띠고 있음을 발견할 수 있었다.

일련의 계획이나 단순한 문장을 일관성 있는 담화의 형태로 바꾸기 위해서 학습자들이 거쳐야 하는 과정은 매우 복잡하다. 학습자들이 일관성 있는 글을 쓰기 위해서는 그들이 주제에 대해 이미 알고 있는 것들을 글을 쓸 때 즉시 이용할 수 있도록 준비가 되어 있어야 하며, 또한 그런 정보들을 다른 자료에서 얻은 정보와 통합시킬 수 있는 능력을 활용하여야 한다. 또한, 문법과 담화가 어떻게 같이 기능할 수 있는지에 대한 지식을 바탕으로 형태(form)와 기능(function)을 구분하고, 각각의 문장의 출발점의 역할을 하는 문장 주제를 결정할 수 있어야 한다. 이와 비슷한 종류의 과제를 이용하여 학생들이 연습할 수 있는 예들이 다음에 제시되어 있다.

◆ **담화 중심 쓰기 프로그램**(A Discourse-based Writing Program)

담화 중심 쓰기 프로그램에 대한 이해를 위해 기능적 관점에서 개발된 한 쓰기 교육 프로그램에서 사용되었던 과제 활동을 제시하고자 한다. 대부분의 프로그램이 그러하듯이 먼저, 다음의 예들은 단편적인 문법 구조보다는 담화의 예들을 이용하고 있으며, 학습자들이 가지고 있는 문법 지식이 일관성 있는 글의 구성에 어떻게 이용될 수 있는지를 보여주고 있다. 이러한 활동을 통하여 결국 학습자들은 자신들이 쓴 글을 기능적인 관점에서 볼 수 있게 될 것이다. 다음 제시된 과제의 예는 Nunan & Keobke (1997)의 연구에서 이용되었던 것이다.

**예제 1: 도입문단(introductory paragraphs)의 기능을 알아보기**

1. 다음은 글의 도입 부분에서 관심(interest)을 불러일으키거나, 문맥(context)을 형성하거나, 또는 글의 방향(direction)을 결정하기 위해 사용되는 10가지의 방법들이 제시되어 있다. 각 방법의 목적에 해당하는 것에 표시하시오.

1) 제목에 나타나 있는 중요한 용어들을 정의해 준다.
   ☐ interest   ☐ context   ☐ direction
2) 주제의 어떤 면들이 논의될 것인지를 말한다.
   ☐ interest   ☐ context   ☐ direction
3) 주제에 대한 중요한 배경지식을 제공한다.
   ☐ interest   ☐ context   ☐ direction
4) 이 분야에서 이루어져 온 다른 것들에 대해 언급한다.
   ☐ interest   ☐ context   ☐ direction
5) 글쓴이의 기본 입장이나 관심을 표명한다.
   ☐ interest   ☐ context   ☐ direction
6) 자세히 논의될 필요가 있는 것을 예로 든다.
   ☐ interest   ☐ context   ☐ direction
7) 글쓰기에 사용될 전략을 말한다.
   ☐ interest   ☐ context   ☐ direction
8) 글의 기본 입장과 대조가 되는 입장을 비교한다.
   ☐ interest   ☐ context   ☐ direction
9) 주제를 다루는데 어려운 점이 있다면 말한다.
   ☐ interest   ☐ context   ☐ direction
10) 독자의 관심을 끌기 위해 글에 인용, 질문, 혹은 일화를 이용한다.
    ☐ interest   ☐ context   ☐ direction

2. 다음은 어느 글의 도입 문단(introduction)에 해당하는 글이다. 다음을 읽고 주어진 과제를 해 보시오.

"The issue of falling language standards in Hong Kong is long-standing and contentious." (South China Morning Post, September 16,

1997.) For many years, the older generation has decried falling standards of both English and Chinese. Over thirty years ago, one School Certificate examinator's report stated that, "In Chinese, clumsy sentence construction, wrong Chinese characters, irrelevancy and redundancy, and poor handwriting were found in the writings of many candidates." Today, the situation is, if anything, even worse. This week alone, there have been four articles and fifteen letters to the English language press on the declining standards of English. In fact, there is no evidence that standards have fallen, and considerable evidence that they have risen, and in this essay, I shall look at this evidence. Evidence in favour of rising standards comes from the changing demographics in high school and university, examination results provided by the Hong Kong Exams Authority, and a recent study carried out by the English Centre at the University of Hong Kong.

**과제:** 다음 열거된 기능들을 위 글에서 찾아보시오. 단, 모든 기능들이 나타나 있지는 않다.
◇ 용어를 정의하기
◇ 요점을 진술하기
◇ 배경이 되는 정보를 제공하기
◇ 이미 이루어진 다른 연구나 활동을 언급하기
◇ 작가의 기본 입장을 진술하기
◇ 예를 들기
◇ 글쓰기의 전략을 밝히기
◇ 여러 입장을 비교하기
◇ 문제를 진술하기
◇ 독자의 관심을 끌기

예제 2. 기능적 관점(functional perspective)으로 문단의 구성을 파악해 보기
1. 글에서 주제문이 전개되는 방법은 다양하다. 다음에 제시된 주제문의 전개 방법을 살펴보고 그 기능을 밝혀 보시오.

주제문(Topic Sentence):
   All languages have the same purpose--to communicate thoughts-and yet they achieve this single aim in a multiplicity of ways.

   a. All languages have the same purpose-- to communicate thoughts-and yet they achieve this single aim in a multiplicity of ways.
      Each language has its own unique set of grammatical and discourse features.
      ☐ Contrasting   ☐ Exemplifying   ☐ Elaborating
      ☐ Defining      ☐ Qualifying
   b. All languages have the same purpose-to communicate thoughts-and yet they achieve this single aim in a multiplicity of ways.
      Animal communication, on the other hand, is constrained in many ways.
      ☐ Contrasting   ☐ Exemplifying   ☐ Elaborating
      ☐ Defining      ☐ Qualifying
   c. All languages have the same purpose-to communicate thoughts-and yet they achieve this single aim in a multiplicity of ways.
      Time is expressed in different languages in many different ways.
      ☐ Contrasting   ☐ Exemplifying   ☐ Elaborating
      ☐ Defining      ☐ Qualifying
   d. All languages have the same purpose-to communicate thoughts-and yet they achieve this single aim in a multiplicity of ways.
      Despite this, there are also universal features across languages.

☐ Contrasting　☐ Exemplifying　☐ Elaborating
　　☐ Defining　☐ Qualifying

e. All languages have the same purpose-to communicate thoughts-and yet they achieve this single aim in a multiplicity of ways.

By communication, of course, we mean the ability to press grammatical, lexical, and phonological resources into service in contexts of use.

　　☐ Contrasting　☐ Exemplifying　☐ Elaborating
　　☐ Defining　☐ Qualifying

2. 위에 제시된 방법들 중 주제문을 문단으로 발전시키기에 가장 적합한 방법은 무엇이라 생각하는가? 또한 왜 그렇게 생각하는가?

### 예제 3: 글의 일관성(cohesion)에 관하여

1. 다음 글에서 불필요하게 반복된 것을 다른 말로 대체하거나, 삭제하시오.

　　John Smith arrived early at the hall. There was no one else around at the hall. John Smith tried the door of the hall. The door was unlocked. John Smith opened the door.
　　John Smith went through the door. John Smith shut the door behind John Smith. Suddenly there was a loud noise. The loud noise made John Smith jump.

2. 글의 일관성을 위해서는 대명사(*he, she, it*), 지시사(*this, that*)와 다른 지시적인 표현들을 사용한다. 그러면, 글에서 일관성이 왜 중요한 요소라 생각하는가?

3. 다음 글에서 굵은 철자로 표시된 단어들이 지시하는 것은 무엇인가?

　　The words used by psychologists are a constant source of anxiety to them. **They** also cause rage to **their** readers (including other psychologists). If belief that **they** have a new concept, and wish it to have accused of creating an ugly and unnecessary neologism. If, on the other hand, **they** use an already existing word and try to extend **it** to fit the particular technical meaning **they** have in mind, they are often accused of debasing the language. **They** can also be accused of misleading the reader.

**they** = the words use by psychologists
**their** =
**they** =
**it** =
**they** =
**they** =
**they** =

4. 다음 글은 불필요한 반복이 많다. 반복된 표현들을 *he, it, this, such* 와 같은 단어들로 바꾸어 글을 다시 작성하시오.

　　Languages are made by ordinary human beings, not by God or the pundits who stand in for him. Languages seem to be somewhat arbitrary collections of sounds, symbolized as wri-tten or printed signs, and the origins of language belong in the mists of prehistory. There was, when people became human, clearly a need for languages. We may think of a particular social group. Inevitably, the emotions aroused by group loyalty to the particular language we speak obstruct the making of objective judgments about language. When we think about making an objective judgment about language, we are often merely making a statement about prejudices. It is instructive to examine out prejudices occasionally. I used to have powerful ob-jections to the Americanization of British English. In having powerful objections to the Ameri-canization of British English, of course, I was in complete agreement with many of the people in my country.

5. 다음 글과 여러분이 고친 글을 비교하여 보고, 공통점과 차이점을 찾아보시오.

Languages are made by ordinary human beings, not by God or the pundits who stand in for him. They seem to be somewhat arbitrary collections of sounds, symbolized as written or symbolized as written or printed signs, whose origins belong in the mists of prehistory. There was, when man became man, clearly a need for them. We may think of a language as a system of communication used within a particular social group. Inevitably, the emotions aroused by group loyalty obstruct the making about making such a judgement, we are often merely making a statement about our prejudices. It is instructive to examine these occasion-ally. I used to have powerful objections to the Americanization of British English. In this, of course, I was in complete agreement with many of my fellow countrymen.

*Adapted from Burgess, 1992*

6. 여러분이 쓴 글 중 하나를 선택하여 지시적 관계에 해당하는 모든 것을 찾아 밑줄을 긋고, 동료에게 지시적 관계가 명확한지 판단하게 해보시오.

예제 4: 화제화(Topicalization) 하기

1. 다음 문장들의 화제가 될 수 있는 것은 무엇인가?

   *Sentence 1*: There are two aspects of English in Hong Kong that demand discussion.
   *Sentence 2*: Discussion is required of two aspects of English in Hong Kong.

   문장 1 뒤에 문장 3이나 4가 연결될 수 있는가? 그렇다면 왜 그런 것인가?

   *Sentence 3*: The first is the issue of "standards" and the second is the attitude of Hong Kong people toward English.
   *Sentence 4*: This is because there are currently many myths about the subject.

2. 다음 두 글 중 어떤 것이 더 일관성 있는 글인가? 그 이유는 무엇이라 생각하는가?

   **Text 1**

   Over the last few years, there has been a noticeable decline in the standard of English in Hong Kong. In universities and the workplace, this decline is evident. Casual visitors to Hong Kong also say it is apparent. Hong Kong needs to prosper next century, which won't happen if the decline is not reversed. Economic leadership will not be retained if the decline is not reversed.

**Text 2**

Over the last few years, there has been a noticeable decline in the standard of English in Hong Kong. This decline is evident in universities and in the workplace. It is also apparent to the casual visitor to Hong Kong. This decline must be reversed if Hong Kong is to prosper in the next century. If it is not reversed, Hong Kong cannot hope to retain its position of economic leadership.

---

**화제화(Topicalization)**
문장을 쓰거나 혹은 발화할 때 어떤 특별한 실체나, 일의 상태, 혹은 과정들을 문장의 맨 앞으로 끌어냄으로써 문장에서 중요한 것으로 처리하는 과정

---

3. 위 두 글의 각각의 문장에서 주제가 되는 것에 밑줄을 긋고, 그 주제로 아래 표를 완성하시오.

| Text 1의 주제들 | Text 2의 주제들 |
| --- | --- |
| 1._____ | 1._____ |
| 2._____ | 2._____ |
| 3._____ | 3._____ |
| 4._____ | 4._____ |
| 5._____ | 5._____ |

위의 두 글은 같은 내용을 다루고 있더라도 Text 2가 담고 있는 정보가 더 적은 수의 주제를 갖도록 글이 짜여져 있음을 볼 수 있을 것이다. 대부분 문장들은 *영어 수준의 퇴보*라는 주제를 부각시키고 있다. 결과적으로, 대부분의 독자들에게는 두 번째의 글이 더 일관성이 있는 것으로 보여질 것이다.

## 예제 5: 담화 구성을 위한 문법 자료의 활용

1. 다음에 주어진 정보들을 살펴보시오.
Television is a medium of communication.
Radio is a medium of communication.
Video is a medium of communication.
Books is a medium of communication.
Magazines are media of communication.
Communication takes place between people.
People often use media to communicate.

위에 제공된 정보는 다양한 문법 사항들을 적용하여 다음과 같이 하나의 문장으로 나타낼 수 있다. 예를 들면:

> Sentence 1: "Communication between people often takes place through media such as television, radio, video, books, and magazines."
> Sentence 2: "Media such as television, radio, video, books, and magazines can be used for communication between people."

문단의 시작을 문장 1과 2 중 어떤 것으로 하는가의 선택은 문단의 초점을 media나 communication between people의 둘 중 어디에 맞추는가에 달려 있다.

2. 위의 문장 1을 주제문으로 시작하여 아래 주어진 정보들을 서로 연결시켜 하나의 일관성 있는 문단을 만들어 보시오(단, 아래 주어진 정보의 순서는 바뀔 수 있다).

- There is a form of communication called mass-mediated communication.
- Mass-mediated communication differs from interpersonal communication.
- Interpersonal communication typically involves face-to-face interactions between participants.
- Participants in an interaction affect, and are affected by, each other.
- Mass-mediated communication may affect people from different cultures.
- For example, some people from Russia might have learned about the United States from broadcasts.
- These broadcasts are on television and radio.
- These people will have a set of expectations.
- These people will have certain knowledge about the United States.
- Other people in Russia might have listened to the Voice of America.
- The voice of America is a U. S.-sponsored radio station in Europe.
- These people might have a different set of expectations from other Russians.
- These people might have different knowledge from other Russians.

## 대조 수사학(Contrastive Rhetoric)

1966년 Robert Kaplan에 의해 문화적 사고방식과 담화와의 상관 관계에 관한 중요한 연구가 발표되었다. 수백 개에 달하는 제2외국어 학습자들의 글의 분석을 통해 이루어진 그의 연구는 대조 수사학 연구 발달의 기초가 되었다. 대조 수사학에 관한 연구의 기본적인 논의점은 제2외국어 학습자들이 그들이 가지고 있는 문화적인 사고방식과 의사소통 방식을 제2외국어로 글을 쓸 때 전이시킨다는 점이다. 예를 들면, 자신의 입장을 분명히 나타내기를 꺼려하는 정도가 높은 간접성(indirectness)은 동양의 많은 문화들에 배어 있는 것이 특징이다. 아마도 이러한 특징이 제2외국어 학습자들에게는 자신들의 주장을 명확히 나타내고 이를 뒷받침할 수 있는 충분한 보충자료들을 첨부해야 하는 영어로의 학문적인 글을 써내는데 어려움을 야기하는 요소가 될 것이다.

최근에 발표된 한 연구 보고서에서, Chen(1997)은 미국과 중국인들이 학문적인 글을 쓰는 방식을 비교하기 위해 다음과 같은 대조 수사학의 전통적인 개념을 이용하였다.

> 미국인들이 쓴 영어 글은 매우 직설적이며 표현 방식이 공식을 따른 것이다. 작가는 먼저 글의 주제나 글의 목적을 명시한 후, 예문들을 이용하여 그들의 주장을 뒷받침해야 한다. 글의 세부 사항들과 통일되어야 하는 내용과의 관계가 글의 문단과 전체 글의 구조에서 명확히 나타나야 하며, 결론에서 글의 통일된 내용이 다시 강조되어야 한다. … 잘된 글과 그렇지 않은 글은 명확성(clarity), 정확성(accuracy), 세부적인 내용의 기술(details)과 글의 구조(structure)의 명확한 기준에 의해 판단된다. 글쓰기의 목적은 명확한 의사 전달을 위한 것이다. 그러나, 중국인들은 간접적이며 암시적으로 자신들의 의견을 표현하기를 선호한다. 따라서, 글의 목적이나 주제조차도 글의 서두에서 명확히 나타나지 않고, 대신 자신들이 말하고자 하는 내용은 미묘하며 암시적인 관계를 맺기 위해 은유(metaphor)적으로 표현한다. 예문도 그 관계가 분명하지도 직접적으로 드러나지도 않게 하기 위해 미묘한 방법으로 삽입된다.
> 
> *(p. 13)*

그러나 제2언어 학습자들의 글에서 드러나는 문제점은 문화적으로 이미 결정 된, 제1, 제2언어의 담화 형식의 차이에서 기인한 것이라는 견해가 전적으로 수용되고 있는 것은 아니다. 예를 들어 Mohan & Lo(1985)는 이러한 견해에 대해 상당히 비판적이다. 그들이 중국어를 모국어로 하는 영어 학습자들을 대상으로 조사한 결과에 따르면, 이들 학습자들에게서 나타나는 문제점들은 글쓰기의 경험이 부족한 학습자들이 갖는 어려움에 기인한 것이지 영어와 중국어와의 대조적인 수사 패턴에 기인한 것이 아니라고 주장한다.

Leki(1991)는 대조 수사학에 관한 초기의 연구들이 대부분 경험적이기보다는 직관적이며, 대응 관계(anaphoric reference)와 같이 조금 더 큰 범위의 담화에 나타나는 대조적인 유형의 설명은 하지 않고, 오히려 서로 공통점이 없는 글의 표면적인 특징에만 분석의 초점을 맞추고 있다고 주장하면서 초기의 연구에 대해 비판적인 입장을 취하고 있다. Leki에 따르면, Robert de Beaugrande(1980)와 같은 언어학자들의 연구로 인하여 1980년대에 들어서부터, 더욱 통찰력 있는 분석이 시작되었다고 한다. 그러나, Leki는 이러한 대조 수사학의 연구의 결과들이 어느 정도로 교수법에 직접 적용될 수 있는지에 대해서는 의문을 제기한다. 학습자들이 모국어와 영어의 사고 표현 방법이 다르다는 것을 알고 있을 지라도 대조 수사학에 근거한 쓰기 교수 방법이 반드시 학습자들의 쓰기 능력을 향상시킨다는 것은 아니라고 주장한다. 학습자들이 자신들의 모국어와 배우려는 목표어의 담화 방식의 차이점을 인식함으로써 얻게 되는 효과는 학습자들이 글쓰기에서 갖는 어려움이 반드시 자신들의 능력이 부족하기 때문만이 아니라 두 언어가 갖는 대조적인 차이 때문이기도 하다는 점을 알 수 있게 한다는 점이다.

### ◆ 결론

지금까지 제2언어 쓰기 학습의 발달을 위해 고려되어야 하는 몇 가지 중요한 요소를 살펴보았다. 먼저 결과 중심 접근법과 과정 중심 접근법에 대한 계속되는 논란에 대해 살펴보았는데, 두 접근법의 주창자들은 서로 상반되는 입장을 고수하고 있지만, 실제로는 두 접근법이 상호 보완적인 관계에 있다고 할 수 있다. 원칙적으로 쓰기 교수 프로그램이 양 접근법의 요소를 같이 사용하지 못할 이유가 없다.

본 장에서는 기능적, 담화 중심적 관점의 쓰기 교수법을 적용한 연구들에 대해서 살펴보았으며, 이 연구에서 사용되었던 몇 가지의 활동 과제들을 예로 들어 실제로 쓰기 수업을 담당하는 교사들이 기능적 문법이 어떻게 교수에 활용될 수 있는지를 보여주고자 하였다.

마지막으로 이 책의 앞부분에서 언급되었던 제2언어 교수와 학습에 대한 중심적인 견해와 기본 원리들 중 몇 가지를 다시 살펴보았다. 특히 경험 있는 교사들은 1절에서 소개되어 2절에서 조금 더 자세히 다루어진 개념과 원리를 유념하여 자신들의 현장에 직접 적용해 봄으로써 자신들의 전문성을 더욱 높일 수 있는 계기를 마련할 수 있기를 바란다. 아울러 초보교사들에게는 지금까지 논의 된 내용들이 제2언어 쓰기 교수의 전문적인 기량을 쌓아 가는데 원리적 기초가 될 수 있기를 바란다.

◆ 제10장의 개념도

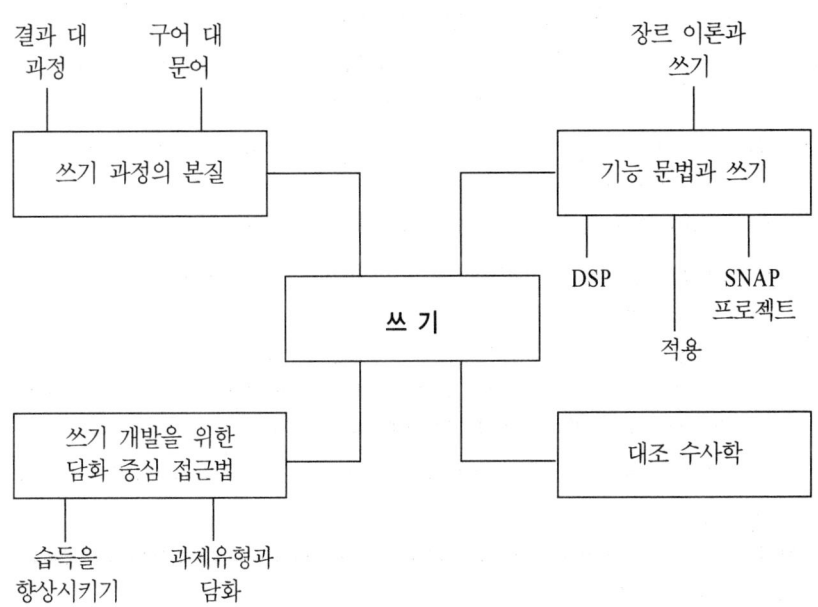

◆ 질문과 과제

1. 쓰기 교수의 과정 접근법에 대한 찬성과 반대 입장의 논의점들을 요약하시오.
2. 구어(spoken language)와 문어(written language)의 차이점들을 기술하시오.
3. 어휘 밀도(lexical density)란 무엇인가? 또한 무엇이 글을 어휘적으로 밀집된 것으로 만드는가?
4. 장르 이론이 어떻게 쓰기에 적용되었는가?
5. 쓰기를 위한 담화 중심 접근법의 특징들은 무엇인가?
6. 담화(discourse)의 관점에 기초한 쓰기 교수를 위해 본 장에 제시되어 있는 몇 가지의 예제들과 유사한 과제들을 만들어 보시오.
7. 대조 수사학(contrastive rhetoric)이란 무엇이며, 왜 제2언어 교수에서 중요한 요소로 여겨지는가?

◆ 참고문헌

Bamforth, R. 1993. The genre debate. *Prospect,* 8, 4.

de Beaugrande, R. 1980. *Text, Discourse, and Process: Towards a Multidisciplinary Science of Texts.* Norwood, NJ: Ablex.

Beretta, A. 1986. Program-fair language teaching evaluation. *TESOL Quarterly,* 20, 1, 431-444.

Burns, A., and H. Joyce. 1997. *Focus on Speaking.* Sydney: NCELTR.

Chen, Kuang-Jung. 1997. English versus Chinese: World views and writing styles. *TESOL Matters,* 7, 1, 13.

Connor, U., and M. Farmer, 1990. The teaching of topical structure analysis as a revision strategy for ESL writers. In B. Kroll (ed.), *Second Language Writing.* Cambridge: Cambridge University Press.

Halliday, M. A. K. 1985. *An Introduction to Functional Grammar.* London: Arnold.

Kaplan, R. 1966. Cultural thought patterns in intercultural education. *Language Learning,* 16, 1, 1-20.

Kaplan, r. 1987. Cultural thought patterns revisited. In U. Connor and R. Kaplan (eds.), *Writing Across Languages: Analysis of L2 Text.* Reading, Mass.: Addison-Wesley.

Lautamatti, L. 1990. Coherence in spoken and written discourse. In u. Connor and A. Johns (eds.), *Coherence in Writing.* Washington, D.C.: TESOL.

Leki, I. 1991. Twenty-five years of contrastive rhetoric: Text analysis and writing pedagogies. *TESOL Quarterly,* 25, 1, 123-143.

McCarthy, M., and R. Carter, R. 1994. *Language as Discourse.* London: Longman.

Martin, J. 1985. *Factual Writing: Exploring and Challenging Social Reality.* Deakin, Victoria, Australia: Deakin University Press.

Mohan, B., and W. A-Y. Lo. 1985. Academic writing and Chinese students' transfer and developmental factors. *TESOL Quarterly,* 19, 3, 515-534.

Mordden, 1980. *A Guide to Orchestral Music.* New York: Oxford University Press.

Nunan, D. 1992. *Research Methods in Language Learning.* Cambridge: Cambridge University Press.

Nunan, D., and K. keobke. 1997. *Writing Better Essays.* The English Centre: University of Hong Kong.

Rodrigues, R. J. 1985. Moving away from the writing-process workshop. *English Journal,* 74, 24-7.

Raimes, A. 1993. Out of the woods: Emerging traditions in the teaching of writing. In s. Silberstein (ed.), *State of the Art TESOL Essays.* Washington, D.C.: TESOL.

Walshe, J., G. Brindley, J. Hammond, and D. Nunan. 1990. *Evaluation of the Disadvantaged Schools Writing Project.* Sydney: NCELTR.

White, R., and V. Arndt. 1991. *Process Writing.* London: Longman.

Witte, S. P. 1983. Topical structure and writing quality: Some possible text-based explanations of readers' judgments of students' writing. *Visible Language,* 17, 177-205.

# 부록 1: 언어학습에 관한 용어 해설

**achievement test (성취도 평가)** 학습자가 특정 과목을 수강하거나 교재를 통해 배운 것을 측정하는 평가. 이는 학습자들이 무엇을 알고 있고, 무엇을 모르는가를 측정하는 진단평가(diagnostic tests)와 대조되며, 수강한 특정 과목에 한정되지 않는 일반적 능력을 측정하는 능숙도 평가(proficiency test)와도 대조된다.

**acquisition (습득)** 개인이 언어를 이해하고 사용하는 능력을 발달시켜 가는 정신적 과정. 학습자들이 언어를 습득해가면서 거쳐가는 단계들을 의미하기도 한다.

**adjacency pair (인접쌍)** 담화분석이나 대화분석에서, 서로 다른 화자들에 의해 발화되었으며 기능적 측면에서 서로 관련된 발화쌍을 지칭한다. 예를 들어,

> There's more coffee in the pot. (제의)
> I'm OK, thanks. (거절)

**analytic approach (분석적 접근)** 교과 개발에서, 주제, 텍스트, 과제 등을 독립적 구성소로 따로 떼어내지 않은 상태로 사용하는 접근법(**synthetic approach** 참조). 이 접근법이 "분석적"이라 불리는 이유는 학습자가 해야 할 일이 통째로 주어지는 글을 분석해내고 때때로 이질적이기까지 한 개별 언어 요소들을 밝혀내는 일이기 때문이다.

**anaphora (대용)** 텍스트 내에서, 특정인, 특정 사물, 장소, 사건 등에 대한 지시. 두 번째 표현, 그리고 그 이하의 지칭은 앞의 말을 받아 대명사화의 형태를 가지게 된다. 예를 들어,

423

*The handover of Hong Kong to China* was widely considered to be one of the most dramatic political events of the twentieth century. Not surprisingly, it was marked by considerable pomp and ceremony.

**applied linguistics (응용언어학)** 인간의 의사소통상의 실질적인 문제들에 언어학 이론이나 언어 기술 분석 방법을 적용하는 것. 여기에는 언어 교수 및 학습, 제2언어 습득, 이중언어 사용, 언어 교정, 언어 장애, 직장에서의 의사소통, 청음장애, 사전 편찬, 번역, 언어 계획 등의 제반 분야가 포함된다.

**approach (접근법)** 언어 교수 및 학습과 관련된 일반적 이론들

**aptitude (적성)** 언어를 배우는 전반적 능력

**assessment (측정)** 학습자가 할 수 있는 것과 할 수 없는 것을 판단하기 위한 일련의 절차 및 기술

**atomistic approach (원소적 접근)** *synthetic approach* 참조

**audiolingualism (청화식 교수법)** 외국어 습득은 새로운 언어습관을 습득하는 것이라는 생각에 기초하여, 학습자들이 목표어를 여러 방법으로 조작해보고 대체하는 연습을 함으로써 목표어의 문법을 암기하고 사용할 수 있도록 하는 교수법.

**authenticity (진정성)** 언어 교수에 사용되는 말 또는 글들은 원래 목적이 언어교수가 아니라 의사소통인 경우에 진정성을 가진다.

**back-channel (맞호응)** 구어적 의사소통에서, 청자가 화자에게 피드백을 주는 것. 그러한 피드백의 목적은 화자로 하여금 상대방이 자신의 말을 듣고 있다는 것을 알도록 하며 화자가 말을 계속하도록 유도하는 데 있다. 피드백은 언어적일 수도, 비언어적(예를 들어 고개를 끄덕이는 행위)일 수도 있다. 예를 들어,

   A: I went to Big W yesterday...

B: Uh-huh

A: ... and bought one of those Italian market umbrellas.

**behavioral objective (행동적 목표)** 학습자들이 수업에 참가한 후 정확히 무엇을 할 수 있어야 하는가에 대한 기술. 목표들에는 세 가지 요소가 있는데, 수행을 상술하는 과제 요소, 조건 요소, 어느 정도의 수행을 보여야 하는지를 나타내는 기준 요소가 그것이다. 예를 들어, 교실의 역할놀이(조건)에서, 학습자들은 서로 이름과 주소, 직업들에 대한 정보를 교환할 것이며(과제), 발화는 문법적이고 외국어 학습자들에 익숙하지 않은 사람들도 알아들을 수 있어야 한다(기준)는 행동 목표를 세울 수 있다.

**behaviorism (행동주의)** 언어 습득을 비롯한 모든 인간 행동은 자극과 반응의 과정을 통한 일체의 습관 형성이라고 해석하는 심리학적 이론

**background knowledge (배경지식)** 독자나 청자가 구어나 문어를 해석하는데 사용하는 세상지식

**bottom-up processing (상향식 처리)** 음소나 글자와 같은 가장 작은 요소를 해독하여 이를 단어, 절, 문장, 나아가 텍스트 전체를 해석하는데 사용하는 과정

**cataphoric reference (후행 대용 지시)** 일종의 응집(cohesion)으로서, 대용 표현(pro-form)이 먼저 나오고, 이를 뒤에 나오는 언어표현에 의거하여 해석하게 되는 경우. 예를 들어,

I simply won't put up with this. All this fighting and bickering.

**clarification request (명료화 요구)** 청자가 화자의 말을 더 명시적으로 파악하기 위해 사용하는 전략. 예를 들어,

A: Did y'see Theo last night? He was as pleased as a lizard with a fold tooth.
B: Sorry? What do you mean by that exactly?

**classroom discourse (교실 담화)** 교실 안에서 행해지는 교실상황 특유의 담화유형. 교실 담화의 특징 중 하나는 힘의 관계가 불평등하다는 것인데, 이는 화제를 지정하거나, 말하는 기회를 가지는 데 있어서의 기회 불균등에서 잘 볼 수 있다. 교실의 전형적인 상호작용을 보면, 교사가 자신은 이미 답을 알고 있는 질문을 하며, 학생들은 이에 대답하고 교사가 그 대답을 평가하는 형식을 가진다.

예: [교사는 교실을 돌아다니며 기차여행에 관한 질문을 한다. 학생들은 모두 열차시간표를 가지고 있다.]
T: Now... back to the timetable. Where do you catch the train?
[교사는 앞줄의 학생들 지적한다.]
S: Keswick
T: Yeah.... Now—what time... what time does the train leave?
Ss: Nine. Nine o'clock. Nine pm. Nine pm. Nine am.
T: [한 학생 쪽으로 몸을 굽히고 시간표를 체크한 후] OK. Depart nine am.
*(Nunan 1991)*

**classroom management (교실 운영)** 교사가 교실에서 학생들의 행동들을 통제하기 위해 교실에서 사용하는 기술들과 절차들. 즉 다양한 유형의 과제들을 설정하고, 방해 행동들에 대처하고, 다른 학습자 집단들 사이로 옮겨다니며, 시청각 교재나 다른 실물 소도구 또는 장비를 효율적으로 사용하는 등의 기술 또는 절차.

**closed task (닫힌 과제)** 하나의 정답만이 있는 과제

**cloze procedure (규칙 빈칸 메우기 절차)** 일정 간격의 단어를 빈칸으로 만들어(예를 들어 다섯 단어마다 한 단어씩 생략) 교수 및 평가자료를 개발하는 절차.

**cognitive code teaching (인지 규칙 교수 이론)** 분석 및 문제 해결을 통해 언어를 학습하도록 하는 것. 청화식 교수법에 대한 반동으로 나온 접

근법.

**cognitive style (인지적 스타일)** 특정 학습자가 학습에 적용하는 일반적인 접근방식. 어떤 학습자는 통합적으로 학습하는 것을 선호하며, 어떤 학습자는 분석적으로 학습하는 것을 선호한다.

**coherence (일관성)** 담화가 서로 연관되지 않은 문장이나 발화들의 집합이 아니라 한 덩어리로 함께 묶여진다고 인식될 수 있는 정도

**cohesion (응집성)** 한 담화 내에 있는 절과 절 사이, 또는 문장과 문장 사이의 관계를 표시하는 언어적 연결. 예를 들어,

 동일지시 관계:  A: Do you know my brother *Pete*?
        B: Yeah, I met *him* at the ball game last year.
 논리적 관계:  I can't make it today. *However*, tomorrow's a possibility.

**collocation (어휘 배합)** 두 개 이상의 단어가 특정 의미영역에 속하게 됨으로써 연결되어지게 되는 일종의 어휘적 응집. 아래 글에서, 밑줄 친 단어들은 "정원 가꾸기(gardening)"라는 의미 영역 속에 속한다.

 예: The <u>bulbs</u> should be <u>planted</u> in winter. The <u>flowers</u> will appear in spring.

**communication strategy (의사소통 전략)** 제2언어 습득자들이 제한된 어휘와 단어를 가지고 자신의 의미를 소통하기 위해서 사용하는 전략

**communicative language teaching (CLT, 의사소통적 언어교수법)** 의사소통적 언어교육이란 학습자들이 목표어로 의미있게 의사소통하도록 돕는데 주안점을 둔 일체의 다양한 교수 접근법을 망라한다. 초기의 접근법들은 문법의 중요성을 깎아 내리고 심지어는 모든 유형의 형식중심적 교수(focus on form)를 포기해야 할 것을 주장하기까지 했다. 그러나 최근의 접근법들은 문법의 중요성을 인정하고 있다. [또한 문법적 형태와 의사소통적 의미간에 존재하는 관계를 학습자들에게 가르치려고 시도하

기도 한다.]

**communicative competence (의사소통 능력)**  특정 상황에서 특정 목적을 가지고 효율적인 의사소통을 하기 위해서 문법적, 담화적, 문화적 지식을 적용할 수 있는 능력

**Community Language Learning (공동체 언어 학습법)**  상담의 기법을 토대로 하여 Charles Curran에 의해 개발된 언어교수법

**comprehensible input (이해가능 입력)**  학습자의 현 능력 수준을 넘는 구조나 문법을 포함할 수도 있으나 발화의 맥락 속에서 이해 가능해지는 메시지. Krashen의 이해가능 입력 가설에 따르면, 습득이란 학습자가 현재 처한 발달 단계를 약간 넘는 메시지를 이해할 때 일어난다.

**comprehensible output (이해가능 출력)**  이해가능 입력 가설에 대한 반응으로 Swain에 의해 발전된 가설. Swain은 이해가능 입력은 습득에 필요한 조건이지만 충분조건은 아니며, 학습자들에게 해당 언어로 이해 가능한 메시지를 만들어내는 기회가 주어져야 한다고 주장한다.

**comprehension (이해)**  학습자들이 말 또는 글의 의미를 파악하는 과정

**comprehension approach (이해 중심 접근법)**  충분한 청취 이해가 말하기에 앞서 이루어져야 한다는 믿음에 근거한 제2언어 및 외국어 교수 접근법

**comprehension check (이해 점검)**  청자가 제대로 이해했는지를 확인하기 위해 화자가 사용하는 전략

    A: The paper should go on the outside of the packet—<u>know what I mean?</u>
    B: Mmm.

**concept mapping (개념도 만들기)**  텍스트 내의 주요 개념들과 그들의 관계를 도표나 다이어그램 등으로 보여주는 것

**confirmation request (확인 요구)** 화자가 자신이 들었다고 생각하는 바가 맞는지를 확인하기 위해 사용하는 전략

    A: I saw a bank robbery a couple of weeks ago.
    B: A robbery?

**conjunction (접속사)** *however, on the other hand, in contrast*와 같이 텍스트 내의 서로 다른 개념 사이의 기능적 관계를 명시적으로 표시해 주는 단어 또는 구

**constructivism (구성주의)** 지식은 독립적으로 스스로 존재하는 것이 아니라 사회적으로 구성된다고 주장하는 지식에 대한 철학적 접근법

**content-based instruction (내용 중심 교수법)** 언어교육의 한 접근방식으로, 학생들이 과학, 역사, 수학 등 정규 학교 과목을 목표로 배우도록 하는 교수방법이다.

**content needs (내용적 필요)** 학습자들이 배우기 원하는 것(what). 이는 학습자들이 "어떻게(how)" 배우기를 원하는가와 관련된 과정적 필요(process needs)와 대별된다.

**content word (내용어)** 사물, 성질, 상태, 행동, 또는 사건과 같은 것을 가리키는 단어(function word 참조)

**context (맥락)** 발화가 행해지는 언어적 상황이나 경험적 상황. 언어적 환경은 텍스트의 앞뒤에 나오는 단어, 발화, 문장들을 의미하며, 경험적 환경은 텍스트의 현실 세계적 맥락을 의미한다.

**contrastive analysis (대조 분석)** 서로 다른 언어 체계들을 비교하고 이들 사이의 유사점과 차이점을 밝히는 절차. 대조 분석 가설에 따르면, 언어가 일정 자질들을 공유할 때 학습은 쉬워질 것이고, 공유되는 자질들이 없을 때 학습에 장애가 있을 것이다.

**contrastive rhetoric (대조 수사학)** 텍스트 분석의 접근 방식으로서, 문화

적으로 결정되는 사고 및 의사소통 양상이 제2언어 텍스트에 전이될 것이라는 견해에 근거한다. 예를 들어 많은 아시아 문화들은 고도의 간접성을 그 특징으로 하는데, 이 간접성은 아시아어를 모국어로 하는 학습자들이 자신의 입장을 명시적으로 말하기를 주저하는 것 속에서 잘 나타난다.

**conversation (대화)** 둘 이상의 사람간에 행해지는 구두 상호작용

**conversation analysis (대화 분석)** 개개인이 어떤 방식으로 상호작용에서 의미를 교섭하고 교환하는가에 대한 연구. 최근 주요 관심분야가 되고 있는 것은 일상적 대화의 분석 및 해석, 즉 용역과 재화의 교류가 아닌 사회적 목적을 위해 수행되는 상호작용에 대한 연구이다.

**cooperative principle (협동 원칙)** 사람들이 담화를 어떻게 해석하는가를 설명하기 위하여 언어철학자 Grice(1975)가 제시한 원칙들. 협동 원칙은 "진실을 말하라; 간결하게 말하라; 관계 있는 말을 하라; 명확하라(Be true; be brief; be relevant; be clear)"라는 네 가지 격률(maxims)로 표현된다. 이 격률들은 화자로 하여금 진실되고 간결하며 관계 있고 명확하게 말하도록 지시하며, 대화 상대자에게는 화자가 이 네 가지 격률을 준수한다고 전제할 것을 지시한다.

**creative language (창의적 언어)** 창조적 언어 연습은 학습자가 이미 알고 있는 언어 패턴이나 요소들을 새로운 방식으로 재결합시키도록 하는 과제에 임할 때 일어난다. 이는 학습자가 교사, 교재, 테이프 등에서 제공하는 모델을 모방하거나 조작하는 재생적 언어(reproductive language)와 대조된다.

**critical period hypothesis (결정적 시기 가설)** 결정적 시기 가설의 지지자들에 따르면, 사춘기 근처에 일어나는 뇌의 생물학적 변화로 인하여 뇌의 양 반구가 독립적으로 기능하게 되며, 이러한 신경학적 변화가 일어나고 나면 모국어 화자와 같은 수준의 외국어 능력을 획득하는 것은

(불가능하지는 않다 하더라도) 어려워진다.

**culture (문화)**  집단간 상호작용적 활동이나 개인 활동을 지배하는 (대개 비명시적인) 규범들과 규칙들

**curriculum (교육과정)**  학습 프로그램을 계획하고, 시행, 평가하는 것과 관련된 모든 요소 및 절차. 교육과정에는 교수요목 설계(syllabus design, 내용을 선정하고 배열하며 타당성을 부여하는 것), 방법론(methodology, 학습, 과제, 활동들을 선정하고 배열하는 것), 평가(evaluation, 측정 및 평가)가 포함된다.

**declarative knowledge (선언적 지식)**  문법규칙과 같이 진술 또는 단언될 수 있는 지식. 이는 절차적 지식에 대비되는 개념으로서, 절차적 지식이란 일을 처리하기 위해서 지식을 사용하는 능력과 관련된 지식이며, 예를 들어 의사소통을 위해 문법규칙이나 원리들을 사용할 수 있는 것을 의미한다.

**decoding (해독)**  개개 글자나 음성의 의미를 도출해냄으로써 단어의 의미를 결정하는 과정(phonix 참조)

**deductive learning (연역적 학습)**  규칙이나 원리로부터 시작하여 그 규칙들을 특정 사례에 적용하는 학습방식

**deixis (직시, 직시어)**  독자나 청자에게 특정 시공간을 가리켜주는 역할을 하는 담화의 요소. 예를 들어, "Put the boxes over there."

**demonstrative (지시사)**  this, that these, those와 같이 화자에게 사물의 근접여부(proximity)를 가르쳐주는 단어들

**dependent variable (종속 변인)**  정식 실험에서, 독립변인(independent variable)에 의해 영향을 받는 변인. 두 개의 교수법이 청취 이해에 미치는 영향에 대한 연구의 경우, 두 가지 교수 방법은 독립변인이 되며, 청취 이해 수준은 종속변인이 된다.

**descriptive grammar (기술 문법)** 옳고 그른 것을 지정하지 않고 사람들이 언어를 사용하는 방식을 기술하고자 하는 문법

**determiner (한정사)** 명사의 의미를 제한하기 위하여 명사를 한정하는 단어들. 영어의 일반적인 한정사에는 관사(a/an, the), 지시사(this, that these, those), 소유격 대명사(his, their), 양화사(some, much, many) 등이 있다. 한정사는 응집성의 중요한 요소이다.

**developmental error (발달오류)** 학습자들이 목표어에 관해 일반화를 하기 시작하면서 생기는 오류

**dialogue (대화)** 통사, 어휘, 기능 등 언어의 특정 측면의 기능을 맥락 안에서 보여주기 위한 대화

**dialogue journal (대화식 일기)** 학습자가 일기를 쓸 때마다 교사가 피드백 하여주는 형식의 학습자 일기. 전개되어지는 일기들은 일련의 문어적 "대화"의 형태가 된다.

**dictogloss (어휘 받아쓰기)** 문법적 구조를 맥락 속에서 가르치기 위한 절차로서, 교사는 짧은 글을 정상 속도로 읽고 학습자는 들은 단어들을 모두 받아쓴 다음, 소집단 단위로 각자 가지고 있는 자원을 끌어내어 원문을 복구하도록 하는 것.

**direct method (직접 교수법)** 모국어 사용을 금하는 언어교수법으로, 읽기/쓰기보다 듣기/말하기에 우위를 둔다.

**discourse (담화)** 의사소통 상황에서 자연스럽게 발생하는 구어 또는 문어적 사례의 기록

**discourse analysis (담화분석)** 자연스럽게 발생하는 문어 또는 구어 사례를 의사소통 속에서 이뤄지는 기능에 초점을 두어 분석하는 것. 담화분석은 텍스트의 형식적, 언어적 측면을 분석하는 텍스트 분석(text analysis)과 대조되는 개념으로도 사용된다.

**drill (훈련)** 학습자들이 특정 구조적, 기능적 항목에 있어서 유창해지도록 훈련시키는 교수 기법

**EAP (English for Academic Purposes, 학문적 목적의 영어)** 에세이나 보고서 쓰기, 학문적 토의에 참여하기, 학문적 발표하기 등, 학습자들이 학문을 위한 말하기/쓰기에 필요한 기술들을 발전시키도록 돕기 위한 강좌나 프로그램.

**EFL (English as a foreign language, 외국어로서의 영어)** 영어가 의사소통의 수단으로 사용되지 않는 사회 속에서 영어를 가르치고 배우는 것

**elicitation (유도)** 제2언어 학습자로부터 언어사례를 얻어내기 위해 (주로 연구자나 교사에 의해 사용되는) 절차. 교실에서, 교사의 유도 절차는 학생들로 하여금 배운 구조, 기능, 어휘 등을 생성해 내도록 자극하는 효과를 가진다.

**ellipsis (생략)** 담화상의 다른 부분에 의해서 복구될 수 있는 절, 구, 단어 등을 생략하는 것

**ESL (English as a second language, 제2언어로서의 영어)** 영어가 의사소통의 수단으로 대부분의 구성원들에 의해 사용되는 사회 속에서 영어를 가르치거나 배우는 것. 오늘날 ESL과 EFL의 구별은 지나친 단순화의 결과라는 지적도 있다.

**ESP (English for Specific Purposes, 특별 목적을 위한 영어)** "컴퓨터 공학자를 위한 영어", "회계사 영어"와 같이 특정 학습자 집단의 필요를 중심으로 고안된 영어교수. ESP는 EGP(English for General Purposes)와 구별되기도 한다.

**error (오류)** 모국어 화자의 사용과는 다르게 인식되어지는 학습자의 말이나 글. 오류는 담화, 문법, 어휘, 발음 등의 차원에서 일어날 수 있다.

**ethnomethodology (민족지학적 방법론)** 일상의 언어를 분석하고 해석하

는 사회학의 분파

**ethnography (민족지학, 기술적 인종학)** 문화적 맥락 속에서 대인관계 속의 행위를 연구하는 학문 전통

**evaluation (평가)** 어떠한 결정을 하기 위해 하나의 강좌에 관한 정보 또는 강좌의 특정 측면에 관한 정보를 수집하는 과정 또는 절차

**exchange (교환)** 교실 담화의 기본 상호작용 패턴. 한번의 교환(exchange)은 시작 동작(opening move), 응답 동작(answering move), 추후 동작(follow-up move)의 세 동작으로 이루어진다.

**experiential language learning (경험적 언어학습)** 경험적 학습에서는 학습자들이 당장 부딪치는 개별 경험들에서부터 출발하여 학습과정을 조직할 방법을 결정하는 일을 시작한다.

**face-saving (체면 지키기)** 대인적 상호작용의 기저의 많은 부분을 차지하는 것으로 여겨지는 중요한 원리 중 하나가 "체면 지키기"이다. 일반적으로 체면을 유지하기 위해 사용하는 방법 중의 하나가 간접 화행 전략이다. 예를 들어 화자가 누군가를 초대하기를 바라지만 거절당할 염려가 있을 때에, "Would you like to come out with me?"와 같이 직접적으로 질문하기보다는 "Are you doing anything this evening?" 같이 간접적 질문을 한다든지, 이보다 더 간접적으로 "There's a great movie playing at the Capri this evening."처럼 이야기할 수 있다.

**feedback (피드백)** 화자가 전달한 메시지에 대해 화자에게 정보를 제공하는 것. 중립적인 피드백(neutral feedback)은 단지 메시지를 받았다는 것만을 화자에게 알려준다. 이는 언어적일 수도 있으며(예: "Uhuh!"나 "Mmmm" 같은 경우), 비언어적일 수도 있다(예: 고개를 끄덕임). 평가적인 피드백(evaluative feedback)은 메시지가 긍정적으로 받아들여졌는지 부정적으로 받아들여졌는지에 대한 정보를 화자에게 제공한다. 이 경우

에도 피드백은 언어적일 수도 있으며(예: "Great!"), 비언어적일 수도 있다(예: 미소짓거나 얼굴을 찡그림).

**first language (제1언어, 모국어)** 한 개인의 모국어

**fluency (유창성)** 한 개인이 부적절하게 머뭇거리지 않고 말하거나 쓸 수 있는 능력

**formative evaluation (형성평가)** 언어학습 프로그램이 진행되는 동안 이에 관한 정보를 수집하고 해석하는 것. 이는 한 프로그램이 끝난 후 이에 대한 자료를 분석하는 총괄평가(summative evaluation)와 대조되는 개념이다.

**function word (기능어)** 경험적 의미(사물, 사건 등)가 아닌 기능적, 문법적 의미를 가지는 단어. 기능어에는 한정사, 전치사, 조동사, 접속사 등이 있다.

**functions (기능)** 사과, 불평, 지시 등 사람들이 언어를 통해 하는 것

**functional syllabus** 언어의 기능들 또는 화행들을 출발점으로 하여 고안된 교수요목

**genre (쟝르)** 해설(narrative), 일상 대화, 시, 요리법(recipe), 묘사처럼 목적을 가지고 사회적 맥락에서 만들어지는 말 또는 글로 이루어진 의사소통 형태. 쟝르마다 그 쟝르의 의사소통 목적을 반영하는 특유의 구조 및 문법 형식들을 가지고 있다.

**given/new (신/구정보)** 발화나 문장은 구정보(old information)와 신정보(new information)를 가지고 있다고 할 수 있다. 구정보란 청자/독자가 알고 있으리라고 화자/저자 편에서 가정하는 정보이며, 신정보란 이들이 모르고 있을 것이라고 가정하는 정보이다. 구정보와 신정보는 문장이나 발화의 구조를 볼 때 알 수 있다.

예: It is the cat that ate the rat.

(구정보: Something ate the rat. 신정보: The cat did the eating.)
What the cat ate is te rat.
(구정보: The cat ate something. 신정보: The rat was eaten.)

**goals (목표)** 학습의 포괄적이고 일반적인 목적

**grammar (문법)** 통사론(syntax, 형태), 의미론(semantics, 의미), 화용론(pragmatics, 사용)이 어떤 방식으로 상호작용함으로써 개인으로 하여금 언어로 의사소통하게 해주는지에 대한 연구

**grammar-translation (문법-번역식 교수법)** 문법적 분석과 모국어로부터 외국어로, 외국어로부터 모국어로 문장이나 텍스트를 번역하는 것에 기초하는 언어교육 방법

**grapheme (문자소)** 한 언어의 문어 체계에서 최소 의미 단위

**group work (집단활동)** 소규모의 협력집단을 단위로 학습자들이 수행하는 과제 또는 연습들. 집단활동은 특히 의사소통 중심의 언어교수에서 중요한 역할을 한다.

**high structure task (교사 중심 과제)** 교사가 모든 권위와 통제력을 가진 상태에서 수행하는 과제

**humanism (인본주의)** 인본주의로 알려진 철학적 접근은 교육에 있어서 학습자의 경험과 감정을 학습과정의 중심에 놓는 접근법의 형태를 가진다. 따라서 이 접근법은 제2언어 교수 및 학습에서 학습자-중심 접근법의 철학적 근거를 제공한다.

**humanistic psychology (인본주의 심리학)** 인본주의에 근거한 심리학적 접근법

**ideational meaning (개념적 의미)** 텍스트에서 사물, 개체, 상황 등에 대한 정보에 관련된 측면. 다시 말해서, 개념적 의미는 발화가 무엇에 관한 것인가와 관계된다. 이는 화자 또는 필자의 태도나 감정과 관련된 대인

적 의미(interpersonal meaning)와 대조된다.

**illocutionary force (언표내적 효력)** 발화 또는 언어의 사례가 수행하는 기능. 언표내적 효력은 우리가 발화가 일어난 맥락을 알 때에만 이해할 수 있다. 예를 들어, "There's a dog out the back"은 맥락에 따라 묘사, 경고, 설명, 초청 등의 기능을 가질 수 있다.

**immersion (몰입)** 학습자들이 과학, 역사, 수학 등의 정규 교과 과목을 목표어로 배우도록 하는 언어 교수 방법(content-based instruction이라고도 한다.)

**imitation (모방)** 교사, 교과서 및 제반 매체가 제공하는 구어 또는 문어의 모델을 따라하는 것. 모방과 다양한 형태의 연습(drill)은 재생적 언어 연습의 근간이 되는 기본 기술이다.

**inductive learning (귀납적 학습)** 학습자가 예문, 개별 사례들로부터 규칙이나 원리를 이끌어내는 과정

**information gap tasks (정보 결함 과제)** 참여자가 서로 다른 정보에 접하는 2인조 활동과제나 소집단 활동과제. 이 과제를 해결하기 위해서는 정보를 교환해야 하는데, 이러한 과제들은 학습자들이 의미를 교섭하도록 격려하므로 습득을 돕는 것으로 여겨지고 있다.

**information structure (정보 구조)** 문장이나 발화 안에 있는 요소들을 배열하는 것. 이 배열은 (a) 말하거나 쓰는 사람 편에서 상대방이 현재 알고 있다고 믿는 바와 (b) 말하거나 글을 씀에 있어 주제화(thematize)시키고자 하는 요소가 무엇인가에 따라 결정된다.

**innateness hypothesis (생득 가설)** 생득 가설은 언어 습득 능력이 인간에게 독특하게 주어진 능력이라고 주장한다.

**input (입력)** 목표어 중 학습자가 사용할 수 있게 된 것.

**interactional hypothesis (상호작용 가설)** 이 가설에 따르면, 언어는 학습

자가 목표어로 의사소통하는 노력에 적극적으로 임할 때 습득된다. 이 가설은 "행함으로 배우기(learning by doing)"의 경험적 철학과 맥을 같이 한다. 학습자가 자신의 현 능력의 한계까지 밀어붙이는 과제에 임하게 될 때 습득은 최대화된다.

**interlocutor effect (대화자 효과)** 화자의 발화에 대화 상대자가 미치는 영향

**interpersonal task (대인적 과제)** 주목적이 재화와 용역을 얻는데 있지 않고 사교적인 데 있는 의사소통 과제

**insertion sequence (삽입 순서)** 인접쌍(adjacency pair)을 갈라놓는 일련의 발화. 아래 예에서 질문/응답의 인접쌍(question/answer adjacency pair)은 삽입된 부차적인 질문/응답에 의해 나뉘어져 있다.

    A: Would you like mustard?
    B: Is it hot?
    A: Uh-huh.
    B: No, thanks.

**interlanguage (중간언어)** 목표어를 습득하는 도상에서 학습자들이 만들어내는 언어. 학습자들은 일련의 중간언어를 통과해 나가며, 각 중간언어는 비록 목표어와는 차이가 나지만 그 나름의 규칙체계를 가진다고 주장되고 있다.

**interpersonal meaning (대인적 의미)** 발화의 주제(topic)에 대한 화자의 태도를 반영하는 발화측면

**intonation (억양)** 의미적 측면을 전달하기 위해 어조를 높이거나 내리는 것. 억양은 발음의 초분절적(suprasegmental) 측면들 중 하나이다.

**language experience approach (언어 경험 접근법)** 원래 모국어의 읽고 쓰는 능력 개발에 적용되는 방법으로서, 개인의 경험을 기초로 하는 이

접근법은 개인의 경험세계와 언어(literacy)의 세계간을 연결시킴으로써 읽고 쓰기를 배워 나아가도록 한다. (경험적 언어학습(experiential language learning) 참조)

**language transfer (언어 전이)** 학습자의 모국어가 다른 언어에 미치는 영향

**learner-centered instruction (학습자 중심적 수업)** 학습 내용 및 학습 절차를 선정함에 있어 학습자에 관한, 그리고 학습자에게서 이끌어낸 정보를 사용하는 교수 방식. 이 용어는 또한 수업의 초점을 교사에 두기보다는 학습자에게 두고, 학습자가 행동을 통해 적극적으로 학습하도록 요구하는 교실을 묘사하는데도 사용된다.

**learning strategy (학습 전략)** 학습자가 제2언어를 학습하기 위해 사용하는 정신적, 의사소통적 과정. 그 예로 암기하기(memorizing)가 있다. inductive learning, deductive learning 참조.

**learning style (학습 스타일)** 학습자의 학습에 대한 경향성

**lexicon (어휘)** 한 언어내의 모든 단어들

**lexical (어휘적인)** 한 언어내의 단어들과 관련된

**lexical cohesion (어휘적 응집)** 어휘적 응집이란 한 텍스트 내의 두 단어가 의미상으로 연결되어 있는 경우에 생긴다. 어휘적 응집의 대표적 두 유형은 reiteration(반복)과 collocation(어휘배합)이다.

**lexical density (어휘 밀집도)** 텍스트에서 기능어에 대한 내용어의 비율 (편주: 기능어에 비하여 내용어가 많을수록 밀집도는 높아진다.)

**lexical relationships (어휘적 관계)** 한 텍스트 내의 내용어 사이에 존재하는 관계

예: 다음 텍스트에서 밑줄 친 단어들은 동의어(synonymy)적 관계에 있다.

"I gave Sally a dictionary. The volume cost me a fortune.

**linear approaches (선형적 접근법)** 학습자들은 한 항목을 다 배운 후에야 다음 항목으로 넘어갈 수 있다는 믿음에 기초하여 교수요목을 설계하거나 방법론을 세우는 접근법

**linguistics (언어학)** 언어의 체계적인 연구. 언어학은 하위 분야인 음운론, 통사론, 의미론, 화용론 등으로 나뉘어진다.

**literacy (읽고 쓰는 능력)** 말을 읽고 쓰는 능력

**locutionary force (언표적 효력)** (기능적 또는 언표내적 효력과 대비되는 개념으로서) 발화 또는 진술의 명제적(propositional) 의미

**logical connectives (논리적 연결사)** 인과 관계 등 텍스트 내의 관계성을 표시해 주는 *therefore, however*와 같은 접속어

**low structure task (학생 중심 과제)** 과제를 수행하는 방식에 대한 결정권이 학습자 쪽에 주어지는 과제

**meaningful drill (유의적 연습)** 학습자가 올바른 응답을 하기 위해서는 발화의 의미를 이해해야만 하는 유형의 언어연습. 이와 대조되는 유형의 연습인 기계적 연습(mechanical drill)에서는 올바른 응답을 하기 위해 의미이해가 요구되지 않는다.

**memory (기억)** 뇌에 정보를 저장하고 보유하는 능력

**metacognitive strategies (상위인지 전략)** 학습자들로 하여금 자신들의 학습 기저에 있는 정신적 과정에 주의를 주도록 하는 학습 전략

**method (교수법)** 언어 및 학습의 본질에 대한 믿음의 체계에 (최소한 부분적으로라도) 기반을 두며 내적 일관성을 가진 언어 교수의 제 원리

**methodology (방법론)** 교과과정의 하위 구성요소로서, 교실 과제 및 활동들을 선정하고 배열하는 것 뿐 아니라 그 절차들의 이론적, 경험적 근

거를 연구하는 것과 관계된다.

**minimal pair (최소 대립쌍)** 한 개의 음의 차이로 인해 의미가 서로 달라지는 두 단어를 최소 대립쌍이라 한다. 예를 들어 /bit/ /pit/

**miscue analysis (실수 분석)** 초보 수준의 읽기 학습자가 글을 소리내어 읽을 때 범하는 오류를 분석하는 절차. 원래 모국어 읽기 교육을 위해 개발된 이 기술은 제2언어 교사들에게도 사용되어져 왔다.

**modal verb (조동사)** 화자/필자가 한 사건 또는 상황에 대하여 가지는 태도(예를 들어 가능성, 허가 등)를 나타내는 동사. 영어의 조동사에는 *can, could, have to, may, might, must, shall, should, will, would* 등이 있다.

**modality (서법성)** 발화 속의 명제 내용이나 언표내적 효력에 대해 화자 또는 필자가 가지는 심리적 태도. 서법성은 주로 *may, might, should, ought* 등의 조동사에 의해 표현된다.

**morpheme (형태소)** 단어를 구성하는 최소의 의미단위. 예를 들어 *walking*이란 단어는 행위를 나타내는 *walk*와 진행을 나타내는 *-ing*이라는 두 형태소로 이루어져 있다.

**motivation (동기)** 언어 학습에서, 동기란 학습자가 언어 학습에 투여하고자 하는 노력의 양을 결정해주는 심리적 제 요소를 가리킨다.

**move (동작, 진행단위)** 교실 담화의 기본 상호작용 단위. 3부 교환(three-part exchanges)은 시작 동작(opening move), 응답 동작(answering move), 추후 동작(follow-up move)의 세 동작으로 이루어진다(이 세 가지 동작의 예는 **exchange**를 참조하시오).

**multilingualism (다중언어 사용)** 2개 국어 이상의 언어로 의사소통할 수 있는 능력

**natural approach (자연 교수법)** 모국어 습득 방식을 응용한 언어교수의 제 원리

**natural order hypothesis (자연 순서 가설)** 문법적 항목들은 인위적 교수에 의해서 영향 받지 않고, 자연적으로 미리 결정된 순서를 따라 습득된다는 가설

**needs analysis (필요 분석, 요구 분석)** 교과과정의 개발에서, 특정 학습자 집단을 가르치기 위한 언어 내용 및 학습 과정을 결정하는 도구(tools), 기술(techniques), 절차(procedures)를 이르는 용어

**negotiated curriculum (교섭적 교과과정)** 교섭적 교과과정이란 학습자가 학습의 내용, 학습의 방식, 평가 방식 등에 대해 상당한 정도의 결정권을 가지는 교과과정을 의미한다.

**negotiation of meaning (의미 교섭)** 담화에서 청자와 화자가 서로 주고받는 의미에 대해 공통된 이해가 이뤄지는지를 확인하기 위해 화자와 청자가 취하는 상호적 작업. 널리 사용되는 대화상의 책략으로는 이해 점검(comprehension check), 확인 점검(confirmation check), 명료화 요구(clarification request)가 있다.

**nominalization (명사화)** 동사를 명사로 전환하는 과정. 명사화는 행위자로부터 행위부분을 제거하는 등 여러 목적을 위해 사용된다. 또한 동사 부분을 화제화(topicalization)하는 과정에 쓰이기도 한다. 예를 들면:

"The politician deceived his electorate, and it shocked them."
"The deception shocked the electorate."

**notions (개념)** 시간성, 기간, 양(量) 등 언어를 통해 표현되는 일반적인 개념들

**notional syllabus (개념적 교수요목/ 사고적 교수요목)** 일반적 개념들을 중심으로 구성된 교수요목(**performance objective** 참조).

**open task (열린 과제)** 단일한 정답이 없는 과제. 예를 들어 "안락사(euthanasia)에 대한 찬반 논의하기"와 같은 과제.

**paralinguistics (부차언어학)** 신체 동작, 얼굴 표정과 같은 비언어적 의사소통

**pedagogical grammar (교육문법, 학교문법)** 언어교육을 위한 문법

**performance (언어수행)** 언어의 실제 사용. 변형생성문법에서는 개인의 추상적 언어지식인 언어능력(competence)와 실제 언어사용인 언어수행(performance)를 구분한다.

**performance objective (수행적 목표)** 학습자가 수업이 끝났을 때 무엇을 할 수 있는가에 대한 구체적 진술. 형식적 수행적 목표는 (i) 과제(task), (ii) 목표가 수행될 조건(condition), (iii) 표준(standard)의 세 부분으로 이뤄진다. 예를 들어, 사원채용 면접 역할놀이(role play)에서(→ 조건), 학습자는 개인의 세부적 사항에 대한 질문에 답해야 하며(→ 과제). 7개의 질문 중 5개는 답하여야 하며, 학습자의 응답은 비원어민(non-native speakers)에 익숙하지 않은 사람이 이해할 수 있어야 한다(→ 표준).

**phoneme (음소)** 언어에서 의미 구분에 기여하는 최소의 음성 단위.

**phenetics (음성학)** 화자 및 청자에 의해 음성이 만들어지고, 전달되고, 받아들여지는 방식에 대한 분석, 기술

**phonics (발음학)** 글자와 그에 상응하는 음을 연결시킴으로써 단어를 발음으로 풀어내도록 가르치는 읽기 교육에의 접근법

**phonology (음운론)** 한 언어에서 변별적인 음들, 음과 의미와의 관계에 대한 기술, 분석(**segmental phonology, suprasegmental phonology** 참조).

**pragmatics (화용론)** 언어가 특정한 상황에서 특정 목적을 이루기 위해 사용되는 방식에 대한 연구

**procedural knowledge (절차적 지식)** 일을 수행하기 위해 지식을 사용할 수 있는 능력. 예를 들어 의미를 소통하기 위해 문법적인 규칙과 원리들을 사용할 수 있는 능력. 절차적 지식과 대조되는 개념으로 선언적 지식

(declarative knowledge)이 있는데, 선언적 지식이란 사실과 원칙들을 진술하거나 단언할 수 있는 능력 — 예를 들어 문법규칙을 진술할 수 있는 능력 — 을 일컫는다.

**process needs (과정적 필요)**  학습자들이 어떻게(how) 배우기 원하는가와 관련된 필요로서, 학습자들이 무엇을(what) 배우기 원하는가와 관련된 내용적 필요(content needs)와 대조되는 개념이다.

**process writing (과정적 글쓰기)**  글 하나의 초고를 만들고 다시 고치는데 관련된 단계들에 초점을 두는 쓰기 교육법. 학습자들은 글을 쓰고, 그것을 다시 생각해보고, 토의하고, 연속적으로 원고를 다듬어 나아가도록 지도 받는다.

**productive language (표현적 언어)**  말하기와 쓰기 기술을 지칭하는 용어

**proficiency (언어능숙도)**  일반적 언어 능력. 언어 능숙도라는 개념, 그 내용, 그 측정법 등은 언어 평가 분야에서 논란의 대상이 되고 있다.

**pronominalization (대명사화)**  명사구 전체를 대명사로 대체시키는 과정. 예를 들면:

"I saw the Yeungs yesterday. They've just come back from Hong Kong."

**pronunciation (발음)**  음이 발성되는 방식. 발음은 개별음과 관련된 분절음운론(segmental phonology)과 강세, 리듬, 억양과 관련된 초분절음운론(suprasegmental phonology)의 측면으로 나누어 생각해 볼 수 있다.

**propositional meaning (명제적 의미)**  담화내의 기능을 고려하지 않은 발화의 형식적 의미. 명제적 의미, 또는 언표적 의미(locutionary meaning)는 화용적 의미, 또는 언표내적 의미(illocutionary meaning)와 대비된다.

> 예: 명제적으로 볼 때, "The window is open"이란 발화는 한 개체, 즉 a window에 관한 존재적 진술이다. 한편, 이 발화의 언표내적 효력은—

그 발화가 일어난 맥락에서만 복구될 수 있는 것으로서—경우에 따라 (a)와 같은 요청(request)이 될 수도 있고, (b)와 같은 제의(suggestion)가 될 수도 있다.

(a) "It's awfully cold in here, would you mind shutting the window?"
(b) A: "I can't get out of the room, the door is stuck fast"
B: "The window is open, why don't you climb out?"

**psycholinguistics (심리언어학)** 언어 습득과 사용의 기저를 이루는 정신적 과정에 관한 연구

**realia (교수용 소품)** 교실 밖 세상에서 가져와 교수 및 학습에 사용하는 물건 및 소품

**receptive skills (이해 기능)** 전통적으로, 듣기 및 읽기는 수용적 능력으로, 말하기 및 쓰기는 표현 기능(productive skills)으로 분류된다.

**reciprocal listening (상호적 듣기)** 청자가 화자의 역할도 하게 되는 듣기 상황

**reference (지시)** 텍스트에서 (a) 동일 텍스트 내의 다른 부분에 의존하거나 (b) 경험세계의 어떤 개체(entity)를 참조하여야만 그 해석이 가능해지는 응집적 장치(cohesive devices)

**register (언어사용역)** 의학 언어사용역(medical register)과 같이, 특정 의사소통 상황에서 특정 집단에 의해 사용되는 부류의 언어 (**genre** 참조).

**reiteration (반복)** 어휘적 조응의 한 형태로서, 두 응집적 항목이 단일 개체 또는 사건을 가리키는 것. 반복에는 동일어 반복(repetition), 동의어 및 근사동의어(near synonym), 상위어(superordinate), 일반어(general word) 등이 해당된다. 아래 예에서, 밑줄 친 단어들은 동일 개체를 가리키며, 따라서 반복의 예가 된다.

예: I'm having terrible trouble with my car.

The thing won't start in the morning.

**repair (정정)** 화자의 발화를 수정하거나 명확히 하기 위해서 화자 스스로 정정하거나(self-correction) 다른 사람이 정정하는(other correction) 행위. 이러한 정정은 대화의 와해(communicative breakdown)를 방지하는데 도움을 준다.

**reproductive language (재생적 언어)** 학습자가 교사, 교과서, 테이프 등에서 제시된 모범사례를 모방하거나 조작하면서 생성되는 언어. 재생적 언어 과제는 학습자에게 기본적 문형(patterns)을 제공함으로써, 학습자가 이들 문형을 창의적 언어 과제(creative language tasks)에서 새로운 방식으로 재결합시키도록 하기 위해 고안된다.

**rote learning (기계적 학습)** 의미에는 거의 주의를 기울이지 않으면서 반복을 통해 학습하는 것

**schema theory (스키마 이론)** 과거의 경험에 의해 형성되는 정신적 틀은 새 경험을 이해하는데 도움이 된다는 개념에 기초한 언어 처리 이론

**second language acquisition (제2언어 습득)** 제2언어 능숙도의 발달의 기저를 이루는 심리학적, 사회학적 과정들

**segmental phonology (분절 음운론)** 목표어 체계내의 개별 자음 및 모음에 대한 기술 및 연구. 그 관심분야 중 하나는 최소 대립쌍(minimal pairs)으로, 이는 대조되는 두 음에 의하여 의미상의 차이가 야기되는 두 단어(예를 들어 /bit/와 /pit/)를 일컫는다.

**semantic network (의미망)** 개별 단어가 의미면에서 연결되는 단어들의 그물망

**semantics (의미론)** 언어의 사용 맥락에 의존하지 않고 언어적으로 표현되는 형식적 의미만을 연구하는 언어학의 분야

**(The) Silent Way (침묵 교수법)** 교사가 될 수 있는 한 적게 말함으로써

학습자가 자신들이 사용하는 언어의 적절성(acceptability)에 대한 내적 판단 기준을 스스로 발달시키도록 하는 (약간 독특한) 언어 교수의 방법.

**speech act (화행)**  명제(propositions)와 기능(functions)의 측면에서 본 발화. 명제적 의미는 언표적 효력(locutionary force)으로 알려져 있으며, 기능적 의미는 언표내적 효력(illocutionary force)으로 알려져 있다.

**structural syllabus (구조적 교수요목)**  일련의 문법구조를 중심으로 조직된 교수요목

**student-centered teaching and learning (학생중심적 교수 및 학습)**  learner-centered instruction (학습자중심적 수업) 참조

**substitution (대체)**  텍스트에서 이미 언급된 개체나 사건들을 대용어(proforms)로써 나타내는 것. 대체에는 명사형(nominal) 대체, 동사형(verbal) 대체, 절(clausal) 대체의 세 유형이 있다.

> 예: *Nominal substitution*:
> These cakes are great. These <u>ones</u> are pretty good, too.
> *Verbal substitution*:
> A: Tomoko always studies at night.
> B: So <u>does</u> Keiko.
> *Clausal substitution*:
> A: Is Nigel <u>meeting us at the movies</u>?
> B: I think <u>so</u>.

**Substitution table (대체표)**  문법 문형을 제시하고, 특정 구조에서 어떤 항목들이 다른 항목들과 교체될 수 있는지를 보여주는 표

예:

| This<br>　　　　is<br>That | my<br>your<br>his | brother<br>mother<br>cousin |
|---|---|---|
| These<br>　　　　are<br>Those | her<br>our<br>their | parents<br>sisters<br>aunts |

**suggestopedia (암시적 교수법)** 제대로 된 긴장이완 기술을 사용하면 학습자들은 짧은 기간 내에 놀랄만한 양의 언어를 배울 수 있다고 주장하는 다소 독특한 교수법

**suprasegmental phonology (초분절 음운론)** 리듬, 강세, 억양 등이 의미에 기여하는 역할에 대한 연구. 초분절적 언어자질은 중요한 정보를 표시 또는 강조하거나, 구정보(given information)와 신정보(new information)를 알려주거나, 화자의 태도를 알려주는 등의 역할을 한다.

**systemic-functional linguistics (체계-기능 언어학)** 언어를 상호 관련된 체계들로 정의하고, 언어의 사회적 본질을 강조하며, 언어의 문법적 자질들을 언어가 수행하는 의사소통적 기능의 측면에서 설명하려고 하는 언어학의 이론

**syllabus (교수요목)** 교과과정의 하위 구성요소로서 언어적, 경험적 내용을 선정, 배열하고 그 타당성을 제시하는 것과 관련된다. 교수요목은 과제 및 활동을 선정, 배열하고 타당성을 제시하는 방법론(methodology)과 대비된다. 과제중심적이며 과정적인 교과과정에의 접근법이 대두되면서, 교수요목과 방법론 사이의 구분을 유지하는 것이 점차 어려워졌다.

**synthetic approach (종합적 접근)** 과목 개발에서, 언어를 분절된 문법적, 음운적, 어휘적, 기능적 요소들로 나누던 종전의 분석법. 이들 요소는 분리된 후 배열되고 따로따로 가르쳐진다. 이 접근법이 "종합적"이라 불려지는 까닭은 학습자들이 이 분절된 요소들을 종합, 또는 통합하는 과제

에 직면하기 때문이다.

**task (과제)** 교육적 과제(pedagogical task)란 시작, 중간, 종착점을 가지며, 원칙적으로 의미에 초점을 두는 교실에서의 작업을 일컫는다. 교육적 연습(pedagogical exercises)과는 달리 과제는 비언어적인 목표를 가진다. 아래에서, <예 1>은 과제이고 <예 2>는 연습이다.

    예 1: "Listen to the weather forecast and decide whether you should wear a sweater when you go out."

    예 2: "Turn the following active voice sentences into the passive voice using the examples provided."

**task-based syllabus (과제중심적 교수요목)** 교수요목을 설계함에 있어 문법구조와 같은 언어항목이나 기능이 아닌 일련의 과제를 설계 과정의 출발점으로 삼는 교수요목

**teachability/learnability hypothesis (교수가능성/ 학습가능성 가설)** 교수가능성 가설에 따르면, 문법구조들은 그 구조들이 학습자의 작업 기억(working memory)에 부여하는 요구량(demand)에 따라 분류될 수 있다. 그 요구량이 많을수록 구조는 습득하기 힘들어지며, 따라서, 학습자가 발달단계상 그 구조를 습득할 준비가 되어 있을 때에 가르쳐져야만 한다.

**text (텍스트)** 완전한 메시지를 전달하는 글로 쓰여진 의사소통적 사례. 텍스트는 한 단어(예를 들어, "Stop!", "EXIT")로부터 수백 장에 달하는 책에 이르기까지 다양한 형태를 가진다.

**text analysis (텍스트 분석)** 응집(cohesion), 텍스트 구조 등과 같은 텍스트의 형식적 자질들의 분석. 기능적 분석보다는 형식적 분석에 초점을 두며, 일반적으로 분석에 있어 텍스트를 만들어 내는 비언어적인 맥락은 거의 고려되지 않는다.

**text-forming devices (텍스트 구성 장치)**  텍스트 내에서, 대명사처럼 개체, 사건, 상태 등을 다방면으로 언급하기 위한 형식적, 언어적 장치들.

**thematization (주제화)**  문장 또는 발화 속의 특정 요소를 문두에 위치시킴으로써 그 부분을 두드러지게 하는 과정(theme 참조).

**theme (주제)**  문장 또는 발화의 출발점이 되는 문장 또는 발화의 첫 부분. 문장 또는 발화의 나머지 부분은 **rheme**이라 한다. 예를 들어:

| Theme | Rheme |
|---|---|
| I | went to town yesterday. |
| DILLON, Mavis, | dealy beloved sister of Doris and aunt of Michael . . . |
| It | was the cat that ate the rat. |

**top-down processing (하향적 처리)**  담화의 해석을 돕기 위해 배경지식(background knowledge), 텍스트 구조의 지식, 세상 지식 등을 사용하는 것.

**topic (화제)**  텍스트의 경험적 내용 주제

**topicalization (화제화)**  문장 또는 발화 속의 특정 개체, 상태, 또는 과정을 문두에 위치시킴으로써 그 부분을 두드러지게 하는 과정. 아래 문장들은 동일한 참여자들(participant) 및 사건들에 관한 것이나, 다른 방식으로 화제화되어 있다.

 I will finish this glossary tonight.
 This glossary will be finished by me tonight.
 Tonight, this glossary will be finished.

**total physical response (TPR: 전신 반응 교수법)**  학습자들이 목표어로 된 명령을 듣고 이에 따라 일련의 신체적 행동을 수행하도록 하는 언어 학습법

**transactional language (상호 거래적 언어)**  물건이나 용역을 얻기 위해

사용되는 언어. 상호 거래적 상호관계는 사회적 목적이 주가 되는 대인적 상호관계(interpersonal interactions)와 대조된다.

**transcription (전사)** 구두 발화를 그대로 옮겨 써서 기록한 것

**transformational-generative grammar (변형생성문법)** 한 언어에서 가능한 모든 문장들은 생성해 내면서 비문법적 문장들은 모두 배제시키는 언어 기저의 규칙들을 규명하려 하는 언어이론

**turn (차례)** 대화에서 한 화자의 발화가 앞뒤의 다른 화자(들)의 발화에 의해 경계지어질 때, 이 경계지어진 한 화자의 발화를 차례라 한다.

**turn-taking (차례 포착)** 두 사람 이상의 화자 사이에서 말을 할 기회가 배분되는 과정. 차례 포착의 규칙은 문화적 맥락에 따라 다르다.

**whole-word approach (통문자 접근법)** 단어를 그 전체 모양으로 기억함으로써 읽기를 배우는 것. 이 접근법은 단어를 그 구성음들을 낱개로 인식하고 조합함으로써 읽도록 하는 발음학(phonics)과 대조된다.

## 부록 2: 전략 훈련이 열 다섯 가지의 주요 학습 전략들에 미치는 영향

### 학습 목표의 설정

이 부분에서는 한 과정을 마쳤을 때 학생들이 무엇을 할 수 있기를 원하는가에 대해 생각해 볼 것들이 무엇인지를 설명하고 있다. 그 이유는 관련 저서 (예로 Green & Oxford 1995를 참고)에서 학습자들이 그들의 학습 목적 및 목표에 대한 인식이 학습 과정에 있어서 중요한 면으로 여겨지고 있으며, 또한 실험 연구들을 통해서도 명확한 학습 목표의 설정이 학습자의 동기와 밀접한 연관이 있음이 밝혀지고 있기 때문이다. 실험연구에서 한 과정을 마친 후 학습자들에게 실시한 사후 설문조사 결과를 보면, 실험집단의 53%, 통제집단의 27%의 학습자들이 이러한 학습 전략에 대해 더 잘 인식하고 있었으며, 실험집단의 절반 가량의 학습자들과 40%의 통제집단 학습자들은 이러한 전략을 더 잘 사용할 수 있었음이 밝혀졌다. 실험집단의 30% 학습자들과 통제집단의 17% 학습자들은 이러한 전략이 그들의 언어 기능을 향상시키는데 도움이 되었다고 응답하였다.

◆ 선택적 듣기

학생들이 완성한 설문지에 선택적 듣기란 제공된 자료의 모든 것을 이해하기보다는 중요한 정보를 이해하기 위한 듣기라 설명되어 있다. 학생들에게 이 전략이 소개되기 이전에 실시한 사전 검사자료에서는 이 전략의 사용 정도가 실험집단과 통제집단 모두 낮게 나타났다. 그러나 실험이 끝날 즈음에는 이 전략의 가치가 실험집단의 학생들에 의해 높게 평가되었으며 많은 학생들이 알게 되었다. 학생들은 이 전략을 배우고 학습에 사용할 수 있는 기회를 얻게 되었을 뿐만 아니라 아마도 이 기회를 통해서 그들이 대학에 들어갔을 때 대학에서의 수학에 요구되는 듣기활동이 무엇인지를 알게 될 것이다. 홍콩에 있는 학교들은 중국어로 수업을 진행하는 학교와 영어로 하는 두 종류의 학교들로 나누어진다. 영어로 가르치는 학교 (홍콩 대학의 대 다수의 학생들의 출신 학교)에서는 수업이 영어로 이루어지도록 되어 있다. 그러나 이러한 학교들에서 광동어가 주로 사용되고있는 증거가 있다 (Littlewood and Liu 1997). 앞으로 연구의 실험집단으로 선정될 대학 신입생들을 대상으로 사전 인터뷰를 했을 때 그들은 듣기가 그리 문제가 된다고 인식하지 못했었다. 그러나 수업이 시작되면서 많은 학생들은 수업을 맡고 있는 교사들이 세계 여러 나라에서 온 교사들임을 알게되었다. 이 교사들에는 원어민 뿐만 아니라 비 원어민들도 있었는데, 그들의 억양은 다양하였고, 많은 원어민 교사들이 영어가 모국어가 아닌 학생들을 다루는데 익숙하지 않은 새로 부임한 교사들이었다. 비공식적인 관찰과 수업을 분석한 결과 많은 교사들이 빈도가 낮은 단어나 숙어적 표현을 사용하며, 학생들에게 유머를 소개하려 하고 있음이 드러났다. 이러한 상황에서 학생들은 그들에게 익숙하지 않은 개념이나 지식들을 이해하려고 노력하는 가운데, 결국 수업의 중요한 정보를 확인하고 기록하기 위한 전략들을 생각해 보고 연습해 보는 기회가 중요함을 인식하게 되었다. 통제집단이 아닌 실험집단의 학생들 사이에 큰 차이가 있음이 발견되었다는 사실이 학생들은 체계적인 훈련을 통해서 이러한 전략이 잘 인식될 수 있는 기회를 가질 필요가 있을 뿐만 아니라 실제 의사소통 상황에서 이 전략을 잘 사용할 수 있는 기회를 가질 필요가 있음을 의미한다. (이 전략의 훈련과 전략 사용의 기회가 오히려 혼란스러운 결과를 낳을 수 있다는 지적을 해준 Andrew Cohen에게 감사 드린다. 필자는 이러한 결과가 실제 수업을 통한 실험연구를 할 때 발생될 수 있는 부수적인 것들 중의 하나라 여겨질 수 있다고 본다.)

**예측하기**

예견하거나, 무엇이 올 지를 미리 생각하거나 기대하는 것은 학문적인 학습을 위해 학생들이 알아야 하고 또한 적용하는 연습이 필요한 또 다른 전략이다. 실험집단의 33%의 학생들과 통제집단의 4%의 학생들만이 이 전략에 대한 인식이 상승하였다. 그러나 이 전략의 사용 면에서는 실험집단과 통제집단 사이에 차이가 거의 없었다.

**확인하기**

답을 확인하거나, 다른 사람의 것과 비교 점검해 보는 것의 장점에 대해서 한 학기 과정을 통하여 논의해 보았고 체계적으로 연습해 보았다. 실험집단의 3분의 1 가량의 학생들이 이 전략의 가치를 더욱 높이 평가하게 되었다. 또한 이 학생들은 전략을 더 잘 인식하고 적절히 사용하게 되었다. 그러나 통제집단의 학생들은 어느 면에서건 변화가 없었다.

**숙고하기**

숙고하거나, 혹은 학습을 잘하는 방법들에 대해 생각해 보는 것이 어떤 의미에서는 본 책을 통해 소개되었던 모든 전략들의 기본이 되는 하나의 중요한 전략이다. 따라서 이러한 실험에서 두 집단 간에 실질적인 차이가 없었다는 것이 다소 놀라웠다. 그러나 이 결과는 Hong Kong 학생들이 어려움을 느끼고 단기간 동안 그들의 학습에 대해 숙고해 보는데 부정적으로 반응했다고 보고하고 있는 Ho(1997)의 연구 결과와 일치한다. 이 전략은 오랜 기간이 지나야 향상되는 그런 전략으로 여겨도 된다.

**자가평가하기**

"어떤 과제를 잘 수행했는지를 생각해 보기"로 설명되는 자가평가 또한 학습에 의한 영향을 받고 있는 것으로 여겨지지 않는다. 그 이유는 이 전략 역시 "우연히 생길 수 있는 전략" (숙고하기 전략과 마찬가지로) 이기 때문이다. 즉, 대부분의 다른 전략들과 마찬가지로 이 전략이 한 수업의 중심이 되기보다는 한 과정을 거치면서 학생들이 자가평가를 할 수 있는 개별적인 기회들을 이용하며 얻어질 수 있는 것이다. 후속연구에서는 학습자 중심 접근법에서 그러하듯, 이 특별한 전략에 더 명백한 관심을 둘 가치가 있을 것이다. 자가평가는 중등교육체제에는 생소한 개념일 수 있다.

### 협동하기

협동하기란 "소집단으로 다른 학생들과 일하기"로 설명된다. 이 전략은 과정이 진행되는 동안 광범위하게 쓰여지며 이 전략에 대한 지식, 사용 그리고 가치 모두 향상되었는데, 실험집단이 이러한 전략에 부여하는 가치와 전체적인 사용에 가장 놀라운 향상이 있었다. 홍콩의 학생들은 문화적으로 경쟁적인 학습보다는 협동적인 학습에 더 익숙해있는데 이런 이유로 실험집단뿐만 아니라 통제집단이 연구에 대한 지식적 측면에의 사전검사 점수가 상당히 높은 것을 다소는 설명할 수 있다 (Tsui 1996). 그러나 이러한 전략에 대해 생각해 보는 기회들 또한 실험집단의 학습자들이 이 전략을 그들의 학습에 활용하는데 영향을 미쳐온 것으로 보이며 (통제집단의 23%가 전략 사용에 있어서 상승을 보인 반면, 실험집단의 43%가 그러했다), 대학수준에서의 학습을 위한 하나의 전략으로 중요성을 부여함에 영향을 미쳤던 것으로 보인다 (실험의 결과를 보면 실험집단의 40%가 이 전략에 더 큰 가치를 부여하게 된 반면, 통제집단 중 어느 누구도 추가 가치부여를 하지 않았다. 수업 지도안과 교수자의 메모를 살펴보면, 통제집단이 소집단으로의 협동적인 학습에 참여하는 기회가 상대적으로 적었음이 증명된다.

### 요약하기

요약하기나 주 요점들을 기록하며 한 텍스트를 짧게 만드는 것은 대학에서의 학습에 포괄적으로 사용하는 하나의 중요한 학문적인 전략이다. 계속된 인터뷰에서 통제집단과 실험집단의 학생들이 그들의 학습에 이 전략을 포괄적으로 사용하였음이 밝혀졌다. 이러한 포괄적인 사용은 통제집단의 학습자들이 이 전략의 사용과 활용에 있어서 실험집단을 능가했다는 특정한 항목에 대한 답변의 결과를 설명한다. (통제집단의 23%의 학습자들이 이 전략의 사용이 향상된 반면, 실험집단 학습자들 중 어느 누구도 향상을 보이지 않았다. 그러나 실험집단의 7%, 통제집단의 17%의 학습자들이 이 전략에 대해 높은 가치를 부여하게 되었다고 응답하였다.) 이 전략을 직접 가르치지 않았던 통제집단이 수업에 이 전략을 사용하는 기회가 상대적으로 더 많았음이 관찰을 통해서 드러났다.

### 암기하기

암기하기 또한 홍콩의 중등학교의 학생들이 널리 사용하는 그런 전략이다. 그러므로 실험대상자들 모두가 이 전략에 익숙해 있다. 실험집단이 통제집단을 능가하긴 했지만 그 결과가 그리 두드러진 것은 아니며, 이 실험이 학습자들의 이 전략에 대한 지식, 활용, 또는 인식에 거의 영향을 미치지 못한 것으로 보인다. 그러나 학습자들이 매긴 전략의 등급에는 실험의 전과 후에 큰 차이가 있었다. 실험 전에는 이 암기하기 전략이 가장 보편화된 전략이었으나, 실험이 끝났을 때는 귀납적인 학습과 선택적 듣기 전략을 포함한 많은 다른 전략들이 가장 보편적인 것이 된 것으로 나타났다.

### 귀납적인 학습과 연역적인 학습

귀납적인 학습과 연역적인 학습은 서로 대조적인 두 인지 전략들이다.

귀납적인 학습은 "예문들(examples)에서 규칙을 연습하는 것"이고, 연역적 학습은 "규칙을 배워 언어 사용에 적용하는 것"이라 설명된다. 연구의 초기에 이루어진 설문조사에서 이러한 전략들은 (선택적 학습과 더불어) 학생들에게 가장 익숙하지 않았던 항목들 중 하나였다. 그러나 연구가 끝날 무렵에는 그 순서가 예상치 않게 뒤바뀌었다. 귀납적인 학습에 대한 실험집단의 이러한 결과는 당연한 것이지만, 이러한 결과에 대한 해석은 조심스럽게 되어야 한다. 수업 지도안과 실험 계획들을 살펴보면, 두 전략 모두가 실험집단과 통제집단 모두의 수업과 개별 지도를 위해 포괄적으로 쓰여졌다 (비록 실험집단에 의해서만 명백히 사용되었지만). 이러한 주 인지적 전략들은 대학의 학습환경에서는 그리 새로운 것들이 아니며, 학생들의 전공수업의 두드러진 특징들이다. (학생들의 전공은 심리학과 지리학에서부터 비교문학과 일본어에 이르는 다양한 분야들이었다.) 이러한 관찰을 통하여 실험연구가 자연스러운 분위기에서 종속변수와 독립변수를 따로 분리하여 조사하기 어려움을 다시 확인하게 된다. 연구가 현장에서 실시됨에 따라 실험의 외적 타당성이 내적 타당성에 의해 강화되었다.

### 자율적인 학습능력을 키우기

자율적인 학습능력을 키우기란 학습자로 하여금 교사의 도움 없이 언어를 배우고 사용함을 조장하는 것을 의미하는데 이 전략은 실험의 시작에서부터 끝날 때까지 상당한 발전을 보인 전략들 중 하나이다. 비록 통제집단의 학생들이 이 전략에 대해서는 더 많이 알고는 있었지만 두 집단 모두에게 발전이 있었다. 연구의 질적 자료가 자료의 해석에 상당한 도움이 되었다. 비록 이 전략이 실험집단에 적용된 만큼 통제집단에 적용되지는 않았다 할 지라도, 실험집단 뿐만 아니라 통제집단의 학생들도 그들의 학습에 자율적이었다.

### 적용하기

영어를 교실 밖에서 활용할 생각을 하는 전략은 특히 학생들이 이 전략을 많이 알게 되었고 또한 사용하게 된 점으로 보아 상당히 유익한 전략으로 여겨진다. 실험집단의 25%가 교실 밖에서 영어를 더 사용했으나 통제집단에서는 어느 누구도 그 사용이 늘어나지 않았다. 홍콩과 같이 영어가 외국어가 아닌 제2언어로 간주되며, 의사소통의 수단으로 영어가 사용되는 것이 보편적인 상황에서 이 전략이 중요하게 여겨졌다는 점이 다소 이상하게 생각될 수도 있다. 그러나 최근 연구들을 통해서 이러한 견해가 정확치 않은 것이며 비 학문적인 상황에서의 영어의 사용은 예전에 생각했었던 것보다는 훨씬 더 제한적인 것임이 드러났다. Bacon-Shone, Bolton, Nunan(1997)은 약 6,000명의 대학생들을 대상으로 한 실험연구를 통하여 단지 극소수의 학생들만이 교실 밖에서 영어를 사용해 본 경험이 있음을 밝혔다 (관련된 장의 참고문헌을 보시오).

### 분류하기와 개인화하기

전략을 훈련하는 것이 학생들을 변화시킬 수 있음이 분류하기 (학생들에게는 "유사성이 있는 것들끼리 묶기"라고 설명되었음)와 개인화하기 ("개인의 사고와 견해를 공유하기")에 관한 조사의 결과에서도 증명된다. 분류하기의 전략에 대해서는 통제집단과 실험집단 모두 잘 모르고 있었으나, 이 전략을 사용함에 있어 실험집단에 다소 향상이 있었고, 가치 면에서는 통제집단에 다소 변화가 있었다. 개인화하기에 관해서는 지식과 가치 면에서 통제집단이 다소 변화하였고 사용 면에는 실험집단이 유사한 정도의 변화를 보였다.

# 부록 3: 요구 분석 설문조사지

### Part 1: General Learner Needs Survey

Name _____  
Age _____  
Language learning history _____  
Intended occupation _____  
Purposes for English _____  
People with whom learner will interact _____  
Target variety or dialect _____  

Current proficiency level _____  
Educational background _____  
Other languages _____  
Aptitude _____  
Where language will be used _____  
Degree of mastery required _____  
Language genres required _____  

### Part 2: Language Contact Survey

We would like you to tell us which of the following uses of language are important for you. Please put an X in the box beside each if you think it is Very Useful, Useful, Not Useful.

| | Very Useful | Useful | Not Useful |
|---|---|---|---|
| Do you want to improve your language so that you can: | | | |
| 1. Tell people about yourself | ☐ | ☐ | ☐ |
| 2. Tell people about your family | ☐ | ☐ | ☐ |
| 3. Tell people about your job | ☐ | ☐ | ☐ |
| 4. Tell people about your education | ☐ | ☐ | ☐ |
| 5. Tell people about your interests | ☐ | ☐ | ☐ |
| 6. Use buses, trains, ferries | ☐ | ☐ | ☐ |
| 7. Find new places in the city | ☐ | ☐ | ☐ |
| 8. Speak to tradespeople | ☐ | ☐ | ☐ |
| 9. Speak to landlord/real estate agent | ☐ | ☐ | ☐ |
| 10. Buy furniture/appliances for your home | ☐ | ☐ | ☐ |
| 11. Deal with door-to-door salesmen | ☐ | ☐ | ☐ |
| 12. Communicate with your friends | ☐ | ☐ | ☐ |
| 13. Receive phone calls | ☐ | ☐ | ☐ |
| 14. Make telephone calls | ☐ | ☐ | ☐ |
| 15. Do further study | ☐ | ☐ | ☐ |

|  | Very Useful | Useful | Not Useful |
|---|---|---|---|
| 16. Get information about courses/schools, etc. | ☐ | ☐ | ☐ |
| 17. Enroll in courses | ☐ | ☐ | ☐ |
| 18. Get information about the education system | ☐ | ☐ | ☐ |
| 19. Help children with schoolwork | ☐ | ☐ | ☐ |
| 20. Apply for a job | ☐ | ☐ | ☐ |
| 21. Get information about a job | ☐ | ☐ | ☐ |
| 22. Go to an employment service | ☐ | ☐ | ☐ |
| 23. Attend interviews | ☐ | ☐ | ☐ |
| 24. Join sporting or social clubs | ☐ | ☐ | ☐ |
| 25. Join hobby or interest groups | ☐ | ☐ | ☐ |
| 26. Watch TV | ☐ | ☐ | ☐ |
| 27. Listen to the radio | ☐ | ☐ | ☐ |
| 28. Read newspapers, books, magazines | ☐ | ☐ | ☐ |
| 29. Give, accept, refuse invitations | ☐ | ☐ | ☐ |
| 30. Make travel arrangements | ☐ | ☐ | ☐ |
| 31. Talk to your boss | ☐ | ☐ | ☐ |
| 32. Talk to doctors/hospital staff | ☐ | ☐ | ☐ |
| 33. Talk to neighbors | ☐ | ☐ | ☐ |
| 34. Talk to children's teachers | ☐ | ☐ | ☐ |
| 35. Talk to government officials | ☐ | ☐ | ☐ |
| 36. Talk to English-speaking friends | ☐ | ☐ | ☐ |
| 37. Get information about goods and services | ☐ | ☐ | ☐ |
| 38. Complain about or return goods | ☐ | ☐ | ☐ |
| 39. Arrange credit/hire-purchase/layaway | ☐ | ☐ | ☐ |

From this list, choose five you want to learn first.

1. _____
2. _____
3. _____
4. _____
5. _____

## Part 3: Methodological Preferences

How do you like learning? Put a circle around your answer.
(a) In class do you like learning
    (1) individually?                                                    YES/NO
    (2) in pairs?                                                        YES/NO
    (3) in small groups?                                      YES/NO
    (4) in one large group?                                 YES/NO
(b) Do you want to do homework?                     YES/NO
    If so, how much time do you have for homework outside class hours?

    _____ hours a day     _____ hours a week

How would you like to spend the time?
    (1) Preparing for the next class?                     YES/NO
    (2) Reviewing the day's work?                      YES/NO
    (3) Doing some kind of activity based on your personal experience, work experience, or interests?    YES/NO

(c) Do you want to
    (1) spend all your learning time in the classroom?      YES/NO
    or
    (2) spend some time in the classroom and some time practicing with people outside?      YES/NO
    or
    (3) spend some time in the classroom and some time in an individualized language center?      YES/NO

(d) Do you like learning
    (1) by memory?                                             YES/NO
    (2) by problem-solving?                              YES/NO
    (3) by getting information for yourself?           YES/NO
    (4) by listening?                                        YES/NO
    (5) by reading?                                          YES/NO
    (6) by copying from the board?                      YES/NO
    (7) by listening and taking notes?                  YES/NO
    (8) by reading and making notes?                 YES/NO
    (9) by repeating what you hear?                   YES/NO

Put a cross next to the three things that you find most useful.

(e) When you speak, do you want to be corrected
    (1) immediately, in front of everyone?          YES/NO

|    |     | or . . . . | |
|----|-----|------------|---|
|    | (2) | later, at the end of the activity, in front of everyone? | YES/NO |
|    | (3) | later, in private? | YES/NO |
| (f) | | Do you mind if other students sometimes correct your written work? | YES/NO |
|    | | Do you mind if the teacher sometimes asks you to correct your own work? | YES/NO |
| (g) | | Do you like learning from | |
|    | (1) | television/video/movies? | YES/NO |
|    | (2) | radio? | YES/NO |
|    | (3) | tapes/cassettes? | YES/NO |
|    | (4) | written material? | YES/NO |
|    | (5) | the blackboard? | YES/NO |
|    | (6) | pictures/posters? | YES/NO |
| (h) | | Do you find these activities useful? | |
|    | (1) | Role play | YES/NO |
|    | (2) | Language games | YES/NO |
|    | (3) | Songs | YES/NO |
|    | (4) | Talking with and listening to other students | YES/NO |
|    | (5) | Memorizing conversations/dialogues | YES/NO |
|    | (6) | Getting information from guest speakers | YES/NO |
|    | (7) | Getting information from planned visits | YES/NO |
| (i) | | How do you like to find out how much your English is improving? By . . . . | |
|    | (1) | written tasks set by the teacher? | YES/NO |
|    | (2) | oral language samples taken and assessed by the teacher? | YES/NO |
|    | (3) | checking your own progress by making tapes, listening to them critically and comparing? | YES/NO |
|    | (4) | devising your own written tasks for completion by yourself and other students? | YES/NO |
|    | (5) | seeing if you can use the language you have learnt in real-life situations? | YES/NO |
| (j) | | Do you get a sense of satisfaction from: | |
|    | (1) | having your work graded? | YES/NO |
|    | (2) | being told that you have made progress? | YES/NO |
|    | (3) | feeling more confident in situations that you found difficult before? | YES/NO |

## 인명색인

### A

Adams & Collins  358
Allwright  13
Amy Tsui  325
Anderson과 Lynch  280, 289, 290, 293
Approach  111
Asher  293
Asher와 Price  60
Assinder  31
Austin  190

### B

Bailey et al.  61
Bamforth  401
Barnes  18
Barnett  85, 280, 281
Beebe  84

Beretta  400
Berwick  75
Biggs & Telfer  108
Bransford와 Johnson  192
Breen  104, 214
Brindley  12, 20, 124, 215
Brown  277
Brown과 Yule  290, 293, 330
Brudage & Macheracher  19
Brumfit  12
Burns와 Joyce  319, 324, 332, 390

### C

Candlin  214
Carroll  78
Carter  142
Carter와 McCarthy  147, 387
Chaudron & Richards  289, 293
Chen  417

Chomsky   315
Clarke   360
Cobbett   138
Cohen   86
Cohen과 Aphek   78
Cohen과 Manion   9
Conner & Farmer   403, 404
Corbel   373
Coulthard   214
Cziko   360
Cziko와 Clarke   360

## D

Dam과 Gabrielsen   24
Davies   348, 349
Davines   365
Davines & Green   365
Dell Hymes   315
Devin   357
Devine   357, 358
Dewey   7
Doughty   68
Doughty와 Pica   74
Dulay와 Burt   55, 61
Dunkel   287

## E

Ellis   57, 59, 75, 156
Ervin-Tripp   55

## F

Foster   56
Fotos   68
Francis Bacon   9
Frank Smith   351
Frodesen and Eyring   35

## G

Gardner   325
Gardner & miller   126
Gibbs   251
Gillian Brown   277
Goodman과 Burke   351
Grabe   356
Green과 Oxford   85
Grellet   368
Guyotte   363

## H

Halliday 144, 157, 173, 214, 385, 390, 392
Halliday와 Hasan 168
Hall과 Shepheard 39
Harri-Augstein와 Thomas 348
Harris 143
Heath 31, 201
Henry Widdowson 222
Hoey 165, 180, 182
Holliday 385
Hood et al. 373
Hood, Solomon, and Burns 372
Hudson 360
Hymes 214

## J

James Asher 277, 287
John Fanslow 324
Johnston 155, 156
Jones 81

## K

Knowles 19

Kohonen 7, 8
Kolb 8
Krashen 60, 277, 287, 293

## L

Langunoff 139
Larsen-Freeman 144
Larsen-Freeman과 Long 156
Lautamatti 403
Legutke 8
Leki 418
Levinson 143, 156
Lewin 7
Lightbown과 Spada 71
Lim 68, 72
Long 33
Long et al. 73
Lunzer와 Gardner 348

## M

Malcolm 5
Mark Warschauer 118
Martin 178, 321, 330, 382
Martin Bygate 318
Martyn 76

Maslow  7
McCarthy  143, 156
McCarthy와 Carter  386
Mendelsohn  309
Mike Breen과 Leo Van Lier  104
Mohan & Lo  417
Montgomery와 Eisenstein  64
Morgan과 Rinvolucri  147
Moulton  111
Mouly  10
Munby  12, 214
Möllering과 Nunan  69

---

**N**

N. Hall & J. Shepheard  40
Newmark & Reibel  11
Nunan  16, 27, 34, 56, 57, 80, 81, 86, 139, 156, 291, 293, 395
Nunan과 Keobke  139, 406

---

**O**

O'Malley  78
O'Malley와 Chamot  82
O'Sullivan  24
Odlin  139, 141

Oller  282
Oscar Wilde  5
Oxford  120, 246

---

**P**

Parkins & O'Sullivan  26
Pemberton et al.  126
Piaget  7
Pica  156
Pienemann  65
Pienemann & Johnston  156
Pinker  56, 103
Porter  74

---

**R**

Raimes  379, 383
Richard & Rodgers  111
Richards  363, 364, 365
Richards, Platt와 Weber  34
Richterich  215
Richterich와 Chancerel  215
Rivers  148
Rivers와 Temperly  62, 348
Robert Kaplan  416
Robert de Beaugrande  418

Rodrigues  382
Rogers  7
Ross  140, 292, 293
Rost  279
Rubin과 Thompson  82
Rumelhart  358

## S

Sandra Savignon  315
Schmidt & Frota  65
Schmidt와 McCreary  141
Sinclair  214
Sinclair & Renouf  147
Slimani  22
Smith  352
Spada  67, 291, 293
Stanovich  352
Steffenson  361
Stenhouse  104
Stephen Marcus  382
Swain  64

## T

Thomas  8
Tony Wright  225, 232

Tyler  104

## U

Underhill  8

## W

Watson과 Smeltzer  290, 293
White와 Arndt  383
Widdowson  194, 214
Widdows와 Voller  28
Willing  79, 80
Willis  148
Witte  403, 404
Woods  201
Wright  111
Wudong Wu  68

## Z

Zhou  69

## 용어색인

### ㄱ

가설 19
간접성 417
간접적 전략 247
객관적 요구 215
거래적 과제 75
거래적인 교류 188
결과 중심 접근법 380
결정적 시기 150
결정적 시기 가설 54, 58, 59
경험주의 3
경험주의 모형 8
경험주의적 교육 모형 8
경험주의 학습 3, 7
과업 36
과업 연쇄 39
과업 의존 4
과업 의존 원리 4, 36, 43
과업 중심 2

과업 중심 교수방법 127
과업 중심 언어 교수 32
과업 중심 접근법 13
과정 요구 216
과정 중심 쓰기 382
과정 중심 접근법 379, 380, 401
과제 난이도 329
과제 중심 언어학습 6
과제 329
과제에 근거한 원리 331
과제-중심적 교과 설계 331
과제활동 16
관계대명사 35
교사 역할 9
교사 중심 교실 101
교사 중심 구조 100, 107, 108
교섭 교육과정 4, 15, 21, 47
교수 67, 71
교수 가능성 가설 66
교수 방법론 104, 105

교수요목  105, 214
교수요목 설계  2, 12, 42, 104, 105
교수용 소품  117
교수/학습 가능성 가설  66
교실 과업  34
교실 수업 관리  23
교실 중심  363
교육과정  12
교육적 과제  332
교재 제작  12
교차 문화적인  359
교차 문화적인 측면  346
교차-문화적인 양상  361
구성주의  9
구성주의자  47
구어체  387
귀납적 학습  3, 5
귀환작용  31
규범문법  139
규칙 빈칸 메우기 절차  57
글의 유형  386
기능  184, 406
기능적 일관성  185
기능적 접근법  396
기술문법  139

## ㄴ

내용어  145
내용 요구  215
내용 중심 접근법  379
노출  68
논리적인 관계  363
능동적 언어역할  108
능동적 역할  100
능동태  38
능동태 문장  38
능력  315

## ㄷ

단어 실수 분석  351, 352
단어 협응  148
닫힌 과제  76
담화  56, 142, 163, 381, 403, 418
담화 분석 이론  381
담화 표기어  387
대용  166
대응  418
대응 관계  418
대인적 과제  75
대조 수사학  380, 416, 417, 418
대체  168, 173

대충 훑어 읽기  348, 349, 368
대충 훑어 읽기 전략  348
도식 이론  280, 281
동기  9, 26, 324
동기화  7
동사류 대체  173
동사류 생략  174
동어반복  177
동의어  177
동일 표현 생략  168

**ㅁ**

말하기  335
맥락  135
명사류 대체  173
명사류 생략  174
명확성  417
모국어  55
목적  331
목표  33, 331
목표사회/현실세계 과제  336
목표어  26
무의식적 습득  61
문법  136, 137
문법 번역식  112
문법 번역식 교수법  112

문법 번역식 교수법과 청화식 교수법  111
문법구조  12
문법번역식  102
문법번역식 교수법  101
문법성  137, 139
문법어  145
문법적 의식화  68
문법적인 은유  390
문법적 형태소 습득  55
문제-해결 과제들  72
문화 충격  324
미리 보기  368
민족지학자  31

**ㅂ**

반복  177
반의 접속사  175
발달 단계  65
발달심리학  7
발음  150
발음 중심 교수법  350
발음 중심 접근법  350, 353
배경지식  191, 358
부가 접속사  176
분석 활동  366

분절 음운론 151
분절적 자질 306
불안감 20
비 선형적인 방법 112
비교 지시 170, 171

## ㅅ

사실적인 글 382
사회심리학 7
상위-담화 316
상위 인지전략 120
상의어 177
상향식 381
상향식 발음 중심 접근법 352
상향식 접근법 283, 345, 349
상향식 처리 279
상호 거래적 대화 317
상호 승리 상황 17
상호 작용 63, 67, 188
상호 작용 가설 73
상호 작용적 과정 353
상호 작용적 대화 317
상호 작용적 대화틀 319
생득 가설 56
생략 168, 173
선언적 지식 68

선행 대용적 172
선형식 112
성공적 언어 학습자 81
성인 교육학 19
성인 학습 4
성인 학습의 원리 4
성찰 14
소집단 33
소집단 중심 교실 101
소집단 활동 73
수동적 언어역할 108
수동적 역할 100
수동적 읽기 348
수동태 38
수사적 관계 182
수사적 패턴 182
수행 15, 315
숙고적 읽기 348
스키마 이론 193, 346, 356, 358, 359
스키마타 359
스타일 28
스트 163
습득 67, 71
시간 접속사 176
시사 지시 171
실제 세상 33

심리언어학　34
심리언어학적　351
심리언어학적 접근법　352

## ㅇ

양방과정　16
어휘　11, 145
어휘 밀도　390
어휘 받아쓰기　258
어휘 발달　17
어휘 배합　148, 177
어휘적 응집　168, 176
어휘 항목　12
언어게임　17
언어능력　141
언어수행　141
언어습득　2, 18
언어자료　13
언어적 전략　261
언어학적 능력　315
언표내적 효력　190
역행적 지시　166
연령　150
연습　335
연역적 학습　3, 5
열거하는 글　382

열린 과제　76
예상하기　368
오류 수정　17
요구 분석　215
용인 가능성　141
은유　390, 417
음소　280
응집관계　361
응집력　26
응집성　168
의미 교섭　72
의미론　144
의미 성립　183
의미 체계　11
의미 표현　12
의사 결정 과정　29
의사소통 기능　29
의사소통 능력　315
의사소통 언어 교수법　11
의사소통적 교수　101
의사소통적 교육과정　109
의사소통 중심 언어 교수　3, 6
의식적 학습　61
이야기 글　382
이해 가능 입력　62, 277, 287
이해 가능 출력　64
인간 중심 교육　4

인과 접속사　176
인본주의 심리학　6, 7
인본주의 전통　13
인지 이론　7
인지적 기능　10
인지적 스타일　19
인지적 전략　260
인칭 지시　170, 171
일관성　41, 165, 183
일반어　177
일상적 대화틀　317, 318

## ㅈ

자기 발견 과정　7
자아　7
자연 순서　61
잠재적 갈등　25
장르 중심 교수법　401
장르　392
재구성 활동　366
재생 과업　41
재생적 언어　101, 109, 381
재생적인 언어 과제　101
적성　24
전략　28, 119
전략 선호　79

전략 중심 접근법　368
전략 훈련　78, 85
전사자료　365
전신반응 교수법　277, 287
전이 가설　346, 359
전체 단어 접근법　352
전통적인 교육모형　8
절 대체　173
절 생략　175
절차적 지식　68
접근법　101
접속　168, 175
정보적 대화틀　319
정의적 전략　261
정확성　417
제2언어　55
제2언어 교수 학습　1, 6, 11, 32
제시　335
조정적 상호작용　72
종단적 연구　292
주관적 요구　215
지각　7
지시　168, 169
지시사 지시　170
지식 관점　9
직접식 교수　108
직접적 전략　247

진정성  4, 101, 114, 115, 135, 296, 382
진정성 원리  4, 36
집단 활동  29, 121
짝 활동  16, 17

## ㅊ

창의적 언어  111, 113
창의적 전략  261
창조적 과업  41
창조적 구성  55
창조적인 언어  101
책략  42
청화식 교수법  101, 102, 112
청화식 언어교수법  111
체계-기능 언어학  332
초분절 음운론  151
초분절적 자질  306
총체적 언어 접근법  350
최소쌍  151
추론하기  368
추측하기  368
추후 학습  19

## ㅌ

타당성  10
테스트  101, 122
통사규칙  12
통사론  144
통사유형  11
통찰력  12

## ㅍ

평가  15, 104, 402
프로그램 평가  26

## ㅎ

하향식 이해  279
하향식 접근법  345, 349, 352
학생 중심 구조  100, 108
학생 중심 구조 교수  107
학습 경험  9
학습목표  19
학습 스타일  78, 101, 119
학습 유형  2
학습 전략  78, 79, 119, 245, 246, 259
학습의 본질  47

학습자 욕구　28
학습자 유형　81
학습자 중심　13
학습자 중심 교수　397
학습자 중심 교육　3
학습자 중심 수업과정　29
학습자 중심 원리　14
학습자의 상호작용　18
학습전략　2, 101
해독　352
해석　194
해석적 입장　6
행동주의　9
행위모임　24, 26
행위연속접근법　373
형식적 교수　63
형태　406
형태-기능　4
형태-기능의 원리　4
형태/기능 원리　36
형태 중심 기술　379
형태론　145
형태소 습득　60
화용론　143
화용적 실패　186
화제　22
화제 구조 분석　403, 404

화제 구조 패턴　405
화제화　393, 414, 393
화행　190
후행 대용적　172
훑어 읽기　349, 368
훑어 읽는 전략　348

## 제2언어 교수 학습
SECOND LANGUAGE TEACHING & LEARNING

2003년 4월 29일 초판 1쇄 인쇄
2003년 5월 9일 초판 1쇄 발행

역자 • 임병빈, 한혜령, 송해성, 김지선
발행 • 김진수

발행처 • 한국문화사
등록번호 • 제2-1276호(1991년 11월 9일)
주소 • 서울시 성동구 성수1가2동 156-1683 두앤캔B/D 502호
전화 • 464-7708(대표)
팩스 • 499-0846
URL • www.hankookmunhwasa.co.kr
e-mail • hkm77@korea.com
가격 • 20,000원

ⓒ 한국문화사, 2003
잘못된 책은 교환해 드립니다.

ISBN 89-5726-036-6 93370